The Energy Resource Diplomacy of a Rising Japan, 1967-1974

叢書
21世紀の国際環境と日本
005

白鳥潤一郎 SHIRATORI Junichiro

「経済大国」日本の外交

エネルギー資源外交の形成 1967〜1974年

千倉書房

「経済大国」日本の外交

エネルギー資源外交の形成　1967～1974年

目次

凡例

一、引用文中および脚注内の〔〕は、筆者（引用者）が補足した文言であることを示す。
二、国名に関しては、引用文内の表記はそのままとし、本文では現在一般に用いられる正式名称および略称を適宜用いた。
三、年代は、文書名や引用文中に含まれる場合を除いて、すべて西暦で表記した。
四、引用文献の書誌情報は、各章初出の際に表記した。
五、外務省文書は当時使われていた活字の関係で不自然な仮名の使用が少なくないため、本来「っ」であるべきところを「つ」としている場合や、「会談」が「かい談」とされている場合などは、読みやすさを優先し、文書名を除いて引用文であっても適宜修正した。
六、アメリカとイギリスでは、文書館等に所蔵されている一次史料について慣例的に用いられている記載方法が異なる。統一は図らず、それぞれの国の慣例的な記載方法に従った。
七、国会の会議録は、以下のウェブサイトから引用した。
国立国会図書館「国会会議録検索システム」(http://kokkai.ndl.go.jp/)
八、インターネットから引用した文書は、全て二〇一五年四月二〇日にアクセス可能なことを最終確認した。

序章

経済大国化と日本外交の新局面

問題の所在

一九七〇年代初頭、日本は岐路に立たされていた。第二次世界大戦の敗戦国として出発した戦後日本にとって、外交の中心的な課題は「戦後処理」と先進国へのキャッチアップであったが、一九六八年、「自由陣営」第二位のGNP（国民総生産）を持つ経済大国となるに至る[1]。さらに七二年には、大きな懸案として残されていた沖縄返還と日中国交正常化を相次いで実現させた。

「戦後処理」に一定の区切りをつけ、経済大国となった日本は、国際社会の様々な問題に責任ある主要国の一員として関与することを新たな外交課題とするようになった。それは、従来の戦後外交の枠を超えるものと言ってよい。そして、経済大国化と時をほぼ同じくして国際経済秩序が動揺を見せたことで、政治指導者たちは難しい舵取りを迫られることになった。自らの立場と国際環境が変容するなかで、日本はいかなる外交を展開したのだろうか。本書は、エネルギー資源外交の形成過程の検討を通してこの問いに取り組んでいく。

エネルギー資源外交の必要性は、第一次石油危機という劇的な形で突き付けられた。七三年一〇月に始まったこの危機は、「資源小国」である日本に大きな衝撃を与えた。それまで、様々な問題を抱えながらも高度経済成長を謳歌していた日本社会は、「資源の制約が日本経済にとっていかに強いものかを再認識させられた」のである[2]。

危機の発生によって、日本は異常なインフレ、国際収支の大幅な赤字、戦後最大の不況という深刻なトリレンマに直面した[3]。石油が入ってこないかもしれないという不安感に異常なインフレが重なったことで、企業の設備投資は大幅に抑えられた。これに強力な金融引き締め政策が加わり、高度経済成長期は終焉を迎えた[4]。石油危機の翌年、七四年には戦後初のマイナス成長となり、その後、高度経済成長期のような高い成長率を再び記録することはなかった。産業構造は転換を迫られ、急速に進んだインフレともあいまって所得は平準化された。また企業業績の悪化は労使関係にも影響を与えた[5]。石油危機を経て、日本は「安定成長」と呼ばれる時代を迎えることになった。

中東紛争を背景にアラブ諸国によって引き起こされた第一次石油危機に際して、日本政府がアラブ諸国寄りの中東政策「明確化」を二階堂進官房長官の談話として表明し、さらに三木武夫副総理を政府特使として中東諸国に派遣したことはよく知られており、研究者の関心もここに集中してきた[6]。多くの研究は「明確化」にアメリカが反対していたことを重視し、日米関係に注目して検討を行ってきた。そこでは、日本が石油の確保を最優先とし、一種の「自主外交」、あるいはアメリカの立場と異なる独自の外交を展開したと評価されている。このような見方は日米関係の通史的研究でも踏襲され、通説となっている[7]。また、石油危機の前後、総理大臣の田中角栄を筆頭に海外資源開発参画に積極的に取り組んだことから、田中内閣期にエネルギー資源をめぐり日米は対立したと考える論者も少なくない[8]。日米交渉の詳細を検討し、日本の政策はアメリカの許容範囲内にあったとするものもあるが、いずれにしても日本がアメリカと立場を異にしたことが前提となっている[9]。そして、以上のような第一次石油危機における短期的対応のイメージが、そのまま日本のエネルギー資源外交像に投影され、政策決定過程の混乱と石油市場の変動に慌てふためく日本政府の姿が強調されることになる[10]。

しかしながら本書は、エネルギー資源外交の形成過程を単に第一次石油危機への短期的対応として描くものではない。そのような観点からは、エネルギー資源外交が、国際経済秩序の動揺を背景に、日本が経済大国として石油危機以前から取り組みを始めていた新たな外交課題だったという点を捉え切れないからである。日本の取り組みは六七年の第三次中東戦争をきっかけに始まった。そして、第一次石油危機の約一年後、七四年一一月には国際エネルギー機関（IEA）設立に原加盟国として参画した。この間の様々な模索や検討をエネルギー資源外交の形成過程と捉える必要がある。

七五年に開始された主要国首脳会議（サミット）に象徴されるように、七〇年代は国際政治の舞台で経済が中心的な課題に浮上し、国際経済秩序の動揺への対処を通じて先進国間の新たな協調枠組みが形成された時代である。この時期の日本外交を理解する上で、一連の国際経済秩序の動揺を受けて、いかなる外交を展開したのかを明らかにすることは欠かすことができない作業と言えよう。

エネルギー資源外交の形成過程を検討することで、国際経済秩序の変動と経済大国化がもたらした外交課題に「資源小国」である日本がどのように取り組んだのか、そして、それはいかなる意義を持つものだったのか、という問いに一つの解答を導くことが可能となる。また本書の検討は、これまで日米関係や対アジア関係を中心とする様々な「戦後処理」に焦点を当てて語られることが多かった、戦後日本外交の新たな側面に光を当てることになるだろう。

分析の視座

本書は、日本の経済大国化と国際経済秩序の動揺という相互に連関する構造的な要因に着目する。政策担当者がこの二つの変化をどのように認識し、エネルギー資源外交に取り組んだのかに着目することで、経済大国として日本がいかなる外交を展開したのかを浮かび上がらせたい。

日本に経済大国化という果実を与えた高度経済成長のメカニズムは、様々な観点から説明が可能だが[11]、アメリカ主導で形成された自由主義的な国際経済秩序からとりわけ大きな恩恵を受けたことは、多くの論者が認めるところだろう。

第二次大戦後の国際経済秩序を説明する際、「GATT－IMF体制」という言葉がしばしば使われる。開放的かつ多角的な貿易体制の制度的基礎となったGATT（関税および貿易に関する一般協定）、そして強力なドルを前提とする安定的な通貨体制を支えたIMF（国際通貨基金）は、戦後の国際経済秩序の重要な構成要素であった。実際には、各国で通貨の交換性が回復し、貿易障壁となる関税が大幅に引き下げられるまでにしばらく時間がかかったこともあり、戦後初期は各国に市場を開放するとともに経済援助を実施したアメリカが下支えしたわけだが、いずれにせよ日本は自由主義的な国際経済秩序の中で戦後を歩んだ。

安定した国際通貨と開放的な貿易市場は、敗戦と冷戦の開始によって中国大陸という巨大な市場を失った日本が、経済中心主義を採って復興と高度経済成長に邁進することを可能とする前提であった。しかし、通貨・貿易とともに、もう一つ重要だったものがある。それは、安価かつ安定的に供給される石油である。

石油は、長期間にわたり国際貿易で取引されてきた最も重要な原材料であり、各国の経済復興や成長のために欠かすことのできないものだったことから、その市場動向が各国の経済政策に直結する重要な戦略商品であるという性格を持つ[12]。国内に石油資源をほぼ持たない「資源小国」日本にとって、カネさえ出せば石油が安定して手に入る状況は極めて好都合であった。国際石油資本の圧倒的な影響力の下で石油市場が安定していたことで、エネルギー資源外交という実にやっかいな政策課題に取り組む必要に迫られなかったことは、敗戦によって疲弊した日本が、限られた政策資源をより有効に活用することを可能にした。日本は、開放的な貿易体制、安定的な通貨体制、そして安価かつ安定的に供給される石油という国際経済秩序の下で経済大国となったのである。

経済大国化した日本は、七〇年代に入ると相次ぐ試練に襲われた。成長の前提だった国際経済秩序が揺らいだのである。秩序が確固としたものであるならば、時間の経過とともに各国の行動の選択肢は狭まっていく。しかし、ひとたびその秩序が動揺すれば選択の幅は大きく広がり、日本のような台頭する経済大国の動向には懸念の眼差しが向けられることになる。

実際、経済大国化した日本が政治的に独自の路線を歩むのではないか、という懸念が七〇年代初頭に「自由陣営」内で浮上していた。その象徴的な例として挙げられるのが、七一年一二月に英領バミューダで開催された米英首脳会談である。この会談では、東西両陣営間の軍備管理交渉や、ドルショック後の国際経済情勢、イギリスのEEC（ヨーロッパ経済共同体）加盟の影響などとともに、経済大国化した日本への対応が課題の一つとして話し合われた。

同年七月に、アメリカは日本の頭越しに米中接近を果たし、ニクソン米大統領は米英会談後の翌七二年二月に訪中予定となっていた。さらに、七一年夏に始まるドルショックに加えて、妥結まで紆余曲折を経た繊維交渉の影響も重なり、この時期の日米関係は緊張に満ちていた（日本社会におけるアメリカおよび「自由陣営」に対する好感度は七三年に最低を記録することになる）[13]。

また、日本と同じように驚異的な経済復興を遂げていた西ドイツが、NATO（北大西洋条約機構）やEEC

などの地域的枠組みの中に埋め込まれていたのに対して、日本に関しては日米安全保障条約に基づく二国間の繋がりしか存在しなかったということも米英首脳にとっては気がかりであった。

このような認識を前提に、経済大国化した日本を「自由陣営」に繋ぎ留めるための方策として、日米欧関係の強化がニクソンとヒース英首相との間で検討されたのである[14]。米英首脳の間で共有された懸念は、七二年七月に発足した田中角栄政権が、同年九月の訪中で、台湾(中華民国)との断交を伴う日中国交正常化を一挙に成し遂げたことである程度現実のものとなる。国内に石油資源をほぼ持たず、高度経済成長に伴って急速に需要を増加させていた日本が、中東諸国やソ連に向けて独自のエネルギー資源外交を展開すれば、こうした懸念をさらに増幅させかねなかった。

石油はその重要性から潜在的には戦略商品であっても、通常はあくまで市場で取引される一つの商品に過ぎない。しかし、初期投資に莫大な金額がかかり、過少供給に陥ると短期間に代替することが難しいために価格が急騰するという特殊な性格を持つ。ここに石油問題の難しさがある。第一次石油危機の前後にはこの難しさが一気に噴出した。石油危機によって安価かつ安定的に供給される石油という高度経済成長の前提が崩れ去ったのみならず、消費国を分断しようという産油国の攻勢は、各国がバイラテラリズム(二国間主義)や地域主義を採る誘因となり、自由主義的な国際経済秩序を揺るがした。

冒頭でも述べたように、敗戦国である日本の外交は「戦後処理」を中心に進められた。経済の領域でも、国際経済秩序とは復帰すべき目標だったし[15]、六〇年代になってもOECD(経済協力開発機構)のような主要な国際機関は加盟を目指す対象であった[16]。端的に言えば、六〇年代までの日本は、先進国にキャッチアップするべく「経済外交」を展開したのである[17]。しかしながら、経済大国となった日本は、主要国の一員として七〇年代の国際経済秩序の動揺に対処することを迫られた。第一次石油危機という形で日本社会に大きな影響と衝撃を与えたエネルギー資源問題にいかに対応するかは、その中で最大の課題と言っても過言ではない。変動する国際石油情勢への対応は、このような文脈で新たに浮上した大きな課題だったのである。

六〇年代末まで石油市場が安定していた結果、その重要性に比して、資源問題に関する国際的な取り組みは遅れていた。通貨をめぐる問題はＩＭＦ、そして貿易をめぐる問題はＧＡＴＴという枠組みで戦後初期から主要国間の議論が続けられ、各国の協調によって国際経済秩序の維持が図られていたのに対し、資源問題はＯＥＣＤの石油委員会などで事務レベルの協議が細々と続けられているに過ぎなかった。日本政府内でも、外務省に資源問題を所掌する部局が設置されたのは六九年一月のことであり、通産省でも個別の海外資源開発を超えた国際資源問題に取り組む部署の設置は、第一次石油危機の直前、七三年夏に資源エネルギー庁が新設されるのを待たなければならなかった。

資源をめぐる問題が外交課題として政治レベルの注目を集めるようになるのは、七〇年代に入り、石油市場における産油国の影響力が高まるようになってからである。年に一回開催されるＯＥＣＤの閣僚理事会では、七二年五月に初めて資源問題が主要議題として取り上げられた。とはいえＯＥＣＤは、「必ずしも一定の結論を得ることを一義的な目標としてはおらず、議論のプロセスを重視している」とも言われるように、その役割は確固としたものではなかった[18]。

このような状況は第一次石油危機後の七四年一一月に、ＯＰＥＣ(石油輸出国機構)としてまとまる産油国に対して先進消費国が協調して対処する国際機関として、ＩＥＡが設立されることで解消される。ＩＥＡは、消費国間の長期的な政策協調枠組みを提供するとともに、加盟国に一定量の備蓄を義務付け、さらに加盟国間の緊急時石油融通を協定に明記した画期的な組織であった[19]。日本は原加盟国としてＩＥＡ設立に参画したが、この過程で、世界最大の石油輸入国（消費量はアメリカに次いで第二位）として日本がいかなる外交を展開するかは、国際的にも注目される重要な問題であった。それまで先進国へのキャッチアップを目指してきた日本にとって、主要国の一員として国際機関の設立に参画することは新たな試みとなった。

以上を前提に、本書は、日本の経済大国化と国際経済秩序の動揺という二つの構造的要因に着目して、IEA設立参画に結実する日本のエネルギー資源外交の形成過程を分析していく。

エネルギー資源外交の構図

ここで、具体的な分析対象を定めるために、エネルギー資源外交の構図を検討しておきたい。

まず、本書が対象とするエネルギー資源外交は、資源外交の最も重要な一部分を成す。日本独自の概念と言われる「資源外交」という政策用語は、七〇年代初頭に登場して以来、周期的に注目を集めてきた。しかしながら、その用語法は曖昧かつ多義的である[20]。当初、「資源」とは石油とほぼ同義であったが、田中角栄政権下で海外資源開発への参画が模索される過程で天然ガスとウランが加わり、さらに近年はレアアースなどの稀少鉱物資源もその対象となっている[21]。場合によっては食糧資源が加わることもあるし、八〇年代以降は気候変動問題などとも密接に関連してくる。必ずしも明確な定義が与えられてこなかった資源外交であるが、その意味するところを大掴みにまとめれば、海外資源の安定供給確保というエネルギー安全保障政策の対外的側面の一部を指して用いられることが一般的と言えよう。

だがここでは、エネルギー安全保障政策の対外的側面の一部としてエネルギー資源外交を捉えるのではなく、より広く定義して検討を進めたい。それは、本書の狙いの一つが、石油資源に関する外交を広く捉えてその構図を提示することによって、エネルギー資源外交の広がりを明らかにすることにあるからである。

その出発点として、エネルギー安全保障の上位概念である経済安全保障の抱える問題点を簡単に考えておこう。端的にまとめれば、経済安全保障はその性格上、定義が曖昧にならざるを得ない。ある研究者の言葉を借りれば、経済安全保障は「それ自体は殆ど定義しようのない概念であり、結局新しい歴史的条件の中での経済と政治、あるいは市場と政府の関係をどう設定するかという問題」である[22]。それゆえ、日本のエネルギー資源外交を経済安全保障のケースと考える場合には日本のエネルギー事情や産業構造などを考慮に入れなければならないし[23]、検討対象となる時代の「歴史的条件」をふまえた構図を描く必要がある。この図式は、エネルギー資源外交の構図を理解する際にも有用だろう。

本書の検討対象となる第一次石油危機の前後は、国際石油資本からOPECへ影響力が移行する時期だが、この変動の原因としては、相互に連関する三つの要因が存在した[24]。

第一は、世界的に石油需要が急増し、需給関係が逼迫したことである。米欧や日本などの先進工業国は六〇年代を通じてエネルギー需要を急増させた。各国の需要の推移は予想された範囲を超えるものではなかったが、エネルギー効率や環境への配慮から石油依存は予測を大きく上回る形で進んだ。

第二は、アメリカのエネルギー事情の変化である。巨大な経済力を持つアメリカは世界最大の石油消費国だったが、同時に国内に豊富な石油資源を持つ石油生産国でもあった。六〇年代後半まで、石油はむしろ供給過剰であり、アメリカは膨大な余剰生産力を抱えていた。しかし、石油需要が予測を大きく上回るスピードで伸びていったことから、余剰生産力は急速に低下し、アメリカは石油の輸入量を急増させることになった。

第三は、資源ナショナリズムの高揚である。七〇年代に入る頃から産油国は次々と国際石油資本に要求を突き付け、産油国優位の協定が結ばれていった。産油国の戦術が成功したのは、石油市場において需給関係が逼迫しつつあったからである。だが、需給関係の逼迫が直ちに産油国の攻勢に繋がるわけではない。産油国で、自国の資源は自国の物であり、国際石油資本の物でも消費国の物でもないという意識、すなわち資源ナショナリズムが高揚していたからこそ、産油国は攻勢を強めたのである[25]。

エネルギー資源外交は、国際石油市場の変動要因にそれぞれ対応する以下の三つの課題に分けることができる。

第一は、海外資源開発の支援である。五〇年代後半に設立されたアラビア石油の例からも分かるように、海外資源開発そのものは従来から進められていた。各当事者の「資源確保」にかける想いに様々なものがあるとしても、それは本来、上流部門での利益確保を目指すものであった。しかし、石油市場で需給バランスが供給側に傾くなかで安定供給確保という目的が加わり、六〇年代後半以降、より積極的に進められるようになる。西シベリアのチュメニ油田およびヤクート天然ガス田、イギリス及びノルウェー等が保有する北海油田、アラブ首長国連邦のアブダビ沖油田、そしてインドネシアの天然ガス田開発などが、政治レベルでも注目されたこの時期の主要なプロジェクトである。

一般的に「資源外交」としてイメージされるのはこの政策だろう。とはいえ、海外資源開発そのものは外交政策ではなく通商政策であり、外交政策はその支援を行うに過ぎないことに注意を要する。石油需要の急増に伴って海外資源開発を促進する必要性が認識されていく時期は、石油市場における産油国優位が強まっていく時期でもあり、従来のように消費国の企業が開発権益を取得することが難しくなっていった。こうした情勢を見極めた上で、いかに海外資源開発の支援を行うかは、当該期のエネルギー資源外交の課題の一つであった。

第二は、消費国間協調への参画である。六〇年に結成されたOPECは、需給関係の変化を背景に、七〇年代に入る頃から急速にその影響力を高めていった。また、第三次中東戦争後の六八年一月にはOAPEC(アラブ石油輸出国機構)が結成され、アラブ産油国としてのまとまりも強化されていた。これに対して、消費国の側はOECDに石油委員会を設置していたものの、実効的な消費国間協調枠組みを持たなかった。このような図式の下で、国内生産が頭打ちとなり輸入量を急増させていたアメリカは、石油危機が発生する以前から、OPECに対抗する新たな消費国間協調枠組みの形成を主張していた。石油のほぼ一〇〇パーセントを輸入に頼る日本は、産油国との関係を見極めつつ、アメリカ主導の消費国間協調枠組みの形成への参画を検討するようになっていった。各国の持つ情報の共有、備蓄体制の整備、緊急時の石油融通枠組みの構築、そして研究・開発面での協力体制の整備などが消費国間協調の具体的な中身である。この消費国間協調の模索は、最終的に七四年一一月のIEA設立に結実する。

第三は、資源産出国への対応である。産油国における資源ナショナリズム高揚の背景には、六〇年代初めから国際的に大きな注目を集めるようになった南北問題があった[26]。第二次世界大戦後、脱植民地化は進んだものの、「北」の旧宗主国と「南」の旧植民地には巨大な経済格差が存在していた。「北」が「南」から資源を輸入し、加工・輸出するという構造が存在したことから、資源問題は南北問題の中核的なテーマであった。「北」が「南」から低価格で資源を輸入するだけでなく、開発を担う「北」の資本が多くの利益を得るという状況は「南」の資源保有国を苛立たせた。南北問題への対応を誤れば資源ナショナリズムが急進化すると懸念されたため、各消費国は、資源問題に対処するなかで、南北問題という、より大きな問題への対応も迫られたのである。南北問題一般についてはUNCTAD(国連貿易開発会議)などで六〇年代から議論は行われていたが、第一次石油危機の発生を受けて七四年四月から五月にかけて開催された国際連合特別総会で資源をめぐる南北の対立は頂点に達した。日本は、資源ナショナリズムの挑戦に対応するために、先進諸国と協調することを迫られた[27]。

資源産出国への対応としては、対中東政策も重要である。石油問題を考える際の重要な前提条件として、その偏在性も考慮する必要がある。油田の新規開発が進めば埋蔵量は変化するが、石油資源が全体として圧倒的に中東地域に集中していることは明らかであった。当時の政策担当者も目を通した七〇年代初頭の推計では、石油資源の賦存状況は以下の通りである[28]。石油資源の確認埋蔵量は世界全体で五八三五億バレルであり、そのうち三七六四億バレル、つまり約六三パーセントが中東地域に偏在していた。その他の地域についても、当時はまだ北海油田の開発が進んでおらず、米ソ両国を除けば、埋蔵資源量のほとんどが発展途上国に存在するという状況であった。ソ連の石油の約半分は共産諸国に供給されており、「自由陣営」諸国向けの輸出が直ちに大幅に伸びることは望めなかったし、アメリカの石油は国内でその多くが消費されており、国際価格よりも割高であった。日本や西欧などの石油輸入国は、中東石油への依存を高めざるを得ない状況に置かれており、それが第一次石油危機の発生とともに、中東政策をクローズアップさせることに繋がった。

エネルギー資源外交は、これらの三つの課題への対応の組み合わせから構成されるものであり、どれか一つだけで成立するものではない。その組み合わせ方や優先順位は、政策担当者の国際石油市場認識によって左右され得るし、担当者間の認識が異なれば政策をめぐって政府内では様々な議論が行われる。実際、第一次石油危機時には、政府内に資源量、資源市場、中東政策をそれぞれ重視する立場や、その前提として日本外交の基軸である日米関係を重視する立場が入り乱れることになった。また第一次石油危機の発生直後のように日本社会がパニックに近い状態になれば、当然そうした国内事情も政策決定者の考慮の対象となる。このような様々な立場や考慮をふまえることが、エネルギー資源外交の実態を理解する第一歩と言えよう。

上記の基本的構図を頭に入れて、政策担当者の国際石油市場認識や国内外の情勢認識を分析していくことで、エネルギー資源外交の形成過程をその要因とともに明らかにすることができるだろう。

各章の構成と課題

本書の対象時期は、国際石油資本からOPECへ影響力が移行する時代である。本論では、それをさらに細分化した時代区分に従い、外務省外交史料館所蔵文書および情報公開法に基づく開示請求に拠って取得した外務省文書を中心に、国内外の各種資料に基づいて検討を進めていく[29]。各章の構成と課題は以下の通りである。

第一章では、国際石油資本から産油国への影響力の移行が顕在化する以前の時代を検討し、外交課題としてエネルギー資源問題が浮上した経緯と背景を明らかにする。そのためには、そもそもエネルギー資源問題がなぜ六〇年代後半に至るまで外交課題とならなかったのかを確認しなければならない。それゆえ同章では、まず第二次世界大戦後の国際石油情勢と、石炭から石油への主要エネルギー源の転換というエネルギー革命の日本における進展を概観する。続いて、エネルギー資源問題が外交課題として浮上するきっかけとなった第三次中東戦争をめぐる日本外交と、資源外交を実施するための体制整備について検討を行い、国際石油市場の構造変動が顕在化する以前にエネルギー資源外交が始動していたことを示す。

第二章では、産油国で資源ナショナリズムが高揚し、国際石油市場の支配的地位が、国際石油資本から産油国へ徐々に移行する時期を検討する。この時期は、石油市場の変動、国際的な消費国間協調の模索、そして日本国内の体制整備が連関しながら進んでいった。そして、それまで担当者レベルに限られていたエネルギー資源外交に対する関心が、石油情勢が厳しさを増すとともに政治レベルでも見られるようになり、石油危機の前夜には、閣僚間でその外交観に明らかな対立が生じていた。これは石油危機における中東政策「明確化」に引き継がれるものであり、また石油危機後の消費国間協調に対する態度の違いにも繋がった。担当者レベルのコンセンサスに基づいて現実に展開されたエネルギー資源外交と、政治レベルの対立を重ね合わせることで、第一次石油危機の以前に日本が抱えていた課題と、石油危機後の対応に繋がる政策構想の存在が明らかとなるだろう。

第三章では、国際石油市場の構造変動を背景とする産油国の石油戦略によって発生した第一次石油危機への短期的な対応を検討する。石油危機発生を受けた日本の対応としてよく知られているのは、アラブ諸国寄りに「明確化」された新中東政策の発表と、政策説明のための中東諸国への特使派遣である。「明確化」については、既に多くの先行研究が存在するが、本章では、新たに公開された史料とインタビューに基づいて、日米間の対立を中心に検討してきた従来の研究の修正を試みる。第二章までの検討もふまえて、政府内に存在した多様な立場と、短期的かつ例外的な政策決定過程を描き出すことで、エネルギー資源外交の中での中東政策「明確化」の位置付けを評価することが可能となるだろう。

第四章では、第一次石油危機の発生によって、OPECによる市場支配が決定的となったことを受けて再始動した消費国間協調と、新たな課題として浮上した消費国と産油国との対話を取り上げ、日本が消費国間協調を重視する姿勢に傾いていく過程とその意図を検討する。消費国間協調は七四年二月のエネルギー・ワシントン会議とそのフォローアップとしてのエネルギー調整グループが、消費国と産油国との対話は同年四月に始まる国連資源問題特別総会がそれぞれ中心となり、日本は双方に参画した。消費国間協調はアメリカによって主導されたが、アメリカの姿勢は産油国との対決色が濃く、日本は難しい対応を迫られた。それにもかかわらず日本が消費国間協調に積極的に参画したのは、政策担当者がその意義を強く認識していたからであった。他方で、日本は南北問題と結びつける形で資源問題を論じることには一貫して否定的であり、国連資源問題特別総会では問題に強くコミットすることを避けた。同章を通じて、消費国間協調の意義が、石油問題だけではなく、より広い自由主義的な国際経済秩序の維持という観点からも認識されていたこと、そして消費国間協調参画にあたって、その目的に産油国との対話促進を掲げることで消費国間協調に反対する国内外の声に配慮していたことが明らかとなるだろう。

第五章では、対米禁輸解除でOAPECによる石油戦略もおおむね終息し、石油市場に一定の安定が回復した時期を扱う。対米石油禁輸解除の後、エネルギー調整グループでは、アメリカの提案によって消費国機関の設立が課題として浮上した。それまで、日本や西欧諸国は新たな国際機関の設立に消極的だったが、アメリカの強硬な姿勢と石油情勢の落ち着きを背景として、七四年七月までに消費国機関設立交渉に入ることに合意した。交渉の焦点となったのは、それをどのような機構として設置するかという機構問題と、各国議会による批准を要するのかといった合意形式をめぐる問題であった。この点について、日本政府の動きは早く、消費国機関設立交渉への参画を決定する以前から、他の消費国に対するアプローチを始めていた。日本は交渉の最終局面で、自らの参加見合わせをちらつかせる強硬策に出ることによって、その主張を他国に認めさせ、七四年一一月にOECD傘下に設立することが決定されたIEAに原加盟国として参加することになった。同章の検討を通じて、なぜ当初は消費国機関設立に否定的であった日本がその姿勢を変化させたのか、また、なぜ最終局面で強硬な交渉姿勢を採ったのかを明らかにする。

註

1――経済企画庁編『経済白書　豊かさへの挑戦――昭和四四年度』大蔵省印刷局、一九六九年。

2――猪木武徳『日本の近代　七　経済成長の果実一九五五～一九七二』中央公論新社〈中公文庫〉、二〇一三年、三五二頁。

3――大蔵省財政史室編『昭和財政史　昭和二七～四八年度　第四巻――予算(二)』東洋経済新報社、一九九六年、五七三頁。

4――ただし、吉川洋が指摘しているように、第一次石油危機以前に日本の高度成長を支えたメカニズムは既に失われており、インフレも進んでいた。石油危機は高度経済成長終焉の「原因」ではなく、それに終止符を打つことで、その後の産業構造の転換を促したとみるのが適切であろう。吉川洋『高度成長――日本を変えた六〇〇〇日』中央公論新社〈中公文庫〉、二〇一二年、第五章。なお、第一次石油危機は単に高度成長から安定成長へと経済基調を変えたのみならず、政府と市場の関係にも変化を与えた。この点については、内山融『現代日本の国家と市場――石油危機以降の市場の脱〈公的領域〉化』東京大学出版会、一九九八年。

5――戦後日本における労使関係の展開と石油危機の与えた影響については、久米郁男『日本型労使関係の成功――戦後和解の政治経済学』有斐閣、一九九八年、第四章、同『労働政治――戦後政治の中の労働組合』中央公論新社〈中公新書〉、二〇〇五年、第七章、アンドルー・ゴードン(二村一夫訳)『日本労使関係史――一八五三－二〇一〇』岩波書店、二〇一二年、第一一章・第一二章。

6――第一次石油危機における日本外交を取り上げた主な研究として、Martha Ann Caldwell, *Petroleum Politics in Japan: State and Industry in a Changing Policy Context* (Ph.D. Dissertation, University of Wisconsin-Madison, 1981), Chapter 3; Michael M. Yoshitsu, *Caught in the Middle East: Japan's diplomacy in transition* (Lexington, Mass.: Lexington Books, 1984), Chapter 1; 山村喜晴『戦後日本外交史V――経済大国への風圧』三省堂、一九八四年、一九一－二二六頁、マーク・セラルニック「第一次石油危機における日本の対外政策」近代日本研究会編『年報・近代日本研究七』山川出版社、一九八五年、三〇九－三三四頁、片倉邦雄「一九七三年のアラブ石油戦略に対する日本の対応」『日本中東学会年報』第一号、一九八六年三月、一〇六－一四九頁、黒田安昌「一九七三年石油危機と日本の新中東政策」『日本中東学会年報』第一号、一九八六年三月、一五〇―一八七頁、同「中東政策と非二極モデル」宮下明聡、佐藤洋一郎編『現代日本のアジア外交』ミネルヴァ書房、二〇〇四年、一一一―一三四頁、佐藤晋「一九七〇年代アジアにおけるグローバル化の波及――『大豆ショック』と『石油ショック』への対応」『国際政経』第一四号、二〇〇八年一一月、一九―三二頁、池上萬奈「第一次石油危機における日本の外交――石油確保と日米関係」『法学政治学論究』第七九号、二〇〇八年一二月、一六五―一九六頁、矢吹命大「第一次石油危機における日本政府の対外政策決定過程の分析」『国際政治経済学研究』第二三号、二〇〇九年三月、七五―八九頁、池上萬奈「日本の新中東政策形成過程の考察――第一次石油危機とキッシンジャー構想を中心に」『法学政治学論究』第八七号、二〇一〇年一二月、一―三〇頁、何力群「第一次石油危機前後の中曽根康弘――「資源外交」をめぐって」『国際公共政策研究』第一五巻第二号、二〇一一年三月、八三―九九頁、渡邉昭夫『日本の近代８ 大国日本の揺らぎ 一九七二〜』中央公論新社〈中公文庫〉、二〇一四年、一一二―一二四頁、池上萬奈「第一次石油危機における日本外交――アラブ諸国と米国の狭間で」『国際政治』第一七七号、二〇一四年一〇月、一四二―一五五頁、など。

また、比較政治及び比較外交研究の事例として日本を取り上げたものとして、Yoshi Tsurumi, "Japan," in Raymond Vernon (ed.), "The Oil Crisis: In Perspective," *Daedalus*, (Fall 1975), pp. 113-127; Joseph S. Nye, "Japan," in David A. Deese and Joseph S. Nye (eds.), *Energy and Security* (Cambridge, Mass.: Ballinger, 1981), pp. 211-227; G. John Ikenberry, "The Irony of State Strength: Comparative Responses to the Oil Shocks in the 1970s," *International Organization*, Vol. 40, No. 1 (Winter 1986), pp.105-137; Roy Licklider, *Political Power and the Arab Oil Weapon: The Experience of Five Industrial Nations* (Berkeley: University of California Press, 1988), Chapter 5; 水戸考道『石油市場の政治経済学――日本とカナダにおける石油産業規制と市場介入』九州大学出版会、二〇〇六年、第九章、高安健将「首相・大臣・政権党――プリンシパル＝エージェント理論から見た石油危機下の田中内閣」『北大法学論集』第五六巻第一号、二〇〇五年五月、一―三四頁、同『首相の権力――日英比較からみる政権党とのダイナミズム』創文社、二〇〇九年、一五一―一五九頁。

研究書ではないが、柳田邦男『狼がやってきた日』文藝春秋〈文春文庫〉、一九八二年、は石油危機時の日本を検討する中で中東政策「明確化」にも触れている（同『日本は燃えているか』講談社〈講談社文庫〉、一九八六年、二〇〇―二四六頁、も併せて参照）。ＮＨＫ取材班『戦後五〇年その時日本は〈第五巻〉――石油ショック・国鉄労使紛争』日本放送出版協会、一九九六年、八－二〇六頁、は広範な関係者へのインタビューに基づいて「明確化」の過程を明らかにしている貴重な記録だが、インタビュー対象に偏りがある点に注意する必要がある。

7——五百旗頭真「国際環境と日本の選択」有賀貞他編『講座国際政治四　日本の外交』東京大学出版会、一九八九年、三九－四〇頁、同「パックス・アメリカーナ後退期の日米関係」東京大学社会科学研究所編『現代日本社会七　国際化』東京大学出版会、一九九二年、六九－七〇頁、佐藤英夫「東西関係の変化と日米関係——一九六九－一九八四」細谷千博編『日米関係通史』東京大学出版会、一九九五年、二三四－二三五頁、Walter LaFeber, *The Clash: U.S.-Japan Relations throughout History* (New York: W. W. Norton, 1997), pp. 360-362; 添谷芳秀、ロバート・D・エルドリッヂ「危機の中の日米関係——一九七〇年代」五百旗頭真編『日米関係史』有斐閣、二〇〇八年、二四四－二四五頁、など。

8——田中政権の海外資源開発に関する取り組みについては、山岡淳一郎『田中角栄の資源戦争——石油、ウラン、そしてアメリカとの闘い』草思社（草思社文庫）、二〇一三年、が最も包括的だが、やや日米両国の対立が強調され過ぎている。田中政権が資源をめぐってアメリカと対立したという見方を提示した初期の論考として、田原総一朗「アメリカの虎の尾を踏んだ田中角栄」『中央公論』一九七六年七月号、一六〇－一八〇頁、がある。田原の論考は多数の日本側関係者への取材を基にし、当時の雰囲気を伝える貴重な記録ではあるが、日本側の一部関係者の推測に基づいて議論を組み立てている点に大きな問題を抱えている。また、この論考で示された資源をめぐる日米対立が原因となって田中が失脚したという見解を一部の関係者が回顧録等で繰り返したことで、広く受け入れられている現状がある（早坂茂三『田中角栄回想録』集英社（集英社文庫）、一九九三年、二二九－二三〇頁、中曽根康弘（インタビュー：伊藤隆、佐藤誠三郎）『天地有情——五〇年の戦後政治を語る』文藝春秋、一九九六年、二七一－二七六頁、など）。田原の論考によって人口に膾炙したこの議論を、アメリカ側関係者への取材とアメリカ及びイギリスの政府文書に基づいて批判的に検討したものとして、徳本栄一郎『角栄失脚——歪められた真実』光文社、二〇〇四年、が有用である。

9——黒田「中東政策と非二極モデル」、池上「第一次石油危機における日本の外交」など。

10——このような通説に対して、井上寿一は、戦後日本の経済外交に関する通史的論考の中で、外務省の宮崎弘道経済局長の証言に基づいて石油危機時の日本が「資源エネルギー問題をめぐる先進国間協調の制度的枠組みの設計」

に携わったと指摘しているが、そこでも「石油危機によってダメージを受けた対米外交の修復」という側面が指摘されており、エネルギー資源外交の形成の持った意義が十分に検討されているとは言い難い（井上寿一「戦後経済外交の軌跡（五）危機のなかの経済外交」『外交フォーラム』二〇〇五年三月号、七八–八三頁。同『NHKさかのぼり日本史 外交篇［一］戦後〝経済外交〟の軌跡――なぜ、アジア太平洋は一つになれないのか』NHK出版、二〇一二年、五四–五八頁、でも同様の議論が繰り返されている）。

11――たとえば、宇沢弘文編『日本経済――蓄積と成長の軌跡』東京大学出版会、一九八九年、安場保吉・猪木武徳編『日本経済史 八 高度成長』岩波書店、一九八九年、中村隆英『日本経済――その成長と構造［第三版］』東京大学出版会、一九九三年、二六九–二九四頁、吉川『高度成長』第五章。

12――Robert O. Keohane, *After Hegemony: Cooperation and Discord in the World Political Economy* (Princeton: Princeton University Press, 1984), p. 140.（ロバート・コヘイン（石黒馨、小林誠訳）『覇権後の国際政治経済学』晃洋書房、一九九八年）。

13――NHK放送世論研究調査所編『図説 戦後世論史 第二版』日本放送出版協会（NHKブックス）、一九八二年、一六六–一六七頁および一七六–一七七頁。

14――Memorandum, For the President's File, "The President's Private Meeting with British Prime Minister Edward Heath on Monday, December 20, 1971, 1:30-5:00 p.m., in the Sitting Room of Government House, Bermuda," December 20, 1971, National Security Archive (ed.), *Kissinger Transcripts*, KT00414; The National Archives of the UK: PREM 15/1268, Record of a Meeting at Government House, Bermuda on Monday, 20 December, 1971, at 1:30 p.m. 同会談での日本に関する話題については、宮城大蔵「国際環境と戦後日本」『創文』二〇〇九年一・二月号、一–五頁、山本健「「ヨーロッパの年」と日本、一九七三–七四年――外交の多元化の模索と日米欧関係」*NUCB Journal of Economics and Information Science*, Vol. 57, No. 2（二〇一三年三月）、一四七–一八一頁、も参照。なお、このバミューダ会談は、その後日欧関係に関して外交当局者が検討する際の材料の一つとなっていた。たとえば、野口晏男（欧亜局西欧第二課）「欧州に高まる対日警戒心――日欧経済関係の現状と問題点」『経済と外交』一九七三年四月号、四六–五二頁。

15――日本の国際経済秩序への復帰は占領期における諸外国との通商協定締結に始まったが、国際経済秩序への復帰として象徴的な意味を持ったのは一九五五年のGATT加盟である。日本のGATT加盟については、赤根谷達雄『日本のガット加入問題——《レジーム理論》の分析視角による事例研究』東京大学出版会、一九九二年、田所昌幸「戦後日本の国際経済秩序への復帰——日本のGATT加盟問題」『国際法外交雑誌』第九二巻第一号、一九九三年四月、二一-七四頁。

16——OECD加盟には、経済的側面のみならず、「先進国クラブ」への加盟による国際的地位の向上という政治的な意義もあった。鈴木宏尚『池田政権と高度経済成長期の日本外交』慶應義塾大学出版会、二〇一三年。

17——日本の経済外交の目標として山本満は「西方先進諸国への同質化とそのグループの一員としての国際的地位の確立、そして日本経済の成長を制約する外的要因の除去」を挙げているが、これをキャッチアップのための外交と捉えることは可能だろう。山本満『日本の経済外交——その軌跡と転換点』日本経済新聞社〔日経新書〕、一九七三年、三〇頁。

18——村田良平『OECD（経済協力開発機構）——世界最大のシンクタンク』中央公論新社〔中公新書〕、二〇〇〇年、五五頁。村田良平は事務次官、駐米大使経験者として知られているが、OECD問題を主管する経済局国際機関第二課の首席事務官と課長、経済局長を歴任したOECD専門家でもあった。OECDの概説書としては、河合俊三『OECDの話（新版）』日本経済新聞社〔日経文庫〕、一九七六年、Richard Woodward, *The Organization for Economic Co-operation and Development* (London: Routledge, 2009) も有用である。一九七〇年当時のOECDの概要については、経済局国際機関第二課・経済協力局国際協力課「最近のOECDの活動」『経済と外交』一九七〇年五月号、七-二九頁。

19——Richard Scott, *The History of the IEA: Volume I Origins and Structure*, (Paris: OECD/IEA, 1994), pp.19-22. IEAの機能及び役割については、Richard Scott, *The History of the IEA: Volume II Major Policies and Actions*, (Paris: OECD/IEA, 1994); 初期の紹介・分析としては、河合『OECDの話』一三一-一四一頁、Robert O. Keohane, "The International Energy Agency: State Influence and Transgovernmental Politics," *International Organization*, Vol. 32, Issue 4 (Autumn 1978), pp.929-951; Ethan B. Kapstein, *The Insecure Alliance: Energy Crises and Western Politics since 1944* (New York: Oxford University Press, 1990), Chapter 8 が有用である。

20——池内恵「特集にあたって——資源外交研究の射程」『アジ研ワールド・トレンド』第二一一号、二〇一三年四月、二頁、宮城大蔵「戦後史のなかの資源外交」同、二八頁。この二つの論考を含めて同号の特集「世界の資源外交」は歴史から現状まで資源外交が多面的に検討されている。

21――第二章でも触れるように、外務省は一九七〇年代に国際資源問題担当官会議を年に一回開催して、他省庁を含む政策担当者間の情報共有と情勢認識のすり合わせを行っていた。この会議は第二次石油危機以降、対外石油政策の中心が通産省の資源エネルギー庁に移るとともに一九八〇年代に入り国際石油情勢が落ち着きを見せたことで休眠状態であったが、二〇一〇年一月に金属鉱物資源に関する「資源問題担当官会議」として再開され、翌二〇一一年一月に第二回が開催された。さらに二〇一二年からはエネルギー・鉱物資源に関する在外公館戦略会議を年一回開催している。以上は外務省ホームページ(http://www.mofa.go.jp/mofaj/press/release/index.html)で閲覧可能なプレスリリースに基づいている。

22――納家政嗣「経済安全保障論の意義とその展開」納家政嗣・竹田いさみ編『新安全保障論の構図』勁草書房、一九九九年、一〇四頁。経済安全保障の理論的な検討としては、Barry Buzan, *People, States and Fear: An Agenda for International Security Studies in the Post-Cold War Era*, 2nd edition (London: Harvester Wheatsheaf, 1991), Chapter 6も参照。また、従来の様々な議論を整理して経済安全保障概念を検討したものとして、長谷川将規『経済安全保障――経済は安全保障にどのように利用されているのか』日本経済評論社、二〇一三年。

23――日本におけるエネルギー安全保障を包括的に検討したものとして、総合エネルギー調査会総合部会「エネルギーセキュリティワーキンググループ報告書」二〇〇一年六月(http://www.meti.go.jp/report/data/g10628aj.html)。

24――石油問題の概説書は多数あるが、一九世紀から二〇世紀後半までの歴史を検討したものとしては、Daniel Yergin, *The Prize: the Epic Quest for Oil, Money, and Power* (New York: Simon & Schuster, 1991)(ダニエル・ヤーギン(日高義樹、持田直武訳)『石油の世紀――支配者たちの興亡』日本放送出版協会、一九九一年)が、九〇年代から二〇〇〇年代に至るエネルギー問題を概観したものとしては、Daniel Yergin, *The Quest: Energy, Security, And the Remaking of the Modern World* (New York: Penguin Press, 2011)(ダニエル・ヤーギン(伏見威蕃訳)『探求――エネルギーの世紀』日本経済新聞出版社、二〇一二年)がそれぞれ参考になる。また、七〇年代半ばまでの国際石油資本については、アンソニー・サンプソン(大原進、青木榮一訳)『セブン・シスターズ――不死身の国際石油資本』日本経済新聞社、一九七六年(Anthony Sampson, *The Seven Sisters: The Great Oil Companies & the World They Shaped* (New York: Viking

Press, 1975)）が依然として最も信頼のおける著作である。石油問題一般に関する記述は上記の三冊に多くを負っている。

25――Giuliano Garavini, "Completing Decolonization: The 1973 'Oil Shock' and the Struggle for Economic Rights," *The International History Review*, Vol. 33, Issue 3 (September 2011), pp. 473-487.

26――南北問題ついては多数の研究が存在するが、ブラント委員会（森治樹監訳）『南と北――生存のための戦略 ブラント委員会報告』日本経済新聞社、一九八〇年（Independent Commission on International Development Issues, *North/South: A Programme for Survival – the Report of the Independent Commission on International Development Issues* (London: Pan Books, 1980)）が最も包括的で信頼がおける。日本における代表的な研究として、川田侃『南北問題――経済的民族主義の潮流』東京大学出版会、一九七七年、同『南北問題研究』東京書籍、一九九七年。また、独自の視点からこの問題を探る研究として、矢野暢『南北問題の政治学』中央公論社〈中公新書〉、一九八二年。

27――河野康子『日本の歴史二四 戦後と高度成長の終焉』講談社〈講談社学術文庫〉、二七三－二七四頁。

28――OECD石油委員会編著（鈴木両平訳）『石油――現状と展望』ダイヤモンド社、一九七三年、四九－五〇頁。(Organisation for Economic Co-operation and Development. Special Committee for Oil, *Oil: the Present Situation and Future Prospects* (Paris: OECD, 1973)).

29――民主党政権下で行われた、「密約」問題に関する調査と文書公開に象徴されるように、近年、外交記録公開は急速に進んでいる（外交記録公開の進展については、高橋和宏「外交記録の公開に向けた外交史料館の取組」『ジュリスト』二〇一一年四月一日号、六四－六九頁、同「外交記録公開の現状と課題」二〇一四年七月（データベース戦後日本外交史：http://j-diplo.sakura.ne.jp/column/column1.html）、波多野澄雄、佐藤晋、細谷雄一、原口邦紘「座談会「外交アーカイブ」の役割について」『外交史料館報』第二四号、二〇一一年三月、四五－六五頁）。

従来、日本外交を研究する際には史料の不足が枕詞となっていたが、それは過去のものになったと言ってよい。英米両国など関係各国の様々な文書を必要に応じて用いつつも、基本的に日本の文書に依拠して研究を進める状況が整いつつある。しかし、大量の文書が外交史料館に移管されるようになった一方で、公開に至るまで、場合によっては一年ほどの審査期間を要することもあり、また一度に利用申請可能な冊数が限定されていることから、限られた期間内に研究を進めるために充分な量の外交文書を閲覧することができない状況が続いている。そこで本研究では、外交史料館所蔵文書とともに、外務省に情報公開法に基づく開示請求を行うことで開示を受けた外務省文書(外務省のファイルに保存されていた他省庁作成文書を含む)も用いた。なお、情報公開請求に際しては、特定の会議や会談などを除き、総務省のホームページで閲覧可能な行政文書ファイル管理簿で、当該期に主管課および関係部局で作成されたファイルを検索し、可能な限り、関連するファイル単位で請求するように心掛けた。以上の作業を通じて、ピンポイントで文書が開示されるために、周辺文書や文書の文脈が分からないという情報公開請求の問題点は解消し得たと考える。

本書ではまた、外交史料館所蔵文書と情報公開請求で取得した文書の他に、『経済と外交』や『通産ジャーナル』、『世界経済評論』等に掲載された、政策担当者による雑誌記事を積極的に利用した。「密約」の存在からも分かるように、事の性質上、極秘裏に政策決定や交渉が進められる安全保障問題や政治問題とは異なり、本研究の中心的な課題となる多国間の経済問題は同時代的にもある程度情報が公開され、各国の担当者がそれを共有する形で交渉が進められていく。それゆえ、一般向けに書かれた雑誌記事にも、交渉の詳細や意図がある程度書かれており、また、短期的な検討が中心となる政府内の文書には残りにくい中長期的な認識や情勢の変化や、政策課題をめぐる大きな構図が記載されていることも少なくない。公文書とこのような政策担当者による論考を重ね合わせて検討することで、より重層的な外交像を描き出すことが可能となる。また、新聞、白書や青書などの政府刊行物、関係者の回想録やオーラル・ヒストリー、そして筆者自身によるインタビューも補完的に利用した。

第一章　外交課題としてのエネルギー資源問題の浮上

石油や天然ガスをはじめとして様々な資源を輸入に依存する「資源小国」日本――このイメージは一般にも定着している[1]。それにもかかわらず、第二次世界大戦後、一九六〇年代半ばに至るまでエネルギー資源問題は外交課題として認識されてこなかった。だが、経済大国化を果たした六〇年代後半に入ると徐々に変化を遂げることになる。当時、「セブン・シスターズ」と称された国際石油資本の圧倒的な優位の下で国際石油市場は安定しており、典型的な「買い手市場」であった。この時代に、日本でエネルギー資源問題が外交課題として浮上した。

その経緯を明らかにするには、まず、それまでエネルギー資源問題がなぜ外交課題にならなかったのかを確認しなければならない。それは、第二次大戦後の例外的に安定した国際石油情勢と、石炭から石油への主要エネルギー源の転換というエネルギー革命の進展と関係している。この点をエネルギー政策の展開と併せて検討することで、六〇年代後半にエネルギー資源外交が始動したことの一つの背景が明らかになるだろう。これが本章の第一の課題である。

第二の課題は、エネルギー資源問題が外交課題として浮上するきっかけとなった六七年の第三次中東戦争をめぐる日本外交、具体的には国際連合およびＯＥＣＤ（経済協力開発機構）を舞台に展開された外交の検証である。第三次中東戦争は、第一次石油危機に直接繋がった第四次中東戦争と比べて注目されることはほとんどないが、日本が供給の大半を依存する一大産油地で戦争が勃発し、アラブ諸国が石油を「武器」として用いたことは、外交当局者の間でエネルギー資源問題と中東地域に対する関心を高めた。国際石油市場の変動を受けて活発化する七〇年代に入ってからのエネルギー資源外交を理解する上でも、第三次中東戦争時の日本外交を検証する作業は欠かせない。

そして第三の課題は、エネルギー資源外交を実施するための体制整備の検討である。第三次中東戦争を経て、六九年一月に行われた外務省の機構改革で、経済局経済統合課の所掌事務に資源問題が加えられた。この改革は、日本が経済大国化したことに伴う、従来の「戦後処理」を中心とした外交体制の見直しという大きな文脈を背景に実施されたものであり、その経緯を明らかにすることは、六〇年代後半に取り組むべき外交課題がどのように考えられていたかを明らかにすることにも繋がるだろう。

以下、各節では上記三つの課題と対応する形で検討を進めていく。まず第一節で、エネルギー革命とエネルギー資源外交の関係を検証し、エネルギー資源問題がなぜ外交課題として認識されてこなかったのかを確認する。そして第二節では、第三次中東戦争時の日本外交を国連・ＯＥＣＤでの対応と併せて分析する。最後の第三節では、外務省経済局経済統合課の所掌事務に資源問題が含まれることになった経緯を機構改革全体の文脈と併せて検討した上で、当該期の外務省における資源問題認識を明らかにする。

1　エネルギー革命とエネルギー資源外交の関係

第二次世界大戦後の石油情勢と日本のエネルギー革命

第二次世界大戦以前、石油は軍需物資としての性格が強かった。日本の対英米開戦の最終局面で、軍部の情勢判断に石油の備蓄状況とアメリカによる対日石油禁輸、そして南方に存在した石油資源が大きな影響を与えたことはよく知られている[2]。それに対して、戦後、石油は民間の需要を中心とした物資となった。

第二次大戦終結から一九六〇年代後半に至る約二〇年間は、安価かつ安定的に石油が供給された例外的な時代と言える。スエズ危機(第二次中東戦争)前後のスエズ運河の閉鎖など石油情勢に影響を与えるいくつかの事件はあったが、新たな供給先としての中東の登場と、「セブン・シスターズ」や「メジャー」と呼ばれた強大な国際石油資本の存在が、石油供給の安定をもたらした。国際石油資本は、各国に採掘権を持ち、調査、採掘、精製などの技術、さらには輸送に至るまで、石油の生産・流通に必要なあらゆるノウハウを独占することによって石油市場を支配した。中東地域には、各国の国境線とともに、石油利権によって区切られた「もう一つの国境線」が存在していたのである[3]。

国際石油資本の強力な支配の下で、原油価格は一九五〇年代から緩やかに下落していった。原油価格の引き下げに対抗するために、六〇年九月、イラン、イラク、クウェート、サウジアラビア、ベネズエラの五ヵ国を原加盟国としてOPEC(石油輸出国機構)が設立されたが、価格の低下は七〇年代に入るまで続いた。六〇年から六九年の間に原油公示価格は約二割下落した。この間の物価上昇を考えれば、実質的な価格は約四割も下がったことになる。日本の高度経済成長期の大半、石油市場は言わば「買い手市場」であり、欲しい時に好きなだけ石油が安価に手に入る状態だったと言ってよい[4]。

このような国際石油情勢の下、日本では国産の石炭から輸入石油への主要エネルギー源の転換、いわゆるエネルギー革命が進んだ。それを背景の一つとしてエネルギー資源問題が外交課題として浮上することになる。

簡単にエネルギー革命の流れを概観しておこう[5]。敗戦から一年後、四六年夏の時点で日本の石油輸入はほぼゼロであり、火力発電所もほとんどが停止していた。年間約二二〇〇万トンの石炭と石炭換算で約一七〇〇万トンの水力発電および約九六〇万トンの薪炭が一年間のエネルギー供給量の全てであった。状況を改善するために石炭の増産が最優先課題となり、四六年一二月には「傾斜生産方式」を採ることが決定された。「傾斜生産方式」とは、生産の隘路になっていた石炭業と鉄鋼業に資金・資材・労働力などを優先的に配分することで循環的な増産を図り、それを梃子に全産業の生産回復を図るという政策である[6]。これにより、四八年度には石炭不足はほぼ解消することになった。

占領下のエネルギー政策は連合軍総司令部の統制下に置かれていた。敗戦と占領によって、日本の石油資源開発は壊滅状態にあったが[7]、「傾斜生産方式」の導入とほぼ時を同じくして占領軍内で方針転換が図られ、四八年から四九年にかけて、それまで禁止されていた石油の輸入や太平洋岸の製油所の操業が順次許可されていった。その過程で日本の石油会社の多くは国際石油資本各社と資本および技術提携を行うことになり、戦後日本の石油産業の骨格が形成された[8]。

五二年四月のサンフランシスコ平和条約発効によって独立を果たした日本は、復興期から高度経済成長期へと移行していく。重化学工業化が進展したことで、六〇年代初頭までに産業構造はエネルギー多消費型へと変貌した。

だが、この間、国産の石炭から輸入石油への転換が直線的に進んだわけではない[9]。エネルギー政策には、不足する外貨の節約や国内産業保護といった考慮がある一方で、石炭に代えて石油を利用することで品質向上を図るとともに価格競争力を強化し、それを通じて輸出振興を行うという側面も存在する。

また、増加するエネルギー需要に国産の石炭増産が追い付くのか、輸入原油を安価に確保し続けることが可能かといった問題もあった。五五年のスエズ危機発生によってタンカー市況が高騰に転じたことが、一時的に国産の石炭に価格競争力をもたらすなど、石炭と石油の綱引きは五〇年代を通じて展開された。さらに、石油を輸入するといっても、それを安価に輸入するためには大型タンカーの受け入れが可能な港湾整備を進めなければいけないという課題も存在した。

日本はこうした課題を一つ一つクリアしていくことで、石炭から石油へ主要エネルギー源を転換していった。小堀聡が指摘するように、それは、「原油価格低下の追認といった受動的なもの」ではなく、各課題の総合的な検討をふまえた「エネルギー需要増大への先取り的対応」であった。日本は石油への「急速な転換を可能にする環境を自ら創り出したのであり、そして、原油の安定的な輸入と輸出市場の確保とを可能にする」ような「自由陣営」の国際経済秩序に積極的に自らを組み込んだのである[10]。

このようにして、五〇年代を通じて日本では国産の石炭から輸入石油へと主要エネルギーの転換が進んだ。六〇年代に入る頃には、安価かつ安定的に供給される輸入石油を前提に経済運営を行う時代となった。

石油政策の展開とエネルギー資源外交

輸入石油への依存という戦後日本のエネルギー政策の根幹が確立した後に、政策課題に変化がなかったわけではない。エネルギー問題の専門家である松井賢一は、石油業法が制定された六二年から第一次石油危機までを、「高度経済成長の持続と総合エネルギー政策の確立」期としている[11]。この時期の特徴は、原子力やLNG（液化天然ガス）といった新たなエネルギー源の登場もあるが、何よりも輸入石油が石炭に代わって主要エネルギー源として確立したことにある。こうして、潜在的な課題として浮上することになったのが、敗戦と占領によって著しく打撃を受けた海外石油資源の開発促進と、国際石油市場の不安定化に備える対応である。

海外での資源開発は山下太郎率いるアラビア石油が先鞭を付けていた[12]。五八年に設立されたアラビア石油は、六〇年一月にサウジアラビアとクウェートの間にある中立地帯で、油井を掘り当てる確率が三パーセント程度と言われる試掘に一回で成功し、世界でも有数の埋蔵量を持つカフジ油田を掘り当てた。翌六一年には生産が開始されることになる。アラビア石油は政財界の要人と密接な関係を持っていたものの、純粋な民間会社として設立された経緯もあり、諸外国のナショナル・フラッグとなる石油会社と比べれば、政府による支援は限定的なものに留まった[13]。

民間の動きと前後して、六〇年六月に閣議決定された「貿易・為替自由化計画大綱」に基づく貿易自由化の進展を背景に、自由化後の安定的な石油供給を目的として六二年七月に石油業法が制定された。石油業法は基本的に下流部門への対応であったが、上流部門についても日本資本による海外資源開発の推進のために六七年一〇月に石油開発公団が設立された。石油開発公団は、民間主導で打ち出された石油供給安定基金(六三年)や原油公団(六五年)などの野心的な構想が大幅に縮小される形で設立されたものだが、それでも公団の設立以降、日本の海外石油開発への投資は急増することになった[14]。

以上のように進められた諸政策は、七〇年代に入り、田中角栄政権の下で積極的に展開された海外資源開発支援策の前史として位置付けられる。戦前に満洲を中心に事業を展開していたアラビア石油の山下が、戦時中の経験から「石油の一滴は血の一滴」というフランスの宰相クレマンソーの言葉を強く意識していたことや、中山素平や今里廣記らアラビア石油に関与した資源派財界人達の「日の丸石油」に対する思い入れはよく知られる通りである[15]。

六〇年代後半になると通産省の担当者が目的として「低廉かつ安定的な供給の確保」を強調し始めるように、たしかに海外資源開発には、安定供給確保によって「敏感性(sensitivity)」の低減を図る意味はある——敏感性とは、相互依存論の文脈で「脆弱性(vulnerability)」とセットで用いられる概念であり、外的環境が変化した際の短期的な影響を示し、脆弱性は政策的対応を行った上での中長期的な影響を示すものである[16]。

しかしながら、海外資源開発の促進には「産業政策、対外投資政策および経済協力政策等」の視点も不可欠なことも担当者によって指摘されているように[17]、「低廉かつ安定的な供給の確保」という目的は通商政策を進める上での大義名分でもあった。

また、自国資本による権益を持っているからといって、危機時の安定供給が確保されるわけではない。この点は、「セブン・シスターズ」の一つであるブリティッシュ・ペトローリアム(現・BP)を持つイギリスを見れば分かるだろう。第一次石油危機時に同社は「本国」であるイギリスに一定の配慮を示しつつも、産業界からの新規契約を受け入れられないことを早々に発表し、より優先的な取り扱いを求めるヒース英首相と鋭く対立したことが知られている[18]。さらに、第二章で検討するように、七〇年代に入ると国際石油資本の権益は次々と国有化や事業参加の荒波に晒される。海外資源開発も、それだけではエネルギー安全保障政策としては限界を抱えているのである。

海外資源開発それ自体はあくまで通商政策の課題であり、本来は上流部門での利益獲得を目指す——市場における競争を通じて利益を求める——動きから始まった。これに対して、国際石油市場の不安定化への備えは、産油国との関係強化と消費国との政策協調を通じて石油市場の安定を図ることによって脆弱性の低下を目指す——外交を通じて市場における競争的側面を緩和する——もので、外交政策的性格が強い。

成果がどれだけあったかは別として、海外資源開発の支援は六〇年代前半から取り組みが始まっていたが、国際石油市場の不安定化への備えは全くと言っていいほど手付かずであった。産油国との関係強化は万一の事態への対応策の一つだが、戦中からの特殊な関係を持つインドネシアなどの東南アジア諸国は別として[19]、供給の大半を依存していた中東諸国との関係構築は立ち遅れていた[20]。

消費国間で協調枠組みを構築することも石油市場の不安定化への備えとして重要である。そして、その枠組みの下で、各国が協調しながら備蓄体制や緊急事態への対応を整備することによって、消費国全体として脆弱性の低下を図ることが可能となる。

六〇年代半ばまでに、消費国が集まって石油問題に関して討議する仕組みを備えていた国際機関としてOECDがあった[21]。OECDは、前身のOEEC(欧州経済協力機構)時代にスエズ危機を経験していた。OEECはスエズ危機が発生すると「緊急事態」を宣言し、加盟国間の石油供給量の配分やタンカーの配船計画の調整を行った。この経験をふまえ、OECDは石油供給確保のために、①各加盟国が個別に採ることを要請されている個別的な石油不足予防措置、②緊急事態発生に際しての供給割当、③備蓄計画を定めること、を加盟国に求める理事会勧告を定めるなど、消費国間の政策協調の場になることが想定されていた。

だが、西欧諸国間の対応策も煮詰まっておらず、アメリカ、カナダはOECDへの改組時に、日本は六四年の加盟時に上記勧告を留保するなど、消費国間の協力を進める体制は十分ではなかった。また、日本国内では石油の備蓄体制もほとんど整備されておらず、第一次石油危機の発生時、石油備蓄のほとんどが市中在庫であった。

産油国との関係強化も消費国間協調枠組みの形成も遅れていた六〇年代半ば、エネルギー資源との関係で国際的に注目を集め始めていたのは南北問題であった。第二次大戦後に急速に進んだ脱植民地化は「アフリカの年」と呼ばれた一九六〇年に一つのピークを迎え、独立国の数は急増した。新たに独立した国家の多くは政治的に非同盟主義を掲げる一方で、経済的自立に向けて旧宗主国を中心とする先進諸国に圧力をかけるようになる。「南」が持つ資源を「北」が利用する構図は、多くの新興国を苛立たせていた。

南北問題は、米ソ両国が西欧諸国の旧植民地への援助を競い合うなど、冷戦下における東西の援助競争という性格が戦後初期には見られたが、独立した国家の多くが経済運営に苦慮するようになり、六〇年代に入る頃から南北の経済格差是正を要求するものへと変容していた[22]。そして、六四年には第一回国際連合貿易開発会議(UNCTAD)が開催されるなど、国連での多数を背景に発展途上国は主張を強めていく[23]。UNCTADの開催以降、日本でも南北問題は深刻に受け止められるようになった。七四年一月の田中角栄首相の東南アジア訪問時に反日暴動発生を防ぐことができなかったように、南北問題へのアプローチは不十分であったが、それでも南北問題が政策課題として認識されていたことは明らかである[24]。

南北問題が国際的にも注目を集め、日本でも何らかの政策を打ち出す必要性が意識されていった一方で、資源問題は外交課題として意識されていなかった。七〇年代に入ると南北問題の中核的課題として浮上する資源ナショナリズムは、六〇年代半ばの段階ではそれほど強いものではなかった。当時は需給関係も逼迫しておらず、石油市場は典型的な「買い手市場」だったからである。

六〇年代に刊行された『わが外交の近況』(外交青書)に南北問題が毎年記載されていたのに対して、資源問題に関する記述が初めて大きく取り上げられたのが六八年一〇月に刊行された第一二号であることも、この問題が外交課題として認識されてこなかったことの傍証となろう[25]。ある外務省員の言葉を借りれば、六〇年代中盤まで外交当局は、「外国資源の輸入については、いわばこれまでレッセ・フェール(自由放任主義)の態度で傍観して来た」[26]のである。インドネシアをはじめとする東南アジア諸国との関係を考える上で、相手国が持つ資源の存在がレトリックとして用いられることはあっても[27]、それは政治的な問題に付随する第二義的な関心であった。
こうした状況は、第三次中東戦争をきっかけに変わっていくことになる。

2 第三次中東戦争と国連・OECD――一九六七年六月-六八年二月

第三次中東戦争の勃発と国連での議論

一九六七年六月五日、イスラエル空軍がエジプト、シリア、ヨルダン、イラクの各空軍基地を奇襲攻撃した。第三次中東戦争の勃発である。戦闘開始から実質四日間で、イスラエルはエジプトからガザ地区とシナイ半島、シリアからゴラン高原、ヨルダンからヨルダン川西岸地区を奪取することに成功する[28]。戦闘での勝利を背景としたイスラエルの占領地拡大という現状をスタート地点に、アラブ諸国およびソ連陣営が外交的巻き返しを図るという構図で、その後国連での議論が展開されることになった。

安全保障理事会非常任理事国の任期中ということもあり、シリア国境地域へのイスラエル軍の集結が伝えられ緊張が走った五月半ばから、外務省内では関係各課を集めて中東情勢の真剣な検討が始められていた[29]。

日本政府は、アメリカやイギリスなどと距離を置く中立政策を採ることを開戦前の段階でほぼ固めていた。中東紛争の複雑さと経済的な利害得失、さらには予想される「自由陣営」諸国からの働きかけをふまえて、「慎重な上にも慎重な態度をとることが望ましく時宜に応じて中庸な立場から情勢改善のため、他の中立的諸国とともに積極的に動くことは差支えないが、明らかに一方に偏しているとみられている米英等のグループに属するとの印象を与えたり、下手に目に立つような火中の栗を拾う動きは避けることが賢明と思われる」というのが日本の基本姿勢であった[30]。石油確保と「自由陣営」の一員としての配慮が求められる中東政策のディレンマに直面した苦衷が読み取れるだろう。

停戦後、日本は一歩踏み込んだ対応を示した。それは、国連の審議が安保理から特別総会に移った段階でより鮮明になる。中東問題を審議するために、ソ連の求めに応じて六月一七日から第五回国連緊急特別総会が開催された。当初、日本はソ連案とアメリカ案が対立するなかでアメリカに同調する姿勢を示し、武力による現状変更を認めない姿勢を基本としながらも、「イスラエルの生存権の確保のために必要と認められる措置はこれを支持することとする」とイスラエルへの配慮も見せていた[31]。

こうした姿勢が六月中は維持された[32]。だが、外交戦術的な側面の強いアメリカ案とソ連案双方の成立が共に難しい情勢が確実なものになると、アメリカからの再三の働きかけにもかかわらず、日本はイスラエル軍の即時撤退を求める非同盟諸国決議案に賛成する意向を示し、アラブ諸国寄りの中立姿勢を採った[33]。そして、非同盟諸国案が否決されると、イスラエルの撤退と交戦状態終結を同時とするラテン・アメリカ諸国案に賛成票を投じることでアメリカにも配慮する姿勢を示した[34]。

外交上の奇策と言い得るこの対応は、牛場信彦外務事務次官が佐藤栄作首相からの了解を取り付けた上で実施されたもので、この間、日本代表部内での意見対立もあったが、最終的には石油情勢への配慮から押し切られた[35]。このように日本は、第三次中東戦争時からアメリカとも距離を置く中立政策を志向していたのである[36]。

第三次中東戦争は、イスラエルの圧倒的な軍事的勝利に終わったことに加えて、戦闘終結の約五ヵ月後、六七年一一月二二日に国連安保理決議第二四二号が成立したことで、「領土と平和との交換」というその後の中東和平プロセスで一貫して追求されることになる原則が確立した点でも重要な意味を持つ[37]。三木武夫外相は開戦当初から和平プロセスを仲介する意欲を示していたが[38]、中東諸国に赴任していた各大使が日本に対する期待がアラブ諸国に存在しないことを指摘して反対したこともあり、積極的な政策を打ち出すには至らなかった[39]。

安保理非常任理事国の任にあった日本は、決議第二四二号に繋がる議論が始まった六七年一〇月に鶴岡千仞国連代表部大使が安保理議長を務めることになっていたこともあり、決議の採択に向けて尽力する。一〇月六日には、議長国として中東問題審議のための安保理開催に向けた工作をするようにとの指示が三木から出され[40]、鶴岡大使を中心に安保理非常任理事国を集めた非公式協議が度々開かれるなど努力が続けられた[41]。一〇月二四日に、イスラエル軍によるスエズ砲撃が行われて状況が変わったこともあり、この工作は実を結ばなかったが、一一月の協議に向けた地ならしとなった[42]。

安保理での協議は一一月九日に開始された。それぞれ一一月七日に提出された、アメリカのイスラエル寄りの決議案とアラブ諸国寄りのインド等三ヵ国案が真っ向から対立することが予想された[43]。議論が進む過程では各国が入り乱れ、ラテン・アメリカ案、ソ連案なども提出され、日本自身の決議案提出も一時模索されたが、最終的にはアメリカ案をベースに修正を加えたイギリス案が採決にかけられ、安保理決議第二四二号は全会一致で採択された。日本政府はイギリス案がアラブ諸国の理解を得られるかという点を不安視しつつも、最終的に賛成することを決定した[44]。この間、ジョンソン大統領から訪米直前の佐藤首相に宛てた書簡で米提案への賛成を求められるなど、難しい対応を迫られる局面もあったが、日本が中立的な姿勢を崩すことはなかった[45]。

こうして、六七年一一月二二日、国連安保理決議第二四二号が採択された[46]。安保理決議第二四二号は、日本政府の中東政策の基本線として採用されることになる。同決議の具体的な内容は、第三章第一節で改めて検討することとしたい。

石油禁輸措置の発動

本書の課題との関係で第三次中東戦争がより重要なのは、アラブ諸国が石油を「武器」として用いたことにある。第一次石油危機時と同じように、アラブ諸国の措置は必ずしも統一されたものではなく、影響も限定的だったが、それまで石油市場の安定を当然視していた各国政府には衝撃が走った。

日本政府の認識を検討する前に、アラブ諸国の石油戦略を概観しておこう[47]。中東地域における緊張の高まりを背景に、一九六七年六月四日と五日にバクダッドでイラク、アルジェリア、クウェート、サウジアラビア、リビア、バーレーン、カタール、アブダビ等の産油国およびシリア、レバノンが参加してアラブ産油国会議が開催された。この会議で、「アラブ国家に対する攻撃に参加した国に対し、直接・間接の方法を問わず石油の供給を停止すること」、すなわち石油を「武器」として用いることが決定された。

この決定に基づいて、戦闘開始翌日の六月六日、アラブ産油国および石油通過国のすべてが米英両国に対する石油の輸出および積み出し禁止措置を発表した。サウジアラビア、クウェート、イラク、リビア、そしてアルジェリアはアメリカとイギリスへの禁輸を直ちに発表し、さらに西ドイツにも英米両国よりは緩やかであり、条件は付けられていたものの禁輸に向けた措置を採るとされた。禁輸措置に加えて、戦争による混乱、スエズ運河とサウジアラビアから地中海に至るTAPパイプライン（Trans-Arabian Petroleum Pipeline）閉鎖もあり、中東からの石油供給は最大で一日あたり約六〇〇万バレルも落ち込み、世界の石油市場は一時的に大きく混乱した。

この石油戦略について、日本政府の担当者はどのように考えていたのだろうか。外務省中近東アフリカ局中近東課の担当者は、開戦直後の段階で、「わが国は紛争に中立的立場をとっているので、アラブ諸国はわが国に対しては禁輸措置をとっておらず、石油輸入停止の懸念はないものと思われるがアラブ産油諸国の労働者等によるサボタージュにより石油生産又は積出しが妨げられる場合には、わが国の石油供給にも影響が現れてこよう」と分析していた[48]。この後に続けて、流通中の市中在庫を含めて日本の備蓄が二ヵ月に満たないことを指摘しているものの、日本への影響は切迫したものではなく限定的と考えられていた。

この点は、他国に対する分析と比較すると、より明瞭になる。国内に豊富な石油資源を有し、中東からの輸入も五パーセントに過ぎないアメリカへの影響はほとんどないとする一方で、事態が長期に及んだ場合、イギリスやフランスは大きな経済的影響を蒙るだろうと担当者は見ていた。さらにイタリアのように他の西欧諸国よりも在庫が少ない場合にはより影響が大きいと懸念された――ただし実際にはイタリアは六〇日分以上の備蓄を有していたことが後に明らかになる。「欧州諸国は五〇～六〇パーセントを中近東に石油に依存しており、石油供給の影響はかなり大きいものと予想」していたのである[49]。

当時二国間と多国間双方の経済問題を所掌していた経済局の観察もほぼ同様であった。経済局の担当者は、中東紛争の経済的影響について詳細に検討したレポートの中で、スエズ運河閉鎖に伴う通商への影響はスエズ危機時と同様に深刻だと指摘し、石油戦略が長期化した場合、西欧諸国は「各国とも石油消費制限策をとらざるを得ない事態に追い込まれよう」と最悪のケースを想定していた[50]。

経済局の担当者も日本への影響は限定的だと見ていた。サウジアラビア、イラク、バーレーンの積み出しが停止されていることや、タンカーや石油の価格上昇が今後予想されることなどが懸念されるとしつつも、スエズ運河封鎖やパイプライン閉鎖の影響は日本には限定的であること、タンカーについてもスエズ危機以降は長期傭船契約が結ばれていること、対日輸出は続けられていることがこの判断の理由である。ゆえにここでは石油消費制限等の検討は一切行われておらず、「今後の石油対策」として示されたのは、供給源の多角化、海外資源開発の促進、そして西欧諸国に比して遅れていた備蓄の強化などの中長期的課題であった。ただし、供給源の多角化は、生産コストや油質の面などで中東に代わる豊富な石油資源が見当たらなく、日本による海外資源開発も容易ではないとして、しばらくの間は備蓄の強化を行うしかないとされた[51]。

以上のように、西欧諸国には深刻な影響が出る可能性があると観察する一方で、日本への影響はそれほど心配していないという点で、外務省の担当者の見方は共通していた。

戦闘が終結し、六月後半に入ると、停戦やパレスチナ難民問題など新たな問題が浮上していたが、石油に関する事態の深刻化は回避されたという見方が徐々に強くなっていった。六月末には、スエズ運河閉鎖に伴う通商への影響は深刻だと分析されていたが[52]、それも、七月に入ると、スエズ危機の教訓を持つ西欧諸国が備蓄の増強やタンカーの大型化といった対策を行っており、さらにイラン、アメリカ、ベネズエラなどの代替供給源が存在することから、「短期的には五六〜五七年〔スエズ危機〕当時の混乱は起らないと思われ」、「現在の事態の長期化の可能性は少ない」との情勢認識が示されるようになった[53]。

日本への影響も、イラクによる禁輸措置を除けば特に大きな影響はないとし、危機が収束しつつあると認識されていたことが分かる。その上で、中期的な問題として以下のような展望が示された[54]。

わが国が紛争に対して中立的立場をとっている限りにおいては、アラブ諸国は対日石油輸出を禁止する恐れは少ないと見られるが、アラブ諸国は石油を武器として考えており、今後これがどのように利用

> されるか予断を許さない。成行によっては、わが国向け輸出が止まる可能性も考えられる。〔中略〕
> わが国は石油の備蓄が製品を含め約四〇日分（さらにタンカーで中東地域から日本向け輸送中のもの約一千キロリットル）あるが、これは西欧諸国の二～三ヵ月分に比較して貧弱に過ぎる。アラブの石油約四億トンの供給が途絶した場合に、この代替供給は単に年間六千万キロリットル以上をアラブに依存するわが国だけの問題ではなく、自由世界全体の問題として、わが国もＯＥＣＤなどの国際協力体制の下における計画的需給が必要となって来よう。〔傍点引用者〕

中東紛争については中立的立場を維持すればいいとしつつも、今後、アラブ諸国が再び石油を「武器」として用い、日本への輸出が途絶える可能性があることは、外務省の担当者にしっかりと認識されていたのである。併せて備蓄の増強と緊急時の消費国間協調という、エネルギー資源外交の課題がこの時点で的確に指摘されている点も興味深い。

発動から一ヵ月後の時点で、アラブ諸国の石油戦略が失敗に終わったことは明らかであった[55]。その後も、ナイジェリアで内戦が勃発した影響で一日当たり五〇万バレルの供給が失われる事態が発生するなど緊張はあったものの、アラブ諸国間の様々な駆け引きを経て、中東戦争勃発から三ヵ月後の一九六七年九月初めになると産油国は相次いで禁輸の解除を発表した。こうして、アラブ諸国の石油戦略は終息した。

日本の石油業界が禁輸による直接の影響を受けることはほぼなく、スエズ運河の閉鎖も供給に関する限り大した影響はなかった[56]。また世界経済全体でも、交戦国は別として、海運市況やポンドとユーロダラーを中心とする国際金融面に影響があったことを除けば[57]、七月下旬の時点で既に大きな影響は見られないと観察されるようになっていた[58]。中東戦争勃発直後からの日本政府の情勢認識は的確であったと評価してよい。

アラブ諸国の石油戦略はなぜ失敗に終わったのだろうか。端的に言えば、それは需給関係がそれほど逼迫しておらず、国際石油市場が「買い手市場」だったからである。西欧諸国やアメリカ、そして日本などの先進諸国は急速な経済成長に伴って石油需要を急増させていたが、六七年の時点ではまだ供給に余裕があった。こうした状況を背景に、アメリカは国内の石油産業保護のために生産抑制に努めており、十分な供給余力を抱えていた。実際、アメリカは石油戦略が採られると直ちに増産に着手する手筈を整えた。外務省の担当者も、代替供給源としてイラン、アルジェリア、ナイジェリア、インドネシア、ベネズエラ、カナダなどを検討しつつも、これらの国が大幅に増産することは容易ではなく、結局はアメリカが「約一億トン近くの生産余力ありといわれもっとも有望と思われる」と観察していた[59]。

産油国間の調整が不十分だったことも理由の一つとして挙げられるだろう。サウジアラビアのヤマニ石油大臣は、「石油と言う武器を正しく使いこなさなければ、まるで空に向かって鉄砲を撃つようなものだ。目ざす敵に当たらないばかりか、自分にはね返ってくるかもしれない」と述べて、関係国に自重を求めていた[60]。それは、アメリカを含む非アラブ産油国の存在を意識していたからである。事態はまさにヤマニの考えていた通りとなった。第三次中東戦争時の石油戦略が失敗であり「これは、誤った情報に基づきとられた誤った決定で、誰よりも、アラブ自身の利益を損ね、非アラブ産油国のみが利益を得た」というヤマニの評価は、その後も繰り返し強調されることになった[61]。

とはいえ、失敗に終わったというアラブ諸国自身の評価は、六八年一月九日のクウェート、リビア、サウジアラビアの穏健派三ヵ国を原加盟国とするアラブ石油輸出国機構（ＯＡＰＥＣ）設立に繋がり、それはその後の展開に無視し得ない影響を与えることになった[62]。ＯＡＰＥＣの設立が日本で注目されることはなかったが[63]、その後、七〇年にアルジェリア、バーレーン、カタール、アラブ首長国連邦（アブダビ）、七二年にイラク、シリア、七三年にエジプトが加わったOAPECは、第一次石油危機発生に決定的な役割を果たすことになる。

不十分な結果に終わり、消費国に大きな打撃を与えるようなものではなかったものの、アラブ諸国が中東紛争を有利に運ぶために石油を「武器」として用いたことは紛れもない事実として残った。第三次中東戦争における石油禁輸措置は、一般には看過されがちだが、先進消費諸国の政策担当者の脳裏にしっかりと刻まれた。

OECDにおける対応

第三次中東戦争時の石油戦略は最終的に失敗に終わり、世界経済全体にもそれほど大きな影響を与えることはなかった。だが、中東紛争が勃発し石油が「武器」として用いられると、先進消費国の間では危機感が広がり、OECDで石油情勢に関する審議が行われることになった[64]。

あらかじめ結末を述べておけば、OECDを舞台にした消費国間協調の動きは石油情勢が比較的早期に落ち着いたこともあり、中途半端なものに終わった。日本の対応も及び腰であり、消費国間協調を妨害しようとすることはないものの、可能な限りコミットメントを避けようとしたというのが実態である。

OECDにおける審議経過や対応からは、日本のエネルギー資源外交に付きまとうディレンマや、各国の石油事情が異なるなかで消費国間協調を進めていくことの難しさが浮かび上がってくる。また、次章以降で検討する七〇年代に入ってからの消費国間協調をめぐる動きと比較する材料としても重要な意味がある。こうした意義を確認した上で、OECDでの審議と日本の対応を検討することにしよう。

中東戦争勃発から二日後の六七年六月七日、ＯＥＣＤは石油特別委員会の緊急会合を同月一二日に開催することを決定し、翌八日に各加盟国へ通知された[65]。

六月一二日に開催された緊急会合では、まず中東地域から西欧諸国への供給状況に関する意見交換が行われた。西欧各国がアラブ諸国における労働者のストライキ等により生産・輸送が停止している事情を報告したのに対し、フランスのみが「何ら深刻な事情は生じておらずまた事態悪化の見通しもない」と述べたことに注目が集まった。次いで、スエズ危機の経験をふまえてＯＥＣＤとして迅速かつ適切な措置を採る必要が確認され、その措置について検討が行われた。ここで問題となったのが「緊急事態宣言」である。

石油問題に関して、ＯＥＣＤの理事会勧告に基づく緊急措置として、以下の三つの段階が想定されていた。第一段階は個別措置としての各加盟国内における石油委員会設立だが、これは緊急事態宣言に先行するものである。第二段階はＯＥＣＤ石油委員会の諮問委員会(International Industry Advisory Body)設立で、これは緊急事態の発生を前提としつつも緊急事態宣言は要件とされていない。しかし、通常はこの措置を採る前、もしくは後に緊急事態宣言を行うことが期待されると各国は解釈していた。最も強力な第三段階の緊急措置は供給割り当てだが、その場合はＯＥＣＤ理事会の緊急事態宣言発出が求められた。

緊急事態宣言は、アメリカが抱える特殊事情とも関係していた。アメリカの国内法制上、石油業界が国内、あるいは国際的に情報交換等の共同行為を採るためには、ＯＥＣＤの緊急事態宣言が必要だと主張し、その発出を各国に強く求めた。

アメリカの主張に、イタリア、西ドイツ、イギリス、ベルギー、スウェーデンの各国は賛同する姿勢を示したが、フランスはＯＥＣＤとしていずれの措置を採る必要もないと反対姿勢を鮮明にした。日本政府の代表は、スエズ危機時の国際的な協議に加わっておらず、緊急措置に関する経験もないため、協議の模様を本国に伝えて指示を待ちたいとして態度を留保した[66]。

結局、米仏の溝が埋まらなかったことから、翌一三日午後に会議は再開されることになり、それに向けて、議長が以下の三案を作成した。

(a)案　石油特別委員会は理事会に緊急措置の一部を発動することを勧告する。勧告の範囲は理事会が国際的石油会社より成る諮問グループを設立し、この諮問グループをして、加盟国への石油供給問題につき石油特別委員会に助言させることである。

(b)案　OECD地域に石油を供給している主要会社を有する国のグループを設立し、このグループがそれぞれ自国各社と協議の上さまざまな仮想状況下における予想供給水準について情況報告書を作成し一〇日以内に石油特別委員会に提出する。

(c)案　何らの措置をもとらず情況を見守る。議長及び事務総長が何等かの措置をとるべき事態だと認めるときに再び会合を開く。

(a)案にある国際石油会社で構成される諮問グループとは、理事会勧告に基づく第二段階の緊急措置にある石油委員会の諮問委員会であり、(b)案は緊急事態宣言を回避し、石油会社ではなく各国を参加メンバーとするグループを設置するという案、(c)案は先送り案である。
六月一三日午後から再開された石油特別委員会で、アメリカ代表のトレザイスは(a)案こそが、理事会勧告に基づく緊急措置であり、国内での諸措置(石油会社間の共同行為の確保等)を採るためにも必要だと強調した。アメリカは事態を深刻に捉えており、西欧諸国に自らの懸念を共有させる必要があると考えていた[67]。

前述のように第三次中東戦争当時のアメリカは、巨大な経済力を持つ世界最大の石油消費国だったが、同時に国内に豊富な石油資源を持つ石油生産国でもあった。そのアメリカが重視したのは西欧諸国への影響であった。アラブ諸国の措置によって生じる脅威は、「アメリカに対するものではなくヨーロッパに対するもの」だと認識されていた[68]。実際、アラブ諸国の石油戦略の影響に関する米仏の認識の差は六月一二日の時点で明らかだったし、国際収支赤字の問題などとともにイギリスの中東政策に強く影響を与えるなど[69]、エネルギー資源問題は米欧間に分断を生じさせる火種となりつつあった。第一次石油危機前後に再び問題となる米欧の溝はこの時にも見られたのである。

委員会では、イギリス、北欧諸国、オーストリア、アイルランドが(a)案を支持したものの、西ドイツ、ベルギー、イタリア、オランダなどは石油委員会の役割は技術的な問題の検討に留めるべきで、上記三案のいずれを選ぶかは各国常駐代表による理事会における政治レベルでの決定に委ねたいとした。ここで、西ドイツやベルギーが前回から態度を翻したことが注目される。

さらにフランスは、緊急事態が発生する恐れがあるとは思われないとして、(a)案と(b)案のみならず(c)案にも反対する姿勢を明示した。こうして各国の間で認識のずれが拡大するなかで、日本は三案の「いずれにも積極的支持を与えないこと、日本政府及びアラビア石油の〔諮問委員会への〕参加は留保する」という訓令に基づいて一切の発言を控えた[70]。こうして、石油委員会の場では結論が出ず、理事会に決定が委ねられることになった。

ここでOECDの意思決定システムと組織について簡単に説明しておく[71]。OECDには意思決定の場として二つの理事会が存在する。一つは年に一回開催される閣僚理事会であり、当時は先進諸国の閣僚が一堂に会する貴重な場として機能していた(現在は、主要国首脳会議〔サミット〕の事前調整の場として機能している)。

もう一つは事務総長が主宰し、通常月に二回のペースで開催される各国常駐代表（大使）からなる会合である。OECD設立条約が定めるところの「すべての加盟国を拘束する決定」、「加盟国に対する勧告」およびその他の重要な決定事項は、閣僚または常駐代表レベルの理事会で、全ての加盟国の合意に基づいて採択される。全会一致を旨とするOECDだが、実質的な審議を進めるために、常駐代表による理事会と同じ構成の非公式な意見交換の場として首席代表者会議も設置されている。また、理事会を補佐する機関として執行委員会もあり、理事会で議論が紛糾することを避けるために非公式に協議する場となっていた。

石油委員会で結論を出すことができなかった緊急事態宣言をめぐる問題に話を戻そう。理事会に諮る前段階として、六月一五日に執行委員会が開催されることになった[72]。

この会合では、流動的な中東情勢を考慮した時期尚早論が各国から出されるとともに、フランスから何らかの措置を採ることが対米英の選択的禁輸から全面的禁輸に繋がるのではないかという慎重論も出されたが、最終的に主要国は石油特別委員会時と比べてアメリカの主張に同調する方向に傾いた。日本はこの会合でも積極的な発言を避けた。そして、議論は理事会の場に移されることになった。

理事会開催を前に、六月一七日、ワシントンで日米間の事務レベル協議が行われた。参加者は千葉一夫在米大使館一等書記官、第一次石油危機直前に駐サウジアラビア大使として赴任することになる国務省のエネルギー問題専門家のエイキンズ等である。

タンカーの運航状況などについて情報交換をした後、アメリカ側は、必ずしも（a）案には固執しないとOECD内の意見対立をふまえた一歩引いた立場を示したが、国内法制の関係から緊急事態宣言が必要なことを重ねて表明した。その上で強調されたのは、OECD発足後の初の試練で先進諸国が共同行動を採れないというのは問題であり、何らかの協力措置を必要だと考えている、ということである。さらに、日本の置かれている立場は理解しているとしつつも、「率直に言って日本はアラブに甘いという定評があり、アラブ諸国もこれを知り尽くして日本ほど脅かしが利く国はないと西欧側に放言している位で、アラブの性格上余り遠慮し過ぎるとかえって色々言いがかりをつけられるもとを作るのではないか」とし、ＯＥＣＤの加盟国内でタンカーの配船を協議して供給確保を行うといった石油輸入国として当然のことまでアラブ諸国を刺激しているといった空気になると後々までやりにくくなる、と釘を刺した[73]。石油情勢の急変に際して米欧間に亀裂が入ることを避け、ＯＥＣＤで日本を含めた消費国間協調を進めるべきだというのがアメリカの立場であり、及び腰な対応を続けていた日本に覚悟を求める形となった。

ワシントンで日米協議が行われた頃から、ＯＥＣＤ内の様子に若干の変化が見られるようになっていた。スエズ運河の航行不能が少なくとも数ヵ月は続くだろうという認識が広がり、さらにアメリカが積極的な消費国間協調の必要を主張し続けたことを受けて、石油特別委員会開催からわずか数日で、主要な加盟国は「かなり米国の主張に同調する方向に動きつつある」と日本政府代表部は観察していた[74]。

このようにＯＥＣＤ加盟国の間でアメリカに同調する動きが見られるようになった一方で、日本政府の態度は相変わらず煮え切らなかった。それは、ＯＥＣＤ内の変化をふまえて、同代表部から本省に送られた四項目からなる当面の審議に臨む方針案からも読み取れる。

方針案は、①ＯＥＣＤ内で日本のみが孤立する事態は「万策をつくして避ける」、従って最も強硬な反対論を展開するフランスが賛成する案には日本も賛成する、②フランスが諮問委員会には参加しないが反対はしない場合、日本は「単に原案に反対しない（即ち棄権でない）」とのみ述べる、③六月二〇日の理事会における決定は時期尚早という空気であれば同調するが積極的には発言しない、④諮問委員会が設立された場合当分の間は入らないが協力はする、ただし、参加が求められることが予想されるアラビア石油は米欧に駐在員がいないため会合へのオブザーバーとしての出席も困難であり、必要な情報はＯＥＣＤ代表部を通じて提供する旨を述べ、同時に委員会から情報を得たい旨を述べる、というものである。とにかく目立つ動きを避けるということで一貫している。

その上で、「短期的には石油供給源確保の見通しが成り立つとしても、自由陣営の一員として、長期的見地に立つ場合、米国との協力は不可欠というべく、従って本件具体的問題処理についても（今回具体的にＯＥＣＤ内における米国の処理ぶりには、かなり無理押しの点もあり、また戦術的に下手な点もあるやに感ぜられるが）、米国の意図に関するところに協力して然るべきかと存ぜられる」というのがＯＥＣＤ代表部の意見であった[75]。消極姿勢は目立つものの、可能な範囲でアメリカに協力する必要を強調するものと言えよう。

同じ日に在米大使館の須之部量三臨時代理大使から本省に送付された意見具申は、消極性がより色濃かった。この意見具申は、それまでの協議を通じて得られたアメリカ側の見解をまとめ、ＯＥＣＤとしての措置に加わる際にアラブ諸国の感情的な反発が予想される点に留意する必要性を指摘した上で、次のような方針を提案する[76]。

> わが国として、今の段階でＯＥＣＤとの共同措置をとるか否かは、アラブ諸国からの石油確保の見通し如何（この点、当方（在米大使館）としては十分に承知せざるも）との相関関係にて考えられるべき事項であるが、わが国としては今しばらく慎重に構え少くとも今次緊急国連総会の見とおしのつくまではコミットしない事とされては如何かと存ず。
>
> その際コミットをしない事の理由付けをいかにすべきかが問題となるべきも、わが国へのタンカー航路はスエズ運河を経由していないので、地理的に欧州諸国とは異なり特殊事情にあるとの議論をするか、

または緊急総会にて意外な事態の進展あるやも知れずあまりに流動的なので、今しばらく時を待ちたしと論ずることも一案かと存ず。

要するに、石油戦略がどれだけ深刻な影響を及ぼすかまだ明らかではなく、OECDとして共同歩調を取る明確なメリットもないなかで、リスクを取るようなコミットメントを避けるべき、というのが在米大使館から寄せられた見解であった。一般に、現地の大使館は相手国の見解の影響を受ける傾向があると言われるが、この在米大使館の意見具申は外務省内でも最も消費国間協調に消極的であり、アメリカとも対立するものである。

以上のように、積極的なコミットメントをしないという意見が政府内で支配的なまま、日本はOECD理事会に臨むことになった。

六月二〇日午前中、首席代表者会議で意見交換が行われた。会議では、まず、アメリカ代表のトレザイスが改めて（a）案を強く主張した。それを受けて、オランダ、西ドイツ、ノルウェーの各代表は（a）案を支持しつつも全ての国が受諾可能な何らかの妥協案の成立を希望した。具体的な妥協案を提示したのがオーストリアとイギリスである。オーストリアはアラブ諸国に配慮して緊急事態宣言を発出しない方式を提案し、イギリスは諮問委員会設置に合意した上で表現を和らげる等の工夫が可能だと発言した。石油委員会時から緊急事態宣言や諮問委員会設置への反対姿勢を明確にしていたフランスは、諮問委員会設置には同意できないとして、事態を静観することを提案した。

このように討議が進むなかで、日本は、前述したワシントンでの日米協議に加えて、OECD代表部と東京でもアメリカから支持の要請を受けており苦しい立場にあったが、結局煮え切らない姿勢に終始することになった。

外務省は、日本が置かれている状況を「(イ)OECD加盟国の一員として一般的に協力が必要であり、また万一事態が悪化した場合における日米間の話合のためにもこの種actionに協力することが望ましいという面と、(ロ)かかる参加がアラブ諸国を刺激することにより生ずることあるべき石油供給確保面のリスクとの間のディレンマ」に立たされているものと認識していた[77]。

このようなディレンマを抱える日本は、対応に苦慮することになったが、積極的な発言を避けることにした[78]。そして、審議が進むなかで態度表明を迫られると、他国が諮問委員会を設置することに明示的には反対しないが、(a)案が採択されることになったとしても諮問委員会にアラビア石油が参加することは見合わせる、という立場を明らかにした。次章以降で検討するように、消費国間協調と産油国との関係をいかに調整するかは、七〇年代に入ると日本が常に突き付けられる難題になるのだが、ここでは結論を先送りにしたのである。

以上のように、六月二〇日の会合で加盟国間の意見がまとまる見通しが立たなかったため、二三日の午前中に改めて首席代表者会議が開かれ、合意に至れば理事会に切りかえて正式決定を諮るという段取りが固まった。

首席代表者会合に先立ち、六月二一日、事務局から石油特別委員会が以下に挙げる措置を採るべきという内容を含む次のような理事会決議の事務局案が加盟国に配布された[79]。

1. 国際石油諮問機関(International Industry Advisory Body)を招集し、加盟国への石油供給につき石油委に勧告を行わせる。

2. 加盟国の消費水準（見込み）に比し、何らかの全体的供給不足（見込み）ある場合それを出来るだけ早く理事会に報告しまたこの報告に照らし、PE（60）2（緊急時の石油供給割当手続規則）のラインに沿って何らかの必要措置を提案する。

六月二三日の第二回首席代表者会議では、以上の理事会決議案について討議が行われた。だが、西ドイツ、ベルギー、ギリシャ、スペイン、トルコが訓令未着のため判断できないとしたため、理事会に切り替えることができず、決定は二七日の理事会に持ち越されることになった。この間、日本は積極的な発言を控える姿勢を続けた。

二七日に開催された第三回首席代表者会議では、前回会合時の訓令未着国からベルギー、ギリシャ、スペインが賛成に回ったが、西ドイツは①ヨーロッパ最大の石油消費国であるにもかかわらず特段の石油利権もなく、②輸入の約四〇パーセントを依存するリビアから輸出再開の目途が立たないのでアラブ諸国をさらに刺激する事態は避けたい、③ソ連がアラブ諸国に東ドイツ承認の圧力をかけている点を無視できない、として決議を棄権すると明らかにした。西ドイツ代表は、他国が希望する措置を妨げるものではないということを併せて表明した。

アメリカは早い段階から、厳しい石油情勢とアラブ諸国からの圧力に晒されている西ドイツの動向や、同国が供給を依存するリビアの情勢を注視していた。そして、ロストウ国務次官が西ドイツの説得に乗り出し[80]、ぎりぎりまで各国を説得する努力を続けたが[81]、結局、当初からの懸念が的中する形となってしまった。

各国の最終的な態度がほぼ明らかになったことを受けて、首席代表者会議は直ちに理事会に切り替えられ、事務局案から若干表現を和らげた以下の決議文が採択された(西ドイツ、フランス、トルコは棄権)。

一九六〇年一二月一四日のOECD条約第二条に鑑み、理事会勧告(C(60) 83 final)に従い、理事会は石油特別委が次の措置を採ることを指示する。

1. 国際石油諮問機関を招集し、加盟国への石油供給につき、石油委に情報提供(inform)を行わせる。

2. 加盟国の消費水準(見込み)に比し、何らかの供給不足がある場合、それを出来るだけ早く理事会に報告する。

この理事会決定を具体化するために、六月三〇日、石油特別委員会が開催された。委員会の結果、諮問委員会の構成メンバーは、OECD地域以外で一定量の原油を生産して通常OECD地域に供給している会社、という趣旨で合意に至った。この定義にはアラビア石油も含まれるため、七月三日、OECD事務総長より書面にて日本代表部を通じて参加招請があったが、ヨーロッパに駐在所がないといった事情を説明し、アラビア石油は当分の間参加しない旨を正式回答することになった。

このように日本は、アメリカの追求する路線を妨げるようなことはないものの、OECDにおける消費国間協調へのコミットメントを可能な限り避け、目立たないことを旨とする交渉姿勢に終始した。消極姿勢を採ったのは必ずしも日本だけではなかった。フランス、トルコ、そして最終的には西ドイツもアメリカと距離を置く姿勢を採り、第三次中東戦争時の消費国間協調模索の動きは限定的なものに留まった。

その後、諮問委員会は作業グループを設置し、七月一二日から一四日にかけてオランダのロッテルダムで会合を開き、七月一九日には第一次報告書を作成した。若干の供給不足(製品の場合七月一日現在で全需要の九日分が不足）があるものの、「全体として、英、米向けの中近東の禁輸措置は石油の供給事情全体に対しては大した影響がない」というのがその結論であった。報告書の提出を受けて、七月二〇日には第一三回石油特別委員会が開催され、石油・タンカー事情を今後さらに国別、品目別に検討する作業を諮問委員会で行うことが決定された[82]。

その後、諮問委員会は九月七日に第二次報告書を作成し、九月一三日には委員会参加各社の代表も参加した第一四回石油特別委員会が開催された。その結果、作業の継続が決まったが、前述のように、この前後に石油戦略は終息を迎えることになった。

アラブ首脳会議は九月一日にアメリカ、イギリス、西ドイツへの石油禁輸解除を決定し、さらに閉鎖されていたＴＡＰパイプラインも九月一七日に石油輸送が再開された。結局、ＯＥＣＤでの検討は翌六八年二月まで続けられたが、石油供給の見通しが立ったため、供給割当等の強力な緊急措置は採られることはなかった[83]。

以上のように、石油諮問委員会に対して日本が消極姿勢に終始したのは、アラビア石油に西欧諸国駐在員がいないため、委員会に参加可能な人員が不足しているという事情もあったが、何よりも石油情勢がそれほど緊迫していなかったことが大きい。

石油情勢が日本に直接大きな影響を与えておらず、政策決定が事務レベルで進められていた以上、産油国から無用な圧力を受けるリスクを避けるために消極的な政策に流れるのはごく自然な選択ではあった。主要な指示は三木外相の決裁を仰ぎ、場合によっては佐藤首相の了承も得る形で進められた国連での対応とは対照的である。加えて、石油事情が当初想定されたほどに悪化せず、アメリカが日本に対してそれほど強い姿勢でなかったことも日本の消極姿勢の一因だろう。

本節の検討を通して浮かび上がる日本外交の抱える課題は、その消極姿勢に加えて、情勢分析体制の不備である。中東戦争は中近東アフリカ局中近東課、石油情勢は経済局中近東課、OECDについては経済局国際機関第二課がそれぞれ担当したが、戦争勃発直後は、相互に調整した形跡もほぼなく、各課の作成文書には同じような内容の観察が散見される。各課の分析はそれぞれに一致しており、また見通しもほぼ正確ではあったが、それは結果論に過ぎない。こうした体制の不備は、同時期に並行して検討が進められていた外務省機構改革でも取り上げられていくことになる。

3 エネルギー資源外交の胎動——一九六七年六月-六九年一〇月

外務省機構改革とエネルギー資源問題

第三次中東戦争で採られたアラブ諸国の石油戦略は、消費国間協調の進展には繋がらなかったが、日本の外交当局者にエネルギー資源問題を外交課題として認識させた。この認識は、外務省内にエネルギー資源を中核とする資源問題を担当する部署を設置する動きに繋がった。

一九六〇年代半ば、外務省では大規模な機構改革が検討されていた。この動きは最終的に「政経合体」を実現したことで知られる六九年一月から三ヵ年計画で実施された機構改革に繋がる[84]。

関係部局の数という点で戦後日本の外務省機構改革の中で最大のものとなったこの改革のキーワードは、「政策企画(policy planning)」である。政策企画機能の強化を掲げて、経済局の各地域課を地域局に移管・再編する政経合体が実施に移され、併せて経済局の多国間外交機能の強化が図られた。さらに国際資料部が調査課・分析課・企画課の三課体制からなる調査部に改編され、中長期的な課題や他の部局の所掌に入らないような外交課題に関する調査と政策企画を専門に扱う部局が設置された。そして、この改革の一環として、経済局経済統合課の所掌事務に資源問題が加えられることになった[85]。

改革の背景にあったのは、「戦後処理」からの脱却という課題である[86]。敗戦国として第二次世界大戦後を迎えた日本が、「戦後処理」と先進国へのキャッチアップを外交課題の中心としてきたことは序章で述べた通りだが、六〇年代半ばになると状況は徐々に変わり、外務省内でも従来の外交体制を改めるべきではないかという声が大きくなりつつあった。

アジア諸国との賠償に関する作業もこの時期にはおおむね完了し、佐藤栄作政権成立後、六五年六月には日韓基本条約が締結され韓国との国交が樹立された。また六四年四月には「先進国クラブ」のOECDに加盟し、OECD加盟交渉と並行して行われた各国との協議の結果、経済面における対日差別もその多くが撤廃されるに至った[87]。小笠原諸島や沖縄の返還、日中国交正常化、北方領土問題の解決といった課題は依然として残されており、そこに外交資源の多くが割かれていたが、日本外交の中で「戦後処理」が占める比率は徐々に下がり、高度経済成長を通じて蓄えた経済力を背景にいかなる外交を展開していくかが潜在的な課題となっていた[88]。実際、アジア諸国との賠償協定締結が始まったことで五五年七月に設置されたアジア局賠償部は、作業に一定の目途が立った六四年五月に廃止され、賠償部の所掌事務は経済協力局に移管されるなど、「戦後処理」後を見据えた改革も進みつつあった[89]。

外交課題の変化だけでなく、政府内の外務省の立場の変化もまた機構改革を後押しした。「戦後処理」が主要課題であれば、外務省は政府内で特別な地位を占めることができた。日本が様々な「戦後処理」を進める過程では、必ず条約や行政取極などの政府間協定が結ばれることになったからである。条約局を持つ外務省は、主要な「戦後処理」案件の全てに携わることになった。だが、「戦後処理」が後景に退けば外務省の地位は盤石ではなくなる[90]。

また、経済外交の変化も外務省を揺さぶった。敗戦に伴って海外領土を失い、憲法第九条によって限定的な防衛力しか持ち得ない日本にとっては、経済こそが活路であり、経済外交は極めて重要な外交課題であった。大蔵省が所管する国際金融分野という例外は存在するが、経済外交でも外務省は圧倒的な影響力を誇った。それは、経済外交もまた「戦後処理」の一環として進められたからであり、また通商行政を担う通産省通商局に外務省員が大量に出向していたからである。通商局長は初代の武内龍次（四九年五月～一二月）から四代目の板垣修（五四年七月～五六年九月）まで外務省からの出向者が務め、またその下の課長も外務省からの出向者が大半を占めた。

こうした状況は六〇年代半ばには一変する。五〇年代を通じて外務省からの出向者の下で国際派の通産官僚が育ち、さらにOECD加盟を果たす頃になると「戦後処理」の側面は影を潜め、新たな課題として各国との経済摩擦や多国間の政策調整が浮上し始めた。条約などの政府間協定締結を通じた先進国へのキャッチアップではなく、時々の課題に応じたルーティン・ワークとしての経済外交にその性格は変化していた。このような背景の下で、六〇年代半ばから、外務省機構改革の検討が始まった。

具体的な検討に入る前に、外務省における機構改革の流れを簡単に確認しておこう。外務省の機構改革は、おおむね一〇年に一度行われる全省的な改革と、日々浮上する新たな政策課題に対応するための比較的小規模な改革を両輪とする[91]。エネルギー資源問題は、この二つの改革の双方にまたがる形で外務省の所掌事務に組み込まれていくことになる。

全省的改革は、機構委員会と機構小委員会を設置して二～三年程度の検討を行った上で実施される[92]。

六九年一月の改革の場合は、六六年一月に機構委員会および同小委員会が設置された[93]。機構委員会委員長は官房長が、副委員長は官房総務参事官が務め、委員には大臣官房の各課長および官房書記官（総務参事官室）、各局・部の参事官（参事官が設けられていない場合は右翼課長）が充てられた。小委員会は機構委員会のメンバーでもある官房書記官が主宰し、官房および各局・部の首席事務官クラス八名程度によって構成された。機構委員会で基本的な課題を検討の上で小委員会への諮問事項や付託事項を決定し、小委員会で各部局の意見を集約しつつ具体的な検討が行う。そして、小委員会での検討結果を基に機構委員会で改めて議論を行い、幹部会で最終決定に至るというのが改革の基本的な流れである。

これに対して、室レベルの改編も含めれば小規模な改革はほぼ毎年行われている。この小規模改革を追うことで、その時々の政策課題の変化を読み取ることができる。典型的なケースとして新しい外交課題への対応がある。

ここでは、エネルギー資源問題とも関係する中東地域に関する機構を例に説明する。外務省に中東地域を専門に所掌する部局として中近東アフリカ問題を担う欧米局第七課が設置されたのは五五年七月のことである。しかし、鳩山一郎内閣下で行政簡素化が進められる過程で、外務省全体の計四一課一室体制から八課一室を削減することになり、設置されたばかりの第七課も廃止され、その所掌事務は欧米局に配置された外務書記官が担うことになった。あくまで組織令上の変更であったが、省内における中東問題の位置付けが分かるだろう。

状況を変えたのは、翌五六年夏のスエズ危機発生である。五六年一一月には、独立の中近東室が欧亜局内に設置された。また、五八年一月には経済局に課長級をトップとする中近東書記官室が設置された[94]。

その後、石油輸入量の急増や中東情勢の緊迫化に伴って、中近東室は順次格上げされることになる。欧亜局中近東室は五七年七月に独立の第七課として復活する形で昇格（五八年五月に中近東課に名称変更）、六一年五月には欧亜局に附設する形で中近東アフリカ部が新設され、最終的に六五年五月に中近東アフリカ局が設置されることになった。経済局中近東書記官室も五九年一月には中近東課に昇格した。この体制は六九年一月まで続くことになる。

六九年一月に実施に移される機構改革構想検討の最初の舞台となったのは、外交政策企画委員会である。外交政策企画委員会は五七年に設置されたもので、官房長を委員長に、各局配属の参事官をメンバーに週一回程度の会合を行い、多様な案件を自由に議論する場として機能していた[95]。案件によっては事務次官も加わり、また議題に関係する局長も参加することが多い。

この委員会で、六四年七月から翌六五年一月にかけて、三回にわたって「外務省機構問題」が議論された[96]。ここで各委員会における議論の詳細に触れることは避けるが、三回の委員会を通じて議論された重要な課題が、機能局とりわけ経済局が所掌する二国間業務を地域局に移管する政経合体と、複数の部局にまたがるような中長期的な課題を取り扱う政策企画機能の強化の二点であった[97]。

五〇年代末から政経合体は機構改革の課題となっていた[98]。外交地平の拡大を背景とした経済局肥大化の懸念によるものだが、それはさらに深刻となっていた。高度経済成長開始直後の五八年には六課一室（国際機関課［「GATT課」］、東西通商課、米州課、スターリング地域課、アジア課、欧州課、総務参事官室）だったものが、六四年には十課三室（国際機関第一課［「GATT課」］、国際機関第二課［「OECD課」］、経済統合課、東西通商課、アジア課、米国カナダ課、スターリング地域課、欧州課、ラテン・アメリカ課、中近東課、総務参事官室、調査室、商務室）にまで経済局は肥大化していた。

それゆえ、政策企画委員会での議論に先立って小川平四郎国際資料部長が作成したペーパーでも重要な課題として政経合体は挙げられており[99]、権限を削減されることになる経済局の加藤匡夫次長も、委員会の討議で政経合体に賛意を示していた[100]。

他方、政策企画を専門に担当する部局の設置は、六四年七月二九日に開催された委員会で、官房総務参事官の安川壮が「米国務省ではPolicy PlanningとResearch and Analysisの機能がある。現在の国資部〔国際資料部〕はResearchのみであるが、やはりどこかPlanningをやるところが必要だ」と提起したことで浮上した課題である。政経合体による地域局の強化も、各地域局における政策企画機能の強化を目指したものだが、それとは別に、単独で全省的な課題を担う政策企画担当部局を設置する必要があるというのが安川の提案であった。

唐突な感もある安川提案は、第一回日米政策企画協議開催を直後に控えていたことが関係していると考えられる[101]。アメリカだけでなく西欧各国との間でも定期的に実施されていくことになる政策企画協議は、政府の公式見解を伝える場でも交渉をする場でもなく、その時々の政策課題について中長期的な観点もふまえて自由に意見交換を行うことが想定されていた。六四年九月二一日から二五日まで開催された第一回協議では、国務省の政策企画委員会の機能や役割も取り上げられており、日本側が政策企画機能強化に強い関心を有していたことが読み取れる[102]。

機構改革構想が具体化に向けて動き出すのは、六六年一月に機構委員会および同小委員会が設置されてからである[103]。改革の実施に至るまで、機構委員会は計二〇回、小委員会は計三八回開催され、最終的に実施に移される大規模改革の構想と、各年度の予算要求や人事制度の刷新が併せて検討されることになる。

各委員会での討議を経て、六六年八月には行政管理庁への提出用の文書が、翌六七年一月に「外務省機構第一次改革案」がまとめられるなど、検討は精力的に進められた[104]。

「外務省機構改革第一次案」は、官房長が機構改革に積極的な斎藤鎮男に交代したタイミングを狙って提出されたものである[105]。この改革案はわずか五頁にまとめられた短いものだが、前年の審議では退けられていた政経合体による「地域局の強化」を掲げ、さらに外務審議官の増員(一名→三名)によるトップ・マネジメントの強化および「外交政策企画立案部門の強化」をポイントに挙げていた。

この改革案が最も力を入れて説いたのが、「外交政策企画立案部門の強化」であった。その全文は以下の通りである。

1. 目標

国際問題に関するわが国の基本的な政策を常に確立しておくべき必要性がますます痛感されつつあり、とくに、総合的問題例えば中国問題等の主要な外交政策の企画立案を行うとともにその基礎となるべき国際情勢に関する情勢判断を行う機能を強化すべきである。

そのための機構として政策企画局を新設する。

なお、政策企画局の任務を前記の機能に限らずに現在の地域局、経済局、経協局、国連局の政策立案を包括して総合調整するとともに外交政策の一元的実施を統括指揮するような政務総局的な機構を設けることの是非についても検討の要がある。

2. 当面の措置

イ、政策企画担当の外務審議官を設ける。

ロ、現在の国際資料部を政策企画部と改め、その内容を強化する。

ハ、現在の政策企画委員会の組織、運営方法を改善する。

ニ、省外における外交関係有識者の企画参加を考慮する。

政策企画局（政策企画部）の名称や省外の有識者の参画など、多分にアメリカの政策企画委員会方式に近い点はあるが、この改革構想はこれまでの機構委員会での議論をふまえながらも、さらに急進的な案を提示したものであった。

ここで政策企画担当部局が担う可能性を持つ政策として中国問題が例示されているのは、国際資料部とアジア局の間で中国問題をめぐって論戦が交わされることになるその後の展開を考えると興味深い[106]。また、この通りの改革が実現していれば、エネルギー資源もまた所掌すべき問題にいずれ含まれることになったと思われる。

このように六七年初めの段階で、外務省内ではかなり大胆な機構改革案が浮上していたものの、これらは中期的な課題として挙げられたものであり、翌年度の予算要求にこれらの課題が反映されることはなかった[107]。

むしろ、この予算要求で注目すべきは短期的な改革だろう。予算要求の一環として、ＥＥＣ（欧州経済共同体）およびＥＦＴＡ（欧州自由貿易連合）を所管していた経済統合課を国際資源課に移し替える要求が行われたのである[108]。

だが、この要求は南北問題を担当する課として国際資源課を設置し、経済統合課の所掌事務は同じ経済局内にある欧州課に移管するという案であり、資源問題というよりは南北問題一般への対応を重視したものであった。第一節でも述べたように、六四年に第一回ＵＮＣＴＡＤが開催されるなど南北問題は盛り上がりを見せていた。こうした事情を考えれば、南北問題担当課の設置は時宜にかなった要求であったし、また一課廃止一課新設という点では無理の少ない改革案であった。とはいえ、肝心のＵＮＣＴＡＤを所管している国連局経済課の役割は手付かずという中途半端な案であり、結局、この予算で国際資源課設置は実現しなかった。

こうした状況の下で勃発したのが、六七年六月の第三次中東戦争である。中東戦争勃発直後、経済局内では改めて国際資源課の設置が模索された[109]。

名称は前年と同じく国際資源課だが、今回は「総合的且つ長期的な見地から南北通商問題全般について常時調査研究し、policy-makingに携わる独立の課」として構想された点に新味があった。しかし、依然として資源問題というよりは南北問題を重視する点に変化はなかった。この検討が行われた時期は、まさに中東戦争に際してアラブ諸国による石油戦略が実施されていたが、この戦略が日本に実質的な影響をほとんど与えなかったことは前節で見た通りである。資源問題が単独で南北問題を上回る重みを持つ時期ではなかったのだろう。

また、局内の検討を離れた省内での説明段階になると、UNCTADを所管する国連局経済課との権限争いを避けるために「policy-making」という言葉は姿を消し、所掌事務は南北問題に関する「政策」ではなく「研究」とされた[110]。具体性という点で前年より多少は深められていたものの、結局この構想も実現を見なかった。

経済局内で国際資源課設置が模索される一方で、全省的な改革実施に向けた動きは既に始まっており、前述のように六七年一月までに機構改革の一次案はまとまっていた。同月に官房長に就任した斎藤鎮男、同年四月に事務次官に就任した経済局長経験者である牛場信彦が政経合体を含む案に前向きであったことから[111]、改革に向けて細部を詰める作業が小委員会を中心に進められることになった。

大規模な機構改革の検討は、六七年一二月一五日の第二六回機構小委員会から再開された[112]。小委員会開催に先立ち、従来首席事務官クラス八名程度で構成されていた小委員会は、「作業をより効率的にする」ことを目的に従来の委員の委嘱を一旦解き、課長クラスを委員に含める形で再構成され、より実質的に議論を進める体制が整えられた[113]。

約半年の検討を経て、六八年六月二四日、政経合体を行うとともに経済局の多国間外交機能を強化し、さらに総合的な情勢分析および政策企画の機能を強化するための部局設置を中核とする、機構改革の実施方針が幹部会で了承された[114]。当初模索された野心的な改革案からは若干の後退があったものの、新しい時代を見据えた外務省の機構改革実施がここに定められた。

政策企画機能の強化については、併せて既存の外交政策企画委員会の役割が見直されることになった。機構改革の先行措置として六八年七月一日、国際資料部に企画室が設置され、初代企画室長には村田良平調査課長が横滑りする形で就任した。村田は後に事務次官を務める外務省切っての人材であった。課長から室長への横滑りは異例であり、この人事からは機構改革検討作業で中心的な役割を担った一人である村田の政策企画に対する思いの強さがうかがえる[115]。

詳細が定まっていなかった政経合体の具体的な進め方は、官房長を委員長とし、各地域局、経済局および経済協力局の代表からなる経済関係機構改革実施委員会を設置して一ヵ月以内を目途に実施計画を策定する手筈が整えられた[116]。この実施委員会で政経合体の具体案とそのスケジュールについて集中的な審議が行われ、改革の大枠が固まった[117]。

政経合体の例外として取り扱われたのが、アメリカ局に設置されることになった北米第二課である。北米第二課はアメリカおよびカナダとの経済関係を担当する部局だが、「当分の間経済局長の責任のもとに、北米第二課の関係要員を直接指揮監督して事務処理に当たることが適当と認められるものについては、アメリカ局長と経済局長が随時協議してこれを定めるものとする」とされた[118]。結果として、よく知られているように北米第二課はアメリカ局に所属しつつも、「個々の経済案件は経済局長の区処の下にこれを処理するという体制」となった[119]。実際、北米第二課は北米局と経済局双方の局議に出席した。第四章で検討するエネルギー・ワシントン会議の主管課は北米第二課だったが、実際の指示はアメリカ局長ではなく経済局長から受けていたのである[120]。

政経合体の具体的なスケジュールが固まりつつあるなかで、経済局内の再編成に関する議論が行われた。調査室と商務室を廃止し総務参事官室に統合することなどが随時決定されたが、各課の所掌事務を検討する過程で浮上したのが、経済統合課の所掌事務に資源問題を加える、という改革案であった[121]。

この案は、それまで検討されてきた国際資源課案とは異なり、南北問題ではなく文字通りの資源問題を所掌させるという点に新しさがあった。ここで初めて、機構改革の文脈で南北問題とは別の課題としての資源問題が認識されたのである。

経済統合課の所掌に資源問題を加えるという経済局案は、新たな組織再編を伴わず、政経合体によって地域課を失う経済局の多国間外交機能の強化という改革全体の方向性に沿っていたこともあり、特に反対もなく実施に移されることになった。経済局の多国間外交機能充実を図る改革の一環として、六九年一月の全省的な機構改革実施時に、資源問題を所掌する課が誕生することになった。

南北問題や一次産品問題という以前から注目されていた点については、国連局と経済局および経済協力局との間の所掌事務の調整作業が残されていた。六八年六月末の幹部会で決定された機構改革実施方針では「南北問題については、UNCTAD、ECAFE（国連アジア極東経済委員会）等の国連機関に関する事務は従来どおり国連局で所掌し、その実質問題についての事務は、経済局及び経済協力局において国連局と密接に連絡の上それぞれ処理する体制をとる」とされていたが[122]、幹部会でも南北問題の位置付けが曖昧だという指摘がなされるなど[123]、必ずしも詰め切れていない点が残されており、実施方針に基づく調整が進められることになった。

両局間の調整作業が六八年一〇月から翌六九年一月にかけて進められる過程では、様々な案が浮上した。たとえば経済局内で、「外務省内における一次産品ないし国際資源問題の取扱いが従来ばらばらであったのを改め、問題を統一的に把握フォローするため、将来国連局経済課の主管している一次産品委員会及び国連専門機関課主管のFAO〈国連食糧農業機関〉の一次産品別スタディグループを経済局に移し、経済局国一〈国際機関第一課〉が主管して来た国際商品協定と一括して機能的に処理することが望ましい」という意見が出された[124]。しかし、将来的な経済局への移管の可能性を残しつつもUNCTADやECAFEは国連局の所管事項として確定し、経済局や経済協力局の関係各課と密接に連絡を取ることが確認されるに留まった。

ここまで、外務省機構改革の流れを概観してきた。政経合体は、肥大化した経済局から地域課を切り離すことで地域局の政策企画機能を強化するとともに、経済局の多国間外交機能を強化することを目指したものであり、経済局経済統合課の所掌事務に資源問題が追加されたのはその一環であった。それが、南北問題を担当する課の構想が消えていくなかで実現したものである点は、次章以降で具体的に検討する、その後のエネルギー資源外交の展開を考えると示唆的である。

他方で、全省的な政策企画を担う部局の創設という当初目指された構想は中途半端なものに終わった。国際資料部は調査部への移行に向けて改組され、調査・分析・企画という三課体制を見据えた改革は実行されたものの、局を跨いだ「総合調整」機能を備えた体制が実現することはなかった。

この機構改革の背景に日本の経済大国化への考慮があったことも確認しておくべきだろう。機構改革検討が最終段階を迎えていた六八年一一月に行われた昭和四四年度中近東大使会議で、愛知揆一外相は、日本の経済大国化によって「こちらが好むと好まざるとに拘らず、他動的に責任を負わされてしまった。これは非常に大きな変動ではないかと思う。我々はこのような新情勢にいかに対処して行くかについて、その発想を転換するまさにその時期にきていると感じる」と述べている[125]。

愛知の発言はどちらかと言えば受動的な姿勢だが、経済大国として日本の行動がこれまで以上に国際関係に大きく影響を与えるという視点は、機構改革の検討で前提とされていた。六〇年代後半は、沖縄返還交渉や日中国交正常化など戦後処理の大きな課題を抱える一方で、同時に経済大国化を前提にいかに外交を展開していくかを検討することの重要性が、政策担当者の間で認識されつつあった。

「戦後処理」からの脱却と経済大国化にどのように対応していくかは、この機構改革に通底する問題意識であった。ここでは具体的な機構改革に関する議論を中心に見たが、日本の国際社会における地位の向上や、果たすべき役割の増大、積極的な外交活動を行う必要性といった文言は対外説明用の文書のみならず、内部検討用の文書にも繰り返し登場する。また、通産省を中心に他省庁が対外政策分野で影響力を高めていくなかで外務省がいかにその影響力を保持し続けるかも常に考慮されていた[126]。

エネルギー資源問題は、このような時期に外交課題として浮上し、主管課設置に至ったのである。

エネルギー資源外交始動期の外務省の認識

一九六九年一月に実施された機構改革で経済統合課の所掌事務に資源問題が加えられたことによって、エネルギー資源外交はその取り組みが本格的に始まった。資源課設置は見送られたものの、経済局の中近東課と国際機関第二課、中近東アフリカ局中近東課がそれぞれ石油情勢の分析を行うような状況が改められた意義は小さくない。

エネルギー資源外交の始動期における政策担当者の認識を考える上で手がかりとなるは、加藤吉弥経済統合課長が『経済と外交』一九六九年三月一日号に寄せた論考(「資源の確保とわが国の安全保障——資源問題の理解のため」)である[127]。加藤は村田良平の後任として政策企画を担う企画室長に就任し、課昇格後に初代課長を務めるなど省内でも期待される人材であった。この論考で取り上げられている「資源」には石油などエネルギー資源だけでなく食料資源や鉱物資源も含まれているが、この時期の政策担当者の考え方を大掴みに把握することができる。やや長くなるが、適宜引用しつつ検討しておきたい。

加藤はまず、資源問題が戦争遂行と結び付けられた戦前および戦中の歴史と、それとは対照的な第二次大戦後の経済外交の流れを概観する。その上で指摘されるのは、南北問題(一次産品問題)と資源問題の違いである。

一次産品が資源の一部であり、二つの言葉が偶々具体的に同一のものを指すことがあっても、一次産品問題ないし南北問題と資源問題とを、この段階で同一視したり、強いて関連づけたりすることは危険であろう。両者は互いにその内容や性格、問題の取上げ方において趣を異にする。敢えて云えば、一次産品問題ないし南北問題という時、後進国援助という概念がどうしてもつきまとうのであるが、資源問題はもっと自国の国益に直接つながっているとも云えよう。

これは機構改革の際に、国連局、経協局、経済局および各地域局に分散していた南北問題に関する所掌事務を整理することができなかったことと関係しているのかもしれない。経済統合課で所掌する資源問題は南北問題とは異なる性質を持つものと認識されていたのである。この点をふまえて、加藤は資源問題が外交課題として浮上する経緯を以下のようにまとめる。

> 資源問題の《ママ》外交的見地から注目を浴びるに至ったのは、主としてエネルギー資源、石油資源との関連においてであり、一昨年の中東紛争などが一つの契機をなしている様に思われる。外国資源の輸入については、いわばこれまでレッセ・フェールの態度で傍観して来たが、或る日突然、問題の重大性を意識し、将来への不安に駆り立てられた、という表現が当るかもしれない。いずれにせよ、問題の再認識の根底にあるものは、高度経済成長の維持と安全保障という両面からの要請である。この意味からすれば、あるいは戦前の概念の復活とも云えないことはない。違っているのは、問題の内容自体であり、戦前の十数倍に大型化し、質的にも大きな変化をとげた今の日本経済にとって、資源の自給自足などは思いも寄らぬ不可能事であり、平和のもとで世界的自由貿易を確保することが不可欠となっていること、並びに今では戦前の様な統制がなくなり、政府の介入できる範囲が著しく狭まっているので、政府だけの力ではどうにもならなくなって来ていること、等である。

六〇年代後半になってエネルギー資源問題が外交課題として浮上したことを指摘した前段も重要だが、ここでより注目すべきは、戦前と比較の上で、自由貿易の重要性と資源の自給自足が「思いも寄らぬ不可能事」であることを確認している後段だろう。ここには第二次世界大戦後の自由主義的な国際経済秩序への積極的な評価がうかがえる。

この後、加藤はさらに資源輸入国としての日本について検討する。

資源輸入国としてのわが国の地位を考えるに際して、もう一つ留意すべきことは、わが国には他国、他地域との間に何ら制度的な特殊関係がないということである。英連邦制度やEECとアフリカ諸国等との連合関係のような特恵的な関係を、わが国は何処との間にも持っていない。従って資源の輸入についても、量、質、価格の面で最も有利な条件を充たす限り何処からでも買付けるという経済原則が、わが国の場合比較的公正に働いて来たと見ることもできよう。また何処からでも安ければ買えるという前提のもとにわが国の経済は今日の姿まで発展し得たとも云える。しかしこれは又、いざという場合、頼れる相手がないという考慮にもつながる問題であろう。

自由貿易を前提としつつも、いざという時に頼る相手がいないことの問題を考える必要があるということである。以上の議論をふまえて「わが国が資源の大量輸入国であり、資源についての対外依存度が極めて高いという基礎的認識が、議論の出発点となる」とまとめた加藤は、差し当たりの短期的課題として考えれば「資源問題とは重要国際資源の安定的供給確保の問題」であるとする。その上で、「日本経済は世界の平和、日本の安全を前提として今日の姿に成長した」のであり、「その前提が崩れる場合、日本経済の存立ないし国民の生存ということ自体が問題となるのであって、資源問題と言う形で問題が提起される余地はそもそもない」と確認する。

続けて指摘されるのは、第三次中東戦争で明らかになったように、東アジアのような日本の安全に直接関係するような地域でなくとも、資源の供給という観点から日本に大きな影響をもたらすことはあり得るという点である。だが、日本が中東のように遠く離れた地域の紛争に直接関与することは容易ではない。そして

「中東紛争では、国連の場で紛争の両当事者の双方を支持するという離れ業によって切抜けたが、重要資源の供給国に対しては常に低姿勢であるだけで果して万全と云えるだろうか。相手が売ってくれないから困ることがある代りに、相手としても誰も買ってくれるものがなければ困るという事情も決してないとは云えない」。そこで浮上するのが市場の性質をふまえた対策である。ここで提示される対策は備蓄の強化と代替供給地の開拓の二つだが、市場の性質を押さえることは、次章以降で検討するように消費国間協調という解決策の模索に繋がった。

この後、輸送路の確保という課題に触れた上で、加藤が指摘するのは「資源の輸入問題は単純な経済原則だけでは割り切れない複雑なもの」だということである。従来は「資源の輸入についていずれかと云えば目先の経済的利益の追求に急な余り、安全保障とかその他の長期的、総合的考慮に欠けていたように思われる。尤も安全保障と云っても、これは経済的考慮とは無縁のものでは決してない。一国の経済力の充実と安定は、国力、国防力を高めるものであって、安全保障という政治的要請につながるものなのである」。つまり、資源問題は「輸入政策の問題であり、かつ外交的課題」なのである。

以上のように示された加藤経済統合課長の見解は、概念定義こそ曖昧なものの、後に経済安全保障ないしはエネルギー安全保障と呼ばれることになる考え方を先取りするものであった。この論考は、石油などエネルギー資源にのみ焦点を当てたわけではなく、より広く資源問題を検討したものではあるが、石油市場で需給関係がそれほど逼迫していないこの時期に、これだけ包括的に資源問題が外務省内で検討されていたことは改めて指摘しておく必要があるだろう。

自由貿易という原則と国際情勢の安定が日本の繁栄の前提になっているという認識が繰り返し表明されていることも印象深い。それは当たり前と思えるかもしれない。だが、経済大国化した日本が現状打破的な思惑を持つことなく、既存の国際秩序の維持を自らの進むべき道だと再確認することは国際政治の中で重要な意味を持つ。

このように担当者レベルでは、エネルギー資源外交の萌芽が見て取れるようになっていたものの、全省的な関心が寄せられていたわけではなかった。第一節でも触れたように『わが外交の近況』にエネルギー資源の問題に関する記述が初めて登場するのは六八年一〇月刊行の第一二号だが、あくまで第三次中東戦争の経済的影響に触れる際に海運問題とともに取り上げられた形であり、突発的な事件に関する記述という性格であった[128]。

翌六九年六月に刊行された第一三号では、中近東地域の重要性を指摘する文脈でエネルギー資源の問題が取り上げられたが、それは一地域に関する記述であり、省全体として取り組むべき重要な課題として挙げられているわけではなかった[129]。六〇年代初頭から南北問題の重要性が指摘されていることと比較すれば、エネルギー資源問題がそれほど重視されていなかったことは明白だろう。

このようなエネルギー資源問題の取り扱いは、六九年九月二五日に作成された「わが国の外交政策大綱」からも分かる[130]。同文書は、六九年一月の機構改革に際してその役割が見直された外交政策企画委員会での討議を経て取りまとめられたもので、「政策企画報告(第一号)」と銘打たれ、「今後も本報告を定期的にレヴューして行くこととする」と明記されているなど、関係者の意気込みが伝わってくる。また、この文書は愛知外相も列席の下、詳細な検討が行われた上で採択されたものである[131]。同文書は「日本外交の重要問題についての政策を列挙し整理」したものであり、「防衛計画の大綱」のような政策的意義があったわけではない。とはいえ、広く省内からの意見を聴取した上で作成された文書であり、外務省がどのような政策を課題として重視していたのかを読み取る上では有用な資料である。

この文書の中で、中東地域は項目すら立てられておらず、資源問題は「経済関係施策」の中で一般論として資源供給国の重要性が触れられているに過ぎない。中東地域が挙げられていない理由は、「一九七〇年前半において広義の安全保障政策と関連が深く、この際従来の施策の見直しを必要とすると考えられる諸問題に重点をしぼるため」であり、そこから外されていたのである。

実は、機構改革に際して、中近東アフリカ局は地域局の中で唯一経済課方式による移行措置が採られず、経済局中近東課は実質的に即時廃止となっていた[132]。六〇年代末の段階では、経済局の担当者レベルではそれなりに関心が持たれていたものの、中東地域と石油問題について全省的な関心が集まってはいなかったことが分かるだろう。

それでは、中東地域の担当者達はどのように資源問題を考えていたのだろうか。ここでは、年に一回開催される中近東大使会議を材に取る。

第三次中東戦争勃発とアラブ諸国の石油戦略発動を受けて、六七年一〇月一一日から一三日に外務省で開催された昭和四二年度の中近東大使会議では、石油問題に関する議論も行われた[133]。主要議題は中東戦争後の国際情勢と中近東諸国との経済問題であった。経済問題については、経済局が作成した資料に基づいて議論が進められたが、設定された議題は、①南北問題と中近東諸国、②わが国の対中近東貿易の現状と今後、③個別問題であり、石油問題については個別問題の一つとしてスエズ運河の封鎖や、当時は片貿易と呼ばれた貿易不均衡の問題とともに取り上げられるに留まった。

個別問題の討議においても、石油問題の討議はそれほど行われず、徐々に進みつつあった海外資源開発の各案件支援に関する方策が中心に議論された。石油の供給に関する対策としては、一般論として、①供給地の拡散、②備蓄量の増大、が指摘される程度であった。供給地の拡散については質・量・価格の面で中東地域に代わる地域はないとの結論が準備段階で出されており、こうした議論になるのも無理はなかった[134]。大使会議開催の前月にはアラブ諸国の石油戦略も終息しており、その影響が日本にほとんどなかったことが明らかになっていた。このような情勢の変化を考えれば、具体的に踏み込んだ討議が行われなかったことは自然なことであり、翌年開催予定のＵＮＣＴＡＤ第二回総会を見据えて南北問題が中心に検討されたことも当然と言えよう。

議事録が公開されていないために六八年六月にモロッコで開催された昭和四三年度中近東大使会議における議論の詳細を確認することはできないが[135]、経済局中近東課が会議に向けて作成した討議用資料で中心となるのは、前年会議以降の情勢の整理と中近東諸国での資源開発プロジェクトの進捗状況であり、通商政策の支援が議論の中心であったと推察される[136]。

こうした状況は、経済統合課が資源問題を所掌するようになった六九年に入っても大きく変わることはなかった。六九年一一月五日から七日に東京で開催された昭和四四年度中近東大使会議では、ソ連のアラブ諸国への接近や、次章で検討するリビアにおけるクーデター発生といった地域情勢の分析が中心であり、経済問題に関する討議時間は限られたものとなった[137]。

以上の中近東大使会議での経過を見れば、資源外交に対する注目がそれほど高いものではなかったことは明らかだろう。

資源問題の担当者の間でも具体的な検討はまだそれほど進んでいなかった。先に紹介した加藤経済統合課長のレポートのように包括的な検討を目指したものがないわけではないが、六九年中に『経済と外交』誌に掲載された資源問題に関するレポートも、概して問題の整理に向けた情報収集という側面が強かった[138]。

昭和四四年度中近東大使会議に向けて経済統合課が作成した文書も、従来は必ずしも資源問題の中心に据えられてこなかった石油をメインに取り上げている点に変化は見られるものの、その中身は情勢分析が中心であり、問題点としても①海外資源開発の遅れ、②中東依存、③輸送および備蓄、の三点が挙げられるに過ぎなかった[139]。

経済統合課の所掌事務に資源問題が加えられたとはいえ、この時期のエネルギー資源外交はまだ始動段階であった。次章で検討するように、一九七〇年代に入ると国際石油情勢は大きく変動していく。それに従って、実効的な消費国間協調枠組みの形成が国際的な課題となり、日本のエネルギー資源外交も消費国間協調参画に向けたより具体的な政策の検討を進めていくことになる。

註

1――実際には日本が「持たざる国」や「資源小国」であるといった認識が広がり、定着するようになったのは戦間期であり、それは日本の海外進出の過程と軌を一にするものであった。この点を、戦間期から戦後に至る資源論の展開から論じたものとして、佐藤仁『「持たざる国」の資源論――持続可能な国土をめぐるもう一つの知』東京大学出版会、二〇一一年。

2――開戦直前から大戦中の日本と石油資源をめぐる問題については、三輪宗弘『太平洋戦争と石油――戦略物資の軍事と経済』日本経済評論社、二〇〇四年、岩間敏『石油で読み解く「完敗の太平洋戦争」』朝日新聞社〈朝日新書〉、二〇〇七年。また、より広い文脈で資源や経済運営と戦時経済体制の構想と展開を検討したものとして、荒川憲一『戦時経済体制の構想と展開――日本陸海軍の経済史的分析』岩波書店、二〇一一年。

3――「セブン・シスターズ」とは、アメリカのエクソン、スダンダード・オイル・オブ・カリフォルニア(ソーカル)、モービル、ガルフ、テキサコ、イギリスのブリティッシュ・ペトローリアム(BP)、英蘭提携のロイヤル・ダッチ・シェルの七社である(この七社に準ずるポジションにあったフランスの国営石油会社であるフランス石油を加えて「メジャー」とすることもある)。第一次石油危機直後までの「セブン・シスターズ」については、アンソニー・サンプソン(青木榮一訳)『セブン・シスターズ――不死身の国際石油資本』日本経済新聞社、一九七六年(Anthony Sampson, *The Seven Sisters: The Great Oil Companies & the World They Shaped* (New York: Viking Press, 1975))。なお、現在は独立系企業も含めた再編の結果、エクソンモービル、ロイヤル・ダッチ・シェル、BP、シェブロン、トタルの五社(場合によってはコノコフィリップスを加えた六社)が「スーパー・メジャー」と称され、産油国の国営企業と対峙しているが、権益の多くを産油国が握っていることから、その役割を変化させ、総合エネルギー商社的な性格を強める方向にある。

4――その後、一九六一年一月にカタール、六二年二月にインドネシアとリビア、六七年一一月にアブダビ、六九年七月にアルジェリア、七一年七月にナイジェリアがそれぞれOPECに加盟した。OPECの歴史については、Ian Seymour, *OPEC: Instrument of Change* (London: Macmillan, 1980); イアン・スキート(奥田英雄訳)『OPEC(一九六〇年～一九八六年)――その価格と政治』石油評論社、一九九〇年(Ian Skeet, *OPEC: Twenty-Five Years of Prices and Politics* (Cambridge: Cambridge University Press, 1989))の両書が信頼のおける著作であり、本書も基本的な記述の多くを拠っている。

5――戦間期における熱管理や鉄鋼業におけるエネルギー節約の試みから戦後のエネルギー革命までを包括的に検討した研究として、小堀聡『日本のエネルギー革命――資源小国の近現代』名古屋大学出版会、二〇一〇年。なお、エネルギー産業政策の概要に関する記述は、特に断りのない限り、松井賢一「エネルギー産業政策」松井賢一編著『エネルギー戦後五〇年の検証』電力新報社、一九九五年、九-四四頁、に拠っている。

6――通商産業省通商産業政策史編纂委員会編『通商産業政策史　第三巻――第I期　戦後復興期(二)』通商産業調査会、一九九二年、七九-八八頁。「傾斜生産方式」については、その経済政策としての当否を含めて様々な研究が存在するが、それらの研究をふまえつつ「傾斜生産方式」を含む経済復興を政治史の中に位置付けて検討した研究として、中北浩爾『経済復興と戦後政治――日本社会党一九四五-一九五一年』東京大学出版会、一九九八年。

7――国内の被害も含めて第二次世界大戦によって日本の石油産業が受けた打撃については、アメリカ合衆国戦略爆撃調査団編(奥田英雄、橋本啓子訳編)『日本における戦争と石油――アメリカ合衆国戦略爆撃調査団・石油・化学部報告』石油評論社、一九八六年。

8——通商産業省通商産業政策史編纂委員会編『通商産業政策史　第三巻』三九五-四四六頁、および、橘川武郎『日本石油産業の競争力構築』名古屋大学出版会、二〇一二年、第七章。

9——小堀『日本のエネルギー革命』第四章〜第八章。

10——同右、三四一頁。

11——松井「エネルギー産業政策」一八-二二頁。松井は、戦後日本のエネルギー産業政策を、第Ⅰ期「占領下の経済復興とエネルギー供給基盤の整備」期（一九四五-五一年）、第Ⅱ期「経済自立とエネルギー産業の近代化」期（一九五二-六一年）、第Ⅲ期「高度成長の持続と総合エネルギー政策の確立」期（一九六二-七二年）、第Ⅳ期「石油危機と省エネルギー型経済構造への転換」の時代（一九七三-八五年）、第Ⅴ期「規制緩和への動きと地球環境問題の登場」の時代（一九八六-）の五つの時期にまとめている。本書の分析対象は第Ⅲ期の途中から第Ⅳ期の初めということになる。なお、この枠組みは一般向けの啓蒙書としてその後書かれた、松井賢一『エネルギー問題！』NTT出版、二〇一〇年、でも引き継がれている。そこでは、第Ⅴ期の終わりが一九九六年とされ、京都議定書が締結された九七年以降を指す第Ⅵ期「グローバリゼーションと地球温暖化問題への対応」が付け加えられている。

12——アラビア石油および山下太郎については、アラビア石油株式会社社史編纂プロジェクトチーム編『湾岸危機を乗り越えて——アラビア石油三五年の歩み』アラビア石油、一九九三年、庄司太郎『アラビア太郎と日の丸原油』エネルギーフォーラム、二〇〇七年。

13——橘川『日本石油産業の競争力構築』二三五頁。

14——一九六〇年代における石油政策の経緯は、鈴木茂『日本のエネルギー開発政策』ミネルヴァ書房、一九八五年、第六章・第七章、Richard J. Samuels, *The Business of the Japanese State: Energy Markets in Comparative and Historical Perspective* (Ithaca: Cornell University Press, 1987), Chapter 5（リチャード・J・サミュエルス（廣松毅監訳）『日本における国家と企業——エネルギー産業の歴史と国際比較』多賀出版、一九九九年）、通商産業省通商産業政策史編纂委員会編『通商産業政策史　第一〇巻——第Ⅲ期　高度成長期（三）』通商産業調査会、一九九一年、四二三-四四二頁および五〇四-五三九頁。また、石油開発公団発足に関する政策担当者の説明として、古田徳昌（前鉱山局開発課長、現大臣官房審議官・大臣秘書官事務取扱）「石油開発公団の発足と石油開発政策の展開」『通産ジャー

ナル』第一巻第二号、一九六七年一二月、四六–五二頁。

15——たとえば、山岡淳一郎『田中角栄の資源戦争——石油、ウラン、そしてアメリカとの闘い』草思社(草思社文庫)、二〇一三年。

16——Robert O. Keohane and Joseph S. Nye, *Power and Interdependence*, 4th Edition (New York: Longman, 2011), pp.10-16.(ロバート・O・コヘイン、ジョセフ・S・ナイ(滝田賢治監訳)『パワーと相互依存』ミネルヴァ書房、二〇一二年)。

17——中川理一郎(鉱山石炭局長)「海外資源開発の強化」『通産ジャーナル』第二巻第四号、一九六八年一二月、一六–一九頁、本田早苗(鉱山石炭局長)「海外資源開発の促進」『通産ジャーナル』第三巻第三号、一九六九年一一月、二〇–二四頁。この二つの論考は、いずれもその年の「通商産業政策の重点」として掲載されている。

18——Roy Licklider, *Political Power and the Arab Oil Weapon: The Experience of Five Industrial Nations* (Berkeley: University of California Press, 1988), pp. 72-73; Daniel Yergin, *The Prize: the Epic Quest for Oil, Money, and Power* (New York: Simon & Schuster, 1991), pp. 601-606.(ダニエル・ヤーギン(日高義樹、持田直武訳)『石油の世紀——支配者たちの興亡』日本放送出版協会、一九九一年)、James Bamberg, *British Petroleum and Global Oil, 1950-1975: the Challenge of Nationalism* (Cambridge: Cambridge University Press, 2000), pp. 479-485.

19——日本とインドネシアの特殊な関係については、宮城大蔵『戦後アジア秩序の模索と日本——「海のアジア」の戦後史 一九五七–一九六六』創文社、二〇〇四年、倉沢愛子『戦後日本=インドネシア関係史』草思社、二〇一一年。

20——第一次石油危機時の中東政策「明確化」やレバノン危機時の国連における外交を除くと、日本と中東諸国の関係について一次史料に基づいた研究はほぼ手つかずの状態にある。ほぼ唯一の研究として、Kunio Ishida, *The Origins of Japan's Postwar Policy in the Middle East: The Case of Establishing Diplomatic Relations with Israel, 1952-1956* (Ph.D. Dissertation, The Hebrew University of Jerusalem, 2009). また、史料面では限界を抱えているが重要な初期の研究としては、J. A. Allan and Kaoru Sughara (eds.), *Japan and the Contemporary Middle East* (London: Routledge, 1993) があり、同書にも寄稿している池田明史は、第三次中東戦争時の日本外交などを含めた形で日本と中東の関係を中期的な文脈に位置付けて考察している。池田明史「石油危機と中東外交の『転換』」『国際問題』第六三八号、二〇一五年一・二月、一六－二五頁。

21――経済局国際機関第二課「中東石油問題とOECD――一九六七年六月二二日まで」一九六七年六月二二日、戦後期外務省記録『中東問題／調書・資料』(二〇一〇－〇六九九)、外務省外交史料館(以下、戦後期外務省記録の所蔵は全て同じ)。

22――川田侃『南北問題――経済的民族主義の潮流』東京大学出版会、一九七七年、二一－九頁。南北問題については、序章注二六に挙げた各文献も参照。

23――第一回UNCTADにおける日本外交とUNCTADが日本に与えた影響については、高橋和宏「「地域主義」と南北問題――戦後日本のアジア太平洋経済外交政策」筑波大学大学院国際政治経済学研究科博士論文、二〇〇三年、第四章。

24――池田・佐藤両政権の南北問題への対応については、高橋和宏「「南北問題」と東南アジア経済外交」波多野澄雄編著『池田・佐藤政権期の日本外交』ミネルヴァ書房、二〇〇四年、九三－一三〇頁。

25――外務省編『わが外交の近況 第一二号』大蔵省印刷局、一九六八年、二四五－二四六頁。

26――加藤吉弥(経済局経済統合課長)「資源の確保とわが国の安全保障――資源問題の理解のために」『経済と外交』一九六九年三月一日号、二頁。

27――宮城『戦後アジア秩序の模索と日本』二四〇頁。

28――第三次中東戦争については、Michael B. Oren, *Six Days of War: June 1967 and the Making of the Modern Middle East* (New York: Oxford University Press, 2002).

29――国政「国連緊急軍(UNEF)の撤退について」一九六七年五月二〇日、国連局政治課・近ア局中近東課「スエズ地域国連緊急軍(UNEF)の撤退及び中近東情勢について(中間報告)」一九六七年五月二三日、戦後期外務省記録『中東問題(六七年中東戦争 イランイラク国境紛争(資料・国連文書))』(二〇一〇－五五二五)、条規「アラブ連合によるチラン海峡及びアカバ湾の封鎖について」一九六七年五月二五日、経近「アラブ・イスラエル紛争の通商航海に及ぼす影響」一九六七年六月三日、前掲『中東問題／調書・資料』(二〇一〇－〇六九九)。

30――中近東アフリカ局中近東課「今次の中東危機について」。一九六七年六月一日、前掲『中東問題／調書・資料』(二〇一〇－〇六九九)。

31――国連局政治課「中東問題国連緊急特別総会の現状」一九六七年六月二六日、同右所収、作成者なし「第五回緊急特別総会対処方針」一九六七年六月一八日、戦後期外務省記録『国連第五回緊急特別総会』(二〇一〇‐五二〇四)。

32――三木外務大臣発在国連松井大使宛第四七六号「中近東緊急総会対処方針」一九六七年六月三〇日、同右所収。

33――在米下田大使発外務大臣宛第一七四九号「中東問題(本使、ロストウ会談)」一九六七年七月三日、戦後期外務省記録『中東問題』(二〇一〇‐五五二四)。

34――国連局政治課「中東問題国連緊急特別総会の動きとわが国の態度」一九六七年七月一三日、前掲『国連第五回緊急特別総会』(二〇一〇‐五二〇四)。

35――伊藤隆監修『佐藤榮作日記 第三巻』朝日新聞社、一九九八年、九七‐九八頁、(一九六七年七月三日の条)、田村秀治『アラブ外交五五年――友好ひとすじに』勁草書房、一九八三年、下巻、二二一‐二四頁、中近東アフリカ局中近東課「昭和四二年度在中近東大使会議議事要録」一九六八年三月(外務省情報公開:二〇〇九‐〇〇五六六)、国連局政治課「中東問題国連緊急特別総会の動きとわが国の態度」一九六七年八月二五日、戦後期外務省記録『国連安保理緊急特別会合/中東問題』(二〇一〇‐五三五〇)。

36――イスラエルの即時撤退を求める方針は、一九六七年九月一九日に開会した第二二回国連総会でも維持された。外務大臣臨時代理内閣総理大臣佐藤栄作「訓令第二四号」一九六七年九月一四日、戦後期外務省記録『国連第一八～二七回総会/訓令』(二〇一〇‐二〇八七)。

37――安保理決議第二四二号に結実する国連で展開された交渉と背景は、シドニー・D・ベイリー(木村申二訳)『中東和平と国際連合――第三次中東戦争と安保理決議二四二号の成立』第三書館、一九九二年(Sydney D. Bailey, *The Making of Resolution 242* (Boston: M. Nijhoff, 1985))も参照。

38――開戦時から安保理決議第二四二号の採択に至るまで、本省から国連代表部宛の主要な指示は全て大臣レベルの決裁を得ていたことが電報に残されているサインからも確認できる(ただし安保理決議第二四二号採択の直前は、三木は訪米中であり、本省からの指示は基本的に事務次官の決裁となっている)。

39――前掲「昭和四二年度在中近東大使会議議事要録」。

40――三木外務大臣発在国連鶴岡大使宛第七四四号「中東問題(安保理開催打診工作)」一九六七年一〇月六日、戦後期外務省記録『国連安保理緊急特別会合/中東問題』(二〇一〇‐五三四九)。

41——国政「中東問題安保理開催の動き(その二)」一九六七年一〇月一八日、国政「中東問題安保理開催の動き(その三)」一九六七年一〇月二三日、作成者なし「一〇月三一日の非公式会議に関する電話連絡」一九六七年一〇月三一日、いずれも同右所収。

42——三木外務大臣発在国連鶴岡大使宛第八四九号「中東問題」一九六七年一一月一日、同右所収。

43——在国連鶴岡大使発外務大臣宛第一九三二号「中近東(安保理)」一九六七年一一月七日、前掲『国連安保理緊急特別会合/中東問題』(二〇一〇-五三五〇)所収。

44——三木外務大臣発在国連鶴岡大使宛第九四九号「中東問題」一九六七年一一月一八日、在国連鶴岡大使発外務大臣宛第二二一二号「中近東(安保理)」一九六七年一一月二二日、同第二二三一号「中近東問題」一九六七年一一月二二日、いずれも同右所収。

45——三木外務大臣発在国連鶴岡大使宛第九〇五号「中東問題(米の要請)」一九六七年一一月一〇日、三木外務大臣発在国連鶴岡大使宛第九一四号「中東問題(米の要請)」一九六七年一一月一一日、いずれも同右所収。

なお、国連で安保理決議第二四二号に繋がる審議が行われている時期に、三木外相等を伴って佐藤首相は訪米しているが、首脳会談等で中東問題が話し合われた形跡はない。Memorandum of Conversation [Memcon], Dean Rusk and Eisaku Sato, November 15, 1967, *Foreign Relations of the United States, 1964-1968*, Vol. 29, Part 2: Japan [hereafter cited as *FRUS, 1964-1968*, Vol. 29], Doc. 105; Memcon, Lyndon Johnson and Eisaku Sato, November 15, 1967, 5:23-6:59 p.m., *FRUS, 1964-1968*, Vol. 29, Doc. 106.

46——安保理決議第二四二号が採択された一九六七年一一月二二日の安全保障理事会の公式記録(S/PV.1382)は、パレスチナ問題に関する国連情報サービス(ＵＮＩＳＰＡＬ)のウェブサイト(http://unispal.un.org/UNISPAL.NSF/0/9F5F09A80BB6878B0525672300565063)で閲覧することができる。

47——以下、アラブ諸国による石油戦略に関する記述は、(近)中近東課「中東紛争について」一九六七年六月七日、経近「中東紛争について(スエズ運河、石油)」一九六七年六月二九日、いずれも前掲『中東問題/調書・資料』(二〇一〇-〇六九九)所収、に基づいている。第三次中東戦時の石油戦略については、Yergin, *op. cit.*, pp. 536-540も参照。

48——前掲「中東紛争について」。

49——同右。

50——経済局「中東紛争の経済的影響（短期的）（未定稿）」一九六七年六月一二日、前掲『中東問題／調書・資料』（二〇一〇-〇六九九）。この文書は「未定稿」だが、第三次中東戦争に関する主要な調書をまとめたファイルに収録されており、また同時期に経済局がまとめた同内容の調書は管見の限り他には見当たらない。少なくとも担当者レベルの開戦当初の認識を確認するには問題ないだろう。

51——同右。

52——経近「中東紛争について（スエズ運河、石油）」一九六七年六月二九日、前掲『中東問題／調書・資料』（二〇一〇-〇六九九）、および「中東紛争の経済的影響」（経済局中近東課 宮崎）『経済と外交』一九六七年七月一五日号、三六-四〇頁。

53——「中東紛争と石油 各国に及ぼす影響」（経済局中近東課 男竹）『経済と外交』一九六七年七月一五日号、四一-四五頁。

54——同右。ここでイラクが挙げられているのは、イラクが一時期日本を禁輸対象国に指定していたためだが、「米、英、西独、イスラエル向けに再輸出しない」という保証をすることで、日本はフランス、スペイン、トルコとともに禁輸対象国から外されることになった。中近東アフリカ局中東課「中東戦争と石油」一九六七年一〇月（外務省情報公開：二〇一〇-〇〇〇九八）。

55——Yergin, *op. cit.*, p. 539.

56——前掲「中東戦争と石油」。

57——田所昌幸『「アメリカ」を超えたドル——金融グローバリゼーションと通貨外交』中央公論新社〈中公叢書〉、二〇〇一年、一二七-一三三頁。

58——「中東紛争の経済的影響（続）」（経済局経済調査室 里上）『経済と外交』一九六七年八月一五日号、一五-一九頁。同論考は七月二一日に脱稿されている。

59——前掲「中東紛争について」。

60——ジェフリー・ロビンソン（青木榮一訳）『ヤマニ——石油外交秘録』ダイヤモンド社、一九八九年、九七-一〇〇頁。（Jeffrey Robinson, Yamani: *The Inside Story* (New York: Simon & Schuster, 1988)）.

61——在サウジアラビア田村大使発外務大臣宛公信第二八〇号「当国の石油政策に関するヤマニ石油大臣の講演要旨」一九六八年六月二〇日、戦後期外務省記録『国際石油事情』(二〇一〇-〇七〇二)。

62——ロビンソン『ヤマニ』一〇一-一〇二頁。OAPECを包括的に検討した貴重な研究として、Abdelkader Maachou, *OAPEC: An International Organization for Economic Cooperation and an Instrument for Regional Integration*, Translated by Antony Melville (London: Frances Pinter, 1983).

63——たとえば、OAPEC設立直後、一九六八年一月一八日から一九日までベイルートで開催された第一一回中近東経済担当官会議では、石油問題についても時間を割いて議論されたにもかかわらず、OAPEC設立とその影響が討議されることはなかった。外務省中近東アフリカ局中近東課「昭和四三年度中近東経済担当官会議議事要録」一九六九年二月(外務省情報公開:二〇〇九-〇〇四〇六)。同会議については、杉谷好一(経済局中近東課長)「第十一回中近東経済担当官会議に出席して」『経済と外交』一九六八年三月一日号、九-一一頁、も参照。また、同年の中近東大使会議に向けて作成されたある文書は、OAPECの設立に触れているものの、むしろ産油国内の穏健派と強硬派の対立という側面に注目していた。経近「中近東をめぐる石油問題」一九六八年五月一三日(外務省情報公開:二〇一〇-〇〇〇九九)。

64——前掲「中東石油問題とOECD——一九六七年六月二二日まで」。以下、一九六七年六月二二日までのOECDにおける審議や経過は、特に断りのない限り、同文章に基づいている。

65——在OECD大和田臨時代理大使発外務大臣宛第四九三号「中近東動乱に関する石油特別委員会の緊急会合の開催」一九六七年六月八日、戦後期外務省記録『国際石油事情/中東問題に伴う諸外国の対応』(二〇一〇-〇七〇三)。

66——在OECD大和田臨時代理大使発外務大臣宛第五一七号「石油特別委員会における中近東問題の討議の報告ならびに請訓」一九六七年六月一二日、同右所収。

67——Telegram, From the Department of State to the Embassy in France, "Council Consideration of Oil Committee Report — June 20," June 17, 1967, *Foreign Relations of the United States, 1964-1968*, Vol. 34, Energy Diplomacy and Global Issues [hereafter cited as *FRUS, 1964-1968*, Vol. 34], Doc. 245.

68——Telegram, From the Department of State to the Embassy in Germany, "Discussion of Oil Situation with FRG Economic

"Minister," June 19, 1967, *Ibid*, Doc. 246.

69 ——Gernot Klantschnig, "Oil, the Suez Canal, and Sterling Reserves: Economic Factors Determining British Decisionmaking during the 1967 Arab-Israeli Crisis," *Diplomacy and Statecraft*, Vol. 14, Issue 3 (September 2003), pp.131-150.

70 ——在OECDアメリカ代表部に本省からの訓令内容を伝えたところ、「フランスをencourageする惧れあるにつき発言を控えられたし」とアメリカ代表団に言われたことも、一切の発言を控えるという日本の対応に繋がった。在OECD大和田臨時代理大使発外務大臣宛第五三〇号「中近東問題に関する石油特別委員会の報告」一九六七年六月一三日、前掲『国際石油事情／中東問題に伴う諸外国の対応』（二〇一〇‐〇七〇三）。

71 ——以下のOECDの意思決定と組織に関する説明は、村田良平『OECD（経済協力開発機構）——世界最大のシンクタンク』中央公論新社（中公新書）、二〇〇〇年、三七‐三九頁、に基づいている。

72 ——在OECD大和田臨時代理大使発外務大臣宛第五四五号「第一五五回執行委員会（石油問題）報告」一九六七年六月一五日、前掲『国際石油事情／中東問題に伴う諸外国の対応』（二〇一〇‐〇七〇三）。

73 ——在米須之部臨時代理大使発外務大臣宛第一五九六号「中東問題（せき油関係）」一九六七年六月一六日、同右所収。

74 ——在OECD大和田臨時代理大使発外務大臣宛第五五六号「中近東石油問題」一九六七年六月一七日、同右所収。

75 ——同右。

76 ——在米須之部臨時代理大使発外務大臣宛第一六〇二号「中東石油問題に関する意見具」一九六七年六月一七日、前掲『国際石油事情／中東問題に伴う諸外国の対応』（二〇一〇‐〇七〇三）。

77 ——前掲「中東石油問題とOECD——一九六七年六月二二日まで」。

78 ——同会議で積極的な発言を避けたのは日本だけでなく、主要国ではイタリアも同様の対応を採った。在OECD大和田臨時代理大使発外務大臣宛第五七二号「中近東石油問題（情報）」一九六七年六月二〇日、前掲『国際石油事情／中東問題に伴う諸外国の対応』（二〇一〇‐〇七〇三）。

79 ——経済局国際機関第二課「中東石油問題とOECD（その二）——一九六七年七月五日まで」一九六七年七月六日、前掲『国際石油事情／中東問題に伴う諸外国の対応』。以下、一九六七年六月二三日から七月五日までのOECD

における審議や経過は、特に断りのない限り、同文章に基づいている。

80――Telegram, "Discussion of Oil Situation with FRG Economic Minister."

81――Telegram, From the Department of State to the Embassy in Germany, "Oil Emergency Actions," June 24, 1967, *FRUS, 1964-1968*, Vol. 34, Doc. 249.

82――以下、一九六九年九月末までのＯＥＣＤにおける審議や経過は、経済局国際機関第二課「中東石油問題とＯＥＣＤ（その三）――欧州の石油需給事情と見通し」一九六七年一〇月一日、前掲『国際石油事情／中東問題に伴う諸外国の対応』（二〇一〇‐〇七〇三）、に基づいている。

83――前掲「中近東をめぐる石油問題」。

84――一九六九年一月に実施された機構改革については斉藤鎮男（外務省官房長）「外務省機構改革の実施によせて」『経済と外交』一九六九年一月一日号、三‐七頁、「外務省の経済関係機構改革」（官房総務参事官室）『経済と外交』一九六九年一月一日号、八‐九頁、経済局総務参事官室「外務省の機構改革と事務分担の変更」『経済と外交』一九六九年二月一五日号、二三‐二四頁、「外務省の経済関係機構改革について」（外務省大臣官房総務参事官室田島高志）『時の法令』第六七二号、一九六九年三月、三四‐四一頁。また当事者の回顧として、斎藤鎮男『外交――私の体験と教訓』サイマル出版会、一九九一年、九九‐一一〇頁、村田良平『村田良平回想録（上巻）――戦いに敗れし国に仕えて』ミネルヴァ書房、二〇〇八年、一八七‐二二四頁。
　なお、この機構改革については、拙稿「『戦後処理』からの脱却を目指して：高度経済成長期の外務省機構改革」『北大法学論集』第六五巻第五号、二〇一五年一月、八七‐一三六頁、で検討した。より詳細な経緯は拙稿を参照されたい。

85――「外務省の経済関係機構改革」（官房総務参事官室）『経済と外交』一九六九年一月一日号、八‐九頁、および、経済局総務参事官室「外務省の機構改革と事務分担の変更」『経済と外交』一九六九年二月一五日号、二三‐二四頁。

86――拙稿「『戦後処理』からの脱却を目指して」。

87――鈴木宏尚「ＯＥＣＤ加盟の外交過程――「政治経済一体」路線としての自由陣営における外交的地平の拡大」『国際政治』第一四〇号、二〇〇五年三月、五七‐七二頁、同『池田政権と高度成長期の日本外交』慶應義塾大学出版会、二〇一三年。

88――拙稿「『戦後処理』からの脱却を目指して」九二－九四頁。

89――外務省百年史編纂委員会編『外務省の百年』原書房、一九六九年、下巻、七七〇－七七一頁。

90――戦後日本外交における外務省条約局の役割については、井上正也「解題『外交証言録』に見る戦後日本外交」中島敏次郎（井上正也・中島琢磨・服部龍二編）『外交証言録　日米安保・沖縄返還・天安門事件』岩波書店、二〇一二年、二一－五頁、友田錫『入門・現代日本外交――日中国交正常化以後』中央公論社（中公新書）、一九八八年、一四二頁、薬師寺克行『外務省――外交力強化への道』岩波書店（岩波新書）、二〇〇三年、七七－七九頁。また、外務省条約局長経験者による論考として柳井俊二「日本外交における国際法」国際法学会編『日本と国際法の一〇〇年　第一巻　国際社会の法と政治』三省堂、二〇〇一年、一五六－一八一頁、も参照。

91――機構改革の基本的な事実関係の記述は、特に断りのない限り『わが外交の近況』各年版および『官報』の記載事項に基づく。

92――機構委員会が設けられても大規模な機構改革を目的としない場合もある。たとえば一九七九年には機構委員会とWG（ワーキング・グループ：小委員会に相当）が設置され、約半年間の検討が行われたが、課題の洗い出しという側面が強く大規模な機構改革は当初から目的として挙げられていなかった。「機構委員会報告」一九七九年八月一日（外務省情報公開：二〇一一－〇〇四三〇）。

93――高裁案「機構委員会の設置について」一九六五年一二月二〇日（外務省情報公開：二〇一〇－〇〇六七二）。

94――高裁案「経済局に中近東担当書記官を配属せしめる件」一九五七年三月一八日、および各部局課長宛経済局長回章（一九五七年一二月一七日）、戦後期外務省記録『外務省行政組織関係雑件　特別組織関係（省内限りのもの）第一巻』（M'.1.3.1.1-10）。

95――官総「政策企画委員会設置要領（第二案）」、戦後期外務省記録『本邦対外政策調査研究関係雑集　外交政策企画委員会　第一巻』（A'.1.1.0.1-9）。同文書は「第二案」とされているが、ファイルの冒頭に収録されており、続く文書は実際の委員会記録であることから、最終的に設置された外交政策企画委員会の役割を定めたものと考えられる。

96――官総参「第二九二回外交政策企画委員会記録」一九六四年七月二九日（外務省情報公開：二〇一〇－〇〇二二七）、官総参「第二九七回外交政策企画委員会記録」一九六四年九月九日（外務省情報公開：二〇一〇－〇〇二二七）、官総参「第三一二回外交政策企画委員会記録」一九六五年一月二七日（外務省情報公開：二〇一〇

－〇〇二二七）。

97——外務省における「政策企画」機能強化の試みについては、井上正也「日本政府の一九七〇年代アジア秩序構想——中国問題を中心に」日本国際政治学会二〇一〇年度研究大会報告ペーパー、三‐六頁、および村田『村田良平回想録（上巻）』一八七‐二一四頁、も参照。村田は国際資料部調査課長（一九六八年四月〜六九年七月）、大臣官房調査部企画室長（一九六九年七月〜七〇年四月）を歴任するなど、「政策企画」担当部局設立に立ち会っている。

98——官総参「外務省運営のための三ヶ年計画（第一次案）」一九五八年一月二二日（外務省情報公開：二〇一〇‐〇〇二二七）、官総参「外務省運営三ヵ年計画 第二次案」一九五八年三月一二日（外務省情報公開：二〇一〇‐〇〇二二七）。

99——国際資料部長「省内態勢刷新について」一九六四年七月九日（外務省情報公開：二〇一〇‐〇〇六七三）。なお、この文書では、条約局の法規課機能を拡充した上で法律局に改組して筆頭局に位置付けるといった構想も提示されていた。これは条約や政府間協定締結交渉中心の条約局から、アメリカの国務省における法律顧問的な機能を付加して「条約のみならず外務省の関係する法律問題の最高権威」する形に条約局を改組するものであり、「戦後処理」外交の後を見据えた構想として興味深いが、「政策企画」担当部局設置に関する提案に取って代わられる形となり、委員会で具体的な検討はほとんど行われなかった。官総参「第二九二回外交政策企画委員会記録」一九六四年七月二九日（外務省情報公開：二〇一〇‐〇〇六七三）。

100——前掲「第二九二回外交政策企画委員会記録」。ただし、一九六四年半ばまで経済局総務参事官を務めていた平原毅（後に経済局次長、局長を歴任）のように、経済局の拡大は「日本経済の発展に伴う当然の結果」だと考えているものもいた。平原毅『英国大使の外交人生』河出書房新社、一九九五年、一二三‐一二五頁。

101——第一回日米政策企画協議開催の経緯については、吉田真吾『日米同盟の制度化——発展と深化の歴史過程』名古屋大学出版会、二〇一二年、九〇‐九二頁。

102——小川平四郎国際資料部長「渡米報告」一九六四年一〇月二日（外務省情報公開：二〇〇六‐〇一一四三）。同文書は、吉田真吾氏にご提供頂いた。記して感謝したい。

103——一九六四年夏から六六年一月までの機構改革に関する動きは、拙稿「『戦後処理』からの脱却を目指して」九六‐九九頁、を参照。

104――作成者なし「外務省機構について」一九六六年八月一八日（外務省情報公開：二〇一〇－〇〇二二七）、作成者なし「外務省機構第一次改革案」一九六七年一月三一日（外務省情報公開：二〇一〇－〇〇二二七）。この間の経緯は、拙稿「『戦後処理』からの脱却を目指して」九九－一〇八頁。

105――斎藤『外交』一〇七－一〇八頁。なお、「外務省機構第一次改革案」に付属する手書きの草案には官房長、官房総務参事官、官房書記官のサインが残されている。

106――中国問題をめぐる外務省内の論争については、井上「日本政府の一九七〇年代アジア秩序構想」、が詳しい。

107――官房総務参事官室「昭和四二年度本省機構要求（各局要求原案）」一九四六年六月（外務省情報公開：二〇一〇－〇〇六七二）、外務省「本省機構の整備を必要とする理由 昭和四二年度予算」日付なし（外務省情報公開：二〇一〇－〇〇六七二）、作成者なし「昭和四二年度本省機構要求」一九六六年七月一五日（外務省情報公開：二〇一〇－〇〇六七四）。もっとも、予算要求のスケジュールを考えれば、一月の問題提起は翌年度の予算要求ではなく、その次の年度に向けたものと捉える必要がある。

108――同右。なお、中近東アフリカ局に外務参事官および調査官のポストを新設することも同時に要求されている。

109――経総「国際資源課の設置について」一九六七年七月二六日（外務省情報公開：二〇〇九－〇〇四二〇）。

110――経総「国際資源課の設置について」一九六七年八月四日（外務省情報公開：二〇〇九－〇〇四二〇）。

111――斎藤『外交』一〇八頁。牛場の前任の事務次官である下田武三は、経済局を改編してしまうと「財界などに対する国内発言力が弱くなる」と政経合体に慎重な姿勢を示したことがある。報道課「下田次官霞クラブ・民放クラブ懇談記録」一九六六年七月八日（外務省情報公開：二〇一〇－〇〇六七二）。

112――官房総務参事官室「機構小委員会第二六回会合議事要旨」一九六七年一二月一五日（外務省情報公開：二〇一〇－〇〇六七四）。

113――高裁案「機構小委員会の委員交代について」一九六七年一〇月一一日（外務省情報公開：二〇一〇－〇〇六七四）。この高裁案に先立って機構小委員会の委員交代の方針が機構委員会で報告・了承されている。官房総務参事官室「機構委員会第一三回会合議事要旨」一九六七年九月五日（外務省情報公開：二〇一〇－〇〇六七二）。

114――外務省「外務省機構改革実施方針」一九六八年六月二四日（外務省情報公開：二〇一〇－〇〇六七六）。この間

の経緯は、拙稿『戦後処理』からの脱却を目指して」一〇八‐一一八頁。
115——村田『村田良平回想録（上巻）』一九三‐一九四頁。
116——前掲「外務省機構改革実施方針」。
117——作成者なし「経済関係機構改革実施計画」一九六八年八月一日（外務省情報公開：二〇一〇‐〇〇六七六）。
118——作成者・作成日なし「（高裁案）」（外務省情報公開：二〇一〇‐〇〇六七一）。この文書は、経済関係機構改革に伴う各地域局の受け入れに関する文書の冒頭に置かれたもので「日米間の経済問題」に関する所掌事務についてのみ記載されている。
119——北米局「機構改革における北米第二課の取扱いについて」一九八三年六月一三日（『機能強化対策／経済局機構問題』外務省情報公開：二〇一二‐〇〇〇六七）、および、渡邊幸治へのインタビュー（二〇〇九年四月一八日、東京）。渡邊氏は政経合体機構改革の直後に経済局に勤務し、八〇年代後半には経済局長を務めている。
120——大河原良雄へのインタビュー（二〇一二年七月一九日、東京）、谷内正太郎へのインタビュー（二〇一〇年九月一三日、東京）。エネルギー・ワシントン会議時、大河原氏はアメリカ局長を、谷内氏はアメリカ局北米第二課事務官を務めていた。
121——作成者なし「機構改革に関する経済局意見」一九六八年九月一日（外務省情報公開：二〇一〇‐〇〇六七六）。
122——前掲「外務省機構改革実施方針」。
123——作成者・作成日なし「局長発言（六．二四幹部会）」（外務省情報公開：二〇一〇‐〇〇六七六）。作成日は書かれていないが、内容および前後の収録文書から考えて一九六八年に作成されたと判断できる。
124——経統「一次産品問題の取扱い」一九六八年一一月二九日（外務省情報公開：二〇一〇‐〇〇六七六）。
125——中近東アフリカ局中近東課「昭和四四年度中近東大使会議議事要録」一九六八年一一月（外務省情報公開：二〇〇九‐〇〇五七〇）。
126——たとえば、前掲「外務省機構について」、機構小委員会「政経合体について」一九六八年四月一日（外務省情報公開：二〇一〇‐〇〇六七六）。
127——加藤「資源の確保とわが国の安全保障」一‐六頁。
128——前掲『わが外交の近況 第一二号』二四五‐二四六頁。

129――外務省編『わが外交の近況 昭和四三年度(第一三号)』大蔵省印刷局、一九六九年、八七‐八八頁。

130――外交政策企画委員会「わが国の外交政策大綱」一九六九年九月二五日(外務省ホームページ:http://www.mofa.go.jp/mofaj/gaiko/kaku_hokoku/pdfs/kaku_hokoku02.pdf)。

131――国際資料部「第一回外交政策企画委員会記録」日付なし、国際資料部「第二回外交政策企画委員会記録」日付なし、国際資料部「第三回外交政策企画委員会記録」日付なし、国際資料部「第四回外交政策企画委員会記録」日付なし、いずれも戦後期外務省記録『本邦外交政策/外交政策企画委員会(第一~四回)記録』(二〇一三‐一八五四)所収。開催日は第一回が一九六九年七月一八日、第二回が八月二九日、第三回が九月二日、第四回が九月四日であることが文書内に明記されており、愛知外相は第一回・第二回に出席し討議に参加している。

132――経済局総務参事官室「外務省の機構改革と事務分担の変更」二三‐二四頁。

133――前掲「昭和四二年度在中近東大使会議議事要録」。同会議の経済関係討議の概要は、「中近東大使会議と中近東の経済情勢」(経済局中近東課　宮崎)『経済と外交』一九六七年一一月一五日号、一‐八頁、にまとめられている。

134――経済局「経済局関係討議資料」一九六七年一〇月一二日(外務省情報公開:二〇一〇‐〇〇〇九八)。

135――昭和四三年度中近東大使会議の議事録を外務省に情報公開請求したところ、「不存在」のために開示できないという回答であった(外務省情報公開:二〇〇九‐〇〇五六八)。

136――前掲「中近東をめぐる石油問題」。石油問題についても通商政策の支援という側面の意識が強いことは、課長および首席事務官クラスの本省および関係国大使館の担当者からなる中近東経済担当官会議でも同様であった。前掲「昭和四三年度中近東経済担当官会議議事要録」、および、杉谷「第十一回中近東経済担当官会議に出席して」九‐一一頁。なお同会議には、大蔵省国際金融局投資第三課と通産省通商局通商政策課の事務官(課長補佐)や大使館に派遣されている両省のスタッフも参加している。

137――前掲「昭和四四年度中近東大使会議議事要録」。

138――もっとも早く掲載された論考として、「明日の日本経済と資源政策――大来佐武郎氏講演より」(経済局経済統合課小倉寛治)『経済と外交』一九六九年四月一五日号、二七‐二八頁。大来が講演に呼ばれたのは、比較的早くから資源問題に注目しており、「資源輸入国日本を自覚せよ」『中央公論』一九六七年一二月号、六六‐七五頁、を発表し、この論考に加藤経済統合課長が目を通していたからだと考えられる。講演はこの論考をまとめなおしたものであった。

なお大来は、第三章第三節で検討する第一次石油危機後の三木武夫特使の中東諸国訪問に随行するなど、資源問題に対する関心を抱き続けていたが、外務省内で具体的な検討が行われるようになり、さらに国際的にも消費国間の協調枠組みが形成されていく中で、南北問題に傾注する大来の影響はほとんど見られなくなっていった。本書で取り上げる時期の大来佐武郎については、小野善邦『わが志は千里に在り――評伝 大来佐武郎』日本経済新聞社、二〇〇四年、第五章、を参照。

その他に、向坂正男(日本エネルギー経済研究所所長)の講演をまとめて生産量等のデータを加えた、経済局経済統合課「エネルギー問題と日本――石油を中心として」『経済と外交』一九六九年七月一五日号、一六–一九頁や、経済局経済統合課「独の原油供給会社と独・仏石油問題」『経済と外交』一九六九年七月一五日号、二〇–二二頁、といったレポートが六九年には公表されている。

139 ――経済局経済統合課「日本の資源問題――石油を中心とするわが国の資源問題」一九六九年一一月(外務省情報公開:二〇一〇–〇〇一〇〇)。

第二章　資源ナショナリズムの高揚と消費国間協調の模索

前章で論じたように、第三次中東戦争に際して採られたアラブ諸国の石油戦略を契機に、日本では、エネルギー資源問題が南北問題とは異なる外交課題として浮上した。だが、資源問題の主管課が定まり、情報収集を中心に様々な努力を開始した頃、国際石油市場では大きな変動が生じようとしていた。

本章では、一九六九年九月のリビアにおけるカダフィ政権成立から、七三年一〇月の第一次石油危機発生前夜に至るまでのエネルギー資源外交の展開を検討する。

カダフィ政権は国際石油資本各社に矢継ぎ早に要求を突き付け、それはすぐに他のアラブ産油国へと伝播していった。需給関係が急速に逼迫していくなかで、国際石油資本は産油国の要求を受け入れることになり、国際石油市場は「買い手市場」から「売り手市場」へと変貌していった。こうした情勢に対応する形で、日本政府内では具体的なエネルギー資源外交の検討と体制整備が進み、国際的にはOECD（経済協力開発機構）を舞台により実効的な消費国間協調枠組みの模索が始まった。

この間、従来は事務レベルの検討に留まっていたエネルギー資源外交が政治レベルでの注目を集め、新聞紙上にも「資源外交」という言葉が躍るようになった。閣僚間でも対立が見られるようになるなど、第一次石油危機を前に、エネルギー資源外交は政治案件となりつつあったのである。

本章の検討によって、当初はバイラテラルな海外資源開発支援策の検討や情報収集が中心だった日本の政策が、徐々にマルチラテラルな消費国間協調への参画を目指す方向に変化していったことを明らかにする。国際石油市場の変動を背景に、国際的な消費国間協調枠組みの模索、そして日本政府の体制整備とエネルギー資源外交の検討は、相互に連関しつつ、さながら螺旋階段を上るように進められていった。なお、この時期は、外務省内で中東政策が再検討に付された時期でもあるが、この問題は第三章第一節でまとめて触れることにしたい。

第一次石油危機以前のエネルギー資源外交の展開を検討することは、第四章以降で取り上げる石油危機後の消費国間協調参画に至る方針策定の背景を明らかにすることにも繋がる。石油危機発生の半年前までに、後に国際エネルギー機関（IEA）設立交渉に参画することになる日本のエネルギー資源外交の基本線と、政権内の対立軸は固まっていた。この過程を見ることで、日本のエネルギー資源外交が抱えていた課題を明らかにすることができるだろう。

以下、第一節ではリビアにおけるカダフィ政権成立からテヘラン協定成立まで、第二節ではOECD欧州地域で緊急時石油融通の検討が始まるとともに日本国内で資源外交に関する検討が本格的に始まる契機となる国際資源問題担当官会議が行われた七二年秋まで、第三節では第一次石油危機の直前までを、それぞれ検討していく。

1　リビアの政変と国際石油市場の変動――一九六九年九月－七一年三月

リビアによる国際石油資本への圧力と日本政府の認識

一九七〇年代に入ると、需給関係の逼迫を背景に、OPEC（石油輸出国機構）諸国は国際石油資本に対する攻勢を一挙に強めた。産油国の攻勢に決定的な役割を果たしたのは、カダフィの政権掌握に伴うリビアの急進化である[1]。陸軍士官学校出身の少壮軍人であるカダフィは、六九年九月一日、同志とともに首都トリポリでクーデターを起こし、政権を掌握した。カダフィ政権は、翌七〇年になると、矢継ぎ早に国際石油資本に要求を突き付けていった。

リビアの戦術は巧妙であった。当初狙われたのは、アメリカの石油会社エクソンの子会社エッソ・リビアである。カダフィ政権はまず、リビアで最大の産出量を持つエッソ・リビアに原油公示価格を一バレルあたり四三セント引き上げることを求めた。公示価格の持つ意味は時代によって性格が変わるが、この時期は、産油国政府にとっては石油会社から徴収する所得税や利権料の基準価格という要素が強い。当時、公示価格は国際石油資本各社が一方的に決定していた。リビアはこの体制に挑戦状を叩きつけたのである。だが、エクソンはリビア以外にも様々な権益を持っていたので、この要求をはねのけることが可能であり、カダフィの挑戦は失敗に終わった。

そこで次に、アメリカ系インディペンデントのオクシデンタル石油が狙われた。リビアは、六〇年代に入ってから本格的に石油生産を開始した新興産油国であった。それゆえ、「セブン・シスターズ」が権益を固めていた他の産油国と異なり、インディペンデント系の石油会社の進出が進んでいた。カダフィの政権掌握時、リビアの石油権益の約半分はインディペンデントが握っていた。オクシデンタルはこうした新興勢力の筆頭だったが、リビアに深入りしていたため、カダフィ政権の標的になったのである。

オクシデンタル石油は、七〇年五月、資源保護を名目に減産を命じられた。同月にシリア領内でTAPパイプライン(Trans-Arabian Petroleum Pipeline)が爆破されていたこともあり、絶妙のタイミングであった。中東およびび北アフリカ地域の原油調達先がリビアしかなかったオクシデンタルは、カダフィ政権の圧力に屈してこの減産命令に従った。そして、六月になると、減産命令は他社にも拡大された。

減産による品薄状態を背景に、カダフィ政権はさらに強硬な態度に出る。七〇年九月、オクシデンタルは一バレルあたり三〇セントの公示価格引き上げと、所得税率の五〇パーセント引き上げを受け入れた。一〇月には、公示価格と所得税率の引き上げが他社にも拡大する。このような攻勢を受けた経験がなかった石油会社間の連携がうまく取れなかったこともあり、結局これらの要求も実現することになった。

リビアの動きに触発される形で、産油国と国際石油資本との価格協定交渉が相次いで開始され、産油国に有利な協定が次々と結ばれていく[2]。後に見るように、七一年二月にはペルシャ湾岸諸国とテヘラン協定、同年四月にはリビアとトリポリ協定が、それぞれ国際石油資本との間で締結された。さらに、七一年夏のドル・ショック以降の国際通貨情勢の変動を受けて、公示価格の引き上げと通貨変動に対応するために四半期ごとに公示価格を調整するジュネーブ協定が翌七二年一月に結ばれることになる。国際通貨情勢がさらに変動すると、ジュネーブ協定方式では実質的な収入や損失をカバーできないとして七三年六月には新ジュネーブ協定が発効した。

以上の諸協定が結ばれた結果、七〇年には一バレルあたり一・八〇ドルだったアラビアン・ライト(サウジアラビア産の軽質原油で、原油価格決定の基準として広く用いられた代表的油種)の公示価格は、石油危機直前には三・〇五ドルにまで上昇した。

産油国の攻勢の背景にあったのは、何よりも需給関係の変化である。六〇年代後半に至るまで石油はむしろ供給過剰であり、その価格も漸進的に下がっていた。先進工業諸国が高い水準の経済成長を維持することによって、エネルギー需要も高い水準で増加していた。エネルギー需要の高まりは、予想された範囲を若干超えたものの、その誤差はそれほど大きいものではなかった。問題は、石油依存の急速な高まりである。それは六〇年代初頭の予測を大きく上回った。ある石油消費の伸び率に関する推計では、年率でアメリカは三・五パーセント、西欧諸国は四・一パーセント、日本は一四・三パーセントのスピードで消費が増加するとされていたが、実際の伸び率は、アメリカが四・六パーセント、西欧諸国が一〇・五パーセント、日本が一七・五パーセントであった[3]。

第二次世界大戦直後、各国の主要エネルギー源は石炭であったが、エネルギー効率その他の観点から石油への転換がこの時期に進んでいった。また環境問題に対する配慮も石炭から石油への転換を促進させた。各国の石油需要は予想をはるかに上回るスピードで増加していったのである。需給関係の逼迫は、リビアにおける新政権の石油会社への攻勢とともに、七〇年九月一七日に開催されたOECDの首席代表者会合で話題になり、その様子は日本政府にも伝えられていた[4]。

需給関係の変化とともに、産油国の攻勢のもう一つの背景として挙げられるのは、中東地域における英米両国の影響力低下である。石油という重要な資源が集中していることに加えて、スエズ運河という海運上の要衝を抱えた中東地域は、大国間のパワーゲームの焦点となる地域の一つであった。

かつて中東に広大な信託統治領や保護国を有したイギリスは、第二次世界大戦とスエズ危機を経て、その影響力を大きく低下させていた。さらに、一九六八年にスエズ以東からの撤退を表明し、七一年一一月にペルシャ湾岸から駐屯軍の撤退を完了させたことにより、イギリスは中東地域における軍事的影響力を失っていた[5]。

ベトナム戦争で疲弊したアメリカに、イギリスの撤退に伴う「力の真空」を埋める余力はなかった。ソ連が中東への影響力拡大を狙うなかで、イギリス撤退後にイランがこの地域における指導的な役割を担いたい意向を示すと、他に選択肢を持たないアメリカはこれを支持した。英米の影響力低下は中東の石油秩序の政治的基盤が弱体化したことを意味するものであり、ソ連の進出を許すことにも繋がった[6]。

「石油戦争」と呼ばれ、後から振り返れば、産油国の攻勢のまさに嚆矢となったリビアの動きだったが、当初、日本政府の危機感はそれほど強くなかった。

カダフィの政権掌握から二ヵ月後、六九年一一月五日から七日まで東京で開催された昭和四四年度中近東大使会議では、リビア革命がソ連の中東進出などとともに主要課題となったものの、話題の中心は王制を採る他のアラブ諸国への影響であった[7]。愛知揆一外相の挨拶では、中東諸国の持つ重要性として石油問題が触れられたが、実際の議論では、各国情勢の報告に際して一部の国で石油利権の交渉に関する状況が紹介され、海外資源開発の支援について若干の討議が行われるに留まった。

なお、同会議では、高瀬直智駐クウェート大使が海外資源開発の問題点に関する討議で「中近東ではジェトロ〔JETRO：日本貿易振興機構〕駐在員がカイロ、ベイルート、バグダードに居るが、自分が一〇ヶ月前クウェイトに着任して以来一度もクウェイトに来たことがない」と発言していることが興味深い[8]。また、この時期、『通商白書』で中東の主要国の動向が触れられることはほぼなかった。海外資源開発に対する関心を徐々に高めつつあった通産省も、まだエネルギー資源外交に本格的に乗り出す段階にはなかったのだろう。

外務省におけるエネルギー資源外交の検討も一九七〇年の間は、海外資源開発の支援策の検討が中心であった。経済統合課の担当者が、七〇年六月にまとめた「わが国の海外石油資源開発」というレポートを見てみよう[9]。このレポートはまず、海外資源開発の必要性が高まった経緯として、日本への供給元が中東地域に偏っている現状と、高度経済成長を続けるなかで石油需要が急増していることを挙げる。続けて日本の海外資源開発プロジェクトの現状と諸外国の石油資源をめぐる動きを概観した上で、「資源外交への要望」として以下のように文章を締めくくる。

資源外交といっても、戦前見られたような植民地的、収奪的接近は、今や世界のいかなる地域に対しても許されないであろうことはいうまでもない。わが国の場合、資源外交はたとえ地味ではあっても着実に経済外交の中でとらえられるべきであり、また、それはわが国の国益を追求すべきものであることは当然としても、同時に相手国の利益に合致するものでなければならない。その意味では資源外交は経済協力外交の中において具現される時に最も効果的に成果を収められるのではあるまいか。石油をはじめとして必要資源の多くを海外に仰がねばならないわが国としては、世界が平和であってこそ生存と繁栄を享受し得るのであって、要するに平和外交に徹することが最も大切なことであると思われる。〔傍点引用者〕

ここで強調されるのは、自国の利益確保を最優先する通商政策という観点ではなく、海外資源開発における相手国の利益を尊重する必要性と、世界全体の平和を前提とする思考である。国際情勢の安定を志向する点は、第一章第三節で検討した加藤吉弥経済統合課長の見方にも通じる点だが、相手国の利益を尊重し、資源外交を経済協力外交の中で実現していくべきという点には新しさがある。

こうした資源問題担当者の見方は、ODA（政府開発援助）などの経済協力を資源確保のために活用することが「ODAの本質を曲げてしまう」と考える経済協力局の担当者とは対立するものだが[10]、資源ナショナリズムが高まる中で海外資源開発に参画していく際の一つのアプローチと言えるだろう。

資源問題に関する外務省や通産省の委託研究が相次いで実施され、報告書の公刊が始まるのもこの時期である[11]。先行研究でも指摘されるように、たしかにこれらの報告書は日本がいかに資源を確保するかという視点が強く、「外国ないし海外企業への資源供給への依存を減らす」ことに重点が置かれていた[12]。また、具体的な海外資源開発のあり方やプロジェクトの進め方というよりも一般的な資源問題の検討が中心となっていたことは、外務省の担当者も認めている[13]。

このような一般的な検討に加えて、バイラテラルな資源外交を進めていくことも模索されていた。たとえば、カナダとの間では、まず七〇年九月に日本から工業使節団が派遣され、次いで同年一一月末から一二月にかけて、カナダから官民合同工業使節団が来日し、資源問題について幅広い意見交換が行われた[14]。この後、カナダとは、七二年九月には日加閣僚委員会の下部機関として日加エネルギー・鉱物資源小委員会(略称：日加資源委員会)が設置されるなど、緊密な関係を築いていくことになる[15]。

海外資源開発支援策の検討やバイラテラルな資源外交が徐々に進む一方で、国際的にも様々な場で資源問題が話し合われるようになっていった。その舞台の一つとなったのが国連である。折からの資源ナショナリズムの高揚と産油国を中心とした途上国の攻勢を受けて、一九七〇年の第二五回国連総会で採択された決議第二六九二号に基づく天然資源常設委員会が経済社会理事会の下に設置された[16]。第一回委員会は、七一年二月二二日から三月一〇日までニューヨークで開催され、小木曽本雄国連代表部大使を代表に、手島冷志外務省経済局国際貿易課長を代表代理として日本も出席したが、ここでも、第三次中東戦争時に見られたのと同じように、消極的な姿勢を崩すことはなかった[17]。

日本は他の先進諸国とともに、この委員会を技術的な問題を検討する先進国・開発途上国共通の場となるように希望していたが、途上国はより広く南北問題と関連づけようとしていた。こうした途上国の姿勢は全ての議題に共通していた。これに対して日本は、「天然資源開発政策」に関するガイドライン作成時に「天然資源開発は世界的経済発展と相関関係にあり、世界的経済発展は開発途上国の発展のためにも不可欠のものである」という趣旨の一文を入れるように提案したが、途上国の反対に遭い認められなかった。

国連の場における日本の立場は、他の先進諸国と同様、可能な限り資源問題を南北問題から切り離して考えようというものであった。資源問題を主管する経済局の平原毅局長も、天然資源常設委員会について「第一回会合から看取する限り、この委員会における討議の基調は発展途上国の側からの天然資源恒久主権、資源開発と工業化のための先進国ないし国際機関による援助の要請が表面に出て先進国側がどちらかといえば守勢にまわる感じが強いため、ＵＮＣＴＡＤ（国連貿易開発会議）などの国連の場における南北問題論議の域をほとんど出ていないように思われる」と観察しており、南北問題と資源問題を分けて考えていたことがわかる[18]。

ＯＥＣＤでも、石油資源をめぐる問題は継続的に協議されていた。前章で検討したように、第三次中東戦争後の消費国間協調を目指す動きは、石油情勢が落ち着くとともに急速に関心が失われ、六七年七月に設置された石油諮問委員会も、翌六八年二月にはその役割を終えていた。それでも、常設の石油委員会やエネルギー委員会は活動を続けており、加盟国間の情報交換や作業が行われていた。

エネルギー委員会と石油委員会の下にはそれぞれ一般作業部会が設置され、「コンフロンテーション」方式で、緊急時の石油割当計画策定等の前提となる各国の国内石油事情やエネルギー政策の把握が進められた。「コンフロンテーション」は、前身のＯＥＥＣ（欧州経済協力機構）時代から引き継いだ加盟国の審査方式である。各国がＯＥＣＤ事務局に対して資料を提供した上で、自国の政策等を説明し、これに対してあらかじめ指定された他の加盟国が「審査国」となって質問を行うという形式で実施されるもので、OECDが持つピア・プレッシャー的性格を象徴する一つの方式である[19]。各国に対する審査は六九年から七〇年にかけて順次実施され、日本はイタリアの審査国となるとともに[20]、七〇年六月の第一七回エネルギー委員会で、通産省の本田早苗鉱山石炭局長など関係省庁幹部も列席の下、アメリカを審査国に「コンフロンテーション」を受けた[21]。

一九七〇年に入り、国際石油情勢が急変すると、OECD理事会でも石油問題が度々話題に上るようになった。前述の国際的な需給関係の逼迫や産油国の攻勢に関する情報は、OECD代表部から寄せられたものが中心である。当時、比較的規模の大きい開発案件を持つ企業をアラビア石油しか持たない日本にとって、OECDは、石油情勢と国際的な関心の所在を把握するための貴重な場となった[22]。

このように、一九七〇年に入った頃から、国際的に資源問題に対する注目が徐々に高まっていった。産油国側の攻勢が強まりつつあるなかで、日本でまず海外資源開発への支援策に注目が集まったのは以下の三つの要因による。

第一の要因は、石油需要の急増である。経済成長率を上回るスピードで石油需要を伸ばしていた日本は、この時期には世界最大の石油輸入国となっていた(消費量はアメリカに次ぐ第二位)。急増する石油需要に対応して低廉かつ安定的に供給を確保するために、自国の資本による権益を保持する必要があると考えるのは自然なことだろう。

第二の要因は、敗戦によって外国での権益をすべて失ったため、日本が海外資源開発の圧倒的な後発国だったという事情である。六八年の石油開発公団設立以降、官民双方で海外資源開発のプロジェクトが進み始めていたとはいえ、六〇年代前半に生産を開始したアラビア石油を除けば日本の権益確保は遅れていた。

こうした状況は、上流部門の利益確保という通商政策の点からも、また自国資本による権益を増やすことによるエネルギー安全保障政策という点からも是正すべきものであった。

そして第三の要因は、資源ナショナリズムの複雑な様相である。一般に、消費国にとって資源ナショナリズムの高まりはマイナスだが、地理的な遠さもあり、資源開発の圧倒的な後発国だった日本にとってはプラスに働く面もあった。産油国が国際石油資本への圧力を強めているといえども、単独で開発を進めるだけの人材や技術力、そして資本には限界があり、何らかの形で外国の力が必要であった。そこに、「手が汚れていない」日本が参入する機会の窓が開いていると考えられた。つまり、「『資源国からの、他の世界資本に代っての日本資本への勧誘あるいは代替的チャンスが一層増大する可能性』が生まれることを意味し」、「そうなれば資源開発分野での後進国としての日本にも『敗者復活戦の道が残されている』」のである[23]。

以上の三つの要因が相互に連関しつつ、政策担当者に海外資源開発促進の必要性が強く意識されることになった。

外交手段による海外資源開発への支援は、後に見るように田中角栄政権で積極的に進められていく。とはいえ、外務省の担当者も再三確認しているように、海外資源開発にとってより重要なのは、小規模な石油開発会社が乱立する国内体制や、莫大な投資を要する資源開発への資金供給といった国内における体制整備の問題であり[24]、海外資源開発への支援をエネルギー資源外交の観点からのみ考えることにはそもそも限界があった。

このような海外資源開発への支援を中心に検討する状況が変わるきっかけとなったのが、七一年二月のテヘラン協定締結である。

テヘラン協定締結と国際資源室設置

国際石油資本に攻勢をかけるリビアの動きは、直ちに産油国全体へと拡大していった。それは、一九七一年二月一四日、ペルシャ湾岸の産油国と国際石油資本各社の間で、原油公示価格や所得税率引き上げを定めたテヘラン協定締結という劇的な決着をみた[25]。

テヘラン協定に直接繋がるOPECの交渉方針は、七〇年一二月九日から一二日までベネズエラのカラカスで開催された第二一回総会で決定された。同総会では、石油会社の所得税率を最低でも五五パーセントとすること、公示価格または基準価格は石油の比重や地理的条件、将来の価格の上昇を考慮した適用可能な最高価格を基礎に統一すること、などが決定された。これに対して、国際石油資本側も、各社の足並みの乱れをリビアに突かれた苦い経験をふまえて、ロンドン・グループ(London Policy Group)という共同戦線を組織して産油国の攻勢に備えた。この時点で、国際石油資本の圧倒的な優位が崩れつつあることは確実な情勢となった。

翌七一年一月一六日、国際石油資本陣営は五年間の価格安定と供給の保証を取り付けることを条件に、イラン、イラク、クウェート、サウジアラビア、アブダビ、カタールのペルシャ湾岸六ヵ国との予備交渉に入った。

正式な交渉は一月二八日から開始された。交渉の争点となったのは、原油公示価格の引き上げ幅と石油資本側が求めた保証だったが、OPEC側は供給停止措置をちらつかせて強硬な姿勢を崩さなかった。OPECの強硬姿勢を受けて、石油資本陣営は、公示価格の引き上げ幅に関して譲歩する代わりに、価格の安定保証については譲らず、また、取り決めの内容を価格引き上げと所得税率の見直しに限定し、既存の協定の有効性を再確認することを求める方針を決定した。

以上の方針をＯＰＥＣ側が基本的に受け入れたことで、二月一四日、テヘラン協定が締結された。原油公示価格の引き上げや所得税率の見直しなどを定めたテヘラン協定締結は、国際石油市場における国際石油資本優位の「終わりの始まり」を象徴する出来事となった。ニクソン米大統領は年頭の外交教書で、一九七一年を「分水嶺の年」と呼んだが、エネルギー資源問題でもこの年はたしかに「分水嶺の年」であった。

前年の八月から経済統合課長となっていた小林智彦は、テヘラン協定締結を以下のように観察した[26]。テヘラン協定締結は、資源ナショナリズムが高揚するなかで、国際石油資本の絶対的優位が崩れ、産油国が主導権を握る時代の始まりを印象付けるとともに、日本が石油供給を特定地域に依存する危険性を如実に示した。だがこの間、日本は、産油国政府からも、国際石油資本側からも協議にあずかることはなかった。テヘラン協定締結に日本政府は何の関与もできず、その後、ＯＰＥＣによる値上げ分を全面的に価格に転嫁する形の値上げ交渉が国際石油資本各社との間で行われていた。日本の立場はＯＥＣＤにおいて適宜表明していたが、それが功を奏すこともなかった。世界最大の石油輸入国であり、第二位の消費国である日本にとって、こうした状況は大きな問題である。

その上で、小林は、今後のエネルギー資源外交の進むべき道として、①産油国との直接取引の促進、②自主開発の促進と供給源多元化の支援、③産油国との協力促進、④国際石油資本との協調、⑤消費国政府との緊密な協議、⑥「国際石油機構」（あるいは国際資源機構）の創設、⑦資源外交の体制整備、の七点を挙げた。総花的であり、課題の整理という域を出るものではないが、他の消費国との密接な協議をふまえた産油国と消費国の双方が参加する国際機構を設置する、という構想が出されている点は注目に値しよう。

以上の認識を出発点に、この後、資源外交の具体策が模索されていくのだが、その検討に入る前に外務省における機構整備の動きを見ておこう。

テヘラン協定の締結を受けて、七一年二月一七日、外務省幹部会で愛知揆一外相から「積極的な〝資源外交〟のあり方」を検討するように事務当局に指示が出された[27]。新聞紙上で「資源外交」という言葉が使われるようになるのは、この外相指示を伝える記事以降である。新聞各紙の報道がほぼ横並びであることから、外務省の報道発表で「資源外交」という言葉が用いられたと考えられる。田中角栄政権下で進められた政策の印象が強いこともあり、一般に「資源外交」と言えば海外資源開発がイメージされることが多いが、この言葉が登場した当時は、従来から行われてきた海外資源開発への支援に留まらない課題という含意があったのである[28]。

愛知外相の指示を受けた省内での検討を経て、経済担当の安川壮外務審議官の担当事項に資源問題を加えること、資源問題に関する全省的委員会を立ち上げるとともに事務局として経済局経済統合課に附設する形で国際資源室を設置すること、必要に応じて大使級の適任者を海外に派遣することが、三月二〇日に決定された[29]。

国際資源室設置は「資源問題を総合的に把握するオフィスを明確化するため」の「当面の措置」とされ、翌年度予算要求で国際資源課の新設を要求し、国際資源室は発展的解消を目指すとされた。国際資源室の所掌事務は、省内に以下のようにアナウンスされた[30]。

(イ) 対外資源政策の企画立案
(ロ) 国際資源問題に関する海外の情報の収集及び分析
(注) 調査団の派遣及び受入れもこの中に含まれるが、経済協力の観点から派遣される調査団等は従来通り経協局が所管する。

（ハ）資源問題に関する多数国間の会議ならびに多数国間の条約及び協定に関すること
（注）資源問題は国連機関、ＯＥＣＤ等の場（フォーラム）で取り扱われることが多いところ、フォーラムの性格により国際資源室に移管しうるものは逐次移管するものとする。具体的には、国連、ＯＥＣＤ等の委員会において資源問題が国連、ＯＥＣＤ等の全体の動きないし他の委員会の動き等から相当程度独立して取り扱われるに至った場合には国際資源室に移管するものとする。将来経協局に対して移管すべき問題が生じた場合にも同様の考え方で検討するものとする。
（ニ）資源に関する二国間の問題処理に当たっての調整
（注）二国間資源問題の実務の処理は従来通り地域課において行うこととし、国際資源室はこれにアドバイザーないしコンサルタントとして調整を図るものとする。経協局が経済協力、投資等の面で行う調整は従来通り。

年度末という時期に慌ただしく発足したこともあり、人員は経済局内で融通できる範囲でスタートする形ではあったが、ここに資源問題を専門に取り扱う単独の部署が設置されることになった。テヘラン協定締結によって国際石油市場の変動が顕在化したことを受けた素早い組織的対応だと言える。

国際資源室設置から二ヵ月後、七一年五月末には、国際資源課増設の検討が行われた[31]。この検討は、国際資源課への昇格を目指すという限定方針に沿ったものである。その結果、所掌事務の具体化を図るとともに、室長一名、首席事務官一名の下に四名の事務官がぶら下がる形から、石油班・鉱物班・庶務班の三班体制とし、定員も一五名に大幅増員を目指すことになった。

経済局内の配置の振替で確保していた人員を正規の定員として要求することも予算要求では重視され

た[32]。国際資源室が作成した国際資源課新設案は経済局案として了承され、省内調整を担当する大臣官房総務参事官に預けられた[33]。経済局の案は、ほぼ原案通りに予算要求に反映された。

予算要求に記された、国際資源課設置の理由は以下の通りである[34]。まず、日本が主要資源の大部分を輸入に依存し、石油については世界第一位の輸入国であるのみならず、高度経済成長が続くなかで需要の増加スピードが他の先進国よりも早いことが指摘される。そして、日本経済成長を支えるために「資源の合理的価格に依る安定的確保」は不可欠の要件だが、資源ナショナリズムの高まりとともに、資源保有国では「自国保有資源から最大限の収益を獲得せんとする傾向」が強まっている。それゆえ、政府レベルでこれらの諸国と「外交関係全般を考慮しつつ資源問題に取組む必要性が益々強まっており、我国としては今や資源問題を経済・技術協力・対外政治問題等他の外交案件全般と密接な関係を有しているものとして当省経済局内に一課を新設し、一元的に企画・立案・調整・処理等に当る体制の整備が緊要である」。

所掌事務は以下のように、国際資源室の事務をより拡大した形が予定されていた。

1．対外関係

(1) 対外資源政策の企画立案

(2) 国際資源問題に関する海外情報の収集及び分析

(3) イ．資源問題に関する多数国の会議、並びに、多数国間の条約及び協定に関すること

ロ．資源の国際的利用並びに調整に関する国際機関との協力等に関すること

(4) 資源に関する二国間問題（協定等を含む）の処理

(5) 資源に関する調査団の派遣及び受け入れに関すること

2. 対内関係

（1）対外資源政策に関する関係省庁及び民間との協議協力

（2）海外資源情報その他の関係省庁及び民間への提供

（3）多数国間及び二国間の具体的な資源問題の処理に関する関係省庁及び敏感との協議協力に関すること

（4）国際資源問題に関する国内に対する啓発

結局、外務省の予算要求は大蔵省との折衝の段階で削られることになり、資源課への昇格は見送られた。具体的な成果は、経済局内の振替によってまかなっていた人員の手当てが行われただけであった。既存の課の改廃による新設ではなく、純粋な増設要求であった点がこうした結果に繋がったのかもしれない。なお、この予算要求では、リビア大使館の新設も要求されており、エネルギー資源外交が外務省の中で優先課題として急速に浮上していったことがうかがえる。

いずれにせよ、国際資源室の設置によって、本格的にエネルギー資源外交に取り組む準備が整った。次節以降で見ていくように、国際資源室発足後、情報収集にとどまらない、より具体的なエネルギー資源外交の検討が始まることになる。

2 産油国と国際石油資本の対峙——一九七一年四月 - 七二年一〇月

価格協定交渉とエネルギー資源外交の検討

一九七一年三月の国際資源室設置を契機に、それまでのアドホックに近い形の外務省の情報収集体制は改められ、より継続的かつ系統的な情報収集および分析が行われるようになった。

省内の文書管理という点でも、それまでOECDを主管する国際機関第二課が管理していたOECDエネルギー委員会や石油委員会の関係文書や関連電報の取り扱いが国際資源室の主管となり、過去の関連文書もまとめて移管されるなどの統一が図られた[35]。外務省内の資源関係事務を国際資源室に一元化する動きは、このように一歩ずつ進められていった。

石油情勢の緊張はこの時期も続いていた。リビアは、テヘラン協定締結を受けて再び国際石油資本各社と交渉に入り、七一年四月にトリポリ協定を認めさせた。これは、テヘラン協定と同様に五年間の価格保証期間を定めていたが、供給保証が明記されていない上に、石油会社に投資義務を課すなど、リビア側にかなり有利な協定であった[36]。トリポリ協定の他にも、フランス＝アルジェリア間の石油交渉、TAPパイプラインを通る東地中海の原油価格に関する交渉、OPEC未加盟のナイジェリアにおける原油価格交渉などが同時期に繰り広げられた[37]。

産油国の攻勢を受けて、七一年六月、OECD理事会は加盟国に対してできるだけ早く石油備蓄を九〇日間分とするように勧告を行った。備蓄については前年から石油委員会や同作業グループで検討が行われていたが、その際、対象となったのは欧州地域のみであった[38]。それがOECD加盟国全体に拡げられたのである。

この勧告を受けて、通産省は七二年度予算から石炭特別会計を「石炭及び石油特別会計」に改組し、探鉱や開発などと併せて、備蓄についても、差し当たりの措置として三ヵ年計画で従来の四五日分から六〇日分へと強化することを決定した[39]。

国際石油情勢がますます激しさを増し、国内外で政策の再検討が進むなか、発足したばかりの国際資源室は日本が採り得る政策として以下の三点を挙げていた[40]。それは、①国際資本に依存せずに獲得し得る原油供給の増大、②石油備蓄量の増大、③産油国・国際資本・先進輸入国等利害関係先との協調体制の整備、である。そして、「今後の石油政策は対外、対内両面の諸々の手段を通じ、上記の種々の方策を適宜組み合わせていくべきものと考えられ、特に国際協調に則ることが不可欠である」(傍点引用者)とする。エネルギー資源外交が様々な政策の組み合わせからなることは、この時点でしっかりと認識されていたのである。

さらにここでは、具体的な施策が検討されていた。原油供給の増大については、「『自主』にとらわれすぎ何がなんでも主導権をわが国が有するとの態度に固執することは避けるべき」であり、また経済協力や援助を資源開発のための手段としつつも、「次元を異にする問題」であり、「『援助をするから、石油を掘らせろ』的な考え方は現に慎むべき」とされた。ここには資源ナショナリズムをふまえて海外資源開発を進めなければならないという認識が表れている。

協調体制の整備については、国際石油資本、先進諸国との関係の詳細な検討が行われた。特に後者については、七一年秋頃のＯＥＣＤ特別会議開催を想定した具体的な計画を立てていた。議題案としては以下の六点が例示された。

何れも情報の提供(交換)と意見(コメント)の交換
(1)各国エネルギー需要の長期予測
(2)石油(その他の資源及び代替エネルギー)をめぐる国内政策の現状と問題点
(3)石油(その他の資源)の海外開発の現状と問題点及び今後の動向
(4)生産国機構あるいは国連の場等における資源(石油)問題討議をめぐる協議、協調
(5)資源の共同開発可能性の検討(プロジェクト、資金面等)
(6)タンカーその他輸送面の諸問題

この時期に、外務省の担当者が包括的な消費国間協調を目指す姿勢を見せていたことは興味深い。原油価格の急上昇を受けて金融や貿易についても検討された、第一次石油危機後に開催されたエネルギー・ワシントン会議と比べれば、あくまで石油資源中心の会議ではあるものの、石油情勢の変化を的確に認識し、その対策を考えていたことがここから明らかになる。

だが、日々の課題に追われた結果として、野心的なOECD特別会議の構想が追求されることはなかった。同年五月二〇日から二五日まで来日したサウジアラビアのファイサル国王が、佐藤栄作首相に、テヘラン協定で定められた価格および共有保証を「五年間は守る」と伝えるなど、石油情勢が一旦は落ち着いたと考え得る材料があったこともあるのかもしれない[41]。また、国際会議の開催を主導することは、設置されたばかりの国際資源室が背負うには重すぎるものだったということもあるのだろう。

OECD特別会議開催構想は、備蓄に関するOECD理事会勧告が出された七一年六月の段階で放棄された。同時期に作成された文書は、日本が採り得る対策として、①国際石油資本に依存せずに獲得し得る石油

供給の増大、②国際石油資本との協調、③国内体制の整備・強化の三点を挙げている。①と③は上記の検討と共通するが、産油国や消費国との協調という課題は落とされている。また、②と③は一般論が挙げられる程度であり、実際には①が中心に検討され、産油国優位が確立しつつある石油市場の現状をふまえて「資源開発政策」を進めていく必要性を指摘するのみであった[42]。

また、七一年七月七日から九日まで外務省で開かれた昭和四六年度中近東大使会議では、第三次中東戦争直後に開催された会議以来、四年ぶりに石油問題が主要議題の一つに挙げられたが、議論の中心はあくまで海外資源開発支援のあり方であった[43]。

担当者レベルで消費国間協調を目指す動きが一時期見られた他は、日本政府の検討は海外資源開発の支援が中心だったのである。

他方で、情報収集の方向性として多国間外交の重視する姿勢が、この時期から徐々に打ち出されていくことになる。たとえば、平原経済局長は、『経済と外交』一九七一年七月号の「資源問題特集」に寄せた論考で、資源輸入国である日本に「即応した協調体制を作り出し将来の日本の必要に適合した外交を展開せねばならない」として、産油国、消費国、国際機関、国際資本との協調関係をいかに築くかを論じている[44]。

主要消費国との協議としては、西ドイツとの定期協議の場で資源問題を取り上げることが模索されたのもこの時期である。日欧間の政治対話の充実させるための定期協議は、六二年一一月の池田勇人首相訪欧を契機とするもので、まず六三年三月に日英間で、四月には日仏間で、そして一一月には日独間で相次いで開始が合意された経緯がある[45]。

国際資源課が設置された直後、七一年四月、外務省内では夏に開催が予定されていた日独定期協議の議題に関する検討が行われていた。そこで、事務レベル協議の中で、「特に議題には含めないが、資源問題に関する日独間の情報・意見の交換の問題についても触れる」ことが事前協議に向けた方針として決められた[46]。

定期協議は通常、大臣レベルと事務レベルの双方が行われる。資源問題は後者の事務レベル協議で取り上げることが検討された。その後、取り上げ方に関する国際資源室での検討を経て[47]、在西ドイツ大使館に向けて事前折衝に当たるように伝えられた[48]。ドイツ側の反応は悪くなかったが、具体的に各議題を詰める段階で、日本の選挙日程の関係から、協議の延期が決まってしまった[49]。協議が実現することはなかったが、テヘラン協定締結直後というこの時期に、資源問題に対する関心が全省的に高まりつつあったことが分かる。

実際に資源問題についてこの時期に協議が行われたのは日米間である。前章でも見たように、日米間では事務レベルの定期的な意見交換の場として、六四年以来、政策企画協議が半年に一度のペースで開催されていた。七一年五月、河口湖畔で開催された第一三回日米政策企画協議で、日米経済関係やインド洋問題、中国問題などと並んで資源問題は主要議題の一つとして議論された[50]。資源問題の討議には、両国の政策企画部門の担当者に加えて、アメリカ側は第三次中東戦争時にOECD代表部大使を務めた経験を持つトレザイス経済担当国務次官補、日本側からは小宅庸夫経済統合課長兼国際資源室長など関係課長が出席した。

石油情勢一般と両国の置かれた立場に関する意見交換が中心ではあったが、この協議は日米両国の間で資源問題に関して本格的な討議を行う初めての舞台となった。政策企画協議は交渉の場ではなく、突っ込んだ議論が行われたわけではないが、それでも日本側が第三次中東戦争時の対応について、「米国が石油の供給について援助してくれるというなんらの保証をも与えてなかったことがその原因であった」と指摘し、さらに「重要資源の共通の貯蔵を造ることや消費国間でスワップ協定を結ぶこと等も検討する必要がある」といった提案をしているのが注目される。アメリカ側は再三にわたって日本の置かれた苦しい立場を理解する旨を伝えており、第一次石油危機時の両国の対応を予告するかのようでもある。

以上のように、国際資源室が設置された一九七一年の日本は、消費国間協調に対する関心を徐々に高めつつも、エネルギー資源外交の具体的な方向性を模索する段階にあった。とはいえ同時期は、国際的にも実効的な消費国間協調枠組みの構築に向けた動きは始まったばかりであり、日本の対応はこのような国際的な動きに並行するものであった。

国際石油資本の優位を突き崩したテヘラン協定やトリポリ協定は政策担当者に衝撃を与えたが、その一方で五年間の価格保証が協定に明記されたことから、日本の政策担当者の間では石油情勢が落ち着くことを期待する向きもあった[51]。日米政策企画協議でも、アメリカ側担当者から「少なくとも今後二～三年の間はこのような問題は再発しないことがほぼ確実」となったとの分析が伝えられていた[52]。

産油国の新たな攻勢と消費国間協調の模索

一九七一年半ばに見られた楽観的な観測は、あっさりと裏切られることになった。産油国が再び攻勢をかけるようになったのは、七一年八月のことである。それにはニクソン米大統領が金＝ドルの兌換停止を発表したことを受けて、石油取引に用いられていたドルの大幅な減価を懸念するというそれなりに納得がいく理由もあった。ドルが主要通貨に対して大きく下落することは、それまでの協定では考慮されていなかったからである。ドル価格の減価を補うことは、七二年一月のジュネーブ協定として実現する。とはいえ、これは産油国の攻勢の一側面に過ぎない。新たな攻勢の焦点となったのは、国際石油資本各社の現地操業会社に対する事業参加（「パーティシペーション」とも称された）であった[53]。

テヘラン協定締結から約半年後、七一年七月中旬にウィーンのOPEC本部で開催された第二四回総会と、九月下旬にベイルートで開催された第二五回総会で採択された決議に基づいて、国際石油資本各社に事業参加を求めるOPECの新たな攻勢が開始された。

なお、第二四回総会では、ナイジェリアが一一番目の加盟国としてOPECに参加することが承認された。ナイジェリア加盟によって、OPEC加盟国が全世界の石油輸出に占める割合は九二・九パーセントにまで増加した[54]。国際石油資本側も、テヘラン協定交渉時に方針調整の場となったロンドン・グループを参加メンバー拡大の上で正式に再開するなど、連携強化を試みたが[55]、需給関係のさらなる逼迫と輸出市場の寡占状況を背景に、OPECが圧倒的な交渉力を手にしていたことは明らかであった。

事業参加が、これまで交渉の焦点となってきた価格調整問題と本質的に異なるのは、それが探査、採掘した原油を輸送し、精製した上で製品として販売する、すなわち、上流から下流までの一貫操業という国際石油資本各社の力の源泉を脅かすことにあった。初めは一定割合での事業参加だとしても、最終的には国有化に至ることは容易に予想された[56]。

この点は、国際石油資本を抱えるアメリカやイギリスの懸念材料だったが、それは、既存の権益を脅かすだけでなく、後発の資源開発国である日本が今後新たな権益を有利な条件で獲得することをさらに難しくするものでもあり、この点は外務省の資源問題担当者も認識するところであった[57]。第一次石油危機に至るこの時期には、官民挙げての取り組みの結果、ブリティッシュ・ペトローリアムからアブダビ石油開発の利権買収に成功するといった成果があったが[58]、その後の海外資源開発の支援は思うように進まなかった。アブダビの案件にしても、産油国の事業参加が確実となりつつあるなかで、老練なブリティッシュ・ペトローリアムのリスク回避戦略の一環として使われたことは否めない。このように、海外資源開発を取り巻く状況は厳しくなっていった。

サウジアラビアなど穏健な産油国は、事業参加を急進的な国々が矢継ぎ早に進めていた国有化に代わる漸進的な措置と考えており、この問題を産油国の攻勢としてのみ捉えるべきではないのかもしれない。だが結果的には、国有化と事業参加は並行して進められていくことになり、国際石油資本各社はますます守勢に立たされる形となった。

産油国の動きは強硬かつ性急であった。OPECとして事業参加を打ち出す以前、一九七一年二月、アルジェリアは価格問題で激しい交渉の後にフランスが同国で得ていた全権益の五一パーセントの国有化に踏み切っていた。また、産油国の中でも最も強硬なリビアは、七一年一二月、BPのリビア子会社についてBPの持ち分の全てを国有化した[59]。この措置には、イギリスが同月、ペルシャ湾岸から撤退すると同時にイランがホルムズ海峡付近の島嶼を占領したことの裏にイギリスとの「共謀」があると考えられたがゆえの報復という側面もあったと言われるが[60]、いずれにせよ、国有化が断行された事実に変わりはない。

急進派と穏健派の対立を抱えながらも、結局、OPEC全体としての国際石油資本グループとの交渉は七二年一月から順次開始されることになった[61]。

事業参加問題が燃え上がるなか、外務省の担当者の間にも危機感が広がっていった。「世界の石油供給の基本体系が今後頻繁に攻撃される可能性があり」、それは「欧米諸国やわが国の如き石油の大消費国の経済活動や安全保障そのものに重大な影響を及ぼすものであり、これに対処するため、消費国(発展途上国も含まれる)、産油国、国際石油会社の間で新しい安定供給体系を構築するための協力体制が創設されねばならないと考える」というのが政策担当者の見方であった[62]。第一次石油危機が発生する約二年前の段階で、担当者レベルの危機感はここまで強くなっていた。

それまで前提としてきた、石油が安価かつ安定的に供給される状況が根本的に変わったことは、政策担当者にはっきりと理解されるようになっていた。国際石油資本頼みの石油政策は見直さざるを得ず、消費国自身も安定供給の責任の一端を背負う必要が生じてきたと考えられる。そして、日本も、今後は多角的な石油政策が必要であり、産油国との関係強化に加えて、消費国としての立場を強化するための方策（備蓄量の増大、タンカーの増強、石油精製販売部門の強化）を採り、さらに消費国間協調の舞台として国際的に新たな枠組みを設けることを検討しなければならない。外務省の担当者は七一年末の段階でこう考えていた[63]。

このような政策担当者の認識は、翌七二年一月から二月にかけての国際資源問題調査団派遣に繋がった。調査団は、①石油を中心とする国際資源問題の動向と見通し、②資源問題に関する国際協調の可能性、③資源外交のあり方、の調査を目的として、主要消費国と国際機関に派遣された。団長は千葉皓経済同友会常任顧問（元駐ブラジル大使）、団員は外務省、通産省の担当者および石油業界関係者等から構成された[64]。

ここに挙げられた調査項目は消費国間協調を重視したものであり、包括的に国際資源問題を調査する意図が見て取れる。調査団派遣に際して準備された文書にある、日本のような資源輸入国にとっては貿易問題におけるＧＡＴＴ（関税および貿易に関する一般協定）のような「グローバルなフォーラムが存在し、その枠内での討議と協議を通じて石油問題が処理されていくのが本来は望ましい」という表現からは、消費国間協調を重視する立場の萌芽を読み取ることが可能だろう[65]。

日本で新たな消費国間協調を見据えた検討や調査が始まる一方で、国際的にも消費国間協調の動きが徐々に活発になっていった。七二年に入ると、ＯＥＣＤ石油委員会のハイレベルグループでは、事業参加問題に関する検討が本格化し、協議が重ねられていく[66]。しかし、石油委員会ハイレベルグループの活動以上に重要なのは、七二年五月二三日から二五日まで開催された第一一回ＯＥＣＤ閣僚理事会である。厳しさを増す国際石油情勢との関連で、エネルギー問題が主要議題の一つとして閣僚理事会で初めて取り上げられ、日本からは木村俊夫経済企画庁長官が出席した[67]。ここで討議の中心となったのは国際通貨情勢であり、エネルギー問題は事務レベルの作業を承認するに留まったが、長期エネルギー政策の策定に必要な総合的な研究をOECDで行うことが決定された。石油情勢の急変によって注目が集まっていたとはいえ、それまで事務レベルでの協議が中心だった消費国間協調が閣僚レベルでも議論されるようになったのである。この閣僚理事会の決定に基づき、エネルギー委員会と石油委員会だけでなく、環境委員会、科学技術委員会なども動員して作業プログラムの作成に取りかかった[68]。

他方でこの時期、アメリカの政権上層部では、急変する石油情勢が「自由陣営」内の火種になりかねないという懸念が浮上していた。

この懸念は、前年秋からの国務省内の検討を経て七二年三月、ロジャーズ国務長官からニクソン大統領に伝えられたものだが、そこではアメリカ以上に厳しい西欧諸国と日本の状況に対する憂慮が見て取れる[69]。この状況をそのまま放置すれば、「自由陣営」の弱体化に繋がってしまう。そのためにはOECDに加盟する消費国間でOPECに対抗する何らかの共同行動を採るべきである。このように、東西冷戦の文脈も意識しつつ産油国に対抗するための消費国間協調を進める必要がある、というのが国務省の見方であった。

ここでは六七年の第三次中東戦争時に懸念されたアメリカと同盟国の分断という事態が想起されていた。第三次中東戦争時の状況は、前年の日米政策企画協議で日本側から改めて伝えられていたことでもある[70]。さらに、五年前に分断が懸念されたのは主として米欧間であったが、今回はそこに日本も加わるという変化があったことも重要だろう。

とはいえ、消費国間の協議が思うように進んでいないなかでアメリカが切迫するエネルギー危機に備えるためには、まず国内政策の充実が必要だ、という意見が添えられていたことは、政権上層部にある種の楽観論が残っていたことを示しているのかもしれない。この時期には、既に国際的にも国内的にも抜本的な対策が必要だったことは後の展開からも明らかである。実際、アメリカ国内でも七二年夏以降、国内エネルギー政策の再検討が急速に進むことになった。

石油情勢が大きく動いた七二年夏、日本では長く政権の座にあった佐藤栄作が退陣し、七月七日、田中角栄政権が発足した。佐藤後継を争った大平正芳が外務大臣、中曽根康弘が通商産業大臣と自民党内の有力者がそれぞれ就任し、エネルギー資源外交を進める布陣も固まった。

田中と大平が政権発足後、初の外国訪問先に選んだのはアメリカであった。七二年八月三一日と九月一日にハワイで行われた日米首脳会談は、もっぱら日中国交正常化に向けた日米間の調整の場として記憶されているが[71]、この会談のコミュニケでは、日米間のエネルギーおよび鉱物資源開発に関する協力が謳われていた[72]。

実際の首脳会談では、資源問題はシベリア開発等の話題に若干触れた程度だったが[73]、事務レベルの調整を経て、日米間で資源やエネルギー開発に関する協力が進み始めたことは事実である。

この首脳会談に先立つ事前調整の段階で、田中がキッシンジャー大統領補佐官とシベリア開発に関する意見交換を行っていたことも注目される[74]。キッシンジャーは、田中が日米の共同開発が中国に与える影響を気にしていたと観察したが、シベリア開発についても、田中は日米間の意見交換を疎かにはしなかったことが分かるだろう。この会談では、日本の貿易黒字対策も詳細に議論されており、田中の対米重視の姿勢がうかがえる。

首脳会談終了後にも、訪米した外山弘通産省鉱山石炭局長とカッツ国務次官補代理の間で、日本の石油備蓄、緊急時の石油融通、石油に関する日米協力、チュメニ油田等の各プロジェクトの進捗状況等について詳細な意見交換が行われた[75]。田中政権となってからも石油資源に関して日米間では緊密な連絡が取られていたのである。田中の対米姿勢については、第三節で改めて取り上げることにしたい。

このように、消費国間では多国間（マルチ）、二国間（バイ）の様々な形で協調を目指す動きが始まりつつあったが、国際石油情勢はますます厳しくなっていった[76]。

七二年一月に始まった事業参加をめぐるＯＰＥＣと国際石油資本グループの交渉は、国際石油資本を代表する立場にあり、サウジアラビアで操業していた合弁会社アラムコが、三月にＯＰＥＣの事業参加を原則として受諾すると通知したことで一挙に決着すると思われた。しかし、その後、補償や取得原油の引き取り方法、事業参加の一つの区切りである五一パーセント資本取得のタイミングなどをめぐって交渉は平行線をたどった。

交渉経過に苛立つ急進派からは、国際石油資本グループとの交渉から離脱して強硬措置を採る国も出始めた。六月には、ＢＰが権益を握るイラク石油会社（ＩＰＣ）の国有化にイラク政府が踏み切り、続いてイランが個別にコンソーシアムを設けて交渉を進めることを表明した。

ＩＰＣ国有化が受け入れられた背景には、石油情勢が厳しさを増すなかで、国際石油資本としてもイラクの要求を受け入れざるを得ないという事情の他にも、ソ連がイラクのバース党政権に接近していたことで、石油問題で強硬に出ることがイラクをソ連陣営に押しやることに繋がりかねないというアメリカとイギリスの考慮も存在した[77]。イギリスのペルシャ湾岸から軍事的撤退もあり、この時期までに、中東地域は第三世界に拡大しつつある冷戦の主要な舞台の一つとなっていた[78]。事業参加に関する産油国の攻勢の背景には、需給関係の逼迫だけでなく、こうした国際情勢の変化も影響していたのである。

産油国の新たな攻勢を受けて、交渉がどのように進むか注目されたが、結局、外務省の担当者も予測していた通り[79]、七二年末には、OPECの主張がほぼ貫徹される形で基本的な合意が成立することになった。こうした産油国の攻勢に対して、消費国陣営も新たな対策に乗り出す必要に迫られた。舞台となったのはOECDである。

この問題の検討に入る前に、日本国内でさらに進んだ資源外交に関連する機構整備と省庁間協力の進展について確認しておきたい。

資源課設置構想と国際資源問題担当官会議開催

一九七一年三月の国際資源室の設置以降、外務省内では、資源問題を単独で担当する課を設置する構想が毎年持ち上がっていた。最終的に資源課が設置されるのは、第一次石油危機後の七四年五月のことだが、資源課設置を含む経済局の改編は石油危機以前から検討されていた構想に基づくものである。また、七二年一〇月には第一回国際資源問題担当官会議が開催されるなど、エネルギー資源外交を進める体制整備は石油危機以前から始まっていた。

ここではまず、資源課設置に繋がる機構改革の動きを確認したい。なお、この機構改革は全省的な改革ではなく、日々浮上する新たな政策課題に対応するための比較的小規模な改革であり、あくまで経済局内の再編として検討されたものである[80]。それゆえ、全省的な委員会やワーキンググループが設置されていないため文書が断片的にしか残されておらず、構想がいかなる経緯で挫折したかや資源課設置が認められる詳細な経緯を明らかにすることはできないが、構想を検討することで外務省内のエネルギー資源外交に関する問題意識の変化を追うことが可能である。

国際資源室をそのまま格上げする七一年五月の国際資源課構想が失敗に終わったことは、第一節で検討した通りだが、翌七二年六月には、資源および環境問題を所掌する国際経済第二課の設置が検討されることになった[81]。気候変動とエネルギー資源外交が密接な関係を持つようになる、八〇年代後半以降の展開を考えると、資源問題と環境問題がセットで扱われていることは興味深い。

資源問題に関する部分は、前年の構想と比べて消費国間協調に関する指摘が若干具体的になっている点に新味があったが、基本的にはその内容に変化はない。この年は前年以上に文書が残されておらず、また外務省全体の予算要求にも反映されなかったことから、国際経済第二課構想は経済局内の試案に留まった可能性が高いが、いずれにしても、資源問題を専門に担当する課を設置する構想がこの年も浮上していたことが確認できる。

ここで挙げられた具体的な所掌事務を見ると、国連局科学課から移管される業務もあるなど、かなり大胆な構想となっている。課の所掌事務が前年の国際資源課構想や後に設置された資源課と大きく異なるのは、前年の予算要求が通らなかったことを受けて大幅な変更を模索していたということかもしれない。

七四年五月の資源課設置に繋がる経済局改編案は石油危機以前の七三年六月に検討されていた。この改革案の要点として挙げられたのは、①国際資源課の創設、②経済統合課と国際貿易課の合併、③国際商務室の創設、の三点である[82]。①の全文を掲げておこう。

一．国際資源課の創設

一九七一年三月に設置された国際資源室は経済統合課長の兼任となっているが、わが国内外の石油、エネルギー等をめぐる資源の危機的情勢に鑑み、これを独立の課に昇格せしめ、その機能を拡充し、石油、天然ガス、鉄鉱石、銅、ウラン等鉱物資源のほか、木材、食料（小麦、大豆等）、飼料、綿花等主要原材料の安定的確保のための方策を策定せしめる。

この構想が、失敗に終わった七一年や七二年の機構改革構想と異なるのは、国際資源課の増設ではなく、経済局の再編によって課の数を変えることなく、資源問題を専門に担当する課を設置するとされていることにある。また、七二年の構想では環境問題も取り扱うことが予定されていたが、今回は資源問題のみを扱う形に戻されている。

現在外務省に残されている文書のみで、その後の資源課設置に至る経緯の詳細を明らかにすることはできないが、機構予定図の変化から第一次石油危機発生の影響を読み取ることはできる。石油危機発生直前の七三年一〇月初めに作成されたと思われる機構図は、兼務を解くなど実質的な増員措置は取りつつも国際資源室の現員六名を七名とし、振替による増員三名、実質増は四名とする案であった[83]。しかし、その後、石油危機への対応に追われる一〇月下旬に作成されたと考えられる案では、定員は一一名、実質増は四名で同じだが、振替による増員は八名と大幅に増加していた[84]。石油危機を経て経済局内で資源外交の持つ意味がさらに大きく認められたことが分かるだろう（その後の折衝を経て、実際に新設された際には定員一〇名、増員二名、振替による増員八名となった）[85]。

ただし、資源課の設置自体は第一次石油危機以前に事実上決まっていた。初代資源課長には通産省から出向していた宇田川治宣が就任するが、宇田川は石油危機以前の七三年一〇月二日から外務省経済局に専任の国際資源室長として籍を置いており、既に資源課長就任が予定されていたという[86]。新設する課の初代課長に他省からの出向者を充てることは異例である。また、宇田川の着任によって、それまで経済統合課長が兼任していた国際資源室長は独立したポストとなった。この人事にも、石油危機発生以前から外務省がエネルギー資源外交を重視し始めていたことが表れている。

資源課設置構想とともに重要なのが、七二年一〇月三〇日および三一日の第一回国際資源問題担当官会議の開催である。担当官会議開催の目的は、国際資源室の担当者が第一回会議を振り返る以下の文章によくまとめられている[87]。

この会議〔国際資源問題担当官会議〕をこの時期に開催した趣旨は、最近の流動的かつ急速な変化を見せつつある国際石油情勢に、わが国が今後十分対処しうるよう、東京と在外公館の意思疎通を図ることであった。まさに国際石油問題はＯＰＥＣ事業参加政策、産油国の国有化政策、米国のエネルギー危機などを背景として極めて多岐にわたる複雑な問題であり、十分な情報収集・分析活動を行う必要があるものと思われる。今後、わが国が必要とする石油資源を確保しうるためには、できるだけ正確な情報を迅速に収集し、その意味するところを長期的かつ大局的視野に立って分析、検討し、激動の国際石油情勢に的確に対処する必要があり、また、この成果をできるだけ迅速に具体的政策に結びつけていく必要がある。このため、本省と主要関係在外公館担当者の間で国際石油問題全般について十分意見交換ないし打ち合わせを行ない、国際石油情勢に対する情報収集体制を確立しておく必要が痛感されていたわけである。

このように、国際石油情勢の流動化を受けて、エネルギー資源問題を全省的な課題として捉え、情報収集体制の確立と円滑な意志疎通を図るという問題意識の下で、担当官会議は開催された。

担当官会議は、七〇年代を通じて年一回の開催が定例化されていく。第一回の会議には、外務省および関係省庁、主要産油国・消費国の公館、ＯＥＣＤ代表部の資源問題担当者が参加し、課長から首席事務官クラスの実務者レベルで積極的な議論が交わされた（具体的な議論の内容は次節で紹介する）〔88〕。ＯＥＣＤ代表部の資源問題担当は、通産省からの出向者が務めることが当時通例となっており、また各在外公館の担当者には通産省からの出向者も含まれていた〔89〕。国際資源問題担当官会議は、省庁の枠を超えた担当者間の議論、そして合意形成の場となったのである。

第四章第二節で検討するように、第一次石油危機後、七四年三月に開催された第二回担当官会議は、消費国間の協議や国連資源問題特別総会への対応が検討され、消費国間協調を優先する姿勢が確認されるなど、極めて重要な会議となった〔90〕。担当官会議という枠組みは、それまでも各地域の政務担当官会議や経済担当官会議などに用いられていた。国際資源問題担当官会議という形で、資源問題を検討する担当官レベルの会議が設置されたことは、この時期に資源問題が日本外交全体として重視されるようになったことを象徴している。

外務省内で資源外交に関する体制が整えられていく一方、通商政策の観点から海外資源開発実施を担う通産省でも、国際石油市場の変動を受けた改革が行われていた。

七三年七月、通産省の全省的な機構改革の一環として資源エネルギー庁が設立された〔91〕。資源エネルギー庁設置構想は七二年末には、ほぼ固まっていた〔92〕。この改革によって、それまで海外資源開発推進を所掌していた鉱山石炭局の石油・石炭関係部局と、電力・ガスを所管する公益事業局が統合され、資源およびエネルギー関係行政が一元化されることになった。資源エネルギー庁は発足直後の七三年九月、通産省は、白書として『日本のエネルギー問題』を発行し、総合的なエネルギー政策の推進に向けて活動していくことになる[93]。

エネルギー資源外交との関係で重要なことは、新設された資源エネルギー庁の長官房に国際資源課が置かれたことである[94]。国際資源課は従来から存在した部局の拡充・改編したものではなく、資源外交を念頭に置いて、「国際的機関との接触を図ること等により資源・エネルギーに関する情報調査、収集、分析を行う」ために新設された、機構改革の目玉の一つであった[95]。

国際資源課の初代課長には、機構改革を主導した両角良彦通産事務次官の指名で、通産省切っての国際派で海外経験も豊富な豊永恵哉が就いた。資源エネルギー庁国際資源課は、単に「情報調査、収集、分析」に留まらず、次節で検討する緊急時石油融通に関するOECDの作業部会や、第四章以降で取り上げる石油危機後の消費国間協調の動きに、外務省国際資源室（七四年五月からは資源課）とタッグを組んで参画していくことになる[96]。

このように、第一次石油危機を迎える以前に、新たな消費国間協調枠組みの形成に参画する体制が、外務省と通産省の双方で整えられていたのである。一般に対立の側面が強調されがちな外務・通産両省だが、人事交流や、国際資源問題担当官会議、さらには共同で複数の国際調査団派遣を行うなど、この時期のエネルギー資源外交に関する限り、例外的に協調体制が構築されていたと言えるだろう。

3 OECDにおける緊急時石油融通措置の検討——一九七二年一〇月-七三年一〇月

緊急時石油融通作業部会の開始

一九七二年を通じて進められた、事業参加をめぐるOPECと国際石油資本陣営の交渉は、最終的に同年一二月、リヤド協定という形で基本的な合意を得た。

クウェートとカタールは遅れて参加予定になっていたものの、強硬派の国々が交渉から離脱するなか、同協定の対象となったのはサウジアラビアとアブダビの二ヵ国にとどまった。各産油国は二五パーセントの事業参加が認められ、さらに参加比率を段階的に高めていくことで、八二年には五一パーセントの事業参加とすることが決められた。ただし、この交渉の枠外では、イランが国際石油資本グループとコンソーシアムを設けて交渉を続けており、予断を許さない状況が続いていた[97]。

一段と厳しさを増す国際石油情勢を受けて、一九七二年秋、より実効的な消費国間協調枠組みの創設を目指す動きが始まった[98]。OECD欧州地域が先行する形で、緊急時石油融通の検討が開始されることになったのである。この検討は、七二年一一月一四日にOECD理事会で採択された「OECD欧州地域における緊急時石油供給の計画、手段および割当に関する理事会決定」に基づくもので、実効的な消費国間協調枠組みの形成に向けた重要な一歩となった。

この決定の対象となったのは、スエズ危機の経験から緊急時の石油融通枠組みを有していたフィンランドを除く欧州地域のOECD加盟国だが、OECD全体としての消費国間協調に向けた動きも始まろうとしていた。OECD石油委員会で、日本、アメリカ、カナダ、オーストラリアを欧州地域の緊急時石油融通枠組みの新たなメンバーとして加えるべきか、あるいはＯＥＣＤ全加盟国を包含する何らかの新しい制度を設けるべきか検討されることになった。こうした検討の必要性は七二年初頭以来、石油委員会で指摘されてきたが、国際石油情勢の悪化に伴い、七二年秋に具体案として浮上したのである[99]。石油委員会での審議に加えて、翌七三年に入ると、アメリカは日米加三国が加わった場合を想定した非公式な調整を開始した[100]。

こうした国際的な動きと軌を一にするように、日本でも海外資源開発への支援だけでなく消費国間協調参画を見据えたエネルギー資源外交の検討が始まっていた。日本の置かれた状況をふまえて多国間外交を重視する姿勢が、七一年末の時点で存在していたことは既述の通りだが、七二年一〇月末の国際資源問題担当官会議開催を前に、より実質的な検討が開始されることになった。

担当官会議の準備資料として作成された「今後のわが国の対外石油政策のあり方」は、多国間外交を志向する姿勢を明確に打ち出している[101]。

同文書は、流動的な石油情勢を概観した上で、「資源問題の解決は一国のみの政策をもってしては極めて困難な面があり、資源の大消費国であるわが国が今後国際社会において不利な立場に追い込まれないようにするため、多国間資源外交を積極的に推進する必要がある」と多国間外交推進の必要性を強調する。

その上で、「石油供給の安定を真に確保するためには、国際的視野に立ち、問題の基本点を解明し、煮つめる必要があり、ＯＥＣＤにおいてもその検討が行われているが必ずしも十分とは思われない」と現状の問題点を挙げ、さらに消費国間協調の必要性とその困難を指摘する。流動的な石油情勢の下で「最も憂うるべき事態は、米国をはじめとする西側先進消費国による深刻な石油争奪戦発生の可能性があることである。かかる事態が発生した場合、最も深刻な打撃を受ける可能性のあるのは、わが国等の国内資源を有さず、かつ、大手国際石油会社を有しない純石油消費国である」。こうした事態を回避するためには消費国間協調が重要だが、「現実には各消費国は石油開発国で産油国とそれぞれ独自の関係を有しており、消費国間の協調関係の樹立は困難な面が多い」。加えて産油国の事業参加に伴って直接取引される石油も増えており、それまで国際石油資本各社が担っていた調達機能は必ずしも円滑に運用し得なくなっている。

このような困難を認めつつ、消費国間協調を重視するしかないというのが、ここで示される最終的な立場である。

激動の国際石油情勢を背景に石油の大消費国として我が国としては主要消費国との協議、意見交換を常時十分に行っておき、予め各国の動向、とるべき反応につきある程度の見通し、判断をたてておく必要があり、将来できれば主要産油国も包含した後で石油消費国における石油供給の保証、産油国のup-stream operationにおける投資保証、消費国におけるdown-stream operationの保証等の重要問題についての意見交換を行ない国際協力の実をあげる方向を目指すべきであろう。

このように、多国間外交を重視して実効的な消費国間協調枠組みの構築を目指すべきという意見が、担当者の間では強くなっていた。これを前提に、七二年一〇月末、第一回国際資源問題担当官会議が開催された。この会議の議事録は残されていないが[102]、担当者が執筆した『経済と外交』誌掲載の論考と関連文書を総合すれば、以下のような形で討議は進められたと考えられる[103]。

担当官会議では、まず小宅庸夫経済統合課長兼国際資源室長から同会議の開催経緯と目的が、通産省の飯塚史郎石炭鉱山局参事官から内外の石油情勢、特に日本国内の最近の事情が、それぞれ説明された。続いて、OECD代表部の担当者からOECDにおける審議の背景と概要が紹介されるとともに、各大使館の担当者からOECDでの審議に対する各国の方針と石油情勢が紹介された。

以上の報告をふまえて、産油国との関係と消費国との協調について、今後日本がどのように行動すべきかを中心とする自由討議が行われた。具体的に議論になったのは、今後の国際石油情勢の展望、OPEC事業参加交渉の妥結がもたらす影響、産油国との直接取引をめぐる動きと日本が有する行動の自主性の限界、消費国間協調のあり方と限界と日本がどの程度まで参加するべきか、といった点であった。国際石油情勢と資源外交の方針をめぐって活発な議論が交わされた様子がうかがえる。

こうした担当官会議の議論をふまえて、一一月二二日、国際資源問題を全省的に検討する資源委員会のために、国際資源室で「わが国石油政策のあり方」という文書が作成された[104]。この文書は、「わが国においては現下の国際石油問題にかならずしも柔軟に十分対処しうる体制が確立されているとは言い難く、今後本省として、確固たる石油外交を展開していく上で政策的に検討すべき課題も多いと思われるので、とりあえずのところをまとめてみた」というものである。

文書の冒頭で国際石油情勢をまとめた後に、「現行政策の問題点」が検討される。そこで指摘されるのは以下の二点である。

第一は、「石油政策におけるNational Securityの位置づけ」である。安全保障と石油政策の関係が検討されることは意外に思えるかもしれないが、これはエネルギー資源外交の始動期から担当者の間に存在した視点であった[105]。ここでは、日本が石油供給のほぼ一〇〇パーセントを輸入に頼り、さらに中東への依存度が九〇パーセントを超えている状況が問題視されている。そして、中東紛争と価格引き上げ交渉をそれぞれ背景とする政治的側面と経済的側面から考え得るOPECによる禁輸の可能性を検討し、この点について国民的な合意を得る必要があるとする。

第二は、「わが国石油政策と産油国、他の大消費国、国際石油資本との間の調整の問題」である。日本の輸入量は世界全体の一五パーセントを占め、今後さらに伸びることが予測されている。それゆえ、日本の政策が「国際需給に与える影響は大きく、またわが国企業が後発開発企業として海外資源開発を行い、あるいは、産油国から直接引取りを行う場合関係当事者に与えるインパクトは大きい」。そこで日本が「世界の石油秩序の中で、唯我独尊的に一人歩きすることは、当然強い国際的非難を覚悟せねばなるまい。わが国の対外経済情勢が国際的に多くの摩擦を生じている昨今、こうした国際協調の姿勢はどうしても堅持せざるをえず、国際協調の枠組みの中で最善の道を探し求めねばならない」とされる。

その後のエネルギー資源外交の展開を考える上で重要な指摘が多く含まれているが、とりわけ注目されるのは、OPECによる禁輸可能性を検討することの重要性と、国際協調への志向である。日本がOPECの禁輸対象国となる可能性が想定されていない点は実際の第一次石油危機と異なるものの、第三次中東戦争時の経験とその後のOPECの攻勢を受けて、禁輸が現実の問題として認識されるようになっていたことが理解できよう。また、これまでは情報収集の方向性やあるべき姿として触れられることが多かった消費国間協調が、日本の置かれた状況をふまえた上で採るべき選択肢として明示されるようになったことは大きな変化である。

以上のように、石油政策における安全保障概念の明確化と国際協調がこれまで欠けてきたとした上で、文書は続けて、①価格から供給への重点移行、②消費国間協調を含む緊急時対策の立案、③産油国との協力体制の強化、の必要性を指摘し、技術的な側面も含めて詳細かつ具体的な検討項目を列挙する。これらの検討項目の前提として、国際石油体制のあり方や関係各国の石油情勢、適正な備蓄水準、可能性のある代替エネルギー源、日本政府の情報収集体制などを具体的な検討課題として挙げている点は、議題に関する限り、今日のエネルギー安全保障に関する議論と比べてもそれほど遜色ない。

第一次石油危機の約一年前、七二年一一月末の段階で、エネルギー資源外交の具体的な中身を詰めていく準備は整っていたのである。

この「わが国の石油政策のあり方」を基に、外務省内での約半年間の検討、第一六回日米政策企画協議での日米間の意見交換等を経て[106]、翌七三年四月、「石油資源外交強化のための提案――石油資源の長期安定供給確保のための諸方策の総合的検討」が作成された[107]。この文書は、三三頁に及ぶ「わが国石油政策のあり方」とは異なり、焦点を絞って九頁にまとめられたものである。

文書冒頭で関係省庁との協調を謳った上で、「わが石油外交の基本姿勢」として以下の内容が掲げられた。国際石油市場の中で「わが国の比重がますます高まりわが国の圧倒的対外依存度は継続していくとの認識に立ちつつ、石油資源保有国との間に石油の長期安定供給確保のため」外交的な枠組みの設定強化を図る。ただし、「その場合、無用な消費国間の国際競争の激化を防止し、秩序ある国際石油市場を確立するため主要消費国、特に米、EC〔ヨーロッパ共同体〕諸国との協調に留意しつつ世界の石油供給システムへ責任ある態度をもって参加していくことが望ましい」。

産油国と消費国の双方を視野に入れた国際協調を重視する姿勢は、七二年の段階で浮上していたものだが、単に多国間外交の重要性を指摘するだけでなく、多国間外交を通じた国際石油市場の安定を志向する姿勢に踏み込んだことに大きな意味がある。これは、対産油国外交の推進を掲げつつも、それを消費国間協調と矛盾しない形で進めることによって、グローバルな石油市場の安定を目指すという、第一次石油危機後に展開される日本の資源外交の基本姿勢に繋がるものである。

具体的な提案については、対産油国政策、対消費国政策、外交機能の強化に関する方策が具体的かつ包括的に挙げられているが、特に重視されている対消費国政策にここでは注目したい。そこでは以下のように具体的な政策が掲げられている。

（1）日・米・EC間のエネルギー問題協議及び意見調整の場を確立することによりエネルギー資源の過当競争防止、省エネルギー政策、公害激化の防止更に攪乱的効果を及ぼすことを避けるため、その友好的経路誘導をはかること。（OECD石油委の場あるいはバイの定期又はアド・ホク協議の場を活用）

（2）保険措置——緊急事態における割当スキームには消費国間共通利害の範囲内で協力する。

（3）消費国は特にメジャーを抱えている有力消費国との間に情報収集能力及びknow-howの相互活用をはかる。

従来よりも具体化されているのは最初の二点である。二番目に挙げられている「保険措置」は、OECD欧州地域が先行する形で検討が進んでいた緊急時石油融通措置を指す。この後で見るように、七三年に入ってから日本、アメリカ、カナダ、オーストラリアも加わり、OECD全体としてこの問題について検討すべきという声が国際的にも強まっていた。一定の留保を付けつつも、ここでは原則として協力する方針を打ち出している。

より重要なのは、最初に挙げられた、平時における国際石油市場の安定に関する方策である。各消費国が相互の調整がないままにばらばらに行動すれば、国際石油市場の安定が損なわれてしまい、それは結果的にそれぞれの消費国にとってもマイナスとなる。そのような状態を回避するために、様々な場で協議と意見調整を行う必要がある。言い換えれば、国際石油市場全体の安定こそが自国の安定供給に繋がるのであり、そのためには消費国が結束する必要がある、という見方である。
この視点は、具体的な消費国間協調枠組みの構築がＯＥＣＤで進むなかで、そこに参画していくことを主導していった外務省の宮崎弘道経済局長（平原毅に代わり七二年九月就任）や、七三年七月末に通産省資源エネルギー庁の初代国際資源課長に就任する豊永恵哉など資源問題の担当者が第一次石油危機の前後に一貫して重視していたことである[108]。また、本節の後半および次章以降でも検討するように、大平外相もそれを共有していくことになる。

「石油資源外交強化のための提案」で定められたエネルギー資源外交の基本的な方針は、その策定前後から、対外的にも国際資源室長の講演で表明されていった[109]。だが、こうした担当者レベルのコンセンサスが、どれだけ政府内で共有されていたかという問題は残る。この点は第三章第一節で取り上げることにしたい。

このように、産油国との協調を掲げつつも、具体的な消費国間協調参画に向けた方針が、第一次石油危機発生の約半年前、七三年四月の段階で外務省では固まっていた。それは、国際的にも消費国間協調の動きが加速しつつあったことと軌を一にしている。新聞紙上でも、エネルギー問題を正面に据えた連載が行われるなど、日本国内でも関心は徐々に高まっていた[110]。そして、そのような動きの背景にあったのが、アメリカが石油情勢に関する懸念を強めていたことであった。

アメリカの懸念を象徴するのは、ジェームズ・エイキンズが、七三年四月、『フォーリン・アフェアーズ』誌に「石油危機――今度こそ狼がやって来る」と題した論考を発表したことである。エイキンズは、第三次中東戦争時の日米協議に携わった経験を持つ。さらに、六九年四月から七二年一二月まで国務省の燃料エネルギー部長を務め、七三年夏には駐サウジアラビア大使に指名される国務省を代表するアラビストであり石油専門家であった。

エイキンズは、石油需要が急速に伸びていることについて具体的な数値を挙げ、産油国の攻勢と消費国の脆弱性を説明した上で、中東の「どの国でも二つの国が生産を減少させるだけで、消費国の間に危機とパニックを生じさせることができるのだ」と説いた[11]。エイキンズは、この論文を発表する以前から政府内で「石油危機」の可能性を説いていたが、全般的に「どれもこれも裏づけが取れていないので、誰もまともに受け取らなかった」という[12]。たしかに、エイキンズの産油国に対して宥和的な姿勢は、七一年末から七二年初頭にかけて国務省内で石油情勢が検討された時にも、その当初から際立っていた[13]。また、産油国との対決姿勢を徐々に強めていた政権の中で、エイキンズの立場は浮いていた。それでも、『フォーリン・アフェアーズ』という有力誌に米国務省高官が石油危機に警鐘を鳴らす論考を掲載したことは、国際的にも少なからぬインパクトを与えることになった。

『フォーリン・アフェアーズ』誌にエイキンズの論文が発表されたのとほぼ同時期、ニクソン大統領は、就任後二回目となる「大統領エネルギー教書」を議会に送付し、国内資源の開発と輸入政策の見直しを求めた[14]。「エネルギー教書」が提出された背景には、アメリカのエネルギー事情の変化があった。七〇年代に入り、アメリカ国内ではエネルギー不足が深刻化しつつあり、エネルギー危機が囁かれ始めていた。ニクソンは、政権発足後すぐにエネルギー問題を検討するタスク・フォースを設置するなど、この問題に対する強い危機感を持っていた。輸入が増えていくことが不可避な状況であることをふまえ、石油の供給過剰を前提に国内石油産業保護のために五〇年代に導入された、「石油輸入割当制度」の見直しが検討されるなど、アメリカのエネルギー政策は転機を迎えようとしていた。

ニクソンが五月三日に議会に「外交教書」を送付し、その中で経済問題の政治的意義を強調した点にも注目が集まった[115]。さらに、キッシンジャー大統領補佐官が四月二三日の「ヨーロッパの年」演説で、政治・経済・安全保障の諸問題をリンクさせ、包括的な枠組みの中で日米欧の同盟関係を活性化させることを目指す「新大西洋憲章」構想を発表していたことも、石油問題と多少の関係を有するものであった[116]。

世界第一位の石油消費国のアメリカが、輸入を急増させれば日本に対する影響も大きい。とりわけ、増加する輸入先は中東が想定されていたことは日本にとって深刻である。それゆえ、日本政府の担当者は七〇年代に入った頃からアメリカの石油政策を注視するようになり、継続的に関心を払っていた[117]。また、産油国との対決姿勢が色濃いアメリカの真意も見極める必要があった。そこで、七三年四月八日から外務省は、近藤晋一前駐カナダ大使を団長に国際エネルギー問題調査団をアメリカとカナダに約四週間の長期に渡って派遣し、情報収集に努めた[118]。

エネルギー問題について、アメリカのみならず消費国全体で関心が高まっていたことは、本章で検討してきた通りである。こうした関心を背景として、七二年一一月からOECD欧州地域の緊急時石油融通に関する取り組みは始まったが、それに先立ってECでもエネルギー政策について動きが見られた[119]。

スエズ危機の経験から西欧諸国が緊急時の対策を定めていたのは既述の通りである。エネルギー需要の増加、原子力開発の遅れ、環境問題との関連などから、総合的な共通エネルギー戦略を立てることは、六〇年代からECの主要課題の一つとなっていた。そして、七二年一〇月のパリ首脳会談で、共同体諸機関で共通エネルギー政策を可及的速やかに策定することが合意された。そして、この合意に基づいて、EC委員会は七三年五月に「共通エネルギー政策のための指針と優先的行動」案を作成し、それを基に議論が進められることになった[120]。OECDにおける取り組みも含め、消費国間協調に対する西欧諸国の注目は急速に高まっていた[121]。

以上のように、OECDにおける本格的な審議開始と並行して、日本政府として本格的なエネルギー資源外交の検討が始まった。そして、国際的な消費国間協調への関心も高まるなかで、通産省の担当者との協力関係を前提としつつ、外務省内では七二年一〇月から翌七三年四月までの半年間にわたる検討が行われ、第一次石油危機後も日本が採ることになる資源外交の基本線が形成されたのである。だが、担当者レベルの省庁を超えたコンセンサスが形作られつつあったこの時期、消費国間協調をめぐって国内外で対立が顕在化しようとしていた。

日本政府内の対立と拡大作業部会の議論

消費国間協調参画をめぐる対立は、一九七三年春から夏にかけて、国内では中曽根康弘通産大臣と大平正芳外務大臣の間で、国際的には産油国との対決も辞さない強硬姿勢のアメリカと日本（および西欧諸国）の間で顕在化した。

中曽根康弘は、一九一八年、群馬県に材木商を営む裕福な一家の次男として生まれた[122]。東京帝国大学法学部を卒業後、内務省を経て、四七年四月の総選挙で当選し、政治家としての道を歩み始める。「青年将校」と呼ばれ、吉田茂を舌鋒鋭く攻撃した中曽根は若手の頃から目立った存在であった。「保守傍流」を歩み、歴代政権の中枢とは一定の距離を保ち続けたが、七〇年代に入った頃には自民党総裁候補の末席に連なるようになっていた。

日中国交正常化の推進を条件に自民党総裁選で田中角栄支持に回った中曽根は、七二年夏に発足した田中内閣で通産大臣に就任した。その後、総選挙を経て同年一二月一二日に発足する第二次田中内閣でも留任した中曽根は、石油需要を急増させる日本にとって海外資源開発を促進する必要があると考え、「日の丸原油」

構想を掲げた[123]。海外資源開発の促進は、六九年一一月から七一年六月まで事務次官を務め、後にアラビア石油社長に就任する大慈弥嘉久や、大慈弥から次官を引き継いだ両角良彦もその必要性を認めており、また前任の通産大臣でもある田中の時代から省全体として進められていた。第二節で触れた資源エネルギー庁の設置には、こうした背景も存在したのである。

中曽根の積極的な取り組みは、前任者であり官邸主導で「資源外交」を進めようとする田中への対抗という意味もあるだろうが、それ以上に、中曽根自身が抱き続けてきた外交に対する考え方と関係しているように思われる。折から「自主外交」を掲げ、外務省が国際石油資本への配慮から対中東外交に消極的だと不満を感じていた中曽根は[124]、七三年四月二八日から五月七日の日程で中東諸国を歴訪した[125]。

イラン、クウェート、サウジアラビア、アブダビの四ヵ国を巡る訪問は中東諸国との関係強化という点で大きな意義を持つものだったが、本書の関心に照らしてより重要なのは、消費国間協調に関する中曽根の発言である。

中曽根は、最初の訪問地であるイランで、アムゼガル蔵相との会談の席上、アメリカの提唱する「石油消費国同盟について、どう思うか」と問われたのに対して、「日本は石油消費国同盟構想には賛成しないし入らない」と述べたのである[126]。会談後の記者会見では、石油消費国同盟について、「まだアメリカからその構想も聞いてないし、打診もないが、それが産油国との対決と挑発を招来するものならば、日本としては反対である」と明言した[127]。また、会談でイラン側からOPECの値上げ攻勢に理解を求められた際には、積極的な否定も肯定もしなかったが、記者会見では「理解したということになる」と語ったという[128]。中曽根は、概して産油国への宥和姿勢が強く、新たな消費国間協調枠組みの形成についても、「それが産油国との対決と挑発を招来するものならば」という前置きはしているものの、「反対」を明言している点は問題であった。

中曽根発言は、産油国が反対するのであれば、日本は新たな消費国間協調枠組みの形成に参加しない、という意向を表明したものと国際的に受け止められた[129]。それまで日本は、OECD石油委員会等で消費国間協調に前向きな姿勢を示しており、日本政府の真意がどこにあるのか怪しまれたのである。

六月六日から八日にかけて開催された第一二回OECD閣僚理事会でも、中曽根発言に注目が集まった[130]。日本の代表団は、「消費国連合がOPEC諸国との対決を目的とするものであってはならず、産油国との協調を前提とするものである限り、消費国と協調行動を取る意向を有する」と発言し、中曽根の下で消費国間協調に否定的な姿勢を見せ始めた通産省の意向にも配慮を示した。とはいえ、外務省の事務方の間で中曽根に対する不満は強く[131]、これは第一次石油危機後の政府内の対立の伏線となった。

中曽根は自らの発言を、通産省内で十分に論議した上でのものだと振り返っている[132]。トップダウンの政治スタイルを好む中曽根のこの回顧が事実に即しているかどうかは疑いなしとしないが、いずれにせよ、外務省内で基本的な考え方が定まっていたエネルギー資源外交と中曽根の消費国間協調に対する反対姿勢が、政府内の対立軸として浮上することになった。

石油資源について中曽根と真っ向から対立する見解を示していたのが大平外相である。

大平正芳は、一九一〇年、農家の三男として香川県に生まれた[133]。農家としては中流家庭ながら、大平家の生活は苦しいものであった。大平は苦学の末に、高松高等商業学校、東京商科大学を卒業し、三六年には大蔵省に入省する。入省後、中国での興亜院勤務を経て、同郷の先輩である津島寿一蔵相、池田勇人蔵相の秘書官等を務める。そして、五二年一〇月の総選挙に立候補、当選し、政治家の道を歩み始めた。池田側近として早くから頭角を現した大平は、池田政権下で官房長官と外務大臣を歴任、七一年には派閥の領袖となり、佐藤栄作の後継を決める総裁選にも出馬した。この総裁選が事実上、福田赳夫と田中角栄の一騎打ちとなり、田中が圧勝したことは周知の通りである。大平は「盟友」として田中と組み、総裁選を田中の勝利に導いた。総裁選後、田中は大平に外相就任を要請する。派内では大平は幹事長に就任すべきとの声が圧倒的だったが、結局大平は外相就任を受諾した。

約二年の外相経験を持つ大平にとっても、エネルギー資源外交は新しい課題だったが、七三年夏になると、大平の考え方もほぼ固まっていた。

それは大きく二つの柱からなる。一つは、「量」よりも「価格」を重視する点である。たとえば、七月一二日の参議院外務委員会で、公明党の渋谷邦彦から、需給関係が厳しくなる中で石油問題に関する外務省の見通しは甘いのではないかと問われたのに対して、大平は次のように答えている[134]。石油には「量」と「価格」の問題があるが、「量」については、「世界の石油需要というものを短期的に見ても中期的に見ても、需給はともかく調整がとれる」。それは、供給制限が産油国にとってもダメージとなるからである。だが、価格の問題は異なる。実際、テヘラン協定やジュネーブ協定の締結からも明らかなように、需要の増大を背景に「産油国側の力が相対的に強くなってくるわけで」、「当然のこととして、これは価格形成にあたっては安くなるという展望は持てない」。そして、「それだけに石油危機、石油危機と言いますことは、かえってその緊張の度合いを高める」ことになる。

厳しさを増す石油情勢を大平がしっかりと認識していたことは、答弁の後半部分から明らかだが、危機感を煽ることが価格に跳ね返ってくることを心配しているように、大平は、価格調整によって需要と供給はバランスするのであり、むしろ価格が上がりすぎないようにしなければならないと考えていたのである。

大平が重視していたもう一つの点は、資源問題を単独で考えるのではなく、通貨や貿易といった国際経済秩序全体の中で考えるということで、この時期の資源問題に関する国会論戦で、大平は必ずといっていいほど繰り返し述べている。「量」よりも「価格」を重視し、国際経済秩序への影響をふまえて資源問題を考えるという見解は、石油危機発生後も変わることなく、消費国間協調参画にあたっても強調されることになった。国際経済秩序が変動するなかで、経済大国として日本に求められる役割も変化しつつあるという視点は、外相就任以前に行われた講演でも披露されており[135]、大平の中で確固としたものとなっていた。

必然的に大平は、石油供給の危機を叫んで日本独自の「日の丸原油」構想を掲げる中曽根と道を違え、石油危機の前夜となる七三年夏を迎える頃には、政府内でエネルギー資源外交のあり方をめぐる二人の大臣の対立は明らかであった。

では、中曽根以上に、海外資源開発に積極的な姿勢を示していた田中首相はどのように考えていたのだろうか。当時「今太閤」とも呼ばれ、現在でも広く関心を集める田中の経歴は改めて紹介するまでもないだろう。田中は政権を獲得する直前まで佐藤首相の下で通産大臣を務めていた。通産大臣時代の業績としては、懸案となっていた日米繊維摩擦を処理したことがよく知られている[136]。だが、それだけでなく、田中は海外資源開発の促進にも努めていた。実現は首相就任後になるが、海外石油開発(運営は子会社のジャパン石油開発)によるアブダビ石油開発の利権買収交渉は、田中の通産大臣時代から始まっていたものである。

また、田中は首相に就任する際、首相秘書官ポストを三名から四名に増員し、増員した一名に通産大臣時代に秘書官を務めていた小長啓一を充てた。小長の役割は、広報、日本列島改造計画、そして「資源外交」であった[137]。首相秘書官を増員し、増員分を通産省からの出向者に充てたことは、田中の「資源外交」推進の意気込みを示している。さらに、七三年秋には、中山素平や今里廣記、松根宗一などの資源派財界人を引き連れての西欧諸国およびソ連訪問、年明けに東南アジアの歴訪が予定されており、外務省での作業と並行して、同年夏から資源派財界人の間でもその準備が進められていた[138]。

このように、官邸主導で「資源外交」を進める意欲を見せていた田中だが、その内実は、首脳外交という舞台を利用した権益獲得に向けた交渉を行うという意味で、外交政策というよりも通商政策であったと考えるべきだろう。それは、資源派財界人を引き連れて行われた訪欧に典型的に現れている(田中訪欧については第三章第一節で取り上げる)。しかし、田中の「資源外交」は多分に財界主導という面が強く、政府の役割は首脳外交を利用した、かつてない「強力な支援」に留まった。

そして田中は、通商政策の観点からアメリカと利害を異にすることはあったとしても、外交に関しては対米基軸という点をはっきりさせていた。日本の利益がアメリカと衝突する場合にも、可能な限りアメリカと協議を行ってから事を運ぶという田中の方針は一貫していた。こうした田中の対米姿勢は、近年の日中国交正常化に関する研究でも指摘されている[139]。日中国交正常化の場合は、日米の安全保障関係という日本外交の基軸を揺るがせることがないように中国との交渉は進められたものの、日米間の調整の最終局面となった首脳会談は両者の中国認識の違いを確認する舞台となった。これに対して、資源に関する日米交渉はより慎重に時間をかけて進められた。通商政策としての海外資源開発を進める意図は明確に持っていても、日米関係を損ねてまで進めようという姿勢は田中にはなかった。「自主外交」を標榜し、保守傍流を自認する中曽根と、自らを保守本流と考える田中の姿勢は明らかに異なっていたのである[140]。

とはいえ、「消費国同盟」に反対するという中曽根の発言が話題となっていた七三年六月に、アメリカの駐日大使館が田中政権の海外資源開発への姿勢に対する懸念を示すなど[141]、日米間でエネルギー資源問題について齟齬が見られなかったわけではない。たしかに、「日の丸石油」獲得に向けて突き進む中曽根の姿勢はアメリカの神経を逆なでするようなものであった。だが田中は違った。前節で七二年八月の日米首脳会談に触れたが、資源問題に関するわずかな討議の中で、ニクソンからシベリアやイランなどの資源開発プロジェクトおよび国際機関における協力を求められたのに対して、田中は、「賛成である。具体的にプロジェクトとして二〜三ご相談し度いものもあり、充分連絡する。尖閣列島沖の石油、チュメニの石油、韓国沖の大陸棚石油などや、先ほど話題となったイランのLPG〔液化石油ガス〕などがそれであり、具体的には追って連絡をとることとしよう」と応じた[142]。OECDの協力について触れていない理由をこの短い文章から汲み取ることは困難だが、外交政策ではなく通商政策としてエネルギー資源外交を捉えた田中の思考が表れたと見ることも可能かもしれない。

海外資源開発に関する日米協力について、当時具体的に話が進みつつあったシベリア開発を例に見ておこう。シベリア開発について、ニクソンとの首脳会談を前に、田中がキッシンジャーと意見交換をしていたことは前節で述べた通りであるが、その後も田中は折に触れてアメリカとの協力方針を打ち出していた。シベリア開発で焦点になっていたのは、チュメニ油田の開発プロジェクトである[143]。このプロジェクトは、民間が主体の日ソ経済委員会を窓口として進められていたものだが、田中は委員長の今里廣記に対して、アメリカもプロジェクトに加えるよう度々要請していた[144]。

チュメニ油田問題については、七二年末の第一六回、七三年六月の第一七回と日米政策企画協議で二回にわたって事務レベルの協議が行われていた[145]。さらに政治レベルでは、同年七月一六日と一七日に東京で開催された第九回日米貿易経済合同委員会、そして八月一日に行われた日米首脳会談の場でも話し合われた[146]。このように田中はアメリカと協議を進めながら、チュメニ油田開発プロジェクトを進めようとしていた。

以上のように、六〇年代後半に外務省内の関係各課の事務官レベルで細々と検討が始まったエネルギー資源外交は、七三年夏になると大臣レベルでも注目されるようになっていた。田中、中曽根、大平の対立は、それぞれの外交観を反映しており、エネルギー資源外交をいかに進めるかは、経済大国となった日本の針路を左右する重要な課題であった。

日本国内で政治レベルの資源外交をめぐる対立軸が定まりつつあるなかで、国際的にも一つの対立軸が浮上していた。

中曽根発言に注目が集まった、七三年六月の第一二回OECD閣僚理事会では、前年に続いてエネルギー問題が主要議題の一つとして取り上げられた。日本から小坂善太郎経済企画庁長官が出席したこの会議は、消費国間協調を進める上で一つの画期となった。欧州地域で先行していた石油融通の検討枠組みを他の地域も含めた形に拡大することをアメリカが強く求め、石油委員会で検討されることになったからである[147]。アメリカは、OPECのカルテルに対抗する姿勢を示すことに西欧諸国や日本は強く懸念するだろうと承知していたが、同時に、実効的な消費国間協調枠組みの構築は急務だと考えていた[148]。こうしたアメリカの強硬姿勢が、日本や西欧諸国との対立の火種となった。

OECD閣僚理事会の決定を受けて、六月一二日から一四日にかけて、第一七回石油委員会ハイレベルグループ会合および同一般作業部会の第二三回会合が開催された。そこで、アメリカの提案に基づいて、欧州地域に限定されていた緊急時石油融通をめぐる検討を、日米加三国を加えた形で行うことが決定された[149]。三月に行われた日米間の協議では、産油国側の動向を懸念して慎重姿勢を崩していなかった日本だが[150]、一方で中曽根通産相の中東産油国歴訪を行いつつ、他方で消費国間協調にも参画するという二兎を追う姿勢を見せたのであった。

七月末には緊急時石油融通に関する作業部会第一回会合が開催された[151]。作業部会では、緊急時石油融通について、「緊急時」の定義や融通負担のベース（輸入量か消費量か）、消費規制および備蓄などが包括的に検討されることになっていた。これらの議題はそのまま石油危機後の消費国間協議に引き継がれていくものである。

この緊急時の石油融通に関するスキーム策定作業について、通産省は当初参加に反対の姿勢を示していた。大臣である中曽根の姿勢を考えれば当然だろう。だが、資源エネルギー庁が発足し、国際資源課長に国際派の豊永恵哉が就任したことで風向きが変わった[152]。豊永は、国際石油市場全体の安定こそが自国の安定供給に繋がる、という考えを持っており、緊急時の石油融通の検討はそのために欠かせない作業であった。中曽根が依然としてこの枠組みに反対であることは明らかだったが、資源エネルギー庁国際資源課が緊急時石油融通の検討に積極的に参画する姿勢を明確にしたことで、外務・通産両省の担当者は、再び消費国間協調推進で基本的に一致することになった。

このように、第一次石油危機の発生を前にした一九七三年夏には消費国間協調への参画という点で事務レベルのコンセンサスが得られる一方、消費国間協調に対する日米間の立場の違いが問題となっていた。日米両国は、消費国間協調推進という基本線では一致していたが、緊急時石油融通について融通負担のベースを輸入量とすべきか消費量とすべきかをめぐって対立していた。国内に石油資源を有するアメリカは、融通負担のベースを輸入量にすることによって自国の負担を少なくしたいと考えていたが、ほぼ一〇〇パーセントの石油を輸入する日本はこれに反発していた[153]。こうした両国の利害に直結する技術的な側面に加えて、自国に豊富な資源を持つアメリカが産油国との協調に必ずしも積極的ではなかったのに対し、日本は産油国との協力の必要性を強く打ち出すという違いもあった[154]。消費国間協調推進の必要性を認めつつも、この時点の日本は、アメリカの主張に沿って新しく多国間の機関なり組織を設けるのは危険という考えであり、また産油国を刺激しないという点にこだわっていたのである[155]。このような日本の姿勢は基本的に西欧諸国とも共有されていた[156]。

ＯＥＣＤで始まった緊急時石油融通会合は、四回の審議を経て、七三年秋までに具体案を取りまとめることを予定していた。審議が進み、取りまとめ作業に入ろうとしたまさにその時、第四次中東戦争が勃発し、続いて第一次石油危機が発生することになった。

註

1——リビアにおけるカダフィ政権成立と石油情勢への影響に関する一般的な記述は、アンソニー・サンプソン（青木榮一訳）『セブン・シスターズ——不死身の国際石油資本』日本経済新聞社、一九七六年、二三五－二四五頁（Anthony Sampson, The Seven Sisters: The great oil companies & the world they shaped (New York: Viking Press, 1975)）、J. B. Kelly, *Arabia, the Gulf and the West* (New York: Basic Books, 1980), Chapter VII; Daniel Yergin, *The Prize: the Epic Quest for Oil, Money, and Power* (New York: Simon & Schuster, 1991), pp. 559-562（ダニエル・ヤーギン（日高義樹、持田直武訳）『石油の世紀——支配者たちの興亡』日本放送出版協会、一九九一年）に拠った。

2——これらの諸協定の詳細な内容は、通商産業省編『日本のエネルギー問題』通商産業調査会、一九七三年、一一六－一一七頁、松村清二郎『ＯＰＥＣと多国籍石油企業』アジア経済研究所、一九七四年、Ian Seymour, *OPEC: Instrument of Change* (London: Macmillan, 1980), Chapter IVが詳しい。本章では、各箇所で挙げた外務省の分析とともにこれらの文献を参考にした。

3——Joel Darmstadter and Hans H. Landsberg, "The Economic Background," in Raymond Vernon (ed.) "The Oil Crisis: In Perspective," *Daedalus*, (Fall, 1975), pp.23-24.

4——在ＯＥＣＤ宮崎臨時代理大使発外務大臣宛公信第一七三二号「石油需給関係の逼迫」一九七〇年九月二二日、戦

後期外務省記録『OECDエネルギー委員会』(二〇〇九-〇一五七)、外務省外交史料館(以下、戦後期外務省記録の所蔵は全て同じ)。

5——イギリスのスエズ以東からの撤退については、Saki Dockrill, *Britain's Retreat from East of Suez: The Choice Between Europe and the World?* (Basingstoke: Palgrave Macmilan, 2002); 芝崎祐典「世界的影響力維持の試み——スエズ以東からの撤退とイギリスの中東政策」木畑洋一、後藤春美編著『帝国の長い影——二〇世紀国際秩序の変容』ミネルヴァ書房、二〇一〇年、七一-九一頁、ペルシャ湾岸からの軍事撤退については、Shohei Sato, "Britain's Decision to Withdraw from the Persian Gulf, 1964-68: A Pattern and a Puzzle," *Journal of Imperial and Commonwealth History*, Vol. 37, Issue 1 (March 2009), pp. 99-117を、ペルシャ湾岸撤退と保護国との関係については、佐藤尚平「ペルシャ湾保護国とイギリス帝国——脱植民地化の再検討」『国際政治』第一六四号、二〇一〇年三月、一四三-一五四頁、をそれぞれ参照。

6——Yergin, *op. cit.*, pp. 547-548. イギリスの軍事的撤退からイラン革命に至る時期のアメリカの対中東政策をイランおよびサウジアラビアとの関係を中心に検討したものとして、Andrew Scott Cooper, *The Oil Kings: How the U.S., Iran, and Saudi Arabia Changed the Balance of Power in the Middle East* (New York: Simon & Schuster, 2011); ニクソンおよびフォード期の米＝イラン関係については、Roham Alvandi, *Nixon, Kissinger, and the Shah: The United States and Iran in the Cold War* (Oxford: Oxford University Press, 2014).

7——中近東アフリカ局中近東課「昭和四四年度中近東大使会議議事要録」一九六八年一一月(外務省情報公開：二〇〇九-〇〇五七〇)。

8——同右。なお、同年九月三〇日から一〇月二日まで在レバノン日本大使館で開催された昭和四四年度中近東政治担当官会議では、「米ソ関係を中心とする最近の中近東情勢」が議題だったこともあり、カダフィ政権成立は王制を敷くアラブ諸国への影響について若干触れられるのみで、時間を割いて討議されることはなかった。中近東アフリカ局中近東課「昭和四四年度中近東政治担当官会議」一九六九年一一月、戦後期外務省記録『中近東地域政務担当官会議、中東問題懇談会』(二〇一三-〇九九二)。

9——平川湊(経済局経済統合課)「わが国の海外石油資源開発」『経済と外交』一九七〇年六月号、四四-四九頁。

10——C・O・E・オーラル・政策研究プロジェクト『菊地清明オーラルヒストリー』政策研究大学院大学、二〇〇四年、下巻、三一―三二頁。
11――世界経済研究会『日本の資源問題――新しい資源政策をもとめて』世界経済研究会、一九七〇年、通商産業省鉱山石炭局『資源問題の展望』通商産業調査会、一九七一年、外務省経済局編『七〇年代における資源外交』大蔵省印刷局、一九七二年、など。
12――中西寛「総合安全保障論の文脈――権力政治と相互依存の交錯」『年報政治学一九九七』岩波書店、一九九七年、一〇三頁。
13――小池寛治（経済局経済統合課）「新しい資源政策を求めて」『経済と外交』一九七〇年九月号、二六―三一頁。
14――使節団は、愛知揆一外務大臣、宮澤喜一通産大臣、及び西田信一科学技術庁長官と会談したほか、通産省、大蔵省、科学技術庁の各幹部、日本輸出入銀行、原子力委員会、さらに関係各業界（経団連、経済同友会、鉱業協会、金属鉱物探鉱促進事業団、電気事業連合会、石油連盟、石油鉱業連盟、石油開発公団、天然ガス協会、動力炉核燃料開発事業団、鉄鋼連盟）と資源をめぐる両国の関係について幅広く会談を行った。杉山洋二（経済局経済統合課）「資源をめぐる日加関係――カナダ官民合同鉱業使節団の訪日」『経済と外交』一九七一年二月号、三四―三九頁。
15――外務省経済局国際資源室「第一回日加資源委員会議事録（一九七二年九月一四、一五日）」一九七二年九月、北米二「第一回日加エネルギー鉱物資源小委員会開催の経緯」一九七二年九月五日、いずれも戦後期外務省記録『日・カナダ資源委員会』（二〇一二―〇五八四）所収、小宅庸夫（経済局経済統合課長兼国際資源室長）「資源をめぐる日本・カナダ関係――第一回日加資源委員会に参加して」『経済と外交』一九七二年一一月号、四〇―四三頁。
16――国連局経済課「天然資源常設委員会の設立」一九七一年一月二七日、戦後期外務省記録『国連経済社会理事会天然資源委員会（第一回）』（二〇一〇―一七九六）。
17――国際連合局経済課「第一回天然資源常設委員会報告　昭和四六年二月二二日〜三月一〇日ニューヨークにて開催――第一分冊」、戦後期外務省記録『国連経済社会理事会天然資源委員会（第一回）』（二〇一〇―一七九八）。以下、同委員会の記述はこの報告に基づいている。
18――平原毅（経済局長）「資源外交の展望」『経済と外交』一九七一年七月号、一〇頁。
19――村田良平『ＯＥＣＤ（経済協力開発機構）――世界最大のシンクタンク』中央公論新社（中公新書）、二〇〇〇年、五〇―五二頁。

20――在ＯＥＣＤ加藤大使発外務大臣宛第二九四号「第一六回エネルギー委員会報告」一九七〇年二月一六日、前掲『ＯＥＣＤエネルギー委員会』(二〇〇九‐〇一五七)。

21――在ＯＥＣＤ加藤大使発外務大臣宛公信第一一一一号「第一七回エネルギー委員会報告」一九七〇年六月五日、同右所収。

22――国際的な関心の把握という点は、石油情勢に留まるものではなく、たとえば環境問題に関する対応でもＯＥＣＤで得られた情報は貴重であったという。渡邊幸治へのインタビュー(二〇〇九年四月一八日、東京)。渡邊は、一九七一年一二月から七三年一〇月までＯＥＣＤを主管する国際機関第二課長を務めた。

23――渡邊昭夫『日本の近代 八 一九七二～ 大国日本の揺らぎ』中央公論新社(中公文庫)、二〇一四年、一三七‐一三八頁。引用文内の二重括弧は、外務省経済局編『七〇年代における資源外交』、からの引用。

24――小池「新しい資源政策を求めて」四七‐四八頁。

25――以下、テヘラン協定および次節で取り上げるトリポリ協定締結の経緯は、平川湊(経済局国際資源室)「転換期の世界石油情勢とわが国の立場」『経済と外交』一九七一年七月号、六四‐七二頁、サンプソン『セブン・シスターズ』二四五‐二五五頁、Yergin, *op. cit.*, pp. 562-565; 経済局国際資源室「ＯＰＥＣ原油値上げ問題――テヘラン、トリポリ交渉等の概況」一九七一年六月二八日(外務省情報公開：二〇一〇‐〇〇一〇二)、を参考にした。

26――小林智彦(経済局経済統合課長)「世界を揺るがす「黒いゴールド」――石油をめぐる〝資源外交〟を考える」『経済と外交』一九七一年四月号、二一‐二六頁。

27――『読売新聞』一九七一年二月一八日、七面、『朝日新聞』一九七一年二月一八日、九面、『毎日新聞』一九七一年二月一八日、七面。

28――外相指示以前から、『経済と外交』誌掲載の論説や外務省内の文書では、「資源外交」という言葉は広く使われていた。

29――経済統合課長「国際資源問題処理のための体制強化について」一九七一年三月一一日(外務省情報公開：二〇〇九‐〇〇四一九)、官房総務参事官「国際資源問題に対処するための省内事務体制の強化について」一九七一年三月二〇日(外務省情報公開：二〇〇九‐〇〇四一九)。

30――前掲「国際資源問題に対処するための省内事務体制の強化について」。

31――経済局「国際資源課の増設について」一九七一年五月二七日（外務省情報公開：二〇〇九－〇〇四二〇）。
32――経総「経済局定員要求案」一九七一年六月二日（外務省情報公開：二〇〇九－〇〇四二〇）。
33――経済局総務参事官「昭和四七年度本省機構要求及び在外公館新設等要求について」一九七一年六月三日（外務省情報公開：二〇一〇－〇〇二二八）。
34――外務省「機構（本省及び在外公館）要求資料 昭和四七年度予算」作成日なし（外務省情報公開：二〇一〇－〇〇二二八）。同文書の記された設置理由は、外務省経済局「国際資源課所掌事務の具体的内容」作成日なし（外務省情報公開：二〇〇九－〇〇四二〇）、を基にしていると考えられる。なお、経済局以外では、経済協力局に技術協力部、国際連合局に軍縮課をそれぞれ新設することがこの機構要求に盛り込まれた。
35――経国二「国際資源室設置に伴うOECD関係文書の取り扱い等について」一九七一年三月二〇日、前掲『OECDエネルギー委員会』（二〇〇九－〇一五七）。ただし、エネルギーや石油関係事項が含まれる場合でも、執行委員会や理事会関係の文書は国際機関第二課主管のままとされた。
36――前掲「OPEC原油値上げ問題」。
37――平川「転換期の石油情勢とわが国の立場」六六－六七頁。
38――在OECD鶴見大使発外務大臣宛公信第二三八六号「第一九回石油委員会報告」一九七〇年一二月九日、在OECD鶴見大使発外務大臣宛公信第一一〇号「石油の備蓄に関するアド・ホックWP報告書」一九七一年一月一五日、いずれも、前掲『OECDエネルギー委員会』（二〇〇九－〇一五七）所収。
39――通商産業省通商産業政策史編纂委員会編『通商産業政策史 第一巻――総論』通商産業調査会、一九九四年、四九九頁。
40――経済局国際資源室「石油問題に対するわが国の取り組み方」一九七一年四月一〇日、前掲『国連経済社会理事会天然資源委員会（第一回）』（二〇一〇－一七九六）。
41――伊藤隆監修『佐藤榮作日記 第四巻』朝日新聞社、一九九七年、三三八－三三九頁（一九七一年五月二一日の条）。
42――経済局国際資源室「OPEC諸国の動向とわが国の対外政策のあり方」一九七一年六月一八日（外務省情報公開：二〇〇八－〇〇五四三）。
43――中近東アフリカ局中近東課「昭和四六年度中近東大使会議議事要録」作成日なし、戦後期外務省記録『中近東大使会議（昭和四四～四七年度）』（二〇一三―三二四四）。なお、この会議では、各参加者と両角良彦通商産業事務次官との懇談が行われるなど、外務・通産両省の連携が図られた。

44――平原毅（経済局長）「資源外交の展望」『経済と外交』一九七一年七月号、五―一一頁。

45――吉次公介『池田政権期の日本外交と冷戦――戦後日本外交の座標軸一九六〇―一九六四』岩波書店、二〇〇九年、九六頁。

46――経済局「第六回日独定期協議経済関係議題について」一九七一年四月一二日、および欧亜局「（幹部会協議資料）第六回日独定期協議議題」一九七一年一二日、いずれも戦後期外務省記録『日・西独外相定期協議』（二〇一一―〇七六四）所収。

47――経資源「日独定期協議のさいの資源問題のとり上げ方について」一九七一年四月一三日、同右所収。

48――愛知外務大臣発在西ドイツ甲斐大使宛第一七一号「日独定期協議」一九七一年四月二〇日、同右所収。

49――その後も、日独双方の選挙や愛知外相の入院などのために延期が続き、最終的に第六回日独定期協議は、第一次石油危機の直前、田中角栄首相および大平正芳外相の訪欧に併せて一九七三年一〇月に開催された。なお、首相・外相訪欧時には、ブラント首相との首脳会談で資源問題が中心的に取り上げられることになっていたため、資源問題は外相レベルの第六回定期協議の議題からは落とされた。在西ドイツ曽野大使発外務大臣宛公信第一一四五号「日独定期協議（議事録送付）」一九七三年一〇月二三日、同右所収。

50――調査部企画課「第一三回日米政策企画協議報告（一九七一年五月一九日～二一日於河口湖）」、戦後期外務省記録『日米政策企画協議（第一三、一四回）』（二〇一二―二八七七）。

51――前掲「OPEC諸国の動向とわが国の対外石油政策のあり方」。

52――前掲「第一三回日米政策企画協議報告（一九七一年五月一九日～二一日於河口湖）」。

53――産油国の事業参加問題については、サンプソン『セブン・シスターズ』二五九―二八〇頁、石川良孝『オイル外交日記――第一次石油危機の現地報告』朝日新聞社、一九八四年、二六―三三頁、ジェフリー・ロビンソン（青木榮一訳）『ヤマニ――石油外交秘録』ダイヤモンド社、一九八九年、一〇三―一二三頁（Jeffrey Robinson, *Yamani: The Inside Story* (New York: Simon & Schuster, 1988)）、Yergin, *op. cit.*, pp. 565-567でも詳細に触れられている。ここでの記述は、政策担当者の観察とともに上記文献も参照した。

54――国際資源室「ＯＰＥＣ諸国の資本参加政策（Participation）について」一九七一年七月二九日、および外務省経済局国際資源室「ＯＰＥＣ資本参加問題について」一九七一年九月二四日、いずれも、戦後期外務省記録『ＯＰＥＣ／事業参加問題、原油公示価格調整問題』（二〇一〇－一八六六）所収。

55――経資源「石油問題に関するLondon Policy Group会合について」一九七一年一〇月二九日、同右所収。

56――杉山洋二（経済局国際資源室）「ＯＰＥＣの新しい攻勢とわが国の対外石油政策のあり方――ＯＰＥＣ事業参加問題を中心として」『経済と外交』一九七一年一二月号、六六－六七頁。Memorandum [Memo], From Theodore L. Eliot, Jr. to Henry A. Kissinger, "Oil Companies Faced with New OPEC Negotiating Demands," October 18, 1971, Box 1484, Subject Numeric Files [SNF] 1970-1973, Record Group 59 [RG 59], National Archives II [NA], College Park, Maryland; Memorandum of Conversation, Charles Hedlund and James E. Akins with Gordon S. Brown, "Impending OPEC Negotiations," Box 1484, SNF 1970-1973, RG 59, NA.

57――前掲「ＯＰＥＣ資本参加問題について」。

58――今里廣記『私の財界交遊録――経済界半世紀の舞台裏』サンケイ出版、一九八〇年、二〇六－二〇八頁。

59――リビアのＢＰ国有化に関する、政策担当者の分析として、杉山洋二（経済局国際資源室）「発展途上国における参加政策と国有化政策――リビアにおけるＢＰ国有化を中心として」『経済と外交』一九七二年二月、三九－四五頁。

60――Yergin, *op. cit.*, p. 566.

61――経済局国際資源室「ＯＰＥＣ事業参加交渉をめぐる最近の国際情勢」一九七二年一〇月九日（外務省情報公開：二〇一〇－〇〇一〇三）。

62――杉山「ＯＰＥＣの新しい攻勢とわが国の対外石油政策のあり方」七一頁。

63――同右。

64――外務省経済局「国際資源問題調査団派遣について」一九七二年一月（外務省情報公開：二〇〇八－〇〇一七一）。同調査団については、千葉皓（国際資源問題調査団長）「欧米先進諸国に見る石油問題」『経済と外交』一九七二年四月号、一四－一八頁、も参照。

65――経資源「石油をめぐる外交上の諸問題」一九七二年一月二〇日（外務省情報公開：二〇〇八－〇〇一七一）。

66――Telegram, From the Mission to the Organization for Economic Cooperation and Development to the Department of

State, "OECD Oil Committee, High Level Group," January 12, 1972, Box 1482, SNF 1970-1973, RG 59, NA.

67——七尾清彦（経済局国機関第二課）「第一一回OECD閣僚理事会」『経済と外交』一九七二年七月号、五六－五八頁、杉山洋二（経済局国際資源室）「激動の国際エネルギー・石油問題にどう対処するか　第一回国際資源問題担当官会議およびOECD石油委員会会合の成果を踏まえて」『経済と外交』一九七二年一二月号、三八－三九頁。

68——河合俊三『OECDの話（新版）』日本経済新聞社（日経文庫）、一九七六年、一三〇－一三二頁。

69——Memo, From Secretary of State Rogers to President Nixon, "Petroleum Developments and the Impending Energy Crisis," March 10, 1972, *Foreign Relations of the United States, 1969-1976*, Vol. 36, Energy Crisis, 1969-1974 [hereafter cited as *FRUS, 1969-1976*, Vol. 36], Doc. 116.

70——前掲「第一三回日米政策企画協議報告（一九七一年五月一九日～二一日於河口湖）」。

71——日中国交正常化の最終段階については、井上正也『日中国交正常化の政治史』名古屋大学出版会、二〇一〇年、第八章、服部龍二『日中国交正常化——田中角栄、大平正芳、官僚たちの挑戦』中央公論新社（中公新書）、二〇一一年、神田豊隆『冷戦構造の変容と日本の対中外交——二つの秩序観　一九六〇－一九七二』岩波書店、二〇一二年、第三章。

72——「田中総理大臣とニクソン大統領の共同発表」一九七二年九月一日、外務省編『わが外交の近況　昭和四八年版（第一七号）』大蔵省印刷局、一九七三年、四九二－四九四頁。

73——服部龍二「田中首相・ニクソン大統領会談記録——一九七二年八月三一日、九月一日」『人文研紀要』第六八号、二〇一〇年三月、四一三－四四四頁、Memorandum of Conversation [Memcon], Richard N. Nixon and Kakuei Tanaka, "Prime Minister Tanaka's Call on President Nixon," September 1, 1972, National Security Archive (ed.), *Japan and the United States: Diplomatic, Security and Economic Relations, 1960-1976* (hereafter cited as *Japan and the United States*), JU01637.

74——Memo, From Henry A. Kissinger to the President, "My Conversation with Tanaka in Japan on August 19," August 29, 1972, *Japan and the United States*, JU01623.

75——Memcon, Hiroshi Toyama and Julius L. Katz, "Japanese Oil Developments," September 18, 1972, Box 1504, SNF 1970-1973, RG 59, NA.

76——前掲「ＯＰＥＣ事業参加交渉をめぐる最近の国際情勢」。

77——Christopher R. W. Dietrich, “Arab Oil Belongs to the Arabs”: Raw Material Sovereignty, Cold War Boundaries, and the Nationalisation of the Iraq Petroleum Company, 1967-1973,” *Diplomacy and Statecraft*, Vol. 22, Issue 3, (September 2011), pp. 450-479.

78——同時期の中東地域における冷戦の展開については、Nigel J. Ashton (ed.), *The Cold War in the Middle East: Regional Conflict and the Superpowers 1967-73* (London: Routledge, 2007).

79——杉山洋二「七〇年代における国際石油情勢の展望——ＯＰＥＣの参加・国有化攻勢を中心として」『経済と外交』一九七二年八月号、五八－六四頁。

80——一九六九年一月に政経合体を主軸とする三ヵ年計画の機構改革が実施に移された後も、機構小委員会では、職員の登用やキャリア外交官の退職に関する内規等の人事関連の検討や、政策決定のあり方に関する検討は続けられていた。しかし、これは全省的な機構改革を意図したものではなく、七四年五月の経済局再編はこの動きとは別途進められていたものである。七〇年代初頭までの機構小委員会の検討は、外務大臣官房総務参事官室「外交機能強化に関する機構小委員会答申集（第二分冊）」一九七二年四月（外務省情報公開：二〇一〇－〇〇二二六）を参照。

81——国際資源室「国際経済二課（仮称）の設置について」一九七二年六月六日（外務省情報公開：二〇〇九－〇〇四二〇）。

82——経総参「経済局機構改革（案）」一九七三年六月三〇日（外務省情報公開：二〇〇九－〇〇四二〇）、および経総参「経済局機構改革（案）」一九七三年七月三日（外務省情報公開：二〇〇九－〇〇四二〇）。

83——作成者なし「経済局資源課（新設予定）機構図（現員数は昭和四八・一〇・一一現在）」作成日なし（外務省情報公開：二〇〇九－〇〇四二〇）。

84——作成者なし「経済局資源課（新設予定）機構図（現員数は昭和四八・一〇・三一現在）」作成日なし（外務省情報公開：二〇〇九－〇〇四二〇）。

85——作成者なし「経済局資源課（新設予定）機構図（四九・四・二四）」作成日なし（外務省情報公開：二〇〇九－〇〇四二〇）。

86——林昭彦へのインタビュー（二〇一〇年四月一九日、東京）。林は第一次石油危機の前後に資源エネルギー庁国際資源課総括班長を務めていた。
87——杉山「激動の国際エネルギー・石油問題にどう対処するか」三七‐四七頁。
88——会議には、外務省から小宅庸夫経済統合課長兼国際資源室長、杉山洋二国際資源室事務官、通産省から飯塚史郎石炭鉱山局参事官および同局石油計画課の事務官が出席し、在外公館は、消費国からアメリカ、イギリス、フランス、ドイツ、イタリアの各大使館、産油国からサウジアラビア、イラン、イラク、クウェート、エジプト(リビアを兼担)、ナイジェリアの各大使館、その他にOECD代表部、OPEC事務局の所在地であるオーストリア、そしてソ連の各大使館の担当者が出席した。同右、三七頁。
89——林昭彦へのインタビュー。
90——国際資源室「第二回国際資源問題担当官会議議事録」一九七四年三月(外務省情報公開:二〇〇七‐〇〇五七三)。この第二回担当官会議は本来、前年秋に開催が予定されていたが、第一次石油危機発生に伴って開催が延期された結果、七四年三月に開催されることになった。
91——通商産業省通商産業政策史編纂委員会編『通商産業政策史 第一巻』四九九頁。
92——外山弘(鉱山石炭局長)「鉱山石炭局重点施策」『通産ジャーナル』第五巻第三号、一九七二年一二月、七七‐八三頁。
93——前掲『日本のエネルギー問題』。同白書については、資源エネルギー庁「『日本のエネルギー問題』の概要」『通産ジャーナル』第六巻第一号、一九七三年一〇月、二六‐三五頁、も参照。
94——設置当初の国際資源課については、豊永恵哉(資源エネルギー庁国際資源課長)「国際資源課長日記(上)」『通産ジャーナル』一九七六年五月号、五八‐六五頁、を参照。
95——外山「鉱山石炭局重点施策」八〇頁。
96——林昭彦へのインタビュー。国際資源課の初代総括班長に就いた林も、アメリカへの留学経験を持ち、国際資源課の後は駐英日本大使館に勤務するなど国際派であった。
97——イランにおけるコンソーシアム交渉に関する日本政府担当者の分析として、前掲「OPEC事業参加交渉をめぐる最近の国際情勢」、および杉山洋二(経済局国際資源室)「再び激変するか世界の石油情勢」『経済と外交』一九七三年三月号、二二‐二七頁。

98――国際資源室「OECD欧州地域における緊急時石油供給割当について」一九七二年一一月三〇日（外務省情報公開：二〇〇八－〇〇五三九）。

99――同右。

100――在米牛場大使発外務大臣宛第二〇号「OECD石油割当スキーム」一九七三年一月四日（外務省情報公開：二〇〇八－〇〇五三八）。

101――経済局国際資源室「今後のわが国の対外石油政策のあり方」一九七二年一〇月九日（外務省情報公開：二〇一〇－〇〇一〇三）。

102――第一回国際資源問題担当官会議の議事録を外務省に情報公開請求したところ、「不存在」のために開示できないという回答であった（外務省情報公開：二〇〇八－〇〇一七〇）。同時期に別途行った開示請求で第二回から第九回の担当官会議議事録は公開されており、おそらく議事録がそもそも作成されていないか、文書管理の不備のために廃棄されてしまったと考えられる。

103――杉山「激動の国際エネルギー・石油問題にどう対処するか」、大平外務大臣発関係在外公館長宛合第三四一〇号「国際資源問題担当官会議の開催」一九七二年九月二一日（外務省情報公開：二〇〇八－〇〇〇二八）、在フランス中山大使発外務大臣宛第一八五一号「国際資源問題担当官会議」一九七二年一〇月三一日（外務省情報公開：二〇〇八－〇〇〇二八）。

104――経済局国際資源室「わが国石油政策のあり方（未定稿――省内資源委員会検討用）」一九七二年一一月二一日（外務省情報公開：二〇〇八－〇〇五三九）。この文書は「未定稿」と記されているが、外務省経済局資源課が一九七六年三月一日にまとめた「石油危機前後のわが国の対応策（一九七二－一九七四年）」という調書綴りの中に含まれている。このファイルは、石油危機の前後約三年にわたってエネルギー資源問題をフォローする立場にあった、片倉邦雄同課調査官が「エネルギー危機に対処するCrisis Managementの記録」として重要文書をまとめたものであり、信頼性が高いと判断して差支えないだろう。

105――加藤吉弥（経済局経済統合課長）「資源の確保とわが国の安全保障――資源問題の理解のために」『経済と外交』一九六九年三月一日号、一－六頁。

106――調査部企画課「第一六回日米政策企画協議報告（一九七二年一二月一一日～一三日於Charlottesville, Va.）」

一九七三年二月一四日、戦後期外務省記録『日米政策企画協議』(二〇一二-二八七八)。

107——経済局国際資源室「石油資源外交強化のための提案——石油資源の長期安定供給確保のための諸施策の総合的検討」一九七三年四月(外務省情報公開：二〇〇八-〇〇五三九)。

108——C・O・E・オーラル・政策研究プロジェクト『宮崎弘道オーラル・ヒストリー』政策研究大学院大学、二〇〇五年、一五二-一六九頁、前掲「国際資源課長日記(上)」五八-六五頁。

109——小宅庸夫(外務省経済統合課長・兼国際資源室長)「国際石油情勢と日本の針路」『世界経済評論』一九七三年三月号、一九-二六頁、小宅庸夫(外務省経済局国際資源室長)「わが国の外交と「エネルギー危機」」ＡＥＤリポート特別号(No. 35)『「エネルギー危機」——どう対処するか』経済発展協会、一九七三年、六一-八六頁。

110——『読売新聞』紙上で七三年二月から四月にかけて掲載された連載は、加筆修正の上で石油危機直前の同年一〇月に公刊された。読売新聞社経済部編『エネルギー危機』読売新聞社、一九七三年。

111——James A. Akins, "The Oil Crisis: This Time the Wolf is Here," *Foreign Affairs*, Vol. 5, No. 3 (April 1973), p.469.

112——ロビンソン『ヤマニ』一三七-一三八頁。

113——Memcon, "The Oil Companies and the OPEC Demands," December 2, 1971, *FRUS, 1969-1976*, Vol. 36, Doc. 96.

114——"Special Message to the Congress on Energy Policy," April 18, 1973, *Public Papers of the Presidents of the United States: Richard Nixon 1973* (Washington: United States Government Printing Office, 1975), pp. 302-319. 大統領エネルギー教書に関する日本の政策担当者の分析は、須賀邦郎(経済局国際資源室)「米国大統領エネルギー教書」『経済と外交』一九七三年六月号、五二-五七頁。

115——外交教書の全文は、"Fourth Annual Report to the Congress on United States Foreign Policy," May 3, 1973, *Public Papers of the Presidents of the United States: Richard Nixon 1973*, pp. 348-518に収録されている。日本の政策担当者の分析は、沼田貞昭(アメリカ局北米第一課)「ニクソン大統領の外交教書——その理念と新しい課題」『経済と外交』一九七三年七月号、二七-三三頁。

116——「ヨーロッパの年」と日本の関係については、山本健「『ヨーロッパの年』の日欧関係、１９７３-７４年」『日本ＥＵ学会年報』第三二号、二〇一二年六月、一五八-一七七頁、および同「「ヨーロッパの年」と日本、一九七三-七四年——外交の多元化の模索と日米欧関係」*NUCB Journal of Economics and Information Science*, Vol. 57,

No. 2（二〇一三年三月）、一四七－一八一頁。
なお、「ヨーロッパの年」への対応と第一次石油危機における日本外交を重ね合わせる見方が一部にあるが、「ヨーロッパの年」演説は米欧関係の再構築に主眼が置かれており、さらに交渉が進められる過程で日米欧という枠組みは後景に退いていくという経緯、そして日本政府内で同演説への対応とエネルギー資源外交が別箇のものとして検討されていたこともあり、説得的とは言い難い。ただし、西欧諸国についてはその限りではない。「ヨーロッパの年」と第一次石油危機における米仏関係に関する研究として、Aurélie Élisa Gfeller, *Building a European Identity: France, the United States and the Oil Shock, 1973-1974* (New York: Berghahn Books, 2012)、があり、Thomas Robb, *A Strained Partnership?: US-UK Relations in the Era of Détente, 1969-77* (Manchester: Manchester University Press, 2013)も「ヨーロッパの年」と第一次石油危機の連関を米英関係を検討するなかで再三取り上げている。

117——経統「米国の新石油政策について」一九七〇年二月四日、戦後期外務省記録『日米石油開発／アラスカ』（二〇一〇－三九三七）、経資源「国際エネルギー問題調査団の派遣について」一九七二年一二月一三日、戦後期外務省記録『OECDエネルギー調整グループ』（二〇一〇－一八四一）。

118——近藤団長の他に、向坂正男日本エネルギー経済研究所長、佐伯喜一野村総合研究所長、田村秀治アラビア石油参与（前駐サウジアラビア大使）、今井隆吉日本原子力産業会議理事などが参加した。同調査団については、杉山洋二（経済局国際資源室）「米国の国際エネルギー戦略とわが国の対応——国際エネルギー問題調査団に参加して」『経済と外交』一九七三年七月号、一〇－二二頁、近藤晋一（前駐カナダ大使・外務省派遣国際エネルギー問題調査団長）「世界の中の日本のエネルギー問題——エネルギー教書発表直後に訪米して」『世界経済評論』一九七三年八月号、二四－三三頁、田村秀治『アラブ外交五五年——友好ひとすじに』勁草書房、一九八三年、下巻、二一四－二一七頁。

119——杉山「激動の国際エネルギー・石油問題にどう対処するか」四二－四四頁。

120——Gfeller, *op. cit.*, pp. 115-119; 杉山「米国の国際エネルギー戦略とわが国の対応」一〇－一一頁。

121——Minutes of Cabinet Ministerial Committee on Economic Strategy: ES (73) 5th mtg, 9 July 1973, *Documents on British Policy Overseas, Series III*, Vol. IV, The Year of Europe: America, Europe and the Energy Crisis, 1972-1974, No.155.

122——中曽根の生い立ちや経歴は、草野厚「中曽根康弘——大統領的首相の面目」渡邉昭夫編『戦後日本の宰相たち』

中央公論新社〈中公文庫〉、二〇〇一年、四〇六－四四八頁、を参考にした。

123――中曽根康弘（中島琢磨他編）『中曽根康弘が語る戦後日本外交』新潮社、二〇一二年、二三八頁。

124――中曽根康弘『海図のない航海――石油危機と通産省』日本経済新聞社、一九七五年、一三頁。

125――中曽根は自らの中東歴訪を閣僚として初めてだったと複数の著書や回顧録で強調しているが、六八年一〇月に椎名悦三郎通産大臣がイラン、クウェート、サウジアラビア、レバノンを訪問し、また政界の有力者としては、川島正次郎自民党副総裁が六六年二月に中東諸国を歴訪している。

126――『朝日新聞』一九七三年四月三〇日、一面。

127――中曽根『海図のない航海』一五頁。

128――『朝日新聞』一九七三年四月三〇日、一面。

129――たとえば、アメリカの反応として、Memcon, "Meeting on U.S.-Saudi Arabian Economic Relations," May 9, 1973, *FRUS, 1969-1976*, Vol. 36, Doc. 184。

130――渡辺幸治（経済局国際機関第二課長）「第十二回ＯＥＣＤ閣僚理事会に出席して」『経済と外交』一九七三年八月号、二三頁。

131――杉山「米国の国際エネルギー戦略とわが国の対応」二二頁。

132――中曽根『海図のない航海』一五頁。

133――大平の生い立ちや経歴は、福永文夫『大平正芳――「戦後保守」とは何か』中央公論新社〈中公新書〉、二〇〇八年、服部龍二『大平正芳――理念と外交』岩波書店〈岩波現代全書〉、二〇一四年、を参考にした。

134――参議院外務委員会（一九七三年七月一二日）。

135――大平正芳（福永文夫監修）『大平正芳全著作集 四 第二期外務大臣・大蔵大臣時代、一九七二年～一九七四年』講談社、二〇一一年、二七四－三〇二頁および三六五－三七七頁。

136――日米繊維摩擦に関する最新の研究として、田中角栄の通産省就任以前までの分析であるが、石井修「第二次日米繊維紛争（一九六九－一九七一年）――迷走の一〇〇〇日（一）（二・完）」『一橋法学』第八巻第二号、二〇〇九年七月、三－三三頁、第九巻第一号、二〇一〇年三月、一－四六頁、信夫隆司『若泉敬と日米密約――沖縄返還と繊維交渉をめぐる密使外交』日本評論社、二〇一二年。田中大臣時代以降も取り上げた研究としては、Ｉ・Ｍ・デスラー、福井治弘、佐藤英夫『日米繊維紛争――〝密約〟はあったのか』日本経済新聞社、一九八〇年。

137――小長啓一へのインタビュー(二〇一〇年六月一一日、東京)。また、外務省から首相秘書官に出向した木内昭胤も「資源」は小長の担当だったと証言している。木内昭胤へのインタビュー(二〇一〇年六月一九日、東京)。

138――山岡淳一郎『田中角栄の資源戦争――石油、ウラン、そしてアメリカとの闘い』草思社(草思社文庫)、二〇一三年、一七〇‐一七九頁。

139――たとえば、井上『日中国交正常化の政治史』四八八‐五一一頁、服部『日中国交正常化』第四章および終章。

140――後の総理大臣時代に「ロン＝ヤス」関係を築いたことからも分かるように、中曽根の外交路線が「自主」一辺倒ではないことは明らかであり、「自主」を掲げることには政治家としてのパフォーマンスの重要性を意識していたという側面が多分にあった。また、第四章以降で見るように、消費国間協調にアメリカが力を入れ始めると中曽根の反対姿勢も徐々に後景に退いていく。中曽根の外交路線については、添谷芳秀『日本の「ミドルパワー」外交――戦後日本の選択と構想』筑摩書房(ちくま新書)、二〇〇五年、一三四‐一四六頁および一五九‐一六五頁、中曽根『中曽根康弘が語る戦後日本外交』二二〇‐二二二頁、も参照。

141――Telegram, Tokyo to Secretary of State, "Nixon/Tanaka Summit Background Paper VI: Energy," June 28, 1973, *Japan and the United States*, JU01748. さらに、同時期、国務省からは同年夏の日米首脳会談に向けた主要な目的の一つとして、独自路線を歩もうとする日本政府内の一部にみられる動きを牽制し、日米間でエネルギー協力をさらに進めることが挙げられていた。Memo, Secretary of State for the President, "Your Meetings with Japanese Prime Minister Tanaka and Foreign Minister Ohira," July 26, 1973, Box 2403, SNF 1970-1973, RG 59, NA.

142――ここでの引用は日本側議事録に拠った。服部「田中首相・ニクソン大統領会談記録」。

143――チュメニ油田開発については、鈴木啓介『財界対ソ攻防史――一九六五‐九三年』日本経済評論社、一九九八年、が民間側の事情について詳しく回顧しており参考になる。日ソ間のエネルギー協力については、鈴木啓介『シベリア開発と日ソ経済協力』日刊工業新聞社、一九七七年、スヴェトラーナ・ヴァシリューク「一九七〇年代の日ソ・エネルギー協力における政治要因」下斗米伸夫編著『日ロ関係 歴史と現代』法政大学出版局、二〇一五年、一六九‐一九一頁、も参照。

シベリア開発協力の全体像は、上田秀明・玉木功一(欧亜局東欧第一課)「日ソ・シベリア開発協力」『経済と外交』

一九七四年六月号、三四－四一頁、古藤利久三・志鶴英鳳「シベリア開発協力――対談 古藤日ソ経済委員会幹事に聞く」同、四二－四八頁、の二つの記事がよくまとまっている。

144――欧東一「チュメニ石油プロジェクトについて」一九七三年四月二三日（外務省情報公開：二〇一一－〇〇〇九一）。

145――前掲「第一六回日米政策企画協議報告（一九七二年一二月一一日～一三日於Charlottesville, Va.）」、調査部企画課「第一七回日米政策企画協議報告」一九七三年七月、いずれも前掲『日米政策企画協議』（二〇一二－二八七八）所収。

146――谷内正太郎（アメリカ局北米第二課）「第九回日米貿易経済合同委員会を終えて」『経済と外交』一九七三年九月号、二三頁、作成者なし「田中総理・ニクソン大統領会談（会議録）」一九七三年七月三一日（外務省情報公開：二〇〇六－〇〇一二八）。日米首脳会談に関する外務省文書は吉田真吾氏が情報公開請求を行って取得したものをご提供頂いた。記して感謝したい。なお、首脳会談の米側議事録は、Memcon, "Second Meeting between the President and Prime Minister," August 1, 1973, *Japan and the United States*, JU01792である。同首脳会談の概要は、沼田貞昭（アメリカ局北米第一課）「日米首脳会談――「世界の中の日米関係」への第一歩」『経済と外交』一九七三年九月号、八－一二頁。

147――経資源「ＯＥＣＤ拡大緊急時石油融通スキーム作業部会第一回会合と今後の課題」一九七三年八月四日（外務省情報公開：二〇〇八－〇〇五三八）。

148――Memo, From Philip A. Odeen of the National Security Council Staff to the President's Assistant for National Security Affairs (Kissinger), "Energy and the Atlantic Alliance," June 9, 1973, *FRUS, 1969-1976*, Vol. 36, Doc. 187.

149――国際資源室「ＯＥＣＤ石油委員会ハイ・レベル・グループ会合等の開催」一九七三年六月二九日（外務省情報公開：二〇〇八－〇〇五三九）。

150――Memcon, Hiroo Kinoshita and George Bennsky, "Preliminary Japanese views Concerning Proposed OECD Wide Voluntary Agreement to Share Oil in Times of Emergency," March 23, 1973, Box 1482, SNF 1970-1973, RG 59, NA.

151――前掲「ＯＥＣＤ拡大緊急時石油融通スキーム作業部会第一回会合と今後の課題」。

152――豊永「国際資源課長日記（上）」五八頁。

153——国際資源室「OECD石油融通スキーム」一九七三年七月五日（外務省情報公開：二〇〇八－〇〇五三八）。

154——資源エネルギー・チーム「総理・外相外遊関係資料　資源エネルギー問題（案）」一九七三年六月二二日（外務省情報公開：二〇〇八－〇〇五三九）。この文書は、外務省経済局資源課が一九七六年三月一日にまとめた「石油危機前後のわが国の対応策（一九七二－一九七四年）」という調書綴りの中に含まれている。同ファイルについては本章注一〇四を参照。

155——田中首相の訪欧・訪ソにあたって作成された資料でもこの点は強調された。外務省「エネルギー資源外交の積極的展開」一九七三年九月一八日、戦後期外務省記録『田中総理西欧諸国訪問』（二〇一四－二九二六）。なお、同文書は包括的にエネルギー資源外交を検討しているが、特に海外資源開発の各案件について詳細な数字を挙げて説明を加えている。この点は田中のエネルギー資源外交観を忖度したものと考えられる。

156——Daniel Möckli, *European Foreign Policy during the Cold War: Heath, Brandt, Pompidou and the Dream of Political Unity* (London: I.B. Tauris, 2009), pp.192-198.

第三章　第一次石油危機と中東政策「明確化」の政治過程

国際石油資本に対する産油国の優位は、一九七三年半ばまでに各国の政策担当者の共通認識となり、実効的な消費国間協調枠組みの構築が国際的な課題となっていた。だが、緊急時石油融通に関するOECD（経済協力開発機構）の作業部会が取りまとめに入ろうとした七三年秋、第四次中東戦争が勃発し、日本のみならず世界全体に大きな衝撃を与えることになった。

第四次中東戦争は、七三年一〇月六日、エジプトがシナイ半島で、シリアがゴラン高原でそれぞれイスラエルとの戦端を開いたことで始まった。わずか六日間の戦闘でイスラエルの勝利に終わった第三次中東戦争とは異なり、緒戦はアラブ諸国側に有利に進んだ。だが、イスラエルが巻き返し、戦局は膠着状態に陥る。米ソ両国の調停により、一〇月二二日に停戦が成立するが、この間、産油国が石油を「武器」に消費国を分断する一連の石油戦略を採ったことで第一石油危機が始まる[1]。

第一次石油危機は、「価格」と「量」という二つの側面を持つ危機であった。この二つの側面は、それぞれOPEC（石油輸出国機構）とOAPEC（アラブ石油輸出国機構）の声明に対応している。二つの声明は中東戦争の戦況が膠着するなかで出された。

まずOPECの声明だが、これは七三年一〇月一六日午前中に開催されたOPEC石油相会議の終了後、原油公示価格の七〇パーセント引き上げを宣言したものである[2]。この結果、代表的油種であるアラビアン・ライトの公示価格は三・〇一ドルから五・一一ドルまで上昇した。七〇年代に入ってから価格は徐々に上昇していたとはいえ、国際石油資本との交渉という形を取らずにOPECが一方的に価格を引き上げたことは世界に衝撃を与えた。ここに産油国カルテルが価格決定権を握る時代が幕を開けた[3]。

続いて一〇月一六日午後から翌一七日にかけて、OAPEC石油相会議が開催され、石油を「武器」に用いることが議論された[4]。会議では、石油資本の即時国有化というより強硬な主張をする国もあったが、最終的にはイラクを除く参加国がコミュニケを採択し、声明文を発表した。それは、「九月の生産レベルの五パーセントを越えない範囲でその石油生産を直ちに削減する」というもので、さらに「加盟国は、生産削減がアラブに有効的かつ物質的支援を与え、あるいは将来与えてくれるかもしれない友好国に対しいかなる影響も与えないよう削減以前受けていたのと同じ量をこれらの友好国に供給するであろう」と石油供給の条件を提示していた[5]。中東紛争と石油供給を結び付け、友好国には生産削減の影響を与えないとしたことが石油戦略の要点である。声明が発表された時点では、各国の具体的な措置は明らかにされなかったが、「友好国」を差別的に扱うことによって、消費国間の連帯を切り崩すことに狙いがあることは明確であった[6]。

本章では、第一次石油危機における日本政府の対応を外交面から検証する。石油危機発生を受けて日本政府は、アラブ諸国寄りに中東政策を「明確化」した。それは、危機発生から約一ヵ月後、一一月二二日に二階堂進官房長官の談話として発表され[7]、続いて一二月には三木武夫副総理が政府特使として中東諸国に派遣された。これらの措置を検討することで、必ずしも日米関係には還元されない、日本政府内の多様な立場が明らかになる。

一方的な政策表明に過ぎないアラブ諸国の石油戦略が一定の効果を持った背景に、国際石油市場における消費国と産油国の力関係の変化という要因があったことをふまえれば、中東政策「明確化」に加えて、国際エネルギー機関（IEA）設立に直接繋がることになる消費国間協調を模索する動きも重要だが、これは次章以降で検討する。

なお、従来の研究では当時の新聞報道等に従う形で、第一次石油危機後の新中東政策表明を「転換」とするのが一般的であった。しかしながら、①日本政府内では「転換」ではなく「明確化」という表現が使用されていた、②日本の政策は第三次中東戦争時からイスラエル寄りではなく曖昧な「中立」政策であり、新中東政策は曖昧とされていた部分を「明確」にすることで従来の政策よりもアラブ諸国寄りとなった、という二つの点を重視して、本書では「明確化」と表現する[8]。

以下、第一節では、まず第三次中東戦争終結後から日本政府内で進められた中東政策再検討の試みを概観し、その上で、アラブ諸国が石油を「武器」として用いることに関する日本政府内の検討と、第四次中東戦争勃発後、石油危機が顕在化するまでの対応を明らかにする。第二節では、二階堂官房長官談話が発表されるまでの政策決定過程を検討する。第三節では、官房長官談話の反響とその評価を検討した上で、中東諸国への特使派遣に関する分析を行う。

1 中東政策の再検討と第一次石油危機の発生——一九六九年一一月-七三年一〇月

第三次中東戦争後の中東政策再検討

第一次石油危機が発生するまで、中東地域への日本の関心は政府レベルでも高くなかったとしばしば指摘される[9]。第三次中東戦争時に一時的に注目を集めたとはいえ、たしかに、他の地域に比して中東に対する取り組みは遅れていた。

第一章で紹介したように、外務省に中東地域を専門に所掌する部局が設置されたのは一九五五年七月であり、中近東アフリカ局設置は六五年五月を待たなければならない。さらに、外務公務員採用上級試験合格者、いわゆるキャリア外交官としてアラビストを採用し始めたのも六〇年代に入ってからであった[10]。第四次中東戦争の勃発時、アラビア語を専門とする外務省員の総数は三〇数名(その内、幹部候補の「キャリア」は一二名)、ペルシャ語、トルコ語、ヘブライ語の専門家はそれぞれ五、六名であったという[11]。また、在外公館はいずれも大使を含めて日本人事務官が数名しかおらず、一つの大使館で数ヵ国を兼担しているという状況であった。たとえば、クウェート大使館の日本人職員は大使を含めて五人であり、大使はバーレーン・カタール・アラブ首長国連邦・オマーンの湾岸四ヵ国の大使も兼任していた[12]。つまり、日本人職員は五ヵ国を五人で担当していた。当時中東地域に置かれていた日本の大使館は、クウェートの他に、イラン、イラク、サウジアラビアであり、大使の中で多少なりとも石油に関する知識に通じていたのは、駐クウェート大使の石川良孝だけであった[13]。

六九年一月に実施された大規模な機構改革に際して経済統合課の所掌事務に資源問題が加えられ、その後、七一年三月に国際資源室が設置されるなど、外務省内で体制整備が進められ、エネルギー資源外交の具体的な検討が行われてきたことは、既述の通りである。資源問題に対する組織的な対応が急速に進んだことと比較すると、石油輸入の約九〇パーセントを依存していたにもかかわらず、対中東外交に関する体制整備のペースは従来とそれほど変わらず、結果として不十分であったことは否めない。

しかしながら、中東政策が全く放置されていたわけではない。石油情勢と同じように中東情勢も厳しさを増していたからである。第三次中東戦争は実質六日間の戦闘で停戦したとはいえ、スエズ運河を挟んでイスラエルとエジプトが対峙する状況は中東地域の緊張を高めた。また、六八年春以降、両国は互いに報復攻撃を加えあう「消耗戦争」と呼ばれる状態に突入していた。さらに、六九年九月にリビアで王制が打倒されたことは第二章第一節で触れたとおりだが、その他にも、七〇年九月にはヨルダンで内戦が発生、またパレスチナ解放機構（PLO）がレバノンに徐々に浸透するなど、中東地域の不安定さは続いていた。こうした中東情勢の根幹にあるのがイスラエルとアラブ諸国の対立であり、政策担当者間ではどのような対応を採るべきか議論されていた。

六九年一一月五日から七日の三日間にわたって、昭和四四年度中近東大使会議が東京で開催された。愛知揆一外相や本省の主要幹部も出席した会議の二日目には、中東地域における政治経済情勢について、①ソ連の中東進出、②リビア革命の他のアラブ王制国家への影響、③中東紛争解決のために日本が果たしうる役割、の三点が議論された[14]。

各大使からは、それぞれ任国の状況を中心に中東情勢の不安定さが報告されたが、ここで注目すべきは、井川克一中近東アフリカ局長の発言である。アラブ諸国とイスラエルの対立について、「私個人としては紛争解決には相互の譲歩が必要と思っており、また次官、審議官や自分がアラブ、イスラエルの諸大使と会うときには個人的意見としてその旨率直に申入れている」。しかし「それを公式意見として云うことには大きな問題がある」。たしかに「日本の立場は公平で」、中東地域に対して政治的な野心もなく、イスラエルに対して「偏見も、罪悪感も抱いていないので、公正な解決案を作ることはできる」。しかし、「公正な案は双方の譲歩を必要とするが、これは双方にとり苦いものである。日本が国連による調停者として選ばれたのなら強く云えるし、そのために非難を蒙っても致し方ないが、傍観的第三者として苦いことを云えるかどうか疑問である」。当時、米ソ両国に英仏を加えた「四大国」が中東和平に向けた協議を続けていたが、日本にはそこに割って入る意思も準備もなかった。それは、「日本がかけるべき圧力は何も有さないのであるから、日本が口を出すことには消極的ならざるを得ない」と判断していたからである。

こうした井川の見方を、紛争解決に当たって何の梃子も持たない日本の立場をふまえた堅実な外交姿勢と評価するか、それとも官僚特有の事なかれ主義と批判的に捉えるか、その評価は分かれるだろう。ここではその当否はひとまず措いて、この発言が、中東紛争解決のために日本が果しうる役割を検討した際のまとめとして述べられていることに注目したい。

井川の発言には、日本の中東政策が抱える難しさと特徴がよく表れている。つまり、日本は、アラブ諸国とイスラエルの双方が譲歩しなければ紛争解決の道はないと考えていたが、それを実現するための手段を何も持っていないということである。この認識は、アメリカと立場を異にして、イスラエル軍の即時撤退を求める非同盟諸国の総会決議案に賛成した、第三次中東戦争時の日本政府の立場とも整合する。イスラエル、アラブの双方が軍事的な現状の変更を自制するべきだと考える以上、イスラエルの奇襲による軍事占領は認められないからである。その意味で、日本は第三次中東戦争以来、曖昧さは残されているものの、基本的にはアラブ諸国寄りの中立政策であった[15]。現状が維持されている限り、この曖昧な日本の立場に問題が生じることはない。だが、国連決議等によって占領地からの撤退を迫られたイスラエルが一向に撤退の気配を見せず、アラブ諸国との間で緊張が続く第三次中東戦争後の状況は、日本に中東政策の再検討を迫ることになった。

日本の政策が直ちに変わることはなかったが、内部での検討は継続的に進められた。七〇年九月から開催された第二五回国連総会では、中東問題が大きく取り上げられた。この総会で日本は、従来からの曖昧さを残したアラブ諸国寄りの中立政策を対処方針とした[16]。そして、総会開会中も慎重に情勢分析を行いつつ[17]、第三次中東戦争時と同様に、アラブ諸国寄りの非同盟諸国決議案とイスラエルにも一定の配慮を示すラテン・アメリカ諸国の決議案の双方に賛成した[18]。

この総会後、七〇年一二月には昭和四五年度中近東大使会議がパリで開催された。ここで各大使は、「中東紛争平和的解決の見通しは少ないが、敵対行為再開の可能性も少ない」という現状分析と、曖昧さを残したアラブ諸国寄りの中立政策という基本線に沿った対応は適切であったという見方で一致した。しかし同時に、「最近の日本の国際社会における地位の向上に鑑みて、従来の如く、両者の言い分を、足して二で割るという消極的中立や必要に応じアラブ寄りというようなあいまいな態度ではなく、石油の問題もあり、日本から見て公正な解決とは何であるか、多少アラブ寄りに勇断をもって再検討する必要」があるということも各大使からは指摘された[19]。

大使会議の議論もふまえ、中近東課では中東情勢と日本の政策について検討が続けられた[20]。そして、翌七一年七月に東京で開催された昭和四六年度中近東大使会議では、さらに踏み込んで、具体的な政策としてもアラブ諸国寄りの姿勢を「明確化」するよう各大使は求めるようになっていた[21]。同会議では冒頭、福田赳夫外務大臣が、日本の経済大国化を背景とした世界での存在感の高まりを指摘し、「これまでの日本の外交は世界の動きをみて、これに追随してきたが、今後は逆に世界の政治をどうするかを考えてわが国は行動しなければならない」と挨拶した[22]。こうした大臣の姿勢も参加者の積極的な発言に繋がったのだろう。

以上のように、在外の大使達が中東政策の再検討を求めるようになっていたこの時期、中近東アフリカ局中近東課長に就任したのが山本学である。山本はフランス語研修組で、中近東課長就任前は在ベルギー大使館に勤務していた。東京に戻る前に、アラブ諸国寄りの姿勢を明確にしていたフランスの外務省中近東課長と意見交換を行うなど、中東政策をアラブ諸国寄りに「明確化」することに山本は石油危機以前から積極的であった[23]。中近東課長就任後にも、中東紛争解決に関する基本認識を取りまとめた上で、西欧諸国と中東問題に関する意見交換を続けるなど精力的に動いた[24]。

山本の中近東課長就任から約半年後、七二年五月に、中近東地域の政務担当官会議が開催された。この会議では、これまで日本が採ってきた、曖昧さを残したアラブ諸国よりの中立政策に対する批判が相次いだ。

議論が集中したのは、第三次中東戦争後に採択された国連安保理決議第二四二号の解釈である。この決議は、「戦争による領土取得が認められない事」を強調し、第三次中東戦争によって「占領された領土からのイスラエル軍隊の撤退」を求めるものであった[25]。この部分の英語版正文は「withdrawal from territories occupied」となっており、意図的に定冠詞が落とされていたが、仏語版正文では定冠詞が付されており、「全占領地」という意味にも取れるものとなっていた[26]。両者の統一は図られず、あえて曖昧さが残されたのである。「全占領地」の問題は、安保理協議の最終段階で議論されたもので、日本政府も当然認識していた[27]。

決議の「territories」が「全占領地」を意味するのか否かについて、関係国の解釈は分かれていた。日本は、ここでも解釈に曖昧さを残し、「全占領地」を意味するかに言及せず、単に「占領された領土」としてきたのである。そこで、アラブ諸国寄りの立場を明確にするために、曖昧さを残さず、「全占領地」からの撤退を求める姿勢を日本政府は採るべきだ、というのが会議で確認された担当者レベルの総意であった。担当者会議で参加者から相次いだ批判に対して、山本は主管課長として反論したものの、その後、中近東課内では中東政策の再検討が進められることになった。この会議で問題となった「全占領地」は、次節で検討する第一次石油危機発生後の「明確化」をめぐる外務省内の議論で一つの焦点になる重要なポイントである。

中近東課内の約半年間にわたる検討を経て、昭和四七年度中近東大使会議に向けて、七二年九月一日に「中近東紛争解決に対するわが国の立場」と題する文書が中近東課でまとめられた[28]。この文書は、「中東問題の根源をなすパレスティナの主権をめぐる根本的対立に関してはアラブ・イスラエルの何れにも与するべきではなく、この点については不偏中立の立場を堅持すべきである」と従来の方針を確認しつつも、「原則としてイスラエル軍は全占領地から撤退すべきである」と一歩踏み込んだ立場を取るべき、という意見を表明していた。

だが、一一月八日から一〇日までロンドンで開催された中近東大使会議では、このような中近東課の立場は退けられた。中近東課が作成した議事要録は、「明確化」に反対する議論を以下のようにまとめている[29]。

中東問題の根本的解決は当分考えられないので、現時点においてわが国の立場を具体的に打出す必要はなく(その意味で本省作成ペーパー〔「中近東紛争解決に対するわが国の立場」〕にある個々の問題についてのわが態度を決めてかかる必要もなく)、わが国としては従来からのimpartialな立場を継続することで充分であり、具体的な問題については各国の態度を徴して是々非々の立場で対処すればよい。

前年の会議で「明確化」の必要性で各大使の意見が一致していたことと比べると、その姿勢が大きく後退している。前回会議からの一年間、中東情勢にそれほど大きな動きがなく膠着状態が続いていたことも、このような消極的な姿勢に繫がった面もあるだろう。だがそれよりも、大使会議開催の約一ヵ月前に中近東アフリカ局長に就任した田中秀穂が、中東政策をアラブ諸国寄りに「明確化」することに反対であったことが、消極姿勢に傾く大きな要因になったと考える方が納得がいく。

石油危機発生後、二階堂官房長官談話発表に至る過程で、田中中近東アフリカ局長は反対の急先鋒であった。外務省がアラビストのキャリア外交官を六〇年代に入るまで養成してこなかったこともあり、当時、中近東地域に駐在する大使に専門家は少なかった。また、政治レベルで中東地域に関心が向けられることがほとんどなかったという事情もあり、他の地域と比べて、主管局長の考えが与える影響が大きかった。田中は、中近東アフリカ局長就任以前に同局参事官を務めるなど中東情勢には比較的通じていたが、アメリカとの関係を重視する形で中東政策を進めていく必要があると考えており、「明確化」には消極的であった[30]。「明確化」に消極的な局長と積極的な課長という構図の下、中東政策の再検討は、一転して低調に推移することになった。翌七三年、七月九日から一一日にかけて昭和四八年度中近東大使会議が開催されたが、中心となったのは中東情勢と石油情勢に関する分析と資源外交に関する検討であり、中東政策の再検討は公式の議題からは削られた[31]。

ただし、議題から削られたとはいえ、会議の場では当然中東政策も話題にのぼった。その結論は、中近東アフリカ局内の対立を反映したかのようである。大使会議のまとめには、「日－米関係がわが国にとって最重要と考える立場からすれば、わが国は対中近東政策の検討に際して米国の中東政策を考慮せざるを得ない」という局長の立場に近い考えと、資源保有国との関係の重要性を指摘した上で、「国連との関係で決議二四二支持といっているのは、イスラエルによるシナイ半島占領を非難している同決議の内容からしてアラブ寄りとも言えるわけで、この意味からわが国が中東紛争に関して『中立・等距離』とわざわざいうことは今後は改めてゆくべきと考えられる」と、「明確化」に積極的な課長の立場に近い考えが、両論併記の形で明記された。

武力による紛争解決に反対し、イスラエルによるシナイ半島をはじめとする占領地からの撤退を求めるという安保理決議第二四二号を政策の基本線とする日本の立場からすれば、中近東課長の立場は正当なものである。他方で、日本外交における日米基軸の重要性を考えれば、アメリカの中東政策を考慮する必要があるという中近東アフリカ局長の立場も理解できる。

要するに、日本が採り得る中東政策の選択肢は、両者の間にしか存在し得ず、極めて狭いものであった[32]。中近東大使会議は、こうした日本の中東政策の置かれた厳しい立場を確認する場となった。その後も、中近東課では中東政策の再検討は進められたが[33]、この対立の構図は、そのまま二階堂官房長官談話の発表に至る政治過程に引き継がれることになった。

ところで、昭和四八年度中近東大使会議は、エネルギー資源外交を考える上でも重要な意味を持つ会議であった。東京で開催されたこの会議には、大平正芳外務大臣も列席し、さらに法眼晋作外務事務次官を筆頭に本省の局長級幹部が勢揃いして、石油情勢と資源外交に関する検討が行われたことで、中東政策だけでなくエネルギー資源外交のあり方を検討する全省的な会議となった。石油情勢が厳しさをさらに増すなかで、大使会議としては異例なほど日本国内の注目を集めた会議の終了後には、石川良孝駐クウェート大使、高橋通敏駐エジプト大使、猪名川治郎駐レバノン大使による鼎談が新聞紙上に大きく掲載された[34]。

大使会議では、産油国の動向と中近東地域の政治・経済情勢の分析から、原油価格の値上がりに伴い産油国に蓄積される外貨の問題、さらには日本との経済関係や経済協力、広報文化活動に至るまで幅広い議題が話し合われたが、やはり討議の中心となったのは、中東産油国が中東紛争解決のために石油を「武器」に用いる可能性の有無と、中東戦争が勃発する可能性の二点であった。

結論を先に述べれば、この会議は、中東で直ちに戦争が発生する可能性を否定し、石油危機の発生についても「中東紛争について単に紛争当事国のみならずアラブ世界が一緒にイスラエルと戦うことを宣明している現状において、この石油を政治的武器に使うことが現実の問題となってきている」としつつも、その予測は難しいとするに留まった。また、「石油危機への対応の仕方としては、国際的に見ればわが国は中東紛争に関して政治的に全く無関係であるという有利な立場にある」として、日本が石油戦略の対象となることは全く想定されていなかった。

第四次中東戦争の勃発と第一次石油危機の発生という、会議の約三ヵ月後の状況に照らせば、この会議で中東戦争と石油危機に関連する様々な要素をほぼ漏れなく挙げていたものの、その分析は誤りであったと評価すべきかもしれない。

ここでは、その一つの例としてエジプトの中東紛争に対する姿勢の分析と、アラブ諸国間の団結に関する二つに絞って紹介しておきたい。この二点について大使会議では、以下の分析が示された。

エジプトは今や全く追いつめられた状態であり、イスラエルとの和平を求める動きをすれば国内での政変は必至という状態に加えて、アラブ社会における指導力を失いつつある同国としては今や国連での有利になりつつある立場にも鑑み、アラブの大義の名の下に、(イ)軍事的手段により限定的戦争に訴

えるか、（ロ）石油を武器として用いることによりイスラエルに間接的に圧力を加えるかの二者択一を迫られている。〔中略〕

エジプトを支援するアラブ諸国についてみれば「アラブの大義」という名のもとに相互の利害関係が埋没してしまって現実に関する誤ったイメージを造り出している。アラブ諸国には自国のナショナル・インタレスト追求の動きがあり、これがアラブの団結を難かしくしているのが現実である。

その後の歴史が示すのは、エジプトがシリアとともに戦争に訴え、さらにアラブ諸国は団結して石油を「武器」として用いたということである。エジプトは二者択一ではなく、二つの選択肢を同時に追求したのであり、またアラブ諸国は結束して石油戦略を採った。この意味で、中近東大使会議で示された分析は決定的に誤っていた。

とはいえ、七三年七月上旬の時点で日本政府がこのような結論を出したことを、単純に情勢を見誤ったと批判することは酷だろう。まず、アラブ諸国間でも対イスラエル開戦は極秘事項であり、イスラエルとアメリカもアラブ諸国の動きを直前まで察知することはできなかったという事実がある。

開戦の約一〇日前、七三年九月二四日の時点でも、アメリカの国家安全保障会議（NSC）スタッフは、中東和平実現の可能性は高まっていると分析していたし[35]、その後、イスラエル周辺の軍事的緊張の高まりを伝える情報は伝えられていたものの、九月二二日に国務長官に就任したばかりのキッシンジャーは、開戦が近付いていると伝えるイスラエルからの電報に驚愕したのである[36]。

また、七三年に入ってから、石油を中東紛争解決のための「武器」として用いると再三にわたって警告していたサウジアラビアも、エジプトとシリアに対してイスラエルとの開戦と支援に同意したのは八月に入ってからであり、エジプトとシリアが一〇月六日の開戦を決意したのは九月二二日のことであった[37]。つまり、七月時点の情勢を考えれば、中近東大使会議が出した結論は必ずしも的外れなものではなかったのである。

さらに、サウジアラビアが産油量の調整など石油を「武器」として用いる気配を見せるようになると、外務省内では直ちに検討が行われ、アメリカに対して「中東政策について公正不偏な立場から中東紛争解決のため強力なイニシャティブをとるよう要望する」ことを検討するなど、従来よりも一歩踏み込んだ姿勢が見られるようになっていた[38]。石油情勢についても、九月初旬の段階で、外務省内ではサウジアラビアが政治的・経済的要因から産油量を調整する可能性も指摘されていたのである[39]。ただし、この時点でも日本が石油戦略の対象となることは想定されていなかった。

第四次中東戦争勃発時の対応

中東戦争の勃発を否定し、石油危機の発生を予測することは難しいと結論付けた七月の中近東大使会議の後も、外務省では中東情勢と石油危機の可能性に関する検討は続けられており、日本政府内部にも石油危機について一定の危機感は存在していた。しかしながら、実際に勃発した戦争の展開とそれに続く石油危機は、やはり想定を超えた事態であった。

一九七三年一〇月六日、エジプト軍がシナイ半島で、シリア軍がゴラン高原で、それぞれイスラエル軍との戦端を開いた[40]。第四次中東戦争の勃発である。戦争が勃発した当初、開戦前にイスラエルが軍事的に優位に立っていると見られていたことから、第三次中東戦争と同様に短期間で軍事的決着がつくのではないかとの観測が流れた。日本では、主管課である中近東アフリカ局中近東課が、一〇月七日の段階で、「今後の見通し」として「①戦斗は短時日のうちに決着がつくであろう。②イスラエルは戦闘開始前のラインの回復をはかるべきも、それ以上進出する可能性は少ない。但し空爆等による報復はありうる」という見解を示していた[41]。

イスラエルの優位を前提に、戦闘が短期に終結するだろうという見方は諸外国も同様であった[42]。しかし実際には、ソ連がアラブ諸国に提供した地対空ミサイルSAM－6などの新兵器が威力を発揮したことにより、緒戦はアラブ側が有利に戦闘を進めていった。その後、スーダン、モロッコ、チュニジア、アルジェリア、クウェート、イラン、ヨルダン、サウジアラビアが相次いで参戦し、イスラエル対アラブ諸国の全面戦争に発展した。その後、アメリカの支援を受けたイスラエル軍が巻き返し、戦闘は膠着状態に陥った。

日本は、一〇月八日、「わが国としては戦火が一日も早く収拾されることを望む。武力紛争の根元には、永年にわたり中東紛争が未解決のままにとどまっていることがあり、わが国としては一九六七年の国連安保理決議二四二号に基づき、公正かつ永続的な平和がこの地域に確立されることを望みたい」という声明を、山下元利官房副長官の「発言」として発表した[43]。

これは通常の事務処理手続きに従って、中近東アフリカ局が従来からの立場を繰り返す声明として起草したものである[44]。同日付の中近東課の情勢分析は、「わが国のとるべき態度」として「(イ)中東における戦斗再発を憂慮。(ロ)戦斗の早期停止を希望。(ハ)かかる事件発生の根本原因は中東紛争の未解決にあり、安保理決議二四二に基く公正且つ永続的和平の早急な実現が必要」という三点を表明すべきとしており[45]、官房副長官発言はこのラインに沿ってまとめられた。先制攻撃を仕掛けたのがアラブ陣営かイスラエルか、情報が錯綜していたこともあり、第三次中東戦争以降の日本の中東政策の基本方針――曖昧さを残したアラブ諸国寄りの中立政策――を再表明したのがこの声明であった。

表3-1 田中角栄の「資源外交」～1973年秋

訪問国	主要な会談	会談内容(資源関係)
フランス	メスメル首相(9月27日:10:30-12:40)	原油・ウラン鉱の共同開発/核燃料
	ポンピドゥ大統領(9月28日:11:45-昼食会まで)	シベリア開発
	ポンピドゥ大統領(9月28日:17:30-18:50)	ガボンでの共同開発
	ジスカールデスタン蔵相(9月29日:11:00-12:35)	第三国での日仏協力
イギリス	ヒース首相(10月1日:10:30-12:30)	オイルダラー問題/備蓄等の消費国間協力/北海油田/第三国での日英協力
	ハウ貿易相(10月2日:10:20-11:10)	北海油田
	ヒース首相(10月2日:15:45-16:45)	北海油田/核燃料
西ドイツ	ブラント首相(10月4日:10:30-17:00[含昼食])	資源問題に関する日独協議/第三国での日独協力/シベリア開発
ソ連	ブレジネフ書記長(10月8日:11:30-13:40)	シベリア開発
	ブレジネフ書記長(10月8日:19:00-21:35)	シベリア開発/核燃料
	ブレジネフ書記長(10月9日:12:00-14:00)	シベリア開発
	ブレジネフ書記長(10月10日:12:00-12:50)	——

出典:筆者作成

第四次中東戦争の勃発時、田中角栄首相は西欧諸国歴訪に続くソ連訪問の途次にあり、第一報は西ドイツの滞在先で受け取った[46]。

このソ連訪問では、いわゆる「資源外交」の一環として、チュメニ油田開発やヤクート天然ガス田開発問題が、主要議題の一つとして取り上げられた[47]。また、ソ連訪問に先立って行われた西欧諸国歴訪でも海外資源開発は主要議題であった[48]。最初の訪問国であるフランスでは、ポンピドゥ大統領の腹心であるメスメル首相との会談で、エネルギー資源問題が話し合われ、石油と核燃料について議論が戦わされた[49]。次の訪問国であるイギリスでは、ヒース首相と経済問題を議論する中で北海油田開発への日本の参加が話題となった[50]。そして最後の西ドイツのブラント首相との会談では、フランスやイギリスとの間で見られた具体的な案件をめぐる交渉が行われることはなかったが、資源問題に関する日独の合同委員会を設置することなどが合意された[51]。

田中のソ連訪問には、一連の「資源外交」の締めくくりという側面があった。とはいえ、訪ソの主要な目的は、やはり北方領土問題の解決にあった[52]。田中とブレジネフ書記長の首脳会談は四回にわたって行われた。一〇月八日夜の第二回会談では、シベリア開発に関するブレジネフの地図を広げての「大演説」が続いたが、それに対して田中は「私も二つ三つ申し上げたいことがある。今申し上げることは、日ソ双方とも正確に記録しておいていただきたい」と前置きをした上で、「俺は資源のために来たんじゃない。領土のために来たんだ」と返した。「資源よりも領土」という田中の交渉姿勢は首脳会談の参加者に強い印象を与えたという[53]。

実は、この領土問題とチュメニ油田開発問題は、密接に関係していた。チュメニ油田開発問題にはエネルギー資源確保という目的はもちろんあったが、北方領土問題での色よい返事を期待しての経済協力供与という意図も込められていた。日本が「油乞い」する立場に立ってしまえば、北方領土問題について何かを引き出す材料にはならなくなってしまう[54]。それゆえ、中東情勢の展開は領土問題に関する交渉の行方にも影響を与えかねないものであった。しかし、中近東課は中東戦争の日ソ交渉への影響について「先方より中東問題が提起される可能性があり、またコミュニケ草案の中東部分緒表現を若干up to dateに直す必要も生じよう」という程度の認識であった[55]。モスクワでも外務省ルートからの情報が検討されたが、その結果は「中東戦争は短期に終結するであろうから、日ソ交渉には影響はあるまい」というものであり、日ソ交渉に関する考慮はあったものの、石油危機に関する本格的な検討は行われなかった[56]。

中東戦争に対する楽観的な見方は、政府内で広く共有されていた。資源エネルギー庁の山形栄治長官は、「まさかこれ〔第四次中東戦争の勃発〕がやがて、日本を震撼させる石油危機に発展することになるとは、個人的には何人かいたかもしれないが、政府の認識としては予想の外にあった」と中東戦争が勃発した直後の様子を振り返っている[57]。また、ある資源エネルギー庁の幹部は、中東戦争勃発の第一報を受けた新聞記者からの問い合わせに対して、「戦争が長引けば、アラブ産油国側が石油の供給削減などをちらつかせて、アメリカなどを牽制する可能性もあるが、仮に供給が減っても、日本の場合、石油備蓄は五五日分あるから、紛争による供給不足の心配はない」という楽観的な見通しを述べていた[58]。

中東戦争が短期に終結するという見通しは国際的にも一般的であった。だが、中東戦争が石油危機に繋がる可能性はより深刻に捉えられていた。たとえばアメリカでは、現地の情勢把握に努めている段階で開催された政府高官の会合で、アラブ諸国による石油禁輸の可能性は非常に高いという見通しが立てられていた[59]。またイギリスでも、中東戦争勃発後直ちにタスクフォース会合が開催され、中東戦争と石油供給に関する議論が行われていた。そこで示された中東戦争の見通しは、戦闘は一〇日以上続かず、イギリスがアラブ諸国に敵対的な態度を示さなければ石油供給に深刻な影響が出ることはないだろう、というものであった。ただし、併せて石油供給に関する様々な可能性について検討が行われ、今後の作業の方向性を含めてヒース首相へ議論の概要を報告していた[60]。先の日英首脳会談でも、アラブ諸国が石油を「武器」に対米禁輸を行えば、結局は西欧諸国や日本に大きな影響が出ることをヒースが指摘するなど、イギリスの危機感は開戦以前から高かった[61]。こうしたアメリカやイギリスの対応と比較すると、既述の通り、一定の危機感は存在していたとはいえ、日本の対応は場当たり的であり、政府首脳との情報共有は後手に回ったと評価されても仕方がない。

一連の「資源外交」から田中が帰国した直後、石油情勢を左右する動きがあった。一〇月八日からウィーンで行われていたＯＰＥＣと国際石油資本グループ間の価格改定交渉が、一二日に無期限中断となったのである[62]。中東戦争勃発に加えて、価格改定交渉が中断になったことで、石油情勢に暗雲が立ち込め始めた。

日本は中東戦争勃発後、アメリカやサウジアラビア政府と接触し情報収集に努めていた。それまで穏健派として強硬な産油国を抑える側にあったサウジアラビアが、中東戦争に関連して石油供給を停止するという情報が流れたからである。在米大使館のスタッフは米国務省の担当者とほぼ毎日のように接触し、中東戦争と石油情勢の関係を注視していた。アメリカ政府から得られた情報は、サウジアラビアの石油供給停止を否定するものであった[63]。この見方は在サウジアラビア大使館が現地のアメリカ大使館関係者から得た情報と一致していたが[64]、サウジアラビア政府関係者は、「現段階でサウディ政府がそのような措置をとるというのではない」と断りつつも、石油禁輸の可能性を示唆していた[65]。

一連の事態を受けて、一〇月一五日、外務省では経済局国際資源室、中近東アフリカ局中近東課、調査部の担当者が集まり、中東戦局と石油情勢に関する検討が行われた[66]。担当者たちの議論からは、この後すぐに出されることになるOPEC声明とOAPEC声明以前から、クウェートの主導によってOAPECが石油を「武器」に用いる動きが模索されていることを掴み、中東戦局の推移によっては石油情勢が悪化する可能性が高いことを把握していたことが分かる。さらに、第三次中東戦争時と比較して、国際石油市場が「買い手市場」から「売り手市場」に変化し、アメリカやイランなどの非アラブ産油国の余剰生産力がなくなり、状況が切迫していることも、この検討では指摘されていた。石油市場の変化をふまえた正確な情勢認識である。

しかしながら、OPECによる原油公示価格の一方的な引き上げと、日本がOAPECの石油戦略の対象国となる事態は想定されていなかった。外務省の担当者の情勢認識にはそれなりの根拠があった。一つは、日本が第三次中東戦争以来、アラブ諸国寄りの中立政策を採っていたことである。国連における投票行動でも、日本は米欧と一線を画していたし、武力による現状変更には常に反対してきた。アラブ諸国が先制攻撃を仕掛けた今回の軍事行動を受けても、第三次中東戦争時にイスラエルが占領した地域からの撤退を求める国連安保理決議第二四二号に言及した官房長官談話を発表するなど、日本のアラブ諸国寄りの中立姿勢は一貫していたと言ってよい。日本は自らを「善意の第三者」とみなしていたのである[67]。とはいえ、もしこの段階で、日本が石油戦略の対象国となる可能性が考慮され、それが政府首脳部に的確に伝えられていれば、衝撃を緩和することになったかもしれない。

外務省の担当者たちの検討に欠けていたもう一つの視点は、産油国の影響力が大きくなっていたとしても、依然として国際石油資本が石油の流通を握っており、流通の過程である程度再配分が働くことである。産油国が特定国に対する禁輸や削減を表明しても、石油は一旦タンカーに積まれてしまえば、その行き先を特定することは容易でない。また、禁輸や削減を行っていない国の石油を特定国に優先的に配分することもできる[68]。後に石油戦略が発動され、各消費国がパニック状態に陥り、目の前の課題処理に追われるようになると、国際石油資本各社が供給割当を担い、その結果として禁輸・供給削減の影響が特定国に偏らないように調整された[69]。そもそも原油価格の上昇は特定国に限った問題ではなかったし、禁輸と供給削減についても、国際石油資本による再配分機能が働いた結果として、アラブ諸国の石油戦略は世界全体に影響を与えることになった。つまり、日本が石油戦略の対象になろうがなるまいが、経済的に受ける影響はほとんど変わらなかったのである。こうした点が、この段階で示された分析には抜け落ちていた。

エネルギー資源問題の担当者間に一定の危機感が存在していたとはいえ、第四次中東戦争の日本に対する影響はそれほど大きくないだろうという楽観的な認識が支配的であった。

一〇月一六日に発表されたＯＰＥＣ声明と、翌一七日に発表されたＯＡＰＥＣ声明は、楽観的な情勢認識に修正を迫ることになった。ＯＰＥＣ声明は原油公示価格の一方的引き上げを表明したものであり、ＯＡＰ

EC声明は中東情勢と石油を結びつけた「石油戦略」を採ることの表明である。この二つの声明によって、エネルギー資源問題担当者以外には、遠く離れた中東地域の問題としか認識されていなかった第四次中東戦争が、経済運営に直結する問題として、日本で急浮上することになったのである。

七〇年代に入ってから、国際石油資本との間で、産油国に有利な協定が次々と結ばれていったことは第二章で検討した通りだが、それはあくまで交渉を経た協定であった。OPECの一方的な価格引き上げは、それまで辛うじて維持されてきた一線を踏み越えたものであり、ここに八〇年代前半まで続く、石油市場におけるOPEC優位が確立することになったのである[70]。その意味では、日本社会に与えた衝撃は別として、OAPEC声明以上にOPEC声明の方が重要であった。こうして、第一次石油危機が始まることになった。

この二つの声明が出されてからも、全体として見れば、日本国内はまだ楽観的なムードであった。OAPEC声明の第一報とその詳細は会議が開かれていたクウェートの日本大使館から寄せられたが、日本の扱いは記されていなかった[71]。外務省の田中秀穂中近東アフリカ局長は、OAPEC声明に関する第一報を受け取った時の印象を、「これから大変なことになる、というのが第一でした。しかし、この段階で局内が騒然となったわけではありません。私も甘かったんですが、日本は友好国グループに入れてくれるだろうぐらいに考えていました」と振り返っている[72]。OAPEC声明では、「友好国」に配慮することが触れられているだけで、その詳細はまだ明らかになっておらず、この時点では、本省から情報収集の指示が各在外公館に送られただけであった[73]。

OAPEC声明発表の二日後、一〇月一九日には、アラブ一〇ヵ国の駐日大使が大平正芳外相を訪ね、「中東戦争でのアラブ側の立場を積極的に支持してほしい」とする口上書を手渡し、日本が中東政策を明確にするように求めたが、同時に団長格のサウジアラビアのデジャーニー大使は石油問題に関連して、「石油の問題については、正式な連絡はないが、日本に対する影響はないものと理解している」と発言していた[74]。多分に外交辞令を含む発言ではあったが、外務省はこの発言を評価し注目した[75]。また同日、クウェートの駐日大使は、毎日新聞社との会見で、「OAPECの決議文を認めれば、友好国に対する石油供給については保証すると書いてある。もちろん日本は、友好国の中に入る。友好国でなければ、アラブ各国の駐日大使一〇人が、外務大臣を訪問してアラブを支持してくれというはずがない」と発言し、日本は「友好国」に含まれるとの認識を示している[76]。なお、在京アラブ大使団との会見で大平は、安保理決議第二四二号に沿った事態収拾や難民救済について全面的に協力すると、従来からの方針を改めて表明した[77]。

在京大使団から寄せられた楽観的な情勢判断に繋がる情報もあり、各国や石油会社からの具体的な供給削減についてもある程度掴みながらも、この時点で外務省と通産省の担当課が重視していたのは「量」ではなく「価格」の側面であった[78]。

石油のほぼ一〇〇パーセントを輸入に頼る日本にとって、価格の大幅な上昇は看過できない問題であり、さらに産油国が価格の決定権を握ることが確実となったことは関係者に大きな衝撃を与えた。外務省の担当者は、OPEC声明の内容を関連情報とともに詳細に分析していた[79]。

とはいえ、この段階で日本全体を巻き込む「パニック」はまだ想定されていなかった。この声明も七〇年代に入る頃から徐々に進んでいた、国際石油資本と産油国との力関係の変化の延長線上で捉えることが可能なものであった。第二章第三節で検討したように、国際石油市場の変化をふまえ、OECDでは緊急時の石油融通に関する審議が進んでいた。消費国間協調が模索されたのは、各国独自の措置には限界があるからである。また、この段階で新たな事態に対して日本が単独で対処できるわけはなかった。

以上のように、日本政府は中東戦争勃発時から様々な情報収集と分析を行っていた。そして、一〇月一九日までの段階では、主として石油危機を「価格」の観点から捉えていた。だが、危機感を持っていたのは外務省の国際資源室や中近東課などに限られており、中東政策をアラブ諸国寄りに「明確化」する必要性が広く認められたわけではなかった。こうした認識ゆえに、山下官房副長官発言やアラブ諸国大使に対する大平外相の発言は、従来の政策の再表明に留まったのである。

石油危機の顕在化

一九七三年一〇月下旬に入る頃から、状況は一変した。一〇月一八日にはアラブ首長国連邦のアブダビが、そして二〇日にはサウジアラビアが、相次いで対米禁輸措置を発表した[80]。さらに、二〇日には、サウジアラビア政府の「友好国」と「敵対国」の分類を高杉幹二駐サウジアラビア大使が確認した[81]。「友好国」とされたのは、開戦前からアラブ諸国寄りの政策を採っていたイギリス、フランス、スペインなどであり、「敵対国」は、アメリカ、オランダ、カナダなどであった。どちらにも入らない国が「非友好国（中立国）」であり、日本は「非友好国」に分類されていることが、ここで確認された。しかし、リヤドで情報収集をしていた高杉は、同国のサウド石油次官から「対象国は最高レベルで決まることで自分が確定的な事は言えないが」という前置きはあったが「日本はFRIENDLY COUNTRYの一つである」という情報を前日の一九日に得ていた[82]。様々な情報が錯綜しており、この段階で日本が「友好国」でないという確信が得られたわけではなかった。

一〇月二二日、外務省では国際資源問題委員会の特別作業グループ会合が開催された[83]。通常、外務省の政策は主管課を中心に策定されるが、この会合は、先に見た一週間前の会合に参加した調査部、中近東課、国際資源室に加えて、北米局、国連局、欧亜局からも関係者が集められた。このように関係課長が広く集まる会合で対応策が検討されたことは、石油危機について外務省全体で一定の危機感が共有されるようになっていたことの表れと言える。

この会合では、生産削減と公示価格引き上げの詳細が中東戦争との関連から議論になった。生産削減が中東戦争停戦後も継続することもあり得るといった議論も行われたが、ここでも日本が「友好国」になる可能性は残されているとされた。中東政策を「明確化」する必要は指摘されたものの、どの程度まで「明確化」する必要があるかについて踏み込んだ議論が行われた形跡を確認することはできない。一定の危機感は存在したが、アメリカとの関係を危うくするような「明確化」の必要性が広く認識されていたわけではなかったのだろう。

後に「明確化」を強く求めるようになる山形資源エネルギー庁長官は、同時期の認識を「産油国の生産削減が行われても、メジャーがあいだに入っているのだから、日本の石油輸入にはそれほど影響はあるまい」という考えだったと振り返っている[84]。この認識は、実際に起こった事態を正確に捉えていたが、世界全体で大きく供給量が削減されれば、日本の輸入量にも影響が出る点が見過ごされていた。

一〇月一七日のOAPEC声明はあくまで石油戦略のアウトラインを示したものであり、具体的な措置は各国政府の判断に任されていた。アメリカやオランダに対する禁輸は声明発表後に各国政府の判断によって行われた措置であった。各国が独自の基準で具体的措置を決め、それぞれのタイミングで発表したことにより、石油戦略の全体像は掴みづらかった。こうした状況も、日本政府内でこの時期に危機感が広く共有されなかったことに影響した。

日本政府の担当者にとって衝撃が大きかったのは、一〇月二三日以降に相次いで行われ、新聞各紙の一面を連日賑わせた、各石油会社からの値上げおよび石油割当削減通告である。なかでも二四日の、ペトロミン

（サウジアラビア国営石油会社）による直接販売原油価格の七〇パーセント値上げ通告と、サウジアラビア政府からアラビア石油への一〇パーセントの生産削減通告は、サウジアラビアが日本を「非友好国」とみなしている結果の具体的措置であり、政策担当者に与えた衝撃も大きかった[85]。追い討ちをかけるように、一〇月二四日には、高杉駐サウジアラビア大使から、日本が「友好国」に入っていないことを石油戦略の中心人物であるヤマニ石油大臣に直接確認したことが、山本中近東課長に電話で伝えられた[86]。

石油会社からの厳しい通告が続き、日本が「友好国」に含まれないことがほぼ確実になるなか、OECDでは、第二七回石油委員会と第一九回石油委員会ハイレベルグループ会合が開催された。この会合に向けて国際資源室は、OPEC声明発表直後から、中東戦争が消費国全体の石油需給に与える影響や各国の採り得る措置について詳細に検討していた[87]。七三年夏からOECDでは緊急時の石油融通に関する交渉が行われていたが、この過程で、産油国との対決姿勢の強い消費国同盟の実現をアメリカが訴え続けていたこともあり、日本として石油情勢の激変に対してどのような方針を採るかを決定しなければならなかったのである。しかし、OECDでの会合に向けて本省から伝えられた対処方針は、全体としては消費国との協調を図りつつも産油国との対決は避けるという、従来からの方針を確認したものになった[88]。

この対処方針では、石油供給、価格、各石油会社を構成メンバーとする石油諮問委員会の再活用、備蓄、消費規制に関する日本の分析、現状、方針がそれぞれ挙げられているが、いずれの点についても産油国との対決姿勢を採っていると取られないように注意が払われていた。また、「消費国連合についての提案が提起された場合には目下続行中の緊急融通スキーム作成作業に積極的に参加している点を強調するとともに欧州諸国（英、蘭以外の）と同一歩調をとることとし、それ以上に積極的姿勢を示さないものとする」として、新たな消費国間協調枠組みの形成については慎重な姿勢を明らかにしている。日本の置かれた厳しい状況をふまえて、産油国と消費国の間でどういった立場を採るかは、アメリカが産油国との対決姿勢を強めていくなかで、より重要な課題として浮上していくことになるが、この時点では先送りされたのである。

ＯＥＣＤでは、両会合に先立って七三年七月末から始まった緊急時石油融通スキームに関する作業部会の第四回会合が開催されることになっていたが、石油情勢の急変を受けて、会合は直ちにハイレベルグループ会合に切り替えられ、石油危機発生を受けた各国の情勢に関する情報交換が討議の中心となった[89]。石油委員会ハイレベルグループ会合はこの後、一週間に約一回というペースで開催されることになり、消費国間の情報共有の場となる。この一〇月二六日に行われた会合でも、日本は西ドイツなどとともにサウジアラビアによって「非友好国」に分類されているという情報が確認された[90]。

こうして、日本が「非友好国」に分類されたことは確実な情勢となった[91]。だが、この段階で各国の分類を明らかにしていたのはサウジアラビアのみであり、アラブ諸国全体で具体的に決まっていたのは九月比で一〇パーセントの生産削減とアメリカとオランダ向けの禁輸だけであった。現地時間で一〇月二六日から二九日までの四日間は、アラブ諸国は断食(ラマダン)明けの休日となり一切の公務が行われないことになっていたため、危機発生直後の情報収集はここで一旦落ち着くことになった[92]。

この時点では、日本の対応も、基本的に従来の政策を再表明する抑制されたものに留まっていた。一〇月二六日には、法眼晋作外務事務次官が、アラブ諸国大使の代表としてサウジアラビア大使を招いて、日本が国連決議第二四二号決議を支持することなどを示した「口上書」を手渡した[93]。この「口上書」は一九日の大使団来訪に対する返答であったが、一部の字句が修正されている以外は従来の政策を改めて表明したものに過ぎなかった。アラブ諸国側からは何も反応は寄せられなかった。

2　二階堂官房長官談話の発表――一九七三年一一月

「明確化」をめぐる四つの立場

一九七三年一〇月末までに、日本が「非友好国」に分類され、石油戦略の影響を直接受けることが明らかになっていた。一一月に入る頃から、新聞各紙のセンセーショナルな報道もあり、日本国内の危機感は日増しに高まっていった。とりわけ石油会社各社からの割当削減の通告は経済界や通産省に強い危機感を与えた。

危機感の高まりを受けて、一一月一日夕方に田中角栄首相と中曽根康弘通産相の会談が行われた[94]。新聞報道しか情報がなく、会談内容の詳細は明らかではないが、ここで中曽根は「安保理決議二四二号を支持する具体的な行動を起こす必要がある」と表明し、それに対して田中首相も、中東政策でさらにアラブ寄りの姿勢を明確にするとの考えを示し、両者はこれまで以上にアラブ寄りの中東政策を採ることで合意した。なお、「トイレット・ペーパー騒動」として知られる、一連の買い溜め騒動が大阪千里のニュータウンで始まったのも一一月一日のことである。数日の内にパニックは全国に波及した[95]。

こうした国内の状況に追い討ちをかけたのが、一一月三日から四日にかけて開かれたOAPEC石油相会議で採択された、石油戦略に関する新たな声明である。新聞各紙は五日の夕刊で、OAPEC石油相会議の決定として、原油が九月比で「二五パーセント減産」されることにより、アラブ諸国の石油戦略が強化されたと報じた。各紙の一面には、「日本供給三〇パーセント減?・」(朝日新聞)、「石油生産削減を強化、九月比、二五パーセント、即時実施」(日本経済新聞)、「石油生産を二五パーセント削減、アラブ一〇ヶ国〝戦略強化〟決める」(毎日新聞)、「生産削減一気に二五パーセント　しわ寄せもっと大幅」(読売新聞)といったセンセー

表3-2 中東政策「明確化」に関する四つの政策的立場

	①中東政策重視	②石油確保重視	③石油市場重視	④対米関係重視
重視する政策	中東政策の「明確化」	石油確保／パニック沈静化	石油市場の安定化	日米の友好関係
石油危機認識	中東政策を「明確化」する好機	「量」が問題	「価格」が問題	――
主要人物	中近東アフリカ局中近東課長／国連局政治課長／調査室長	首相／通産相／外務次官／官房長／駐サウジアラビア大使／エネ庁長官／総理秘書官／(国内の一般的雰囲気)	外相／経済局長／資源エネルギー庁国際資源課長	駐クウェート大使／中近東アフリカ局長・参事官／アメリカ局長／(外務省内の一般的雰囲気)
「明確化」	賛成	賛成	――	反対

出典：筆者作成

ショナルな見出しが躍った。併せて一二月から五パーセントの追加削減が行われることが伝えられたことから、日本国内の危機感は一挙に高まった。このようにして、中東政策「明確化」が日本政府を挙げた検討課題として浮上し、より詳細な検討が進められていくことになった。

このとき日本政府内には、中東政策の「明確化」をめぐって、以下の四つの政策的立場が存在した。

第一は、中東政策を重視する立場である。彼らは、それまでの曖昧さを残したアラブ諸国寄りの中立的な立場から、より明示的にアラブ諸国を重視する形に中東政策を「明確化」する好機として、石油危機を捉えていた。第三次中東戦争以来の経緯をふまえれば、日本がこれ以上自らの立場を曖昧なままにしておくことはできず、この際、イスラエルの武力による領土占領に反対する日本の立場を明確にすべきと考えた。この立場を代表するのは、第一節でも紹介した中東政策の主管課長である外務省中近東アフリカ局中近東課長の山本学である。一〇月二六日には石川良孝駐クウェート大使に電話で「この際わが国の対中東外交政策を一八〇度転換する好機である」と伝えるなど、山本は早い段階からその必要性を省内で説いていた[96]。その他に、大臣官房総務参事官の本野盛幸、国連政策を主管する国連局政治課長の小和田恆、多忙を極める山本を支援する形で官房長官談話起草に当たった調査部調査室長の有馬龍夫といった面々もこの立場であった[97]。

第二は、石油輸入量の確保を重視する立場である。この立場は、日本国内で支配的な雰囲気と同様に石油危機を「量」の問題として認識し、アラブ諸国の石油戦略によって石油供給が脅かされている以上、アラブ諸国寄りの中東政策を採ることで石油確保を図るべきだというのが基本的な主張であり、国内のパニック状況に対処するためにも「明確化」は不可避だと考えるものであった。田中首相、外務省から出向して総理秘書官を務めていた木内昭胤、外務省では法眼晋作事務次官、鹿取泰衛官房長、高瀬駐サウジアラビア大使などが石油確保を重視するこの立場だが[98]、それを最も代表していたのは中曽根通産相だろう[99]。この立場の外務省関係者の多くが、積極的というよりは仕方なく「明確化」を支持していたのに対して、第二章第三節で触れたように、中曽根は石油危機以前から、日本は産油国に接近することで石油を確保していく必要があると考えており、それは彼の信念となっていたからである。また、資源エネルギー庁長官の山形もこの立場を取っていた。

石油確保を重視するこの立場は、はたして石油のような国際商品が一国だけ需給が安定するような状況があり得るのか、といった根本的な問題を考慮していない点で石油市場認識が不十分であった。石油の輸入量は危機によって減少し、一定量の輸入確保は官民挙げての努力の結果だったが、結果的に七三年一二月後半以降、危機の焦点が「量」から「価格」に移り、中長期的な影響が「量」ではなく「価格」にあることが明らかになると、この立場の認識に誤りがあったことは明白となる。しかしこれは、日本国内の一般的な雰囲気を代表する立場であり、財界関係者の危機感が田中首相や中曽根通産相を通じて外務省に対する圧力となるなど、「明確化」に向けて無視し得ない影響力を持った。

第三は、国際的に石油市場を安定させることが日本への安定供給に繋がると考える立場である。結果的に見れば、石油危機に関しては、この立場の見通しが正確であった。危機当時は依然として消費国に対する石油供給の大半を国際石油資本各社が担っており、世界全体の供給削減分が各消費国の間で均等に削減されたため、「友好国」であろうとなかろうと実質的には関係がなかったのである。第二章までに検討したエネルギー資源外交を担った関係者の大半はこの立場であり、大平外相、宮崎弘道経済局長、通産省では豊永恵哉資源エネルギー庁国際資源課長らが代表的な人物として挙げられる[100]。

石油市場全体の安定を重視する姿勢は、石油輸入量の確保を重視する第二の立場と鋭く対立することになった。この二つの立場の対立は、前章で検討したように、石油危機以前から大平外相と中曽根通産相の間に見られたものであり、両者は石油市場認識を根本的に異にしていた。この点に関連して、興味深いのは、石油危機の発生以前に、ある国際資源室の担当者が、「消費国同盟」には入らないと明言した中東訪問時の中曽根発言に触れた論考の末尾で、「緊急時または慢性的不足時に米国をはじめとする、プロ・イスラエル政策をとっている国家が中東アラブ産油国から石油供給の途絶状態にあるとき、日本がプロ・アラブ政策をとることによりぬくぬくと石油供給をうけることができると単純に考えるとしたら、余りにも短絡的、近視眼的発想であるといわねばならない」(傍点原文)と指摘していることである[101]。大平外相や宮崎経済局長の市場重視の視点は確固としたものだったが、その下の国際資源室の担当者も、産油国寄りの姿勢を採るだけで問題が解決することはないと石油危機以前から認識していた。

石油市場の安定を重視する第三の立場にあった政策決定者の考えは明確であり、次章以降で検討する石油危機後の消費国間協調参画に大きな役割を果たすことになるのだが、石油危機を「量」ではなく「価格」の問題と認識するこの立場からは、中東政策「明確化」への態度が導かれるわけではない。石油確保のみを目的とする「明確化」は不必要だという認識では共通するが、賛否の姿勢は各自がアメリカとの関係や中東政策としての政治的妥当性を勘案して決めざるを得ないからである。

最後の第四の立場は、対米関係重視と呼び得るものであり、外務省や政府内の一般的な雰囲気を代表している。田中秀穂中近東アフリカ局長や中村輝彦同局参事官、大河原良雄アメリカ局長、石川駐クウェート大使などがこの立場を採っていた[102]。また、第二の立場に立つ外務省関係者の多くも、日米関係を重視するという点では、第四の立場の見方を共有していた。政治・経済・安全保障の各領域において、日米関係は日本外交の基軸であり、アメリカが反対する政策を日本が採ることは望ましくないという論理だが、この立場からは石油危機に関する認識は導かれ得ない点に注意する必要がある。政治生活を通して日米関係を一貫して重視していた大平外相も、「量」は問題ではないという認識があったからこそ、最後まで「明確化」に反対を続けたのであり、単純に対米関係重視というだけではなかった[103]。外務省内の一般的な雰囲気を反映した政策的立場ではあったが、この立場だけでは石油危機への対応策は何も出てこない。それゆえ、最終的に省内の議論で「明確化」賛成派に押し切られることになった。

以上に挙げた四つの政策的立場は、当時存在した代表的な見方をまとめたものであり、論理的には全てが相互に矛盾するわけではない。日本外交の基軸が日米関係にある以上、第四の立場は全ての政策担当者に意識されていた。大平外相の例からも分かるように、各アクターの中にも複数の論理が混在していた点に注意する必要はあるものの、以上の分類から、関係者の立場を「明確化」への賛否や石油市場に対する認識によって単純に割り切ることができないことは読み取れるだろう。中東政策の「明確化」は、このような四つの立場が交錯するなかで決定されたのである。

多様な立場の交錯に加えて、前章までに検討したエネルギー資源外交の始動期と比較すると、関係するアクターの広がりが分かるだろう。次章以降で検討するＩＥＡ設立交渉は、石油危機後の情勢変化を受けて次官級で進められることになったとはいえ、課長級の交渉として石油危機以前から進められていた交渉を引き継いだものである。また、ＩＥＡ設立交渉の代表は経済担当の外務審議官であったが、実質的な作業部会の議論では関係課長や事務官が主力として動いていた。これに対して、中東政策「明確化」は、下は事務官から上は首相に至るまで多岐に渡る政策担当者の注目を集め、短期間で政策決定が行われた点に特徴がある。

外務省内の検討と密使の派遣

中東政策「明確化」の政策決定過程を分析する前に、それが外務省の決定として行われたことをまず確認しておきたい。既述の通り、中曽根通産相は、アラブ諸国寄りの中東政策を表明することで石油供給を確保することを早くから主張し、田中首相とも一致していた。また国内では「明確化」を強く求める声が日増しに高まっていた。こうした閣内外の声が外務省に中東政策「明確化」を促したことは事実だろう。

だが、通産省は大臣が「親アラブ」的な主張を繰り返す一方、アメリカとの関係を重視する国際部門や、石油市場の性質を冷静に分析していた資源エネルギー庁国際資源課では「明確化」に反対する声が強く一枚岩ではなかった[104]。日米間での消費国間協調の推進に力点を置いた通産省の意見も、外務省に伝えられていた[105]。中曽根大臣が強く「明確化」を求めていた通産省も、省を挙げて賛成というわけではなかったのである。通産省から外務省に出向していた宇田川治宣国際資源室長は、資源エネルギー庁国際資源室とも頻繁に連絡を取っており[106]、宇田川を通じても「明確化」に反対する通産省内の声はある程度外務省側に伝わっていたと考えられる。

こうした大臣と異なる立場に加えて、技術的な問題から通産省の協力が不可欠な消費国間協調参画とは異なり、中東政策は通産省の所掌事務ではなかったことも押さえておかなければならない。実際「明確化」が課題となるなかで、「霞が関では、対アラブ外交は外務省、石油供給やモノ不足の対応、物価上昇の抑制といった国内の対策は通産省、という体制がはっきり分かれていた」という〔107〕。

さらに言えば、田中首相が中東政策「明確化」に積極的であったことは重要だが、首相官邸の役割を過大視することはできない。外務省から出向していた総理秘書官は、官邸で「明確化」を求める声が強まっていることを外務省に対して報告していたが〔108〕、実際には次官と官房長が官邸の意向を重視していたことが大きかったと振り返っている〔109〕。

たしかに、「明確化」に批判的な姿勢を崩さなかった大平外相が、首相官邸や通産省、石油業界など外部からの働きかけが一切なければ決定をさらに渋った可能性は否定できない。しかし、中東政策を所管する外務省の決定がなければ、「明確化」は不可能であった。また、第一節で検討したように、石油危機以前から日本が中東政策で取り得る狭い選択肢に関して外務省内には一定のコンセンサスがあった。こうした石油危機以前からの検討をふまえ、外務省内で議論が積み重ねられた結果として、日本政府はアラブ諸国寄りの姿勢を明確にした中東政策を表明したのである。いずれにせよ、外務省内の検討過程を詳らかにしなければ「明確化」の内実は理解できない。

外務省内では、「明確化」に向けた具体的な検討が一〇月下旬の時点で既に始められていた。この時期は、中近東課、国際資源室、調査部などの関係部局が情報交換しつつ、それぞれに案を持ち寄る形で検討が行われた。

先に触れた一〇月二二日の会合では情勢分析と対応策の双方が議題であったが〔110〕、日本が「非友好国」に分類されていることが確実になると、具体的な対応策に重点を置いた検討が進められることになった。

一〇月二五日の段階で、国際資源室は「わが国として緊急に検討すべき処置」として中東問題に関して「わが国の立場を明確に説明する」ことを挙げるとともに、総理親書や特使派遣、対米申し入れ、中東諸国への経済援助等を検討していた[111]。また中近東課では、関係国への働きかけや、イスラエルと交戦するアラブ諸国への医療援助、関係する国連パレスチナ難民機関への資金拠出の増額、アラブ諸国やイランなどの非アラブ産油国への経済・技術協力の一層の強化などを検討していた[112]。さらに、関係部局における検討を取りまとめた調査部作成の文書には、「わが国がとるべき政策」として「イスラエル軍の全占領地域よりの撤退を訴える」ことが明記されている[113]。「全占領地」からの撤退を訴える姿勢を明示することは、第四次中東戦争勃発以前から中東課内で検討されていた案であり、「全占領地」は中東政策「明確化」に当たってのキーワードの一つとなるものであった。

ここで、「明確化」を対外的に表明した二階堂官房長官談話について説明しておこう。一一月二二日に発表された官房長官談話の全文は、以下の通りである[114]。

一、わが国政府は、安保理決議二四二の早急、かつ、全面的実施による中東における公正、かつ、永続的平和の確立を常に希求し、関係各国及び当事者の努力を要請し続け、また、いち早くパレスチナ人の自決権に関する国連総会決議を支持してきた。

二、わが国政府は、中東紛争解決のために下記の諸原則が守られなければならないと考える。

① 武力による領土の獲得及び占領の許されざること。

② 一九六七年戦争の全占領地からのイスラエル兵力の撤退が行なわれること。

③ 域内のすべての国の領土の保全と安全が尊重されねばならず、このための保障措置がとられるべ

きこと。
④　中東における公正、かつ、永続的平和実現に当ってパレスチナ人の国連憲章に基づく正当な権利が承認され、尊重されること。
三、わが国政府は、上記の諸原則にしたがって、公正、かつ、永続的和平達成のためにあらゆる可能な努力が傾けられるよう要望する。我が国政府としても、もとよりできる限りの寄与を行なう所存である。
　わが国政府はイスラエルによるアラブ領土の占領継続を遺憾とし、イスラエルが上記の諸原則にしたがうことを強く要望する。わが国政府としては、引続き中東情勢を重大な関心をもって見守るとともに、今後の諸情勢の推移如何によってはイスラエルに対する政策を再検討せざるを得ないであろう。

〔傍点引用者〕

細かなところまで含めれば、この談話のポイントはいくつかあるが[115]、重要なのは二項目目の②に挙げられた「全占領地からのイスラエル兵力の撤退」と、三項目目の末尾「今後の諸情勢の推移如何によってはイスラエルに対する政策を再検討せざるを得ないであろう」という部分である。

「全占領地」の持つ意味は、これまで本章で説明してきた通りであり、従来から日本政府内で検討されてきた案の延長にある。それに対して「イスラエルに対する政策の再検討」は、「明確化」の具体的な検討過程で浮上することになった文章である。それまで名指しを避けていた「イスラエル」を挙げ、外交用語としては「断交」を示唆する意味がある「再検討（reconsider）」という言葉が含まれていることは、かなり思い切ったアラブ諸国寄りの政策を日本が採ることの表明となった。ただし、このいずれも安保理決議第二四二号の枠内に収まることであり、その範囲で言い得る最大限のことを日本は表明した。官房長官談話の発表後、一一月三〇日に行われた自民党の外交調査会における大平外相の言葉を借りれば、「従来の基本的態度に沿いつつ、最大限のことを和平提案として言った」のである[116]。

以下で見ていく「明確化」に向けた検討でも焦点となったのは、この「全占領地」と「再検討」の二つの言葉であった。この点に注意しながら、「明確化」の決定過程を検討することにしよう。

山本学中近東課長によれば、一〇月末の段階で「アラブに向けてなんらかの声明を出そうというコンセンサスが外務省全体でできて」いたという[117]。だが、中近東アフリカ局内でも「明確化」に積極的な課長と、消極的な局長・参事官の意見対立は埋まらず、一〇月中にの具体的な中身がまとまることはなかった。

一一月に入ると、日本政府は矢継ぎ早に具体的な措置を打ち出していく。一一月一日には官房長官談話案の作成が開始された[118]。翌二日(現地時間一日)には、安川壮駐米大使が、キッシンジャー国務長官に、アメリカの停戦実現に当たってのイニシアティブを評価している旨を伝えるとともに、日本の置かれた苦しい立場について申し入れた[119]。さらに同日には、エジプト軍負傷兵のために国際赤十字に三〇〇万スイスフラン(当時のレートで約一〇〇万ドル)を寄付することが決定された[120]。また、この間も、アラブ諸国の大使館や国連代表部では情報収集と各政府への働きかけが継続的に行われていた[121]。

日本国内がパニックに近い状況になりつつあるなか、このように、外務省は全省を挙げて「友好国」入りに向けて努力を続けていた。こうした日本の努力を嘲笑うかのように、一一月五日、新たなOAPEC声明が発表された[122]。声明は、「アラブ諸国の石油生産削減の総量が米国及びオランダに対する石油供給禁止の結果削減される量を含め、一九七三年九月の産出量の二五パーセントとする」とし、さらに「一二月には引続き、一一月産出量の五パーセントを新たに削減」、そして「この削減は、友好国が一九七三年の最初の九か月間にアラブ産油国から輸入してきた量に影響を与えないことを条件とする」と謳っていた。

このOAPEC声明は、日本政府に大きな衝撃を与えた。それまで「明確化」に反対だった田中秀穂中近東アフリカ局長も何らかの策を採るべきと決意した。田中は、「ますます状態が悪くなる、急いで何か手を打たなければ、と思いました。局内も騒然としていました」と、声明を受け取った時のことを振り返っている。田中にとって、この一一月五日のOAPEC声明が、石油危機に対応するなかで一番衝撃であったという[123]。

「このニュースを聞いたとき、驚きを通り越し、震え上がったのを覚えている」と回顧するのは、資源エネルギー庁長官の山形栄治である[124]。後に外務省の担当者もまとめているように、実際には、一一月五日のOAPEC声明は、それまで残されていた曖昧な部分を明確にしただけのものであったが[125]、「二五パーセント」という数字に着目して、これを厳しいものだとする受け止め方は多くの政策担当者に共有され、外務省の内外で「明確化」を求める圧力が強まるきっかけとなった。

新たなOAPEC声明を受けて、一一月六日、西欧諸国が「中東問題に関するEC宣言」を発表したことも、「明確化」に向けた取り組みを促進することになった。このEC宣言は、平和協定が基づくべき原則として、①武力による領土の獲得は受け入れられないこと、②イスラエルが一九六七年の紛争以来維持している領土の占領(the territorial occupation)を終結させる必要があること、③域内全国家の主権、領土の一体性と独立、安全で認知された境界内で生存する権利を尊重すること、④公正かつ永続する平和の確立に際して、パレスチナ人の正当な権利を考慮に入れなければならないことを承認すること、という四点を列挙したものである[126]。

宣言発出に至る過程で西欧諸国は必ずしもまとまっていたわけではなかったが[127]、それでも日本で「明確化」に向けたより具体的な検討を始めた段階で、西欧諸国が従来よりも一歩踏み込んだ中東政策を表明したことは、大きなインパクトを持った。「明確化」に向けた取り組みは、外務省を挙げた課題として本格化することになった[128]。

一一月六日には、差し当たりの措置として「二階堂官房長官発言」が発表された[129]。この「発言」は一〇月二五日に在京アラブ諸国大使に手交された「口上書」に言及し、さらに「米ソ両国が、公正且早急な解決のために全ゆる努力を行うことを強く希望するものである」と述べていたものの、実質的な内容は従来の政策の再表明であり具体性を欠いていた。また、公式声明だったため、「口上書」と比べると、アラブ諸国への同情やイスラエルに関する直接の言及が除かれており、トーンダウンした部分もあった。

政策担当者の間でもこの声明に効果がないだろうということは認識されていた[130]。「発言」について「アラブ各国の大使に渡して反応がなかった口上書の焼き直しにすぎないのだから、これで日本は友好国になれるなんて全く考えていませんでした」と山本中近東課長は振り返っている[131]。国内外の情勢が厳しさを増すなかで、さらに、ソ連に対し中東和平に向けた申し入れを行うなど[132]、日本は、この段階で行える措置は何でも行うという状況になっていた。

一〇月末の段階で「明確化」の大枠は政策担当者の間で練り上げられていたが、詳細を詰めるには、さらに二つの作業が必要であった。一つは、アラブ諸国側の意向に関するより具体的な情報収集、もう一つは、「明確化」に反対することが予想され、中東和平交渉の仲介に当たっていたアメリカとの調整である。

アメリカとは安川壮駐米大使や大使館員が継続的に接触していたが、さらに小和田恆国連局政治課長がアメリカに派遣されることになった。小和田は一一月八日に国務省の担当者と協議したが、ここで「明確化」に関する両国の見解は一致しなかった[133]。日米間の協議は、一一月一一日、訪米していた鶴見清彦外務審議官とラッシュ国務長官代理の間でも行われたが、結局、中東歴訪の帰路に日本に立ち寄る予定になっていたキッシンジャー国務長官との会談に持ち越されることになった[134]。

外務省内では、アラブ諸国への密使派遣のアイディアが、一〇月二七日の時点で既に検討されていた[135]。アラブ諸国側に接触すれば、「明確化」の具体的な内容に先方の意向を反映せざるを得ないと懸念されたことから一度白紙にされていたが、新たなOAPEC声明を受けて田中中近東アフリカ局長が法眼次官にこのアイディアを相談し賛意を得たことにより、再び動き出すことになった[136]。

一〇月末の段階では、サウジアラビアとエジプトを主な対象にして、状況によってはクウェートおよびアラブ首長国連邦のアブダビを回る形で密使を派遣することが検討されていた[137]。公式には日本の状況と差別措置への遺憾表明と配慮を要請し、非公式に「友好国」認定のために必要な措置を打診するというのが、密使派遣の目的である。結局、アラブ産油国の中で最も重要な石油供給国であるサウジアラビアに絞って意向を確認する形での密使派遣が、情報収集に関する外務省の選択となった。

外務省の密使として選ばれたのは前駐サウジアラビア大使でアラビア石油顧問の田村秀治と、元外務省アラビストで、退官して中東とのビジネスを手掛けていた森本圭市の二人である。中近東アフリカ局の念頭にあったのは森本だったが、法眼次官から「重要な情報収集だから複数チャンネルにした方がよい」と提案されたことで、外務省から二人の密使が派遣されることになった。また、中曽根通産相とも通じていたアラビア石油社長の水野惣平が同時期に中東を訪れる予定だったことから、水野にも情報収集が依頼されていた[138]。さらに、詳細は明らかではないが、首相の密使として、外務省OBで自民党衆議院議員を務めていた北沢直吉がクウェートを、前田義徳NHK会長がエジプトをそれぞれ訪問していた[139]。このように、一一月上旬から中旬にかけて、日本からは様々な密使が派遣されていたが、外務省内の検討で考慮されていたのは、あくまで外務省ルートから派遣された二人であった。

田中中近東アフリカ局長は、二人の密使の内で実際に役割を果たしたのは森本だったと回顧する[140]。また、官房長官談話起草作業に当たった有馬龍夫も、森本からの情報が重要だったと振り返っている[141]。田村は、サウジアラビアの日本大使館が委任状を与えての公式ルートでの交渉という形になったので、実際には森本が非公式なレベルで情報を引き出し、サウジアラビア側は森本の翌日にやってくる田村に再びそれを伝えていた[142]。

密使が、「私的」な立場での情報収集だった森本のみであれば、アラブ諸国の要求をある程度までは無視することも可能だったかもしれない。しかし、田村秀治のそれが「公的」な立場になってしまったため無視することができなくなってしまった。結果的に日本は密使からもたらされたサウジアラビア政府の意向に縛られることになる。この点は、石油危機時の情報収集における失敗の一つと言える。

ここでは、森本圭市の動きに絞って概観することにしたい[143]。森本は外務省で田中中近東アフリカ局長らと会った翌日、一一月六日に単身でサウジアラビアへ向かった。飛行機の乗り継ぎの関係もあり、サウジアラビアの首都リヤドに着いたのは一一月九日になっていた。当時の日本と中東の遠さがうかがえる。

森本は、一九五五年に外務省に入省し、アラビア語を学んだいわゆるアラビストである。シリア、エジプト、サウジアラビアの各大使館に勤務した後、六五年に退職し、日本企業と中東諸国、特にサウジアラビアとの仲立ちとなる商社を設立した。こうした経緯もあり、森本はサウジアラビアに豊富な人脈を持っていた。

森本が会うことにしたのは、ファイサル国王の義弟であり、外交問題補佐室長(国王顧問)のカマール・アドハムである。外交問題補佐室長は、外交顧問とアメリカでいう中央情報局(CIA)長官を兼ねたようなポストであり、外交問題における「国王の代理人」ともいうべき存在であった。しかし、外交の表舞台にほとんど出てこないカマールは、当時外務省内でもその重要性はあまり知られていなかった[144]。会うだけでも難しいカマールにコンタクトできたのは、森本がサウジアラビア大使館在勤時代に知り合い、外務省退職後も付き合いを続けていたからである。

森本とサウジアラビア政府関係者の会談は一一月一〇日から一三日にかけて行われた。会談の出発点になったのは、サッカーフ外務担当国務大臣が事前に高杉駐サウジアラビア大使に伝えていた三項目の条件であった。三項目とは、「①イスラエルのアラブ領占領継続を非難し、②一九六七年六月の第三次戦争による占領地域からの即時かつ全面的撤退を要求し、③パレスチナ人民の合法的権利の回復を支持する」という趣旨の声明を発表することである[145]。なお、この三項目を提示された高杉は、一一月一〇日、本省に向けて「〔サウジアラビアの〕石油減産禁輸措置は甚だ強固な意思により踏み切ったものであるので、わが国が何等か具体的に親アラブ行動をとることなく、ただサ側〔サウジアラビア側〕に懇請、説得するだけではサ側は決して態度を変えないと判断される」として、具体的な中身は示さないものの、「明確化」を強く求める意見具申を送っていた[146]。

一連の会談の結果について、森本は現地の大使館を通じて日本に電報で送るとともに、山本中近東課長に直接電話で伝えた[147]。

森本がカマールから伝えられた案文は五項目からなっていた。その内の四項目は、一一月六日のEC宣言をほぼ繰り返したものだったが、五項目目として「イスラエルが以上の点に従わない場合、日本はイスラエルに対する立場(her position with Israel)を再検討(reconsider)する」という文章が付け加えられていた。外交用語としては、「断交」を示唆したとも取れる「再検討」という言葉を声明に入れるという提案である。これが「全占領地」とともに、「明確化」の焦点の一つとなった。もう一人の密使の田村からも山本中近東課長にサウジアラビアで得た情報について電話で連絡があったが、その内容は森本が送ったものとほぼ同じであった[148]。「今更なまぬるい声明を出すなら何も出さぬ方が良い」という声がサウジアラビア側で上がっていたこともあり、「明確化」の中身は強く縛られることになった[149]。

森本からの情報が寄せられて以降、キッシンジャー来日を前に外務省内では連日声明案に関する検討が行われたが、議論はまとまらなかった。その一方で、山本課長から寄せられた情報を基に、有馬調査室長が起草作業に当たり、特に混乱することもなく、この段階で声明の案文はほぼでき上がっていた[150]。案文には、EC宣言でも曖昧さが残されていた「占領地」を「全占領地」と明確にし、さらに「再検討」という言葉も盛り込まれた。この段階で、サウジアラビアの要望では「イスラエルに対する立場を再検討する」となっていた部分が、「イスラエルに対する政策を再検討する」と、「立場」が「政策」に変えられたことは、イスラエルにも配慮を示す苦心の案であった。

しかし、中近東アフリカ局内では「明確化」に反対する局長・参事官と、賛成する課長の溝は埋まらなかった。石油危機発生以前から検討が進められていた「全占領地」については、田中局長も仕方がないという姿勢であったが、「再検討」は絶対に認められないとの姿勢を崩さなかったのである[151]。

このように外務省内の意見は割れていたが、石油をめぐる情勢はますます厳しくなっているという認識が広がっていた。一一月九日、経済局は「OAPEC加盟国の石油供給削減のわが国に与える影響等」を試論としてまとめた[152]。OAPECの声明や各石油会社から寄せられた情報を総合し、一〇月と一一月に少なくとも二〇パーセントの供給削減が行われ、一二月以降、削減率は逐次増加する。そして「これらの影響は、航海日数、精製過程等を考慮すると、一一月末から一二月にかけて具体化し、深刻な事態に陥るおそれがある」というのが経済局の見方であった。外務省の担当者は、国際石油資本各社による再配分機能についても認識していたが、各社から供給削減通告が行われた事実を重く見ていた。この文書では、日本の一次エネルギーにおける石油依存とその海外依存度が各国と比べて著しく高いことや、備蓄量が西欧諸国の約九〇日分に対して五九日分しかないといった状況を指摘している。

外務省経済局が悲観的な見通しを示したのと同じ時期、通産省も石油輸入に関する推計を出していた。通産省はアラブ諸国や国際石油資本の動向に関する情報を、在外公館やＪＥＴＲＯ（日本貿易振興機構）への出向者、国内の石油業界、国際石油資本の日本支社などから収集し[153]、七三年一〇月から翌七四年三月までの輸入量が石油危機以前に立てられた計画よりも約一六パーセント減少するとした「石油供給削減予測」を一一月一〇日に発表した[154]。この「石油供給削減予測」をもとに、通産省の関係部局で日本経済全体に与える影響を試算し、一一月一五日には「石油の供給削減と当面の日本経済」という文書がまとめられた。このデータは、田中首相を含めた関係閣僚に配布され、各省庁の当面の対策や予算編成作業に大きな影響を与えた[155]。通産省による石油輸入量の推計は、石油が入ってこなくなるかもしれないという、政策担当者の間でも広く受け入れられるようになっていた危機感を裏付けるものであった。

このように厳しい見通しが多くの関係者には共有されていたが、結局、キッシンジャー訪日前には「再検討」という表現について、日本政府内の意見を集約することはできなかった。

キッシンジャー来日と二階堂官房長官談話の発表

一九七三年一一月一四日から一六日まで、キッシンジャー米国務長官が来日した。キッシンジャーは一一月五日から中東諸国を歴訪し、その後中国に立ち寄り、最後に日本を訪問した。キッシンジャーと関係閣僚との会談は、中東政策「明確化」をめぐる日米交渉のハイライトとなった。

アメリカは、日本をどのように見ていたのだろうか。駐日アメリカ大使館の外務省との接触などから、アメリカ政府は、日本が石油危機の自国への影響をどのように見積もっているのか把握していた。前述のように一一月五日のOAPEC声明以降、政府内ではこのままでは石油が入ってこなくなるかもしれないという強い危機感が高まり、石油輸入に関する悲観的な見通しが共通認識になりつつあった。こうした日本政府の危機意識をアメリカはほぼ正確に把握していた[156]。

中東戦争が勃発し、その直後、ウィーンにおけるOPECと石油会社の交渉が無期限停止になった段階で、アメリカは日本と西欧諸国に与える影響ついて検討しており、その動向を注視していた[157]。OPECとOAPECの両声明が発出される前から、日本と西欧諸国に対していかなる政治的措置を採ることが可能か、また消費国間協調をどのように進めていくべきか、政権のかなり高いレベルで検討を開始していたのである[158]。そして、日本に対して石油融通等の措置を採ることができないことも確認されていた[159]。このように検討を進めていたアメリカにとって、日本が西欧諸国と同様にアラブ諸国寄りの姿勢を採ることは、キッシンジャー訪日以前にほぼ織り込み済みであった。日本が石油確保を至上命題とし、アメリカが石油融通の形などでそれに貢献ができない以上、日本の中東政策「明確化」をすることを阻止するのは難しい状況にあった。

また、キッシンジャーは日本政府に同情的な姿勢を訪日以前に示していた。西欧諸国がアメリカと明確に異なる立場を示すなかで、何としても日本は繋ぎ止めたいという切実な要請もあったのだろう。前述した一一月一日の安川駐米大使との会談で、アメリカに要求をするばかりで中東紛争解決を妨害するような行動をする西欧諸国に批判的なコメントをする一方で、日本の立場は「高く評価している」とキッシンジャーは伝えた。さらに、「どの国も究極的には自国の判断で行動する以外にない」とし、「いずれにせよ、今後日本が何をなさろうともそれは日本政府の決定である」、「今日までの日本のとられた立場に米国としては何の苦情もないこと、従って欧州に対するのと異り日本に対しては批判めいたことは一切していないことを申し上げる」と、「明確化」に賛成はしないまでも、理解を示したと捉え得るコメントをしていた[160]。

訪日に際してキッシンジャーは、大平外相、愛知揆一蔵相、田中首相、中曽根通産相の順番に会談を行った。石油確保の必要性を説いて中東政策「明確化」の必要性を強く訴えたのは、田中首相と中曽根通産相であった[161]。しかしながら、アメリカとの調整という面で実際に意味を持ったのは、この二人の会談ではなく、最初に行われた大平外相との会談であった[162]。政府内では「明確化」に反対の姿勢を示していた大平だったが、キッシンジャーとの会談ではこうした姿勢は一切見せなかった。そうかと言って、大平は、田中や中曽根のように具体的な数値を挙げてアメリカに救済を求めることもしなかったが、日本がアメリカと異なる立場を取らざるを得ないことはキッシンジャーにも十分に伝わった[163]。また、大平は自らの会談中に、声明案に関する事務方同士の折衝を極秘に行わせるなど、アメリカへの配慮姿勢を強く見せていた[164]。

大平との会談、そして事務方同士の折衝をふまえて行われた翌日の愛知蔵相との会談で、キッシンジャーは、「明確化」が日本の利益にならないことを再三強調したが、最終的には、「日本政府がいかなる行動をとることにも反対だ」と前置きをした上で、西欧諸国が既に発表した声明の内容までであれば「理解し得る」と、日本が「明確化」を発表することを事実上容認する発言をした[165]。

キッシンジャーが離日した一一月一六日には、インガソル駐日大使が離任挨拶のために田中首相の下を訪れた。同年九月に国務長官に就任したキッシンジャーが、経験豊富なインガソルを国務次官補に抜擢することを決めていたからである[166]。この離任挨拶の場でも、田中は日本の苦しい状況を再び訴えた[167]。この田中の発言はワシントンにも直ちに送られたが、日本に対して改めて反対意見が伝えられることはなかった。

以上のように、キッシンジャー訪日の際に日本はアメリカの「理解」を引き出していたが、大平外相が「明確化」への消極姿勢を崩さなかったことから、外務省内の調整にはさらに六日間という時間が必要となった。キッシンジャー米国務長官が帰国した後、大平外相は田中首相に対して「外向きのことは俺がやるから俺に任せろよ、いいな」と電話し、自らが決断を下すことを確認していた[168]。外務省内では、「明確化」に向けた検討がさらに進められることになった。

アメリカとの交渉にこだわる大平の意向を受けて、一一月一八日未明、安川駐米大使に対して、キッシンジャー国務長官と「折衝」をして「日米関係に重大な支障を齎すことのない範囲内でアラブ側要求にできるだけ近づけた形の成果を得られたく結果大至急電報ありたい」との訓令が打電された[169]。本省からの指示を受けた安川は、直ちに国務省幹部に連絡を取り、現地時間の一九日（日本時間二〇日）にキッシンジャーとの会談をセットした[170]。

こうして、再度の日米交渉が行われることになったが、一一月一八日、関係者にさらなる焦りを与える出来事があった。OAPEC石油相会議で、石油戦略に関する検討が行われ、一一月六日のEC声明を評価して、一二月から実施予定の五パーセント追加削減をオランダ以外の西欧諸国には適用しないと発表されたのである。これに対して、一一月六日に官房長官発言を発表していた日本は追加削減措置を受けることが確認された。厳しさを増す石油情勢を、日本国内の新聞各紙は一面で掲げ、「明確化」を躊躇する政府の姿勢を強く非難する論調であった[171]。国内の品不足やパニックは続いており、「明確化」に対する圧力はますます強まっていた。外務省内の空気は、一八日のOAPEC声明によって「明確化」に大きく傾いていった。

一一月一九日、外務省で、法眼事務次官、田中中近東アフリカ局長、中村同局参事官、大河原アメリカ局長、宮崎経済局長らが参加し、中東政策「明確化」に関する最終検討会合が行われた[172]。この段階で「全占領地」からの撤退を求めることを声明に盛り込むことは固まっており、焦点となったのは「再検討」という言葉であった。法眼の考えは「再検討」を盛り込むことで固まっていた。宮崎は、国内の情勢が厳しくなるなかで、何らかの声明は出す必要があるとして、それまでの反対姿勢を翻した。対米関係の観点から「全占領地」と「再検討」の双方に反対していた大河原は、「全占領地」を入れるならば「再検討」を入れてもアメリカの反応は同じだとして賛意を示した。最後まで反対姿勢を貫いたのは主管局の二人だったが、最終的に法眼は多数決を行い、「再検討」を含めた声明を発表することが事務方の総意として決定された。

このようにまとめられた中東政策「明確化」に向けた関係幹部らの方針は、同日夜、法眼次官と田中中近東アフリカ局長によって、羽田空港で、選挙区の香川から戻ったばかりの大平外相に伝えられた。だが、そこでも大平は逡巡し、「明確化」を一旦は拒否した。法眼はさらに食い下がり、何とかアメリカと再交渉を行うことで了解が得られた[173]。

同日の深夜、安川駐米大使に対して、「全占領地」と「再検討」を含んだ案文と「難題を貴使には求めることにはなると存ずるも、全力を傾けて、キ長官(キッシンジャー国務長官)の理解をとりつけられるよう努力され、その結果を大至急回電ありたい」と文面を改めた訓令が打電された[174]。さらに続く電報では、実際に発表されることになる官房長官談話の全文が送られた[175]。この新たな訓令を受けた安川は、現地時間一九日午後(日本時間二〇日)に行われたキッシンジャーとの会談で、交渉をするのではなく日本の新中東政策を「通告(inform)」した[176]。

安川はなぜアメリカとの交渉ではなく通告を選択したのだろうか。大平と法眼の調整後に安川に送られた電信案の冒頭には、「官房長官談話を二二日の閣議後発表することに決定したので、至急この旨をキッシンジャー長官に通告ありたい」という文面が削除された跡が残されている。大平の強硬な姿勢を受けて、事前に準備されていた文面が削除されたと考えられる（電報には大臣欄に「了」とチェックが入っている）。明確に通告を指示しているわけではないが、これまでの交渉経緯とその後に続く文面を読めば、安川が自らの判断で交渉ではなく通告を選んだようにも思える。

だが、複数の外務省関係者によれば、実際には次官の法眼晋作が独自に動いて安川に交渉ではなく通告を指示していた[177]。鹿取官房長とともに首相官邸で連日開催された対策会議にも出席していた法眼は、日増しに強まる圧力を受けて、これ以上「明確化」を躊躇することはできないと判断したのだろう。通告の事実を知った大平は激怒したと言われるが、既に通告されてしまった以上、アラブ諸国寄りの中東政策「明確化」は不可避となった。田中中近東アフリカ局長は「あの通告によって声明の発表が事実上決まってしまったのは確かです」と振り返っている[178]。翌七四年二月、エネルギー・ワシントン会議に出席するために訪米した大平は、帰国すると唐突に、天皇訪米に関する駐米大使発言等の責任を取らせるという形で法眼を次官から更迭した[179]。実際には、対米通告に関する事実関係を訪米時に知った大平が、官邸に相談せずに独自に採った措置であったという[180]。

いずれにせよ、アラブ諸国寄りに「明確化」した新中東政策を発表することが決まった。一一月二二日午前中に開催された閣議での決定を経て、新中東政策が二階堂進官房長官の談話として発表された。

3 中東への特使派遣と「友好国」認定——一九七三年一二月

二階堂官房長官談話への反応と評価

「全占領地からのイスラエル兵力の撤退」を求め、「今後の諸情勢の推移如何によってはイスラエルに対する政策を再検討せざるを得ない」という文章を含み、ＥＣ諸国以上に踏み込んだ二階堂官房長官談話は、アメリカの厳しい批判に晒されることが懸念された[181]。

イギリス政府関係者が在英日本大使館員に、官房長官談話が「全領土」からの撤退を謳っていることは「われわれの到底ふみ切れないところで、日本政府の決意を示すものであろう」と指摘した上で、「再検討」がイスラエルとの断交を含まないことを希望すると伝えていたように、日本の思い切った声明に対して、「自由陣営」内では懸念する声が上がっていた[182]。

だが、この談話に対する米国務省の声明は、日本の決定を遺憾だと断りつつも、「われわれは日本の決定に同意するものではないが、日本が否応なしに置かれた立場を理解しうる」とし、日本の立場への同情を示していた[183]。当初、声明文はより強い非難を含んでいたが、キッシンジャーの指示で表現が和らげられたという[184]。

アメリカの批判がそれほど厳しくなかった背景には、西欧諸国の中東政策がある。実際、アメリカにとって中東政策という点で重要だったのは、日本ではなく西欧諸国であった。歴史的に見ても中東との政治的な関わりがほとんどない日本と比べて、西欧諸国は中東地域をかつて植民地や委任統治領としていた経緯や地理的な近接性もあり、アメリカとは異なる利益を抱えていた。米欧間の立場の違いは戦闘開始直後から明らかとなっていた[185]。第三次中東戦争時は、アラブ諸国寄りの姿勢を採るフランスと、イスラエル寄りの英独両国に割れていたが、第四次中東戦争勃発までに英独は立場を変えていた[186]。そして、ＥＣ諸国は、武器輸出や空域利用などの点でアメリカを刺激するようなアラブ諸国寄りの政策を一〇月中から展開しており、実米政権上層部にはフラストレーションが溜まっていた[187]。ＥＣ諸国の動きは、単なる声明とは異なり、実際に中東戦争の動向に影響を及ぼすものである。
こうしたEC諸国の対応と比較すれば、日本の中東政策「明確化」がアメリカにとってそれほど大きな意味を持つものではないことが分かるだろう。キッシンジャーは回顧録で日本訪問を振り返って、次のように述べている[188]。

〔会談が終わり〕日本がヨーロッパと同じ道に進むことはもはや明らかであった。ただし、日本がさしたる確信もなく、不承不承そうするということは私にも分かった。日本がいずれ何らかの声明を出すとしても、それがアメリカの方針にとって重荷になることはないだろうし、ヨーロッパの同盟諸国のように、アメリカに要求をつきつけてくるわけではなく、ただ、自国にとっての必要を追求するだけのことである。

訪日後に行われた国務省スタッフとの会合で、キッシンジャーは、日本は国内事情の要請からアラブ諸国寄りの中東政策表明を行うだろうが、日本はアメリカの和平努力を阻害しようとしているわけではないと指摘していた[189]。日本がアメリカの和平努力を支持するとしていた点は、これまでに見てきた諸会談でも常に強調されてきたことであった。前節で述べたように、二階堂官房長談話を通じた「明確化」発表の際には、最後までアメリカに対する配慮を欠かさなかった[190]。
次章以降で検討するように、アメリカにとって重要なのは日本の中東政策ではなく、日本の消費国間協調への参画であった。西欧諸国のように積極的にアメリカの妨害をしているわけではなく、消費国間協調で重要なパートナーとなる日本を、いたずらに追いつめる必要はない。アメリカが日本の中東政策転換を「容認」した背景には、このような現実的な計算があったのである。また、もし日本が中東政策を「明確化」することを何が何でも容認できないとキッシンジャーが考えていたならば、既定事項であったとはいえ、官房長官談話発表に向けた最終調整が行われている段階でインガソル駐日大使を帰国させることはなかったのではないだろうか。

結局、懸念されたアメリカの反応はそれほど厳しいものではなかった[191]。外務省も、一九七四年一月には、アメリカの反応は「新中東政策の方向もやむをえない、あるいは日本がある程度米国と政策を異にすることは米国人にとって耐えられないことではないとしつつ、今後のなりゆきを注意深く見守っていくとする態度である」と結論付けた[192]。

アメリカの反応が予想外に穏やかであったのに対して、日本政府内にはしこりが残ることになった。最終段階で事務方が大臣の意思を無視する形で対米通告としたことが二階堂官房長官談話に繋がったということもあるが、より重要なことは同床異夢という状況を抱えたまま、短期的かつ例外的な危機感の高まりによって最終的に官房長官談話が出されたということだろう。この点を、前節で提示した四つの政策的立場をふまえて検証していこう。

官房長官談話発表に至る過程から読み取れるのは、一〇月下旬以降、日本国内で危機意識が高まり続けたことが、最終的に「明確化」に結びついたということである。ここで、日本国内の報道についても触れる必要がある。国内の危機意識の高まりに、報道が大きな影響を与えたことは間違いない。OPEC声明が出されてから官房長官談話発表に至るまで、新聞各紙の一面には石油情勢に関するセンセーショナルな見出しが毎日のように躍っていた。しかしながら、マスコミ経由で国民に知らされた情報は断片的なものであり、記者自身もその意味を必ずしも正確に認識していたわけではなかった。当時、石油危機に関する報道に携わった記者たちは、確たる情報ではなくとも「業界筋ではこうなっている」という類のことでも「書けば全部一面トップになった」と回顧している[193]。

不正確な報道にも影響されて、日本国内の危機感が高まり続けてなお、最後まで「明確化」に反対したのは大平外相のみであった。それに対し、最終検討会合における決定に際して意見を変えた一人は、宮崎経済局長である。消極的反対派が多数決という異例の手段によって封じられたことは前節で見たが、最終検討会合で賛成に回ったことについて宮崎は、「アラブ諸国による石油の政治利用という誠に好ましからざる背景の下でのものではあったが、中東紛争についての我が国政府の立場を自主的にのべたものとして、かつ、納得のいくものだったので僕はサインした」と語っていたという[194]。最後に意見を変えた宮崎にしても、石油市場の安定を志向する自らの政策的立場を変えたわけではなかった。

短期的・例外的な危機感の高まりのなか、同床異夢という状況で中東政策の「明確化」が決定されたことは、その評価に影響した。

本節の後半で見るように、日本政府はアラブ諸国に政府特使を派遣し、一二月末には「友好国」に認定される。しかし、翌七四年一月に通関統計が発表され、石油輸入量が明らかになると、危機の最中に推計されていた以上の石油が輸入されていたことが判明した[195]。日本は何のために中東政策を「明確化」したのか、石油危機時の日本が「幻影におびえた」という人口に膾炙した評価は、この事実に由来する[196]。

しかしながら、石油戦略発動後、一〇月～一二月の輸入量は前年同期比一・三パーセント増に過ぎなかった。危機がなければ一五パーセント程度の増加が見込まれていたことを考えれば、大幅に減少していた。一定の輸入量確保は官民挙げての努力の結果であったし、石油が「足りていた」と思われたのは、危機を受けて実施された省エネと強烈な金融引き締め政策によって景気が大幅に減速したことで石油需要が大きく低下していたからである。日本政府が「幻影におびえた」という批判は、先に分類した政策的立場で言えば、危機を「量」の問題として捉え、中東政策「明確化」によって石油確保を求める第二の立場に基づくものであった。

これに対して、中東政策を重視する第一の立場であれば、「明確化」そのものが日本外交の大きな成果となる。調査室長として二階堂官房長官談話起草作業を担い、退官後の二〇〇二年から八年間にわたって中東担当政府特使を務めた有馬龍夫は、談話は日本の中東外交にとって大きな遺産であり、七三年の時点でアラブ諸国寄りの声明を出していなければ、八〇年代以降に大きな問題になっていたと、その政治的意義を強調している[197]。

たしかに、中東政策「明確化」は短期的に捉えるだけでなく、より長期的な日本の中東政策の中に位置付けて考える必要がある。その意味では、「明確化」が石油危機の発生によって浮上したわけではないことも改めて確認するべきだろう。第一節で見たように、第三次中東戦争後の早い段階から、担当者の間では「明確化」が中東政策の課題として認識されており、日本の採り得る選択肢は折に触れて検討されてきた。この積み重ねがあったからこそ、様々な論点は危機が顕在化する前後までにまとめられ、談話の起草作業そのものはそれほど混乱することなく進んだのである。中東政策を重視する第一の立場から見れば、官房長官談話は、石油危機によって国内で高まる危機感を利用して、従来から検討されていた中東政策の「明確化」に成功したことを意味する。

石油危機を「量」ではなく「価格」の問題として捉える第三の政策的立場に立つ担当者は、中東政策を「明確化」しようとしまいと石油市場全体を安定させなければ日本の供給安定もないと考えており、石油危機への対応としての「明確化」は本来不必要だと考えていた。官房長官談話発表の政策決定過程に影響を与えたわけではないが、資源エネルギー庁国際資源室も同様の立場であり、通産省内で「明確化」のマイナスを訴えていた。この立場に立つ宮崎経済局長は、中東政策「明確化」に対する理解と、パニック状態にあった国内情勢への対応が必要だという観点から、最終的に「明確化」に賛成したのである。第三の立場に立つ政策担当者にとって、石油危機は「明確化」によっては何も解決されたわけではなかった[198]。

第四の政策的立場は、アメリカとの関係を重視するものであった。アメリカの反対を振り切っての「明確化」ではあったが、結果的には大平外相の対米交渉の成果もあり、アメリカの反応はそれほど厳しいものではなかった。日米関係に深刻な摩擦が生まれなかった以上、この立場からはそれ以上の評価が導かれることはない。

政策的立場に基づく評価に加えて、一般に混乱していたと評価される「明確化」の政治過程についても考える必要があるだろう。日本の政策決定が混乱したと言われる原因はどこにあるのだろうか。中東専門家の育成が遅れ、在外公館の人員が極めて少人数であったことは第一節で触れた通りである。しかし、石油危機以前から国際資源室ではサウジアラビアが供給削減を行う可能性を検討しており、関係各国との情報交換や国際石油資本各社や日本の元売り会社への聴き取りが行われていた[199]。また、石油危機の最中にも、各在外公館から多数の重要な情報が寄せられていた[200]。たしかに、在外公館からの情報が一部混乱していたことは事実であり、中東地域の在外公館増強は石油危機後の課題となったが、当時の文書を仔細に検討すると、日本に政策決定に必要な情報が不足していたとは必ずしも言えない。また、「明確化」に至る過程で外務省内外から様々な働きかけはあったが、二階堂官房長官談話の起草作業そのものは混乱なく進められたと、多忙を極める中近東課に代わって起草作業に当たった有馬調査室長は振り返っている[201]。

こうした事情を考慮すると、問題は混乱というよりは決定のスピードにあったと言えよう。結果的に日本は、危機の発生から約一ヵ月後、EC声明以上に踏み込んだ政策を表明することになった。二階堂官房長官談話よりも二週間ほど前に出されたEC声明は、「全占領地」からの撤退を謳うものでもなく、むしろこの時期に中近東課内で検討されていた案よりも穏健なものであった。「明確化」が早期に表明されていれば、国際的にもアピールするだけでなく、内容的にアメリカの理解もさらに得やすかったかもしれない。

決定が遅れた要因は、外交政策の責任者である大平外相が最後まで反対姿勢を崩さなかったことと、外交政策を実質的な意味で総合調整する部局の不在に求められよう。最大の要因はやはり前者にあるが、ここではひとまず後者について考えてみたい。六〇年代後半に機構改革を検討する過程で、政務総局的な立場から政策企画を担う部局が構想されながら実現しなかったことは、第一章第三節で明らかにした通りである。機構改革の結果、誕生した調査部は複数の部局にまたがる問題の調査や分析を担当しており、総合調整を担う部局ではなかった。第四次中東戦争勃発後に、当初は調査部が参画する形で国際資源室や中近東課と共同で情勢分析が行われていた。しかし、「明確化」をめぐる検討が本格化していくと、遊軍的な立場から調査室長が談話起草に当たったことを例外として、調査部の存在感はほとんどなくなっていった。実際には、最終段階では法眼次官の下で調整が行われたが、そこで「明確化」をめぐる四つの立場が総合的に検討されたわけではなかった。現在、外務省には筆頭局として総合外交政策局が存在し、また二〇一三年一月に発足した国家安全保障会議では活発な議論が行われ、その事務局となる国家安全保障局も対外政策決定過程で重要な役割を果たしている[202]。「明確化」実施で省内がようやくまとまったのは、官房長官談話発表の四日前であった。もし省内外の政策調整機能が確固としていれば、事務方の方針はより早期に固められた可能性がある。

このように、二階堂官房長官談話発表に至る過程は、日本外交の抱える様々な問題点を明るみにする。中東政策の再検討は第三次中東戦争後から始まっていたが、アラブ諸国の石油戦略を受けて、日本政府として踏み込んだ対応を採ることがようやく可能になった。だが、問題はこれで終わったわけではない。日本が、アラブ諸国に「友好国」と認定されたわけではなかったからである。

中東諸国への特使派遣構想

二階堂官房長官談話の発表によって、日本はアラブ諸国寄りの中東政策を「明確化」したが、直ちに「友好国」に認定されることはなかった。

談話発表後、在外の各大使館からは様々な反応が寄せられたが、その中で注目されたのは、やはりサウジアラビアの反応であった[203]。高杉駐サウジアラビア大使は、一一月二三日、リヤドにあるカマール外交問題補佐室長の私邸を訪ねて、サウジアラビア側の反応を探った。カマールからは、談話を「国王始め関係者に説明したところ、みな日本政府の新政策を高く評価」し、二四日に開催予定の政府内部の会議で「日本に有利な何らかの決定が行われるであろう」という見通しが得られた。

さらに、一一月二五日には、北原秀雄ジュネーブ代表部大使が石油戦略のキーパーソンであるサウジアラビアのヤマニ石油相と会談し、官房長官談話とその背景について詳細に説明をした[204]。北原の説明を受けて、ヤマニは「談話の英文を一読の上、二度GOOD、GOODと言いつつ」頷くなど、日本の対応を評価しつつも、武器供与をした英仏両国やイスラエルとの断交したアフリカ諸国を挙げて日本との違いを指摘した。ここでヤマニが「友好国」入りについて言質を与えることはなかったが、全般的に友好的な雰囲気で会談は進められた。

だが、一一月二六日から二八日に首脳会議と併せて開催されたOAPEC石油相会議後に、日本を「友好国」とするとの発表はなかった。この会議後に発表されたのは、一二月に予定されていた削減上積み分を免除するということだけであった[205]。当初から「友好国」とされていた英仏と「敵対国」のオランダを除くEC諸国並みの扱いになったとはいえ、大平外相が強く反対するなかで「明確化」を急いだ背景にはこのOAPEC会議への考慮があっただけに、ここで「友好国」に認定されなかったことの衝撃は大きかった。こうして、日本は次なる対策として中東政策を説明するための特使を派遣することになり、一一月二八日、田中首相から三木武夫環境庁長官兼副総理に特使としての派遣が打診された[206]。

特使が三木に決まった経緯は定かではないが、国内の石油規制等の国会審議を抱える中曽根通産相が海外長期出張することはできなかったし、官房長官談話に最後まで反対していた大平外相を派遣することは考えにくかった。三木は第三次中東戦争時の外相であり、安保理決議第二四二号が採択される直前の国連総会では、曖昧さを残しつつもアラブ諸国寄りの中立政策を明らかにした演説を行っていた[207]。これらに加えて、田中政権発足時から副総理(第二次内閣から環境庁長官を兼任)を務めており、ポストの点でも三木はまさに適任であったことから、白羽の矢が立ったのだろう。

中東諸国への特使派遣は、急遽決定されたものではなかった。第二節で見たように、特使派遣自体は一〇月末の段階で採るべき措置として浮上しており[208]、官房長官談話による新中東政策発表後の次なる措置と考えられていた。外務省内では特使派遣について様々な検討が行われたが、官房長官談話をめぐって繰り広げられたような大きな対立はなかった。

ただし、特使派遣に際して、資源確保のための経済協力を打診することには、経済協力の趣旨から外れるものだという反対の声が上がっていた[209]。「石油輸出削減問題は基本的に政治的に解決すべきものであり、経済協力の推進はむしろ政治的解決のための補助的役割を果たすべきものとして認識すべき」であり、「対アラブ政策を大きく転換しえない状況では具体的な援助要請のない諸国に対し泥縄式に新たなオファーを行うこと」は賢明でない[210]。このように考える経済協力局は、官房長官談話の発表後、特使派遣と経済協力を結びつけることに終始消極的であった[211]。経済協力局が重視していたのは、あくまでも石油戦略が非産油途上国に与える影響であり、特使派遣中も関連する情報収集の努力が続けられた[212]。

他方で、経済局長の宮崎は、特使派遣を「国内向けのジェスチャー」だと割り切って考えていた[213]。積極的に反対をするわけではないし、「国内向けのジェスチャー」はそれなりに必要だと考えていたが、石油の値段に関する交渉や経済援助のコミットなど、日本の経済的利益に関する話をされては困る、というのが宮崎の立場であった。こうした考えは、三木特使に随行することが決まっていた有馬調査室長に伝えられていた。宮崎は、特使出発の前に有馬を呼び出して、次の趣旨のことを伝えた[214]。

いまアラブ諸国は、アラブ正義のためにと言って、石油の供給を漸減し、価格を引き上げ、輸入国を政治的に識別し、供給量を決めると言っている。確かに石油価格の高騰は厳しい。しかし、日本には金があるので、ゆくゆくは市場で買えるから心配するな。しかし、輸入国の中には経済力からして買えない国もこれから段々出てくる。このような石油市場の状況は、畢竟石油は売らざるを得ない産油国にとって、いや本音では石油を売りたい産油国にとって好ましいものではない。このような人為的石油市場の硬直状況が続けば、消産双方が疲弊していく。加えて、ここが大切なところなのだが、いま産油国はこの貴重な資源が涸渇してしまう前に工業化を達成したいとの強い願望を有しており、これには危機感すら伴っていると聞いている。この工業化に手を貸せるのはその歴史体験からしてまずもって日本なのだ。この辺りのことは心あるアラブの指導者はよく分かっている筈であり、日本はもっと自信を持っていい。

このように、宮崎は石油市場の性質をふまえて、「量」については楽観的な見通しを語った。この見通しは短期的というよりは中期的なものであったが、ここには次章以降で検討する石油危機後の消費国間協調参画を主導する宮崎の考えがよく表れている。以上を前提として、特使の派遣について宮崎は次のように続けた。

ここで貴君に念のため言っておくが、自由市場経済の擁護は我が国にとり揺るがすことの出来ない国是である。従って、石油の政治的利用を正当化する、あるいはこれに屈服したかのごとき言質をとられることがないように。あの「談話」を越えることがないように。日本にはアラブ諸国の必要とする金と技術がある。心配しないでいってこい。

宮崎の話を聞いた有馬は、「私は、その時ここに我が国を戦後自由主義市場経済体制へ法的かつ実質的に組み込ませていった外務省の経済局育ちの人々の、〔中略〕透徹した理性に基づくしたたかさを見たという印象を深く持ちました」と振り返っている[215]。有馬の言うように、市場の性質を厳しく見極めた上で外交政策を進めようとする宮崎の姿勢がよく伝わってくる[216]。

経済関係部局に消極的な姿勢が目立った特使派遣だが、官房長官談話発表直後に期待が高まった「友好国」入りに関して、その後、前向きな情報がほとんど寄せられなかったため、中近東アフリカ局を中心に必死の準備が進められた。しかし、一一月二七日の段階で中近東課が作成した各国に対する共通申し入れの案で挙げられたのは、①日本の中東紛争に対する態度説明（一一月二二日発表の官房長官談話を中心として）、②日本とアラブ諸国との友好協力の長期的観点からの相互利益の強調、③対日石油供給削減に関する特別の配慮（ないし斡旋）の要請、の三点で実質的内容に乏しかった[217]。同文書で掲げられた各国向けの経済協力の中身も、関係部局の積極的な支援が得られないなかでインパクトを欠くものとなった。

その後、現地の大使館で情報収集が続けられるとともに、サウジアラビアには密使として森本圭市が再び派遣された。また、特使に随行することになっていた東郷文彦外務審議官が、特使の出発に先立って中村中近東アフリカ局参事官を伴い、レバノンに出張し、中東各国の大使と協議を行うなどの調整に当たった[218]。しかし、特使の内定から出発まで一〇日余りという厳しいスケジュールのなかで、外務省として詳細を詰めることはできなかった。

出発前に、外務省の大臣室で行われた打ち合わせの場で、大平から三木には、派閥領袖同士の政治的配慮もあり、「最後の決断はすべて特使におまかせします」と伝えられることになった[219]。また、アメリカに対して特使派遣に先立って詳細な説明をするよう在米大使館に指示が出された[220]。

三木特使の派遣

一九七三年一二月一〇日、三木武夫副総理を団長にした使節団が出発した[221]。特別補佐に外務事務次官を経て政界入りした山田久就外務政務次官、顧問に大来佐武郎海外経済協力基金総裁と三木の外交ブレーンとして知られている平澤和重、首席随員に東郷文彦外務審議官、その他随員一一人に加えて記者団という大使節団であった[222]。

外務省内にも消極姿勢が漂うなか、石油情勢が依然として厳しいという日本国内の雰囲気を受けて三木派内でも、「火中の栗を拾う」ことに批判的な声が強かった。だが、当の三木は、特使としての中東訪問が決まると、旧知の大来や平澤などに同行を求め、秘書を通じて在京の中東諸国大使館から情報を収集するなど積極的であった[223]。また、吉國一郎内閣法制局長官に自ら連絡を取って、「特派大使として中近東諸国に行くが、国連の停戦監視団にわが国が参加することが要求されるかもしれない。その場合の憲法上の心構えはどうか」といったことを確認するなど、独自の動きも見せていた[224]。成功が約束されていたわけではなかったとはいえ、中東諸国への特使就任は、政治家としての矜持を示すことができるし、三木の政治姿勢とも一致する。外相時代に中東問題に携わった経験もあり、この問題に三木は土地勘を有していた。こうした事情も特使就任の背景にあったのだろう。

首席随員の東郷外務審議官は「俗に石油乞いのアラブ詣でなどと云われるように、この旅行は決して快いものではなかった」と回顧するが[225]、三木特使派遣の実質的な目的が「油乞い」にあったことは間違いない。だが、田中中近東アフリカ局長はこうした姿勢を採るべきではないと考えており、特使派遣の目的は、①中東問題に対する態度を各国首脳に説明し理解を得ること、②中東和平の実現に些かでも寄与すること、③わが国と中東諸国との友好・協力関係を増進すること、の三点とされた。準備段階では、「石油供給削減のため民生にもたらされる結果、例えば肥料生産削減の波及効果としてのアジア諸国における食糧不足の到来等を説明する」ことも目的に挙げられていたが[226]、この部分は削られた。

三木特使一行は、現地時間の一二月一〇日夕方、アラブ首長国連邦のアブダビに到着した。その後サウジアラビア、エジプト、クウェート、カタール、シリア、イラン、イラクを歴訪し、一二月二九日に帰国した。三木特使は、内定から出発まで一〇日ほどであり、一部の日程が確定しないままに出発することになるなど異例づくしであったが、二〇日間で八ヵ国を回り、謁見、会談、意見交換、経済協力に関する会議を五〇回

訪問国	主要な会談・謁見・視察（事務レベル協議を含む）
シリア	難民キャンプ視察（12月23日：15:00-）
	経済協力に関する両国関係者会談（12月23日：16:00-）
	ハッダーム外相兼副首相（12月23日：17:00-）
	アイユービ首相（12月24日：10:30-）
	アサド大統領（12月24日：12:30-）
	ヘイダル副首相（12月24日：16:00-）
イラン	ハラートバーリ外相（12月25日：9:30-）
	パフラヴィー皇帝（12月25日：11:30-）
	エクバル国営イラン石油会社総裁（12月25日：14:30-）
	アンサリ経済相（12月25日：15:30-）
イラク	ジャズラーウィー工業相（12月26日：10:35-）
	バキー外相（12月26日：11:00-）
	経済協力に関する両国者関係者会議（12月26日：17:30-）
	フセイン副議長（12月26日：17:40-）
	ハマディ石油相（12月27日：8:30-）
	アルバクル大統領（12月27日：12:20-14:00-）

出典：筆者作成

近くこなした[227]。

　訪問国で最も重要な意味を持つのはサウジアラビアであり、関係者も注目していた。一二月一二日の午前中に行われたファイサル国王への謁見では大きな成果が得られた。謁見の最後に「自分は日本の友人のために石油の必要量を保証すべく努力する」、「自分は日本の全必要量を保証するためあらゆる努力を行うつもりである」という発言があったのである。密使の接触相手だったカマール・アドハム国王顧問からも、「〔三木特使は〕日サ関係に新ページを開くものである。真の友人を困らせるのはサウディアラビアの真意ではなく、英、仏なみの取扱いが受けられるよう努力しよう。このことは本日の国王との会見において得られた印象とを一にするはずである。この方向へのGREEN LIGHT〔青信号〕はついている」と近い内の「友好国」入りを約する発言が

表3-3 三木特使の中東諸国訪問〜1973年12月

訪問国	主要な会談・謁見・視察(事務レベル協議を含む)
アラブ首長国連邦	ハムダーン副首相(12月11日:9:00-9:30)
	オタイバ石油相(12月11日:9:30-10:00)
	スウェイディ外相(12月11日:14:10-14:40)
サウジアラビア	日本・サウジアラビア合同会議(12月11日:19:00-)
	ファイサル国王(12月12日:10:00-)
	ハーリド皇太子(12月12日:11:55-)
	経済協力に関する両国関係者会議(12月12日:午後)
	カマール国王顧問(12月12日:夜)
	サッカーフ外務担当相(12月13日:10:00-11:00)
	千代田化工工事現場視察(12月13日:11:15-)
エジプト	ハーテム副首相(12月15日:9:45-)
	ハイカル『アルアハラーム』紙主筆(12月15日:12:00-)
	ファウジー副大統領(12月15日:17:00-)
	ファハミ外相(12月15日:18:00-18:30)
	シャフェイ副大統領(12月16日:10:00-)
	リアド・アラブ連盟事務総長(12月16日:11:00-)
	ヒガジー副首相(12月16日:12:30-)
	在カイロ日本商社代表団(12月16日:午後)
	経済協力に関する両国意見交換(12月16日:18:00-)
	サダト大統領(12月17日:12:30-14:00)
クウェート	サバーハ首長(12月19日:9:30-)
	サバーハ外相(12月19日:10:00-)
	サアド国防相(12月19日:11:00-)
	シャーベル皇太子兼首相(12月19日:12:00-)
	フセイン国務相(12月20日:9:30-)
	アティーキ石油・財政相(12月20日:11:00-)
	アティーカOAPEC事務局長(12月20日:12:00-)
	シュワイバ油田工業地区視察(12月21日:14:30-)
カタール	ハリーファ首長(12月22日:10:45-)
	経済協力に関する両国関係者会談(12月22日:11:30-)
シリア	ハッダーム外相兼副首相(12月23日:10:00-11:00)
	ヘイダル副首相(12月23日:11:00-)

あった。

その後、三木特使一行が中東諸国を廻るなかでアラブ諸国内の調整が進められ[228]、そして、三木の帰国間際、一二月二五日にOAPEC石油相会議の決定として日本が「友好国」に認定されたことが発表された[229]。

石油戦略が長続きし得ず、「量」よりも「価格」の方が実際は重要だという大平や宮崎経済局長らの認識が正鵠を射ていたことは、事実だろう。二ヵ国目の訪問国であるサウジアラビアでの会談を終えた時点で、日本の「友好国入り」に向けた実質的な約束が三木に伝えられていたことも、この見方を裏付けている。また、中東政策の実質的な中身という点でも二階堂官房長官談話で示したラインから、三木が一歩も踏み出すことがなかったことは、各会談の議事録からも確認できる。三木は、日本の苦境を伝えつつも、それと同時に非産油途上国や世界経済全体への影響を各会談で強調し、「油乞い」と取られるような姿勢を極力避けるように努めた。

三木特使の果たした役割を、受け入れに当たった石川駐クウェート大使は、「〔OAPEC石油相会議〕以前に、供給削減の緩和に向かう内外の条件は、既に整っていた。しかし、日本がアラブの大義を認め、特使を派遣したことは、誇り高きアラブの面子を立て、供給削減の緩和へふみ切る契機を与えたと思われる。特使派遣の意義は、この点にあったと思う」と評価している[230]。この石川の評はバランスの取れたものだと言えよう。

実際に「量」を確保することに繋がったかは別として、官房長官談話という声明だけでなく、政府特使を派遣して詳細な説明に当たったことは、それまで立ち遅れていた日本の中東に向けた外交を大きく前進させるものであった。石油危機への対応を全体として考えれば、三木特使の果たした役割は限定的であったと評価することが妥当だが、対中東外交という視座から見れば、それは重要な意味があった。いずれにせよ、特使の派遣を経て、日本は「友好国」として認定されたのである。第一次石油危機の「量」という側面は、ここに解決することになった。

だが、日本が「友好国」に認定されたと発表されるのとほぼ時を同じくして、OPECによる再値上げが発表されるなど、石油情勢は予断を許さなかった。「友好国」認定と新たなOPEC声明によって、危機に対する日本国内の認識も「量」から「価格」へと急速にシフトしていった。こうした情勢のなかで、国際的にも新たな消費国間協調枠組みの形成を目指す動きが始まることになる。日本でも石油危機の性質として「価格」の側面を重視する大平外相や宮崎経済局長は、消費国間協調参画に向けた動きを開始した。

註

1——アラブ諸国による一連の政策は、「戦略」というほどの計画性や展望がなかったとして「石油政策」と呼ばれることもあるが、本章でも第一章と同様、一般的に広く受け入れられている名称として「石油戦略」を用いる。「石油戦略」の名称については、近藤重人「第一次石油危機時のアラブ諸国間外交——アラブの石油政策形成に果たしたクウェートの役割：一九七三年一月〜一一月」『慶應義塾大学大学院法学研究科論文集』第五〇号、二〇一〇年三月、二七頁。

また、第四次中東戦争におけるアラブ諸国の石油戦略に焦点を当てた主な研究として、高坂正堯「経済的相互依存時代の経済力——一九七三年秋の石油供給制限の事例研究」『法学論叢』第一〇〇巻第五・六号、一九七七年三月、二一二–二四六頁、Robert J. Lieber, *The Oil Decade: Conflict and Cooperation in the West* (New York: Praeger, 1983); Roy Licklider, *Political Power and the Arab Oil Weapon: The Experience of Five Industrial Nations* (Berkeley: University of California Press, 1988); Ethan B. Kapstein, *The Insecure Alliance: Energy Crises and Western Politics Since 1944* (Oxford:

Oxford University Press, 1990); 宮川眞喜雄『経済制裁――日本はそれに耐えられるか』中央公論社〈中公新書〉、一九九二年、九五－一〇〇頁、Fiona Venn, *The Oil Crisis* (London: Longman, 2002); Vessela Chakarova, *Oil Supply Crises: Cooperation and Discord in the West* (Lanham: Lexington Books, 2013).

2――「OPEC湾岸諸国石油大臣会議コミュニケ」一九七三年一〇月一六日、外務省編『わが外交の近況 昭和四九年度（第一八号）』大蔵省印刷局、一九七四年、下巻、一七〇－一七一頁。なお、本書で引用したOPECおよびOAPECの声明はいずれも外務省の仮訳に従っている。これらの声明と国連における関連決議の原文（英語）は、外務省中近東アフリカ局中近東課「中東紛争関係資料集」一九七五年三月一日（外務省情報公開：二〇〇七－〇〇四一六）、に収められており、併せて参照した。

3――Ian Seymour, *OPEC: Instrument of Change* (London: Macmillan, 1980), pp. 115-116.

4――*Ibid.*, pp. 116-121.

5――「OAPEC（アラブ石油輸出国機構）石油大臣コミュニケ」一九七三年一〇月一七日、前掲『わが外交の近況 昭和四九年度（第一八号）』下巻、一七一－一七二頁。

6――Daniel Yergin, *The Prize: the Epic Quest for Oil, Money, and Power* (New York: Simon & Schuster, 1991), p. 590.（ダニエル・ヤーギン（日高義樹、持田直武訳）『石油の世紀――支配者たちの興亡』日本放送出版協会、一九九一年）。

7――「中東問題に関する二階堂官房長官談話」一九七三年一一月二二日、前掲『わが外交の近況 昭和四九年度（第一八号）』下巻、一一六頁。

8――理由は明示されていないが、高安健将「首相・大臣・政権党――プリンシパル＝エージェント理論から見た石油危機下の田中内閣」『北大法学論集』第五六巻第一号、二〇〇五年五月、一－三四頁、同『首相の権力――日英比較からみる政権党とのダイナミズム』創文社、二〇〇九年、も「明確化」という表現を用いている。また池田明史は、中長期的な視座から日本の対中東政策を見た上で「転換」という評価に疑問符を付けている。池田明史「日本とパレスチナ問題――歴史的回顧と若干の観察」『国際問題』第五一二号、二〇〇二年一一月、四三－五七頁、同「石油危機と中東外交の『転換』」『国際問題』第六三八号、二〇一五年一・二月、一六－二五頁。

9――たとえば、渡邊昭夫『日本の近代 八 大国日本の揺らぎ一九七二～』中央公論新社〈中公文庫〉、二〇一四年、一一三－一一四頁、NHK取材班『戦後五〇年その時日本は〈第五巻〉――石油ショック・国鉄労使紛争』日本放送出版協会、一九九六年、一六‐一九頁。
10――片倉邦雄『アラビスト外交官の中東回想録――湾岸危機からイラク戦争まで』明石書店、二〇〇五年、二四二‐二四三頁。
11――村田良平『村田良平回想録(上巻)――戦いに敗れし国に仕えて』ミネルヴァ書房、二〇〇八年、二四一頁。事務次官・駐米大使経験者として知られる村田だが、第一次石油危機発生から約半年後に中近東課長に就任し、その後中近東アフリカ局参事官および局長、駐サウジアラビア大使など中東畑の職務も歴任している。
12――NHK取材班『戦後五〇年その時日本は〈第五巻〉』一七‐一八頁。
13――同右、一七頁。
14――中近東アフリカ局中近東課「昭和四四年度中近東大使会議議事要録」一九六八年一一月(外務省情報公開:二〇〇九‐〇〇五七〇)。
15――この点は、キャリア外交官初のアラビストであり、第一次石油危機時に国際資源室の首席事務官を務めていた片倉邦雄も指摘している。片倉邦雄「一九七三年のアラブ石油戦略に対する日本の対応」『日本中東学会年報』第一号、一九八六年三月、一〇六‐一四九頁。
16――外務省「国際連合第二五回総会基本方針および議題別対処方針」一九七〇年九月七日、戦後期外務省記録『国連第一八～二七回総会/訓令』(二〇一〇‐二〇八七)、外務省外交史料館(以下、戦後期外務省記録の所蔵は全て同じ)。
17――中近東課「中東問題に関する田中参事官メモ」一九七〇年一一月(外務省情報公開:二〇一〇‐〇〇一〇一)。
18――外務省編『わが外交の近況 昭和四六年版(第一五号)』大蔵省印刷局、一九七一年、二八三頁、中近東アフリカ局中近東課「昭和四五年度中近東大使会議議事要録」一九七〇年一二月(外務省情報公開:二〇〇九‐〇〇七八一)。
19――前掲「昭和四五年度中近東大使会議議事要録」。
20――近近「中東問題に対するわが国の立場(案)」一九七一年一月一一日、近近「中東問題に対するわが国の立場」一九七一年一月二三日、近近「中東問題に対するわが国の立場(未定稿)」一九七一年二月二六日、など、いずれも戦後期外務省記録『中東問題/調書・史料』(二〇一二‐二四一二)所収。

21――中近東アフリカ局中近東課「昭和四六年度中近東大使会議議事要録(四六・七・七〜九於東京)」作成日なし、戦後期外務省記録『中近東大使会議(昭和四四〜四七年度)』(二〇一三-三二四四)。

22――なお、福田外相の大臣挨拶では経済協力のあり方にも触れられており、その中で「心と心の触れ合いに重点を置かねばならない」とあるのは、その後の対東南アジア外交における「福田ドクトリン」成立の前史として興味深い。

23――石油危機前の山本学と中近東地域政務担当官会議に関する記述は、特に断りのない限り、片倉邦雄へのインタビュー(二〇一一年六月一〇日、東京)、に基づいている。片倉は、本章注一五でも触れたように石油危機時の国際資源室首席事務官であり、中近東課長の山本と頻繁に接する機会があった。また、中東専門家として、国連代表部勤務時の七二年五月に開催され、中東政策「明確化」の必要性が合意された中近東地域政務担当官会議にも、中東専門家として参加していた。

24――中近東課「中東紛争解決に関する基本認識(未定稿)」一九七二年一月一二日、在仏中山大使発外務大臣宛第二一二号「中東問題」一九七二年二月一四日、在英中島臨時代理大使発第二六一号「中近東情勢(英外務省担当官内話)」一九七二年二月一六日、いずれも戦後期外務省記録『中東情勢』(二〇一〇-五五三八)所収。

25――以上の引用は外務省による日本語版仮訳に拠っている。同決議は、前掲「中東紛争関係資料集」に収録されている。

26――国連安保理決議第二四二号については、シドニー・D・ベイリー(木村申二訳)『中東和平と国際連合――第三次中東戦争と安保理決議二四二号の成立』第三書館、一九九二年、第一二章(Sydney D. Bailey, *The Making of Resolution 242* (Boston: M. Nijhoff, 1985))も参照。

27――在国連鶴岡大使発外務大臣宛第二三三二号「中近東問題」一九六七年一一月二二日、戦後期外務省記録『国連安保理緊急特別会合/中東問題』(二〇一〇-五三五〇)。

28――中近東課「中東紛争解決に対するわが国の立場」一九七二年九月一日、戦後期外務省記録『中東問題/アラブ産油国の対日石油供給削減問題』(二〇一四-三二八二)。この文書は、石油危機時に日本の中東政策を検討する際に使われた文書を収めた複数のファイルにコピーが収録されており、中東政策「明確化」の際にも参考にされたことがうかがえる。

29——中近東アフリカ局中近東課「昭和四七年度中近東大使会議議事要録」一九七二年一一月(外務省情報公開：二〇〇九－〇〇七八三)。

30——NHK取材班『戦後五〇年その時日本は〈第五巻〉』四四頁。

31——中近東アフリカ局中近東課「昭和四八年度中近東大使会議議事要録」日付なし(外務省情報公開：二〇〇七－〇〇四一四)。以下、特に断りがない限り、同大使会議に関する記述はこの文書と、田中秀穂(中近東アフリカ局長)「中近東大使会議をふりかえって」『経済と外交』一九七三年九月号、二－六頁、に拠る。なお、議事要録作成のための草稿やメモは、戦後期外務省記録『中近東大使会議(昭和四八年度)』(二〇一三－一八四一)に収録されている。

32——片倉「一九七三年のアラブ石油戦略に対する日本の対応」。同論考は英文で書かれている。英語の題名は“Narrow Options for a pro-Arab Shift: Japan's Response to the Arab Oil Strategy in 1973”である。

33——中近東課「サウディ・アラビアによる石油増産率削減の動きに対するわが国のとるべき措置」一九七三年九月一一日(外務省情報公開：二〇〇八－〇〇五三五)。

34——『朝日新聞』一九七三年七月二〇日、四面。

35——Paper prepared by the National Security Council Staff, “Middle East Developments and the Prospects for an Arab-Israeli Settlement,” September 24, 1973, *Foreign Relations of the United States, 1969-1976*, Vol. 25, Arab-Israeli Crisis and War, 1973 [hereafter cited as *FRUS, 1969-1976*, Vol. 25], Doc. 91.

36——Transcript of Telephone Conversation, Kissinger and Dobrynin, October 6, 1973, *FRUS, 1969-1976*, Vol. 25, Doc. 100; Henry Kissinger, *Years of Upheaval* (Boston: Little, Brown, 1982), pp. 450-459.(H・A・キッシンジャー(読売新聞・調査研究本部訳)『キッシンジャー激動の時代』小学館、一九八二年)。

37——Seymour, op. cit., p. 110; アブラハム・ラビノビッチ(滝川義人訳)『ヨムキプール戦争全史』並木書房、二〇〇八年、五八頁(Abraham Rabinovich, *The Yom Kippur War: The Epic Encounter That Transformed the Middle East* (Berlin: Schocken Books, 2004))、近藤「第一次石油危機時のアラブ諸国間外交」一五－一六頁。

38——国際資源問題省内委員会「サウディ・アラビアの石油政策と我国の対応」一九七三年八月三日(外務省情報公開：二〇〇八－〇〇五三五)、前掲「サウディ・アラビアによる石油増産率削減の動きに対するわが国のとるべき措置」。

39――経資源「サウディ・アラビアによる産油量調整の可能性」一九七三年九月五日（外務省情報公開：二〇〇八－〇〇五三九）。

40――第四次中東戦争の展開については、ラビノビッチ『ヨムキプール戦争全史』が最も詳しく信頼がおける著作であり、本稿でも一般的情勢の記述は多くを拠っている。また、同戦争を一次史料に基づいて多面的に検討した著作として、Asaf Siniver (ed.), *The Yom Kippur war: Politics, Legacy, Diplomacy* (Oxford: Oxford University Press, 2013).

41――中近東課「エジプト及びシリアとイスラエルの大規模戦闘（Ⅰ）」一九七三年一〇月七日、前掲『中東問題／アラブ産油国の対日石油供給削減問題』（二〇一四－三二八二）。

42――Minute: JJB Hunt to Heath, "Oil Supplies", 9 October 1973, *Documents on British Policy Overseas, Series III, Vol. IV, The Year of Europe: America, Europe and the Energy Crisis, 1972-1974* (hereafter cited as *DBPO*), No. 256; Minutes, Washington Special Actions Group Meeting, "Middle East," October 8, 1973, *FRUS, 1969-1976*, Vol. 25, Doc. 131.

43――発言の全文は、「第四次中東戦争に関する山下元利官房副長官発言」一九七三年一〇月八日、外務省編『わが外交の近況 昭和四九年度（第一八号）』大蔵省印刷局、一九七四年、下巻、一一五頁。

44――マーク・セラルニック「第一次石油危機における日本の対外政策」近代日本研究会編『年報・近代日本研究七』山川出版社、一九八五年、三一〇頁。

45――中近東課「エジプト及びシリアとイスラエルの大規模戦闘（Ⅱ）」一九七三年一〇月八日、前掲『中東問題／アラブ産油国の対日石油供給削減問題』（二〇一四－三二八二）。

46――藤井宏昭へのインタビュー（二〇一二年八月二〇日、東京）。藤井は、当時、大平正芳外務大臣秘書官を務めており、田中訪欧にも随行していた。

47――作成者および作成日なし「日ソ首脳会談記録」（外務省情報公開：二〇〇八－〇〇五二八）。同文書は、田中訪ソ時における領土問題に関する部分を除く会談議事録について情報公開請求を行って取得したものである。

48――稲川照芳（欧亜局西欧第一課）「田中総理大臣の西欧諸国訪問」『経済と外交』一九七三年一二月号、四－五頁。西欧およびソ連訪問で取り上げられた事項については、国際資源室「総理訪欧に際し取り上げられた資源エネルギー問題」一九七三年一〇月一四日、戦後期外務省記録『アラブ石油輸出国機構』（二〇一〇－一八六八）、にまとめられている。

49——欧西一「総理訪欧会談録（フランス）」一九七三年一〇月（外務省情報公開：二〇〇八-〇〇五二七）。

50——在英森大使発外務大臣宛公信第二一八三号「田中総理・ヒース首相会談記録送付」一九七三年一〇月二日（外務省情報公開：二〇〇八-〇〇五二七）。なお、田中はヒースとの会談の翌日にはハウ貿易及び消費者担当相とも北海油田問題について話し合っている。在英森大使発外務大臣宛第一五八七号「タナカ・ハウ会談」一九七三年一〇月三日（外務省情報公開：二〇〇八-〇〇五二七）。

51——在独曽野大使発外務大臣宛第一一一〇号「総理訪独（ブラント独首相との会談）」一九七三年一〇月五日（外務省情報公開：二〇〇八-〇〇五二七）。

52——新井弘一『モスクワ・ベルリン・東京——一外交官の証言』時事通信社、二〇〇〇年、五五頁、若月秀和『「全方位外交」の時代——冷戦変容期の日本とアジア 一九七一-一九八〇』日本経済評論社、二〇〇六年、五六-五七頁、藤井宏昭へのインタビュー。田中訪ソについては、新関欽哉『日ソ交渉の舞台裏——ある外交官の記録』日本放送出版協会、一九八九年、一九四-二一二頁、も参照。

53——前掲「日ソ首脳会談記録」、藤井宏昭へのインタビュー。なお、情報公開請求で取得した「日ソ首脳会談記録」では、北方領土問題に関係する同部分の発言は冒頭の前置きを除いて非開示となっている。

54——柳田邦男『狼がやってきた日』文藝春秋（文春文庫）、一九八二年、二七頁。

55——前掲「エジプト及びシリアとイスラエルの大規模戦闘（I）」。

56——柳田『狼がやってきた日』二七頁。

57——山形栄治「激動の日々」電気新聞編『証言第一次石油危機——危機は再来するか?』日本電気協会新聞部、一九九一年、九五-九六頁。

58——柳田『狼がやってきた日』二六-二七頁。

59——Minutes of Washington Special Actions Group Meeting, "Middle East," October 6, 1973, *FRUS, 1969-1976*, Vol. 25, Doc. 103.

60——Minute: JJB Hunt to Heath, "Oil Supplies", 9 October 1973, *DBPO*, No.256.

61——前掲「田中総理・ヒース首相会談記録送付」。

62——Seymour, *op. cit.*, pp. 113-115; Yergin, *op. cit.*, pp. 581-584. 交渉が暗礁に乗り上げつつあったことは在外公館から随時伝えられた。たとえば、在英森大使発外務大臣宛第一六二八号「テヘラン協定の改定問題」一九七三年一〇月一〇日、在墺藤山大使発外務大臣宛第七〇六号「テヘラン協定改訂交渉」一九七三年一〇月一〇日、いずれも戦後期外務省記録『OPEC（主要会議）』（二〇一〇－一八六四）所収。

63——在米安川大使発外務大臣宛第四六一六号「サウディアラビアの石油供給停止説」一九七三年一〇月九日、戦後期外務省記録『中東問題』（二〇一二－二四〇三）。

64——在サウジアラビア高杉大使発外務大臣宛第一九四号「アラブ・イスラエル戦争およびサウディアラビアの石油供給停止説」一九七三年一〇月一〇日、同右所収。

65——在サウジアラビア高杉大使発外務大臣宛第一九六号「サウジアラビアの石油供給停止説」一九七三年一〇月一〇日、同右所収。

66——経資源・中近東課・調査部「中東戦局の国際石油供給へ及ぼす影響」一九七三年一〇月一五日（外務省情報公開：二〇〇八－〇〇五三九）。

67——池田「日本とパレスチナ問題」四九頁。

68——このような原油供給に関する国際石油資本の特性は、日本でも石油危機以前から関係者が強調していたことである。たとえば、八城政基（エッソ・スタンダード石油副社長）「海外資源開発問題への新視点」『世界経済評論』一九七〇年一一月号、二六－三五頁。

69——ヤーギンが紹介しているように、危機の発生を受けてイギリスのヒース首相は、シェルとブリティッシュ・ペトローリアムに対して石油を優先的に配分するよう求めたが、そのようなことをすれば他国に存在する施設や権益が国有化されるとして両者はその要求を全て退けた。イギリスのエピソードと第一次石油危機時の石油会社による再配分については、Yergin, *op. cit.*, pp. 601-606で紹介されている。この点は、Roy Licklider, *Political Power and the Arab Oil Weapon: The Experience of Five Industrial Nations* (Berkeley: University of California Press, 1988), pp. 72-73; James Bamberg, *British Petroleum and Global Oil, 1950-1975: the Challenge of Nationalism* (Cambridge: Cambridge University Press, 2000), pp. 479-485; 石油会社の役割については、アンソニー・サンプソン（大原進、青木榮一訳）『セブン・シスターズ——不死身の国際石油資本』日本経済新聞社、一九七六年、二九四－二九九頁（Anthony

Sampson, *The Seven Sisters: The Great Oil companies & the World They Shaped* (New York: Viking Press, 1975))も参照。

70——Yergin, *op. cit.*, p. 588.

71——在クウェート石川大使発外務大臣宛第三三一号「アラブ石油大臣会議」一九七三年一〇月一七日、同、第三三六号「ＯＡＰＥＣ石油大臣会議」一九七三年一〇月一八日、いずれも戦後期外務省記録『中東産油国問題』(二〇一四-二五二三)所収。

72——ＮＨＫ取材班『戦後五〇年その時日本は〈第五巻〉』二二頁。

73——同右。

74——中近東課「大平外務大臣と在京アラブ諸国大使との会見」一九七三年一〇月一九日、戦後期外務省記録『中東問題／アラブ産油国の対日石油供給削減問題』(二〇一四-三二八二)。

75——経資源「中東戦争と石油情勢」一九七三年一〇月一九日、前掲『アラブ石油輸出国機構』(二〇一〇-一八六八)、『日本経済新聞』一九七三年一〇月一九日(夕刊)、一面。

76——『毎日新聞』一九七三年一〇月二〇日(夕刊)、二面。

77——前掲「大平外務大臣と在京アラブ諸国大使との会見」。大平は一〇月一六日に行われた駐日エジプト大使着任表敬の際にも同様の発言をしている。中近東課「駐日エジプト大使着任表敬の際の大平大臣発言要旨(今次中東戦争について)」一九七三年一〇月一六日、前掲『中東問題／アラブ産油国の対日石油供給削減問題』(二〇一四-三二八二)。

78——国際資源室「第二回国際資源問題担当官会議議事録」一九七四年三月(外務省情報公開：二〇〇七-〇〇五七三)、林昭彦へのインタビュー(二〇一〇年四月一九日、東京)。

79——前掲「中東戦争と石油情勢」、経資源「ＯＰＥＣ湾岸六ヶ国公示価格引き上げ決定のインパクト」一九七三年一〇月一八日、前掲『アラブ石油輸出国機構』(二〇一〇-一八六八)。

80——在クウェート石川大使発外務大臣宛第三三八号「アブダビの対米石油供給停止」一九七三年一〇月一八日、同右所収。石川良孝『オイル外交日記——第一次石油危機の現地報告』朝日新聞社、一九八四年、五九-六二頁。

81——ＮＨＫ取材班『戦後五〇年その時日本は〈第五巻〉』三四-三五頁。

82——在サウジアラビア高杉大使発外務大臣宛第二〇六号「サウディアラビアの石油生産削減と禁輸」一九七三年一〇

月一九日(外務省情報公開：二〇〇八-〇〇五三五)。

83——国際資源室「アラブ産油国(OAPEC)の石油戦略に対するわが国の対応策」一九七三年一〇月二二日、前掲『中東問題／アラブ産油国の対日石油供給削減問題』(二〇一四-三三八二)。

84——山形「激動の日々」一〇一-一〇二頁。

85——『朝日新聞』一九七三年一〇月二五日、一面。

86——在サウジアラビア高杉大使発外務大臣宛第二二四号「石油の対日供給削減」一九七三年一〇月二三日、戦後期外務省記録『中東問題』(二〇一三-二四九七)、中近東課「石油供給に関するサウディアラビアのわが国に対する態度」一九七三年一〇月二四日、前掲『中東問題／アラブ産油国の対日石油供給削減問題』(二〇一四-三三八二)。

87——前掲「中東戦争と石油情勢」、国際資源室「中東戦争の石油需給への影響」一九七三年一〇月一七日、前掲『アラブ石油輸出国機構』(二〇一〇-一八六八)。

88——大平外務大臣発在OECD吉野大使宛第九〇一号「第一九回石油委ハイレベル・グループ及び石油委員会対処方針」一九七三年一〇月二四日、前掲『アラブ石油輸出国機構』(二〇一〇-一八六八)。

89——豊永惠哉(資源エネルギー庁国際資源課長)「国際資源課長日記(上)」『通産ジャーナル』一九七六年五月号、六一頁。

90——『朝日新聞』一九七三年一〇月二七日、一一面。

91——この点を外務省が認識していたことは産油国政府への申し入れに関する訓令にも表れている。大平外務大臣発在クウェート石川大使宛第一八八号「アラブ産油国の供給削減措置に対する申入れ(訓令)」一九七三年一〇月二七日、前掲『中東産油国問題』(二〇一四-二五二三)。

92——NHK取材班『戦後五〇年その時日本は〈第五巻〉』三九頁。

93——『朝日新聞』一九七三年一〇月二六日、一面、作成者なし「口上書」一九七三年一〇月二五日、前掲『中東問題／アラブ産油国の対日石油供給削減問題』(二〇一四-三三八二)。

94——『朝日新聞』一九七三年一一月二日、六面。

95——「トイレット・ペーパー騒動」などの石油危機時の一連のパニックについては、柳田『狼がやってきた日』三六-五四頁、一〇二-一一二頁、に詳しい。

96——石川『オイル外交日記』七四－七五頁。NHK取材班『戦後五〇年その時日本は〈第五巻〉』三〇頁および三九－四〇頁、も参照。

97——C・O・E・オーラル・政策研究プロジェクト『本野盛幸オーラル・ヒストリー』政策研究大学院大学、二〇〇五年、一九九－二〇〇頁、有馬龍夫へのインタビュー（二〇一〇年七月三〇日、東京）、『有馬龍夫（元日本政府代表）オーラル・ヒストリー』政策研究大学院大学、二〇一一年、一二五－一二七頁。有馬龍夫のオーラル・ヒストリーは、有馬龍夫（竹中治堅編）『対欧米外交の追憶——一九六二－一九九七』藤原書店、二〇一五年、上下巻、として公刊されているが、記述の詳細さを重視して本書では基となった科学研究費報告書に拠った。

98——Michael M. Yoshitsu, *Caught in the Middle East: Japan's diplomacy in transition* (Lexington, Mass.: Lexington Books, 1984), p.7; 木内昭胤へのインタビュー（二〇一〇年六月一九日、東京）、高安『首相の権力』一五三－一五六頁。

99——中曽根康弘『海図のない航海——石油危機と通産省』日本経済新聞社、一九七五年、第七章、中曽根康弘（インタビュー：伊藤隆、佐藤誠三郎）『天地有情——五〇年の戦後政治を語る』文藝春秋、一九九六年、二七一－二七五頁、中曽根康弘（中島琢磨他編）『中曽根康弘が語る戦後日本外交』新潮社、二〇一二年、二四〇－二四四頁。

100——外交調査会「資源外交について」一九七三年一一月三〇日（渡邉昭夫所蔵）、大平正芳（福永文夫監修）『大平正芳全著作集 四 第二期外務大臣・大蔵大臣時代、一九七二年～一九七四年』講談社、二〇一一年、一四四－一五五頁、森田一（服部龍二、昇亜美子、中島琢磨編）『心の一燈——回想の大平正芳 その人と外交』第一法規、二〇一〇年、一二七－一二九頁、C・O・E・オーラル・政策研究プロジェクト『宮崎弘道オーラル・ヒストリー』政策研究大学院大学、二〇〇五年、一五二－一六一頁、高安『首相の権力』一五三－一五六頁、前掲「国際資源課長日記（上）」五八－六二頁、林昭彦へのインタビュー。

101——杉山洋二（経済局国際資源室）「米国の国際エネルギー戦略とわが国の対応——国際エネルギー問題調査団に参加して」『経済と外交』一九七三年七月号、一〇－一一頁。

102——NHK取材班『戦後五〇年その時日本は〈第五巻〉』四〇頁および四四頁、石川『オイル外交日記』七五－七六頁、大河原良雄『オーラル・ヒストリー 日米外交』ジャパンタイムズ、二〇〇六年、二五六－二六一頁。

103——森田『心の一燈』一二七－一二九頁、藤井宏昭へのインタビュー。

104——高安『首相の権力』一五四頁、NHK取材班『戦後五〇年その時日本は〈第五巻〉』一二〇－一二一頁、および林昭彦へのインタビュー。

105——米州大洋州課・国際資源課「石油問題に関する対米対処方針(案)」一九七三年一一月一二日、前掲『アラブ石油輸出国機構』(二〇一〇-一八六八)。同文書は、通産省で作成されたものが外務省に送られたものであるため、外務省記録にコピーが収録されている。

106——林昭彦へのインタビュー。

107——NHK取材班『戦後五〇年その時日本は〈第五巻〉』五〇頁。

108——高安『首相の権力』一五五頁。

109——木内昭胤へのインタビュー。

110——前掲「アラブ産油国(OAPEC)の石油戦略に対するわが国の対応策」。

111——経資源「わが国として緊急に検討すべき措置(案)未定稿」一九七三年一〇月二五日(外務省情報公開:二〇〇八-〇〇五三九)。同文書は「未定稿」だが、収録されているファイルから重要な文書だと判断した。この点は第二章注一〇四も参照。

112——中近東課「アラブ産油国の生産制限措置に対してとるべき施策について」一九七三年一〇月二九日、前掲『中東問題/アラブ産油国の対日石油供給削減問題』(二〇一四-三二八二)。なお、この文書の前提となった情勢認識は、中近東課「中東石油情勢」一九七三年一〇月二九日、前掲『中東産油国問題』(二〇一四-二五二三)。

113——調査部「中東問題の見通しとわが国の対策」一九七三年一〇月二九日、前掲『中東問題/アラブ産油国の対日石油供給削減問題』(二〇一四-三二八二)。なお、同文書には黒塗り部分があるが、情報公開:二〇一〇-〇〇二七三、では全面公開されている。

114——「中東問題に関する二階堂官房長官談話」一九七三年一一月二二日、外務省編『わが外交の近況 昭和四九年度(第一八号)』下巻、一一六頁。

115——この点は、起草者による詳細な解説として、前掲『有馬龍夫オーラル・ヒストリー』一二七-一二八頁、を参照。

116——前掲「資源問題について」。

117——NHK取材班『戦後五〇年その時日本は〈第五巻〉』四五頁。

118——近近「中東情勢に関する官房長官談話(案)」一九七三年一一月一日、前掲『中東問題/アラブ産油国の対日石

油供給削減問題』(二〇一四‐三二八二)。

119――大平外務大臣発在米安川大使宛第二八八八号「中東問題に関する対米申入れ(訓令)」一九七三年一〇月三〇日、戦後期外務省記録『本邦外交政策／対中近東』(二〇一三‐一〇一七)、在米安川大使発外務大臣宛第五〇一七号「キッシンジャー長官との会談(中東問題)」一九七三年一一月二日、戦後期外務省記録『中東問題』(二〇一二‐二四〇四)。

120――NHK取材班『戦後五〇年その時日本は〈第五巻〉』四五頁。

121――たとえば、在国連斎藤大使発外務大臣宛第三〇七三号「中東紛争(A)」一九七三年一〇月二九日、同第三〇九七号「中東紛争」一九七三年一〇月三〇日、いずれも前掲『中東問題』(二〇一二‐二四〇四)所収。

122――「OAPEC石油大臣会議声明」一九七三年一一月五日、前掲『わが外交の近況 昭和四九年度(第一八号)』下巻、一七二頁。

123――NHK取材班『戦後五〇年その時日本は〈第五巻〉』四九‐五〇頁。

124――山形「激動の日々」一〇三‐一〇四頁。

125――上村栄二(経済局国際資源室)「各国の石油消費削減措置」『経済と外交』一九七四年二月号、四七‐五一頁、金子孝二(経済局国際資源室)「最近の国際石油情勢」『経済と外交』一九七四年三月号、二〇‐二五頁。

なお、このOAPEC声明に関して、石川良孝駐クウェート大使が回顧録の中で、一一月五日のOAPEC声明は従来の政策を明確にしただけであり、厳しくなったわけではないという情報を本省に伝えたが黙殺された旨を強調している(石川『オイル外交日記』九六‐九八頁)。この石川の見解は、外務省が有用な情報を活用できなかった象徴的な事例として、NHK取材班『戦後五〇年その時日本は〈第五巻〉』六九‐七三頁、などでも扱われている。たしかに、後に明らかになる輸入実績を見れば、石川の見通しは正確であり、それは外務省内でも共有されていったものである。

しかし、クウェート大使館からの情報が混乱していたことも考慮しなければ、フェアな評価を下すことはできない。石川は上記の情報を伝えた後に、OAPEC声明が「前回の決定より「TIGHTER」であることは間違いない」というOAPEC関係者の談話を追加的に伝えていた(在クウェート石川大使発外務大臣宛第三八九号「OPEC湾岸諸国石油大臣会議及びアラブ石油大臣会議(アリ サバーハ石油省次官補の内話)」一九七三年一一月七日、前掲『アラブ石油輸出国機構』(二〇一〇-一八六八)所収)。この情報について、石川の回顧録は何も触れていない。さらに、外務省は日本の石油会社経由でも情報を得ており、クウェート大使館発の情報がどれだけ正確か吟味していた(たとえば、中近東課「アブ・ダビ政府のわが国に対する態度(石油問題)」一九七三年一一月八日、前掲『中東産油国問題』(二〇一四-二五二三)所収)。この事例に限らず、楽観的な見方と悲観的な見方が混在していたクウェートからの情報が重視されなかったことは致し方がないと評価すべきだろう。

126——Brussels Tel 508, 6 November 1973, *DBPO*, No.375; 日本政府の観察は、経済統合課「EC外相会議及び外相理事会(一一月五-六日)における石油問題討議の模様」一九七二《ママ》年一一月八日、前掲『アラブ石油輸出国機構』(二〇一〇-一八六八)、および欧西一「中東戦争とEC諸国の政治協力」一九七三年一一月一三日(外務省情報公開:二〇〇八-〇〇五三九)。経済統合課作成の調書は日付が一年ずれているが、内容的にも収録ファイル内の順番からも一九七三年に作成されたものの誤記である。

127——Daniel Möckli, *European Foreign Policy during the Cold War: Heath, Brandt, Pompidou and the Dream of Political Unity* (London: I.B. Tauris, 2009), pp. 238-240; Mauro Elli, "The UK Role in the European Community: EEC Energy Policy at the Eve of the Oil Crisis," in Michele Affinito, Guia Migani, and Christian Wenkel (eds.), *Les deux Europe/The Two Europe* (Bruxells: PIE-Peter Lang, 2009), pp. 301-304; Aurélie Élisa Gfeller, "A European Voice in the Arab World: France, the Superpowers and the Middle East, 1970-74," *Cold War History*, Vol. 11, Issue 4 (2011), pp. 664-665; Aurélie Élisa Gfeller, *Building a European Identity: France, the United States and the Oil Shock, 1973-1974* (New York: Berghahn Books, 2012), pp. 94-97.

128——外務省「中東問題の見通しとわが国の対策(案)」一九七三年一一月七日(外務省情報公開:二〇〇八-〇〇五三九)。外務省名で作成された同文書は、政府内の調整に向けて外務省としての現状認識とこれまでの措置、今後の見通しをまとめている。

129——「中東問題に関する二階堂官房長官の発言」一九七三年一一月六日、前掲『わが外交の近況 昭和四九年度(第一八号)』下巻、一一五-一一六頁。

130——片倉邦雄へのインタビュー。

131——NHK取材班『戦後五〇年その時日本は〈第五巻〉』七四頁。

132——大平外務大臣発在ソ連新関大使宛第二一六五号「中東紛争に関する対ソ申し入れ」一九七三年一一月六日、前掲『中東問題／アラブ産油国の対日石油供給削減問題』(二〇一四‐三三八二)。

133——在米安川大使発外務大臣宛第五一二一号「中東紛争(内話)」一九七三年一一月八日、戦後期外務省記録『中東問題』(二〇一二‐二四〇五)、Telegram, From Department of State to Tokyo, "GOJ attitude toward Arab Pressures," 10 November 1973, Central Foreign Policy Files, Record Group 59 [RG 59], *Access to Archival Database*, The National Archives.

134——Memorandum of Conversations [Memcon], Kiyohiko Tsurumi and Kenneth Rush, "US and Japanese Approach to Current Energy and Economic Problems." December 11, 1973, Box 2403, Subject Numeric Files 1970-1973, RG 59, National Archives II [NA], College Park, Maryland.

135——中近東課「アラブ産油国の生産制限に対する対策」一九七三年一〇月二七日、前掲『中東問題／アラブ産油国の対日石油供給削減問題』(二〇一四‐三三八二)。

136——同右、ＮＨＫ取材班『戦後五〇年その時日本は〈第五巻〉』七五‐七六頁。

137——前掲「アラブ産油国の生産制限に対する対策」。

138——柳田邦男は、外務省から派遣された三人目の特使として水野惣平を挙げているが、関連文献および公開されている文書からは確認することはできなかった。水野への依頼は法眼外務事務次官経由とされており、個人的な関係から法眼が依頼した可能性はあるが、少なくとも中近東課における検討の対象にはなっていなかった。水野派遣については、中曽根が回顧録やインタビューで度々触れており、水野からの情報は中曽根経由で外務省に伝えられたが、政策決定過程に大きな影響は与えなかったと考えられる。柳田『狼がやってきた日』六五‐六六頁、中曽根『天地有情』二六三‐二七五頁、および同『中曽根康弘が語る戦後日本外交』二四二‐二四三頁。

139——石川『オイル外交日記』一〇二‐一〇四頁および一一一頁。北沢の訪問にそれほど意味がなかったことは、在サウジアラビア大使館からの報告からもうかがえる。在サウジアラビア高杉大使発外務大臣宛第二三三号「中東紛争(EC外相会議共同声明)」一九七三年一一月一〇日、戦後期外務省記録『中東問題』(二〇一二‐三三一一)。

140——ＮＨＫ取材班『戦後五〇年その時日本は〈第五巻〉』九〇頁。

141——有馬龍夫へのインタビュー。中東政策を主管する中近東課の山本課長と地引嘉博首席事務官が、省内各所との調整、情報収集等のために多忙を極めたことから、山本中近東課長と本野官房総務参事官からの依頼を受けて、有馬調査室長が実際の起草作業に当たることになった。この点については、前掲『有馬龍夫オーラル・ヒストリー』一二六－一二七頁、も参照。

142——田村秀治の情報収集活動については本人の回顧が残されている。田村秀治『アラブ外交五五年——友好ひとすじに』勁草書房、一九八三年、下巻、二二八－二三六頁。

143——以下、密使に関する記述は、特に断りのない限り、柳田『狼がやってきた日』六五－六八頁、およびNHK取材班『戦後五〇年その時日本は〈第五巻〉』七六－八〇頁、に基づいている。

144——中近東アフリカ局長だった田中秀穂も、カマールがそれほどの重要人物であるとは知らなかったという。田中は次のように回顧している。「私自身は中近東局でアラブに関する勉強をしましたから、カマールという人物がいるということは知っていました。しかし、これほど重要な地位にいるとは知らなかった。外務省の中でいうと、一部のアラビストは知っていたでしょうが、ほとんどの人が知らなかった。もちろんカマールへのパイプもなかった」。NHK取材班『戦後五〇年その時日本は〈第五巻〉』八二頁。

145——セラルニック「第一次石油危機における日本の対外政策」三一五－三一六頁。

146——在サウジアラビア高杉大使発外務大臣宛第二三四号「サウディアラビアの石油減産（意見具申）」一九七三年一一月一〇日、前掲『中東問題』（二〇一二－三一二二）。この電報は内容的に森本とサウジアラビア政府関係者の接触以前に発出されたものと推察される。

147——在サウジアラビア高杉大使発外務大臣宛第二三八号「中東紛争」一九七三年一一月一三日、前掲『中東問題』（二〇一二－三一二二）、NHK取材班『戦後五〇年その時日本は〈第五巻〉』八六頁。

148——中近東課「サウディ・アラビア、エジプトの対日要求（強い順）」一九七三年一一月一四日、前掲『本邦外交政策／対中近東』（二〇一三－一〇一七）、NHK取材班『戦後五〇年その時日本は〈第五巻〉』九〇頁。

149——同右。

150——有馬龍夫へのインタビュー。

151——NHK取材班『戦後五〇年その時日本は〈第五巻〉』九〇－九六頁。

152——経済局「OAPEC加盟国の石油供給削減のわが国に与える影響等（試論）」一九七三年一一月九日（外務省情報

公開：二〇〇八－〇〇五三九）。同文書は、経資源「ＯＡＰＥＣ加盟国の石油供給制限とその問題点」一九七三年一一月八日、経済局「ＯＡＰＥＣ加盟国の石油供給制限のわが国に与える影響」一九七三年一一月一二日、いずれも前掲『アラブ石油輸出国機構』（二〇一〇－一八六八）所収、などの関連調書をまとめた形で作成されており、キッシンジャー訪日前の外務省の認識を包括的に示している。

153——柳田『狼がやってきた日』九〇－九三頁。

154——『朝日新聞』一九七三年一一月一一日、一面。

155——柳田『狼がやってきた日』九四頁。

156——Briefing Paper, "Japan and the Middle East Conflict," November, 1973, National Security Archive (ed.), *Japan and the United States: Diplomatic, Security and Economic Relations, 1960-1976*, JU01818.

157——Memorandum [Memo], From Charles A. Cooper of the National Security Council Staff to Secretary of State Kissinger, "Oil Sharing," October 13, 1973, *Foreign Relations of the United States, 1969-1976*, Vol. 36, Energy Crisis, 1969-1974, Doc. 213.

158——Memcon, "Washington Special Actions Group Meeting," October 14, 1973, *Ibid.*, Doc. 214.

159——Minutes, "The Secretary of State's Staff Meeting, Washington," October 18, 1973, 12:10 p.m., *Ibid.*, Doc. 220.

160——前掲「キッシンジャー長官との会談（中東問題）」。

161——Memcon, "Secretary's Call on Prime Minister," November 15, 1973, *Japan and the United States*, JU01832; Memcon, "Oil," November 15, 1973, *Ibid.*, JU01833.

162——大平外務大臣発関係在外公館長宛合九四一七号「キッシンジャー国務長官訪日（中東問題）」一九七三年一一月一七日、前掲『中東問題』（二〇一三－二四九七）、Memcon, "Middle East Situation and Prospects," November 14, 1973, *Ibid.*, JU01830. 同会談については、大平正芳『私の履歴書』日本経済新聞社、一九七八年、一三五頁、も参照。

163——Kissinger, *op. cit.*, pp. 743-745.

164——ＮＨＫ取材班『戦後五〇年その時日本は〈第五巻〉』一〇一－一〇二頁。ただし、アメリカとの調整案は「全占領地からの撤退」も「再検討」も含まないものであり、その後の政府内の検討では考慮の対象とはならなかった。

作成者なし「官房長官談話（米側との調整済案）」日付なし、前掲『中東問題／アラブ産油国の対日石油供給削減問題』（二〇一四－三二八二）。

165——Memcon, "Implications of Oil Crisis for Japan's Domestic and International Economic Policies," 14 November, 1973, *Japan and the United States*, JU01829.

166——千々和泰明『大使たちの戦後日米関係——その役割をめぐる比較外交論 一九五二～二〇〇八年』ミネルヴァ書房、二〇一二年、一二七頁。

167——北米一課「中東問題（インガソール大使離任に際しての大平大臣及び総理表敬）」一九七三年一一月一六日、前掲『中東問題』（二〇一三－二四九七）、Telegram, From Tokyo to Secretary of State, "Saudi Arabian Pressures on GOJ," November 16, 1973, *Japan and the United States*, JU01829.

168——ＮＨＫ取材班『戦後五〇年その時日本は〈第五巻〉』一一七頁。

169——大平外務大臣発在米安川大使宛第三〇二五号「中東紛争に対するわが国の態度表明」一九七三年一一月一八日、前掲『中東問題／アラブ産油国の対日石油供給削減問題』（二〇一四－三二八二）。併せて在サウジアラビア大使館にも官房長官談話発出に向けた事前通報が指示された。大平外務大臣発在サウジアラビア高杉大使宛第一六六号「中東紛争に対するわが国の態度表明」一九七三年一一月一八日、同右所収。

170——Memo, From Arthur W. Hummel, Jr. to the Secretary, "Appointment Request: Ambassador Yasukawa-Japan," November 17, 1973, *Japan and the United States*, JU01835. 時差の関係で日付が一一月一七日となっている。

171——たとえば、『朝日新聞』一九七三年一一月一九日、一面、『日本経済新聞』一九七三年一一月一九日、一面、『読売新聞』一九七三年一一月一九日、一面。

172——ＮＨＫ取材班『戦後五〇年その時日本は〈第五巻〉』一二二－一二四頁。

173——同右、一二四－一二六頁。

174——大平外務大臣発在米安川大使宛第三〇三五号「中東紛争に対するわが国の態度表明」一九七三年一一月一九日、前掲『中東問題／アラブ産油国の対日石油供給削減問題』（二〇一四－三二八二）。

175——大平外務大臣発在米安川大使宛第三〇三六号「中東紛争に対するわが国の態度表明」一九七三年一一月一九日、同右所収。

176——Memcon, "Proposed Japanese Statement on Middle East Situation: Japanese Ambassador's Call on Secretary Kissinger," November 19, 1973, *Japan and the United States*, JU01837.

177——前掲『宮崎弘道オーラル・ヒストリー』一五三－一五四頁および一六五－一六六頁、木内昭胤へのインタビュー。

178——ＮＨＫ取材班『戦後五〇年その時日本は〈第五巻〉』一二六頁。

179——平野実『外交記者日記——大平外交の二年』行政通信社、一九七八年、中巻、二六一－二六九頁。

180——前掲『宮崎弘道オーラル・ヒストリー』一五三－一五四頁および一六五－一六六頁。また、首相秘書官を務めていた木内昭胤は「田中総理も知らなくてね。『大平君も乱暴だな』と言って頭を抱えていました」と証言している。木内昭胤へのインタビュー。

181——アメリカ局「わが国の新中東政策に関連し予想される米国の反応」一九七三年一一月二一日、前掲『中東問題』(二〇一三－二四九七)。

182——在英森大使発外務大臣宛第一九六一号「中東問題」一九七三年一一月二三日(外務省情報公開：二〇一二－〇〇五〇三)。

183——「石油危機における日本の対中東対応とアメリカの反応」細谷千博他編『日米関係資料集 一九四五－九七』東京大学出版会、一九九九年、八八八－八八九頁、『読売新聞』一九七三年一一月二四日(夕刊)、一面。

184——Kissinger, *op. cit.*, p. 745.

185——Möckli, *op. cit.*, pp. 226-227.

186——石油危機時に採られた西欧諸国の中東政策に関する外務省の観察は、欧亜局「西欧諸国の中東政策(英)」一九七三年一二月五日、欧亜局「西欧諸国の中東政策(独・仏・蘭)」一九七三年一二月五日いずれも前掲『本邦外交政策／対中近東』(二〇一三－一〇一七)所収。

187——Minutes, Washington Special Actions Group Meeting, "Middle East," November 9, 1973, *FRUS, 1969-1976*, Vol. 25, Doc. 336. なお、外務省では中東政策との関連で武器輸出という外交手段について石油危機時に詳細な検討が行われた。経済局国際貿易課「武器輸出問題と中東戦争」一九七三年一二月、戦後期外務省記録『中東問題／第四次中東戦争』(二〇一二－三一七七)。

188——Kissinger, *op. cit.*, p. 745.

189——Minutes, "Secretary's Staff Meeting, Monday, November 19, 1973, 12:05 p.m.," November 19, 1973, National Security Archive (ed.), *Kissinger Transcripts,* KT00913.
190——Memcon, "Press Accounts of Secretary Kissinger's Visit to Tokyo," November 22, 1973, *Ibid.,* KT00919.
191——北米一「官房長官談話（中東問題）に対する米国の反応」一九七三年一一月二六日、前掲『本邦外交政策／対中近東』（二〇一三－一〇一七）。
なお、第一次石油危機発生の数ヵ月、七三年夏に起こった「大豆ショック」は大変であったとふり返る大河原アメリカ局長も、二階堂官房長官談話後にアメリカとの関係で特に苦労した記憶はないとしている。大河原良雄へのインタビュー（二〇一二年七月一九日、東京）。この点については、大河原『オーラルヒストリー 日米外交』二五〇－二六一頁、佐藤晋「一九七〇年代アジアにおけるグローバル化の波及――『大豆ショック』と『石油ショック』への対応」『国際政経』第一四号、二〇〇八年一一月、一九－三一頁、も参照。
192——アメリカ局北米第一課「わが国の新中東政策に対する米国の反応」一九七四年一月四日、前掲『中東問題』（二〇一三－二四九七）。
193——「座談会 記者の目で見た第一次石油危機」電気新聞編『証言第一次石油危機』三八三頁。
194——前掲『有馬龍夫オーラル・ヒストリー』一三〇頁。
195——石油輸入見通しと実績は、通商産業省通商産業政策史編纂委員会編『通商産業政策史 第一三巻』通商産業調査会、一九九一年、六一頁。
196——NHK取材班『戦後五〇年その時日本は〈第五巻〉』一九四－一九七頁。
197——有馬龍夫へのインタビュー。
198——宮崎弘道（経済局長）「七四年の世界経済の展望」『経済と外交』一九七四年一月号、四－八頁。
199——前掲「サウディ・アラビアによる産油量調整の可能性」。
200——在外公館の情報収集努力については、石油危機時に駐クウェート大使を務めていた石川良孝の回顧録（石川『オイル外交日記』）を参照。
201——有馬龍夫へのインタビュー、前掲『有馬龍夫オーラル・ヒストリー』一二六－一二七頁。
202——久江雅彦「変容する政策決定過程」遠藤誠治・遠藤乾編『シリーズ日本の安全保障 一 安全保障とは何か』岩波

書店、二〇一四年、一二一－一四四頁、千々和泰明『変わりゆく内閣安全保障機構――日本版NSC成立への道』原書房、二〇一五年。

203――在サウジアラビア高杉大使発外務大臣宛第二四八号「中東ふんそうに関するわが国の態度表明」一九七三年一一月二四日(外務省情報公開：二〇一二－〇〇五〇三)。

204――在ジュネーブ政府代表部北原大使発外務大臣宛第二六三六号「ヤマニ・サウジアラビア石油大臣との会見」一九七三年一一月二五日、前掲『中東問題』(二〇一二－三一三一)。

205――経資源「OAPEC石油戦略の本質」一九七三年一一月三〇日(外務省情報公開：二〇〇八－〇〇五四三)。

206――『朝日新聞』一九七三年一一月二八日(夕刊)、一面、柳田『狼がやってきた日』一七四頁、NHK取材班『戦後五〇年その時日本は〈第五巻〉』一四六頁。

207――「国連第二二回総会における三木外務大臣一般討論演説」一九六七年九月二二日。同文書は、データベース「世界と日本」(http://www.ioc.u-tokyo.ac.jp/~worldjpn/)で閲覧した。

208――前掲「わが国として緊急に検討すべき処置(案)未定稿」。同文書については注一一一を参照。

209――C・O・E・オーラル・政策研究プロジェクト『菊地清明オーラルヒストリー』政策研究大学院大学、二〇〇四年、下巻、三一－三二頁。

210――経済協力局「中近東諸国の対日石油削減問題とわが国の対中近東経済協力について」一九七三年一一月一二日(外務省情報公開：二〇〇七－〇〇二一八)。

211――御巫清尚(経済協力局長)「経済協力政策の展望」『経済と外交』一九七四年一月一日、一〇－一一頁。

212――外務省(経貿)「石油供給削減に伴うわが国経済活動の低下とアジア諸国への影響」一九七三年一二月一四日、前掲『中東問題／第四次中東戦争』(二〇一二－三一七七)。

213――前掲『宮崎弘道オーラル・ヒストリー』一五二－一五三頁および一六五頁。

214――前掲『有馬龍夫オーラル・ヒストリー』一三〇頁。

215――同右、一三一頁。

216――市場の性質を見極めた上で石油危機を捉えるという視点は、経済局関係者の多くに共通していた。たとえば、川出亮(経済局総務参事官)「石油危機」『経済と外交』一九七四年一月号、一四－一五頁。

217――中近東課「特使派遣の際の各国への申入れ内容（案）」一九七三年一一月二七日、戦後期外務省記録『三木特使中近東諸国訪問』（二〇一四―二九〇二）。

218――NHK取材班『戦後五〇年その時日本は〈第五巻〉』一四七―一五〇頁。

219――柳田『狼がやってきた日』一七六頁。政治家のミッションにはよくあることではあるが、このように曖昧さが残ったこともあり、三木特使の帰国後、外務省は三木が各国でコミットした経済協力の詳細に関する確認と調整に追われることになった。経協国「三木特使中東訪問の結果に関する一〇閣僚懇談会」一九七三年一二月二九日、前掲『中東問題／アラブ産油国の対日石油供給削減問題』（二〇一四―三二八二）、中東室「中東諸国に対する諸約束のフォローアップについて（対中近東諸国経済技術協力の現状）」一九七四年八月二三日（外務省情報公開：二〇〇七―〇〇四一四）。

220――大平外務大臣発在米安川大使宛第三一四七号「アラブ諸国に対する特使派遣」一九七三一二月六日、前掲『三木特使中近東諸国訪問』（二〇一四―二九〇二）。

221――以下、三木特使に関する記述は、特に断りがない限り、中近東アフリカ局「三木特使中近東八ヵ国訪問」一九七四年一月、戦後期外務省記録『三木、小坂特使中東諸国訪問』（二〇一三―一九〇七）に拠る。
また、三木特使に随行した政策担当者の詳細な報告として、東郷外務審議官「三木特使中東訪問随行報告」一九七三年一二月二七日、前掲『三木、小坂特使中東諸国訪問』（二〇一三―一九〇七）、片倉邦雄・中村義博（経済局国際資源室）「三木、小坂両特使に同行して」『経済と外交』一九七四年四月号、三二―三九頁、前掲『有馬龍夫オーラル・ヒストリー』一二八―一三八頁、随行した記者による回想としては、老川祥一『政治家の胸中――肉声でたどる政治史の現場』藤原書店、二〇一二年、第四章、がある。

222――その他の随員は以下の通りであり、事務方に関しては実質的に外務省のミッションといえる。天谷直弘（通産省国際経済部長）、中村輝彦（外務省中近東アフリカ局参事官）、荻野明己（三木大臣秘書官）、有馬龍夫（外務省調査部調査室長）、片倉邦雄（外務省経済局国際資源室）、石垣泰司（外務省経済協力局国際協力課）、嶋根丈雄（外務省情報文化局報道課）、田中浩一（外務省在外公館課）、塩尻宏（外務省中近東アフリカ局中近東課）、高橋亘（三木大臣秘書）、山田久裕（山田政務次官秘書）。

223――柳田『狼がやってきた日』一七五頁、NHK取材班『戦後五〇年その時日本は〈第五巻〉』一四六―一四七頁。

224――『吉國一郎オーラル・ヒストリーI』東京大学先端科学技術研究センター御厨貴研究室・東北大学大学院法学研究科牧原出研究室、二〇一一年、一一五頁。

225――東郷文彦『日米外交三十年――安保・沖縄とその後』中央公論社、二一六-二一七頁。

226――近ア局「特使（三木副総理）の対中東諸国派遣について」一九七三年一一月三〇日、『中東問題／第四次中東戦争』（二〇一二-三一七七）。

227――三木特使派遣時の議事録・声明等の文書は、前掲「三木特使中近東八ヵ国訪問」、に全て収録されている。

228――途中の経過報告は随時行われたが、各訪問国での会談の様子をふまえ「友好国」入りに向けた状況を首席随員の東郷外務審議官が報告したものとして、在クウェート石川大使発外務大臣宛第四八二号「三木特使」一九七三年一二月二〇日、戦後期外務省記録『アラブ首長国連邦政治・経済（含、対日関係）』（二〇一二-〇九三二）。同文書の冒頭には「トウゴウ外務審議官より」とある。なお、東郷による外務省への内部向け報告として、前掲「三木特使中東諸国訪問随行報告」。

229――「OAPEC（アラブ石油輸出国機構）石油大臣会議声明」一九七三年一二月二五日、前掲『わが外交の近況 昭和四九年度（第一八号）』一七三-一七四頁。

230――石川『オイル外交日記』一九八頁。

第四章 エネルギー・ワシントン会議と国連資源問題特別総会

第一次石油危機の発生を受けて、日本は二階堂官房長官談話を発表し、アラブ諸国寄りの中立政策を「明確化」した。そして、新中東政策を説明するための特使派遣を経て、アラブ諸国から「友好国」と認定された。ここに「量」の側面から見た石油危機は一段落したが、ほぼ同時期に石油情勢はまたしても大きく動くことになった。

一九七三年一二月二二日と二三日にテヘランで開催されたOPEC(石油輸出国機構)湾岸六ヵ国による会議で、アラビアン・ライトの公示価格を、一〇月に改定した一バレル当たり五・一二ドルから一一・六五ドルに引き上げることが決定されたのである。追い討ちをかけるようにその前後にはスポット取引で従来にない高値での落札が相次いだ[1]。アラビアン・ライトの公示価格は七三年一月の時点で二・五九ドルであり、七三年の一年間で四倍以上値上がりしたことになる。「友好国」の認定に息をつく暇もなく、石油危機の第二波がやってきたのである。こうして、それまで後景に退いていた石油危機の「価格」の側面が、にわかにクローズアップされることになった。

OPECの再値上げ決定と前後して、消費国間協調の動きが再び始まった。一二月一二日、キッシンジャー米国務長官が新たな消費国間協議の場として「エネルギー行動グループ(Energy Action Group)」の結成を呼びかけ、さらに年が明けて間もない七四年一月九日には、主要石油消費国の閣僚レベルの会議を二月にワシントンで開催する旨の大統領公式招請状が発送されたのである。このアメリカ主導の動きは、二月のエネルギー・ワシントン会議（Washington Energy Conference：石油消費国会議）と、そのフォローアップのためのエネルギー調整グループ（Energy Coordinating Group：ECG）設置に繫がった。

アメリカが消費国間協調に向けて積極的な動きを見せた一方、もう一つの流れとして産油国と消費国の対話を目指す動きも存在した。より広く南北問題を議論する形となったが、その動きは四月から五月にかけて開催された第六回国連特別総会（国連資源問題特別総会）に結実した[2]。

これらの消費国間の協議や産油国と消費国との対話を模索する動きに、日本は主要国の一員として参画していた。日本外交史研究では、あまり注目されることがなく中東政策「明確化」の後日談程度に触れられるエネルギー・ワシントン会議だが、日本の会議参加を主導した外務省経済局長の宮崎弘道の言葉を借りれば、それは「第一次石油ショック以降の世界経済の方向を決めた重要な会議」であった[3]。同会議は、アラブ諸国の石油戦略によって揺らいだ「自由陣営」の再結集という目的もあり、エネルギー資源外交のみならず当該期の国際政治を考える際にも大きな意味を持つものである[4]。それゆえ、日本がなぜエネルギー・ワシントン会議に参加し、そこでどのように行動したのかを、詳細に検討する必要がある。

他方で、国連資源問題特別総会は、新国際経済秩序（NIEO）樹立宣言に繫がったこともあり、南北問題の観点から、日本でも比較的注目されてきた[5]。しかし特別総会における日本外交については、一次史料に基づく詳細な検討は行われておらず、また、実際には密接に関係していた消費国間協調との関係が認識されていない点で限界を抱えている。

本章では、七三年一二月半ばから再始動する石油危機後の消費国間協調に参画する日本外交を、産油国と消費国との対話に関する展開と重ね合わせながら検討する。分析に際しては、政策担当者の石油情勢認識と、消費国間協調に関する対処方針の変化に特に注意を払いたい。主要な国際会議の対処方針は、外務省で当該問題を所掌する課が原案を策定するが、省内外の関係部局と調整の上で決定されるもので、日本政府の公式な立場を示している。本章の検討を通じて、当初は消費国と産油国との間でバランスを取ることに苦慮していた日本が、次第に消費国間協調に傾斜していくことが明らかとなるであろう。

以下、第一節では、石油危機後の消費国間協調の再始動からエネルギー・ワシントン会議まで、第二節では、国連資源問題特別総会とエネルギー調整グループの始動を、第三節では、日本政府の消費国間協調傾斜を決定的にした第二回国際資源問題担当官会議とアメリカによる消費国機関設立提案への対応を、それぞれ検討していく。

1 エネルギー・ワシントン会議――一九七三年一二月–七四年二月

消費国間協調の再始動

国際石油市場が急速に産油国優位に傾くなかで、一九七三年七月からＯＥＣＤ（経済協力開発機構）で緊急時の石油融通に関する作業部会が始まり、第一次石油危機の発生後は、石油委員会や同ハイレベルグループで消費国間の情報共有が図られたことは、前章までに見た通りである。

このように、従来から存在した国際機関は石油危機時にも消費国間協議の場となったが、緊急時の石油融通に関する協議は停滞した。それは、石油危機が発生したことにより、将来的な緊急時の石油融通よりも目の前の危機や各国のエネルギー事情に関する情報共有が優先された結果であった。

ここで、第一次石油危機が明らかにした消費国間協調の限界にも触れておく必要があるだろう。OECDの欧州地域はスエズ危機の経験から緊急時の石油融通枠組みを備えていたが、加盟国間の議論がまとまらず、OAPEC（アラブ石油輸出国機構）によって禁輸対象とされたオランダへの石油融通を実施することができなかった。各国とも、石油情勢の厳しさが増すことが予想されるなかで、危機においては消費国間協調よりも自国の国益を優先したのである[6]。

たとえばイギリスは、自国の石油供給への影響を最優先に考え、七三年一〇月二五日からの開催が予定されていたOECD石油委員会における討議を前に、緊急時石油融通の実施には早々に消極的姿勢を示していた[7]。石油融通は、一一月以降もEC（ヨーロッパ共同体）に場を移して度々取り沙汰され、西ドイツやオランダは西欧の結束を訴えたが、イギリスは一貫して反対姿勢を貫いた[8]。また、フランスもアラブ諸国の反対する石油融通実施には消極的であり、アラブ産油諸国の石油戦略に翻弄されて、消費国陣営の足並みは乱れていた[9]。前章で見たように、西欧諸国は一一月六日にアラブ諸国寄りの声明を発表するなど、対中東政策に関しては基本的に結束したが、危機時の消費国間協調は中途半端なものに終わった。

石油危機後の消費国間協調は、七三年一二月一二日、キッシンジャー米国務長官がロンドンのピルグリム協会で行った演説によって新たに動き出すことになった。演説は前年四月に自らが提起した「ヨーロッパの年」構想の実現が難しくなる状況と、第一次石油危機によって傷ついた「自由陣営」の再構築について述べたものである。この演説でキッシンジャーは、石油危機は単なる第四次中東戦争の産物ではなく「需要が世界的に爆発的に増大し供給意欲を上回ったことの必然的な結果」であるとした上で、その「唯一の長期的解決策」は消費国が石油の利用方法を合理化し、代替エネルギー資源を開発する努力を「集団として」行うことにあるとの認識を表明し、そのための「エネルギー行動グループ」の設立を呼びかけた[10]。演説ではエネルギー行動グループは「生産国を排除する組織であってはならない」と断られていたが、グループ設置の実際の意図は「代替エネルギー開発および産油国と交渉するための消費国のグループ」を結成することにあった[11]。

提案の詳細が詰められていなかったこともあり、日本の反応は基本的に歓迎姿勢ながら抑制されたものであった。提案から二日後の一二月一四日には、安川壮駐米大使から、グローバルなエネルギー問題は「アラブ諸国との関係強化等のわが国だけの努力のみでは解決しえないことは明らか」であり「主要関係国の協力以外に解決の道はない」という意見具申が寄せられた[12]。三木武夫特使が中東諸国に出発したばかりであり、まだ「友好国」と認められていたわけではなかったが、外務省内では、徐々に消費国間協調の必要性を訴える声が上がるようになっていたのである。

在米大使館からの意見具申と同日、エネルギー行動グループ提案への対処方針案が作成された[13]。対処方針案からは、この時期の外務省の石油市場認識と消費国間協調に対する考え方がよく分かる。文書冒頭の「基本的立場」には以下の文章が掲げられた。

キッシンジャー長官が指摘するように、エネルギー危機の本質は、単に中東紛争の産物ではなく、供給誘因を上回る世界的な需要の増大の結果である。従って、消費国、生産国が協力して新エネルギー源の発見・開発、エネルギーの節約、新技術の研究・開発等を通じ、このエネルギー危機を克服しようとの提案は基本的に歓迎すべきものである。又、最近消費国の間には、OAPEC諸国の供給削減の結果小さくなったパイ(石油供給)の分け前をめぐって猜疑と反感の芽が出始めているやに見受けられ、このまま放置すれば円滑な国際関係にとって由々しき事態になると懸念される。（中東危機が解決されてもパイは十分な大きさにはならない。）この観点からも、日米欧の諸国が共同してエネルギー問題の長期的解決に着手することは歓迎すべきである。〔傍点引用者〕

ここで、石油危機の本質に触れている点は注目されよう。第一次石油危機の直接要因はOPECとOAPECによる二つの声明だったが、その一方的な声明が実際に効果を持ったのは石油市場における産油国優位という中期的な変動の結果である。さらに、中東危機が解決しても世界全体の石油供給が十分なものではないことも併せて指摘されている。そうであれば、消費国間協調が重要な課題となる。この点を七三年一二月中旬の時点で外務省の担当者は的確に認識していた。

これに続けて、エネルギー資源の大半を海外からの供給に依存する日本にとっての消費国間協調の重要性と、アメリカによるこの提案を「わが国が支持するか否かは日米関係の一層の緊密化にとって重要な意味を持つ」ことが指摘される。消費国間協調は、エネルギー資源問題の解決だけでなく、日米関係の緊密化というより普遍的な日本外交の課題とも密接に関係していた。

「基本的立場」の最後に掲げられたのは産油国への配慮である。「本件構想の成否は、第一義的には、生産国側、特にOAPEC諸国によって、これが消費国同盟結成の呼びかけと見做され、反発を喰うか否かにかかって」おり、「OAPEC諸国の石油供給削減措置によって、既に深刻な影響を受けつつあるわが国としては、これら諸国を無用に刺激するようなことは差し控えるよう配慮する必要がある」というのが日本の立場であった。

これらは、石油危機以前に策定されていたエネルギー資源外交の基本指針に沿ったものだが、この立場が打ち出されたのが、第一次石油危機発生後、まだ「友好国」に認定される以前の段階だったということを改めて確認しておきたい。産油国との関係に配慮しつつも、消費国間協調に参画することで、グローバルな石油市場の安定を目指す立場は、石油危機を経ても変わっていなかった。

「基本的立場」に続く具体的な対処方針としては、①各国の反応の確認に努めること、②アメリカに構想の詳細を明確にするように求めること、③内々には米欧双方に「本件構想は基本的には極めて好ましい時宜にかなったものであり、産油国がこれに否定的態度を示さない限り、わが国はこれに参加する用意がある」と伝え、日欧間でも協議を続ける旨の申し入れを行うこと、④産油国側の警戒心を解く努力を行うようにアメリカに伝えるとともに、日本としても産油国に対して警戒感を解くように申し入れを行うこと、そして、⑤「とりあえずは、参加を前提としてグループの構成等手続的問題につき検討を進める」こと、の五点が示された。

外部からの問い合わせに対しては、キッシンジャーの提案を「意義のある提言であると評価している」としつつも、「政府としては今回の提案についてはなお解明すべき点もあり、あらゆる角度からこれを慎重に検討していきたい」というラインの説明を崩すことはなかったが[14]、この後、日本は上記対処方針案に従って、主要国やOECDの場で情報収集と意見交換を進めていった。

同時期、主要国との意見交換のための政策企画協議が相次いで開催されており、キッシンジャー提案や石油情勢が議題となった。一二月一四日と一五日には、西ドイツとの第五回政策企画協議が東京で開催された。西ドイツ側は、キッシンジャー提案について英仏両国で反応が割れていることを紹介しつつ態度を決め兼ねているとして、日本の見解を質した。日本からは、三木特使が中東訪問中であることと中東和平交渉直前であることを挙げて、「アラブ諸国やEC諸国の反応振りを慎重に注目している」としつつも、「とりあえずのコメント」として、「基本的にはworkable〔実効的〕な提案として歓迎」していることが表明された[15]。

また、一九日から二一日までアメリカのアナポリスで行われた第一八回日米政策企画協議では、自由討議の中で石油危機について話し合われ、アメリカ側からキッシンジャー提案に関する説明があった[16]。これに対して日本側は、アメリカ側の考えを「理解」しているとした上で、三木特使の派遣中であり、短期的にはアラブ諸国を敵に回す余裕がないことがオイルダラー問題への考慮とともに伝えられた。

日本の見解が主要国に伝えられる一方で、国内外での情報収集も積極的に進められた。キッシンジャーの提案発表から一週間の間に日本が得た各国の反応は様々であった[17]。フランスは様子見の姿勢であったが、それまでフランスとともにアラブ諸国寄りの姿勢を明確にしていたイギリスは、西ドイツとともにキッシンジャー提案をむしろ歓迎する姿勢を示していた。

西欧諸国は、この間、EC首脳会議にアラブ諸国の外相グループを招待するなど、対話を模索する独自の動きも見せていたが、キッシンジャーの提案を直ちに拒否するわけでも、逆に積極的な協力姿勢を示すわけでもなかった。提案の中身が詰められていなかったこともあり、国ごとに若干の差はあるものの、西欧諸国は日本とほぼ同様の立場だったと言って差し支えない。産油国側も、OAPEC加盟国ではなくアメリカと近い関係にあったイランが積極的な賛意を示していたのを除けば、各消費国と同様に、様子見の姿勢であった。

このように各国が様子見の姿勢を示すなかで開催された、一二月一九日のOECD石油委員会ハイレベルグループ第二一回会合で、アメリカ代表のカッツ国務次官補代理は、エネルギー行動グループをいかに実現していくかについて、各国からの意見、提案を求めるのがアメリカの方針である、と述べた[18]。日本は在米大使館を通じて米政府関係者にも接触していたが、そこで得られた情報も背景説明や基本となる考え方が中心であり、具体的なものではなかった[19]。キッシンジャーによる各国への呼びかけが先行し、提案の詳細は詰められていなかったのである。

こうした状況下で、石油危機の第二波がやってきた。一二月二二日と二三日に開かれたＯＰＥＣ石油相会議で、原油公示価格のさらなる引き上げが決定されたのである[20]。この結果、代表的油種であるアラビアン・ライトは、一バレルあたり一一・六五ドルとなった。この引き上げは翌七四年一月一日から実施されるとされた。原油公示価格は、一年間で約四倍になったわけである。さらに、各地のスポット取引で高値の落札が相次いだこともあり、石油情勢は厳しさが続いていることが印象付けられた。

前章の最後に見たように、このＯＰＥＣによる公示価格再引き上げの二日後、一二月二五日に日本はＯＡＰＥＣ石油相会議で「友好国」に認定された[21]。ここに「量」に対する懸念が日本国内でひとまず解消されたことで、石油危機の「価格」の側面が一挙にクローズアップされることになった。

一二月二六日、ＯＡＰＥＣの決定を歓迎するとともに中東和平の進展を希望する、という二階堂官房長官の談話が発表された[22]。この談話の末尾には、「石油問題の根本的な解決のためには石油生産諸国と石油消費諸国との間の調和ある関係が作られることが必要と認められるので、政府としては、かかる調和ある関係の実現のために積極的な貢献をしたいと思う」との一文が付された。ここに、産油国を刺激しないように対話姿勢を見せつつ、キッシンジャー提案に前向きに応じようとする日本の姿勢を読み取ることは可能だろう。翌二七日には、アメリカ政府に対して、キッシンジャーの提案に「基本的に賛成であり、本提案の趣旨が実現するよう前向きに取り組む所存である」ことと、産油国の理解を得る具体的方策を日米欧で秘密裏に検討すべき、と申し入れることが本省から在米大使館に指示された[23]。

こうして、日本は産油国に配慮しつつも、消費国間協調に参画していくという方針に沿って行動を始めたが、この問題について消費国間では微妙なずれが生じつつあった。

その中心となったのはフランスである。フランスは、キッシンジャー提案については曖昧な姿勢を崩さなかったが、一二月末に、石油価格問題や産油国に対する投資および経済援助の調整、石油市場の調整を話し合うために、日米英仏独による極秘裏の五ヵ国会談を招集することを打診するなど、当初は消費国間協調に前向きとも取れる姿勢を示していた[24]。

しかしフランスは、年が変わる頃から徐々に、消費国間協調と距離を置く姿勢を鮮明にしていった。そして、七四年一月四日には、ジョベール外相が、中山賀博駐仏大使に対して、キッシンジャーに伝えたメッセージを紹介する形で、「ともかく生産国を除外しては事は進まない」、「エネルギー問題には当面の供給をどうするかといった短期的な問題もあり、仏としては消費国だけの協議は望まない」という考えを伝えた[25]。

このように、日本がフランスの姿勢の変化を掴んだのは七四年に入ってからであったが、既にアメリカに対しては七三年一二月二〇日にポンピドゥ大統領がキッシンジャーと会談した際に、キッシンジャー提案に反対する意向を示唆していた[26]。いずれにせよ、フランスは、消費国間協調から産油国との対話を優先する路線に舵を切ったのである。

旗幟を鮮明にしたフランスに対して、煮え切らない態度を続けていたのがイギリスである。先に見たように、日本政府は、イギリスはキッシンジャーの提案を歓迎していると考えていたが、表向きの声明は別として、政府内部ではエネルギー政策をめぐって様々な検討が行われていた[27]。ヒース首相は何らかの形で消費国協調を進める必要があると考えていた。しかし、キッシンジャーの提案が曖昧なだけでなく、様々な課題をリンクさせる包括的なアプローチを採っていたことを問題視して、具体的な態度を打ち出すことがなかなかできずにいた[28]。最終的にイギリスは、キッシンジャー提案への賛意を前面に打ち出す形となり、それは日本にも伝えられたが、具体的なグループの構成等については「最終的な見解は固まっていない」と腰が引けた姿勢は変わらなかった[29]。

このように、一九七四年に入った段階で、消費国間協調を主導しようとするアメリカ、産油国への配慮を掲げつつも消費国間協調に前向きな日本、アメリカとは距離を置いて産油国との対話路線に舵を切るフランス、そして表面的には賛意を示しつつ煮え切らない姿勢を続けるイギリス、という構図が出来上がっていた。こうした状況を打開したのは、やはりアメリカであった。

会議への参加決定と日本の方針

一九七四年一月九日、ニクソン米大統領から、閣僚レベルの石油消費国の会議(エネルギー・ワシントン会議)を二月にワシントンで開催する旨の大統領公式招請状が発送された。招請状の送付先は、OECD石油委員会ハイレベルグループを構成する日本、西ドイツ、フランス、イギリス、イタリア、カナダ、オランダ、ノルウェーの八ヵ国とEC委員会、そしてOECD事務局である。翌一〇日には、主要な産油国に向けても招請状が送られた[30]。

一〇日には、キッシンジャー国務長官とサイモン連邦エネルギー庁長官が合同記者会見で、エネルギー・ワシントン会議の開催について発表した[31]。記者会見では、大統領提案は「産油国との対決を意味するものではない」とされたが、招請状では以下の二つが会議の目的に掲げられた。一つは、「消費国の行動計画を起案するタスクフォースの設立」、もう一つは「公正かつ妥当な価格での石油の適切な供給が保証」されるような消費国と産油国の関係構築のために「消費国の協調的立場を確立」することである[32]。

アメリカの目的が、会議の開催によって消費国間協調を確立し、産油国に対抗することにあるのは明白であった。フランスが産油国との対話という路線を明確にするなかで、アメリカは消費国間協調を主導することを再度明らかにした。

会議にどのような形で参加するかは、各国の姿勢の試金石となった。ＯＡＰＥＣの石油戦略を受けてアラブ諸国寄りの中東政策を表明したとしても、アメリカの政策に対する実質的な影響力は限られている。しかし、エネルギー・ワシントン会議に参加しないことは、エネルギー問題に関する取り組みでアメリカと袂を分かつことを意味する。このように考えるキッシンジャーにとっては、アラブ諸国寄りの声明を発表するかどうかよりも、消費国間協調へ参画するか否かが重要な意味を持つ問題であった[33]。

ニクソンの会議開催提案に対する、産油国側の反応は厳しかった。たとえば、サウジアラビアのヤマニ石油相は、「われわれは如何なる消費国の国内問題に介入することも希望しておらず、共通の問題を討議するのであればそれは消費国が決めることである」と断りながらも、「しかし産油国との対決を試みればそれは高価なものになるだろう」と釘を刺している[34]。加えてヤマニは、「石油生産の制限」や「国内工業化をせずに多額の通貨が国際市場に流れる」ことによってサウジアラビアは世界経済を混乱させうる、と脅迫めいた発言をしている[35]。このヤマニの発言は、消費国陣営を引き裂こうという意図に基づいていた[36]。

日本への招請状は、駐日臨時代理大使のシュースミスから宮崎弘道経済局長へ直接届けられた[37]。当時、駐日アメリカ大使は空席となっておりシュースミスが駐日大使館のトップであった。臨時代理大使とはいえ、通常であれば、アメリカの駐日大使館トップが外務省の局長を直接訪ねることはまずない。アメリカがこの会議にかける意気込みが伝わってくるであろう。

シュースミスから招請状を受け取った宮崎弘道は、一九四四年九月、東京帝国大学法学部を卒業後に入省した外務官僚である[38]。占領期に調査局第二課でアメリカ経済の調査を担当して以来、通産省通商局への出向を挟み、ほぼ一貫して外務省の経済畑を歩んだ。宮崎は、経済局の国際機関課長および経済統合課長、OECD日本政府代表部等を経て、七二年九月から七六年一月まで三年以上にわたって経済局長を務めた。この間、宮崎はエネルギー資源外交を省内で取りまとめる立場にあり、日本の消費国間協調参画を主導していく。エネルギー・ワシントン会議では総括指揮とコミュニケを担当した[39]。

招請状を受け取った宮崎は即座に「出席すべき」と判断し、各方面の了解を取りに動いた[40]。大平正芳外相、首相臨時代理だった保利茂の了解は宮崎が自ら取り付けた。田中角栄首相の了解は、一月一〇日、外遊に同行していた鶴見清彦外務審議官を通じて得られた[41]。こうして、招請状受諾から二日後の一月一一日、日本は二階堂進官房長官の談話として招請受諾を発表した[42]。そして、田中首相が東南アジア歴訪から帰国した一四日には正式に閣議決定が行われ、招請受諾を伝えるニクソン大統領宛のメッセージがアメリカ政府に伝えられた[43]。

官房長官談話とニクソン大統領宛のメッセージは、日本の招請受諾の理由として、会議が「産油国と消費国との間に調和ある関係を作り出す第一歩となることを期待する」と表明し、消費国間協調の意義については触れていない点で共通している。ここには産油国だけでなく国内向けの配慮という面もあったが、アメリカが主導する消費国間協調に参画しつつも産油国との対話を重視することは、一貫した日本の基本的姿勢である。

だが、ここで重要なのは、各国に先駆けて日本がいち早く会議への参加を決めたことである[44]。先に紹介したようなアラブ諸国の強硬な反応があったこと、そしてECの外相理事会を一月一五日に控えていたことから、西欧諸国は会議参加への態度を明確にしていなかった。そのようななかで、輸入量で世界最大、消費量ではアメリカに次いで世界第二位の石油消費国である日本が、いち早く会議への参加を決定したことの意味は小さくない。一月一五日には、ラッシュ国務長官代理から訪米していた法眼晋作外務事務次官に対して迅速な招請受諾に対する謝意が伝えられた[45]。会議への参加表明そのものが、消費国間協調に積極的に参加するという政策表明となったのである。

しかしながら、産油国に近付くことで石油確保を行うべきだという国内の声は、まだ無視できるものではなかった。ニクソン米大統領からの招請状が各国に送付された一月九日、三木武夫は一二月の中東訪問説明のために訪米しており[46]、エネルギー・ワシントン会議への招請は、エネルギー庁長官のサイモンから三木に対しても伝えられていた[47]。同日午後のキッシンジャーとの会談でも、同会議が話題となった。その際三木は、会議参加に関しては政府内で検討中であり個人的見解だが、と断わった上で、「エネルギー問題の解決はいかなる国も一国ではなし得ず、国際協力の必要」は言うまでもないとしつつも、産油国との対決姿勢が強いものになるのは困るということを伝えていた[48]。

また、同時期には、中曽根康弘通産相がイラン、イラク、そして北海油田が稼働間近となっていたイギリスを歴訪するなど、「資源外交」を活発に展開していた[49]。そして、一月一一日には、中曽根がイギリスでヒース首相と会談し、「産油国及び消費国が同じテーブルに着く第一歩の措置と評価して、日本もこれに参加することになろう」としつつも、会議が産油国との対立の場となるようでは困るとして、消費国だけの会議とするのではなく、産油国にも参加を呼び掛けるべきとの考えを伝えていた[50]。

三木も中曽根も、アメリカの提案を頭から否定していたわけではなかったが、重点が消費国間協調ではなく産油国との対話に置かれていたことは、明らかであった。実際のアメリカの意図は消費国間協調にあり、この点は宮崎経済局長も認識していた。経済局は、「〔エネルギー資源問題に関する〕会合が開かれる場合にはこれに参加するとの前向きの態度で臨」むという方針を、アメリカによる会議打診の可能性を掴んだ年始早々に検討していた[51]。宮崎は確信犯的に両閣僚の外遊中に、会議招請受諾に向けて動いたのである。事前に三木と中曽根の了解を得ることなく会議参加を決めたこともあり、両閣僚が同会議への参加決定を快く思っていないことが、宮崎経済局長に対して間接的に伝えられることになった[52]。

三木や中曽根は消費国間協調の動きに反対していたが、田中首相は違った。秘書官を務めていた小長啓一によれば、田中は、「OPECカルテルに対応する消費者カルテルというのはあって当たり前じゃないか、それは対抗しないと」と消費国間協調に理解を示していたという[53]。海外資源開発に対する支援を積極的に進めた田中が、常にアメリカとの協調を意識していたことは第二章第三節で検討した通りである。田中は、エネルギー資源問題について、外交政策よりも通商政策の側面を重視していたし、外交は基本的に大平に任せる姿勢で一貫していた。中東政策「明確化」では田中と大平の考えに差があったが、それでも田中から大平に明確な形で圧力がかけられることはなく、また「明確化」以外に田中と大平が主要な外交案件で対立することはほぼなかった。

石油危機を一貫して「価格」の面から捉え、消費国間協調を重視していた大平は、エネルギー・ワシントン会議への参加に当然ながら積極的であった。こうした大平の姿勢と、日米協調を重視し、基本的に外交は大平に任せるという田中の姿勢があったからこそ、三木や中曽根に事前に了承を得ることなく会議への参加表明が可能になったのだろう。

それでは、会議参加を主導した宮崎率いる外務省経済局は、どのような認識だったのであろうか。経済局の見方は、省内の関係課長を集めての打ち合わせを経て、一月二一日に作成された「主要消費国ワシントン会議に臨むわが国の態度について」と題する文書によく表れている[54]。この文書では、まず石油情勢に関する現状認識として次の三点が挙げられた。

（ｉ）石油価格の急騰は各国の国際収支に重い負担を課している。この影響は開発途上国にとっては特に深刻である。先進国側においては国際収支に対するインパクトの差が新たな通貨動揺の要因になりかねない。産油国蓄積外貨問題の出現は通貨交渉に新たな複雑性を加えた。

（ⅱ）物価面では、既に存在するインフレ傾向が一層加速された。しかも悪くすると、製品価格↓石油価格の悪循環に陥りかねない。この製品価格高騰は、既に産油国を含む開発途上国に悪影響を及ぼしている。

（ⅲ）石油価格急騰及び供給削減は、工業国を中心に経済活動の縮小をもたらし製品価格上昇と組合わさり、今後スタグフレーション的局面に陥いる惧れがある。また、対開発途上国援助能力低下の惧れも強い。

一般論として「供給削減」が触れられているが、石油危機発生直後から懸案となっていた「量」の確保が、ここではすっかり抜け落ちている。経済局の担当者は七三年中から「価格」の面を重視していたとはいえ、この段階で既に政策担当者の関心が石油危機の中長期的な影響である「価格」の問題にはっきりと移行していることが分かる。

以上の情勢認識を前提に、「関係国のとるべき姿勢」として次の二点が掲げられた。

（１）早急に石油を含むエネルギー供給及び価格の安定を図らなければ、各国及び世界経済は重大な危機に直面するであろう。この場合アラブ諸国も例外ではあり得ない。危機を回避するためには、開発の程度を問わず産油国・消費国が世界経済の秩序ある発展確保のために夫々の国情に応じた貢献を行う責任を改めて想起し、幅広い国際協調により妥当な解決策の検討に早急に着手しなければならない。特に留意すべきは、石油危機が地域主義、バイラテラリズム抬頭の新たな契機となるのを阻止することであり、この際、改めて通貨改革及び新ラウンド〔GATT（関税および貿易に関する一般協定）東京ラウンド〕の積極的推進を図ることが急務である。

（2）先進消費国側としては、非産油開発途上国との協調を深め、産油諸国に対し新たな国際連帯に目覚めるよう呼びかけるべきである。他方、先進消費国内部においては、各国固有の事情に基づく対産油国対処ぶりの差はあり得るにせよ、消費国全体としての交渉力強化の見地からも、また開放経済体制推進の見地からも、少なくとも基本的ラインにつきコンセンサスを作り上げることが肝要である。〔傍点引用者〕

要するに、エネルギー問題に対処するためには消費国間協調を推進する必要がある、ということである。キッシンジャーのエネルギー行動グループ設立提案以来、アメリカが一貫して志向してきたのが「産油国と交渉する消費国グループの設立」であった点を考慮すれば、ここで、消費国間協調の意義として「消費国全体としての交渉力強化」が明確に述べられていることは極めて重要である。さらに、開発途上国の分断を意味する非産油開発途上国への働きかけに触れていることは、産油国への接近によって石油確保を目指す路線とは明確に異なるもので、経済局の基本姿勢が表れている。この時点で、経済局は日本がアメリカ主導の消費国間協調参画するという方針をほぼ固めていた。

この文書でもう一つ興味深いのは、「石油危機が地域主義、バイラテラリズム抬頭の新たな契機となるのを阻止する」ことに留意する必要があるとして、消費国間協調推進の意義として「開放経済体制推進」を挙げていることである。

この文書作成と同日に行われた国会での外交演説で、大平外相は、「石油危機により加速された世界経済の混迷は、各国における保護主義あるいは地域主義への動きを助長し、世界の貿易と経済の発展を阻害するおそれがあります。貿易立国を国是とするわが国といたしましては、このような時期においてこそ、世界の繁栄のために自由な貿易拡大の先達として努力せねばなりません」と述べている[55]。資源問題を単独で考えるのではなく、通貨や貿易といった国際経済秩序全体の中で考えるということは、石油危機以前から一貫する大平の資源外交観であり、これは宮崎経済局長とも共通する消費国間協調推進の立場の基本的な見方であった。

たしかに、第一次石油危機後の状況は、地域主義やバイラテラリズムの台頭の誘因となりかねなかった。OAPECの石油戦略は、各国の中東政策に対して採られた一種の経済制裁だったが、そこには「消費国を分断する」という明確な意図が存在した。石油危機後に各国が採った様々な対応には、地域主義やバイラテラリズムの萌芽が見て取れる。象徴的なのは、フランスがサウジアラビアと結んだ二国間協定だが[56]、日本でも、バイラテラリズムを志向する動きがあった。その象徴となったのが、三木特使派遣や前述した中曽根のイラン、イラク、イギリスなどの歴訪である。政府主導で原油取引を行うようなことはなかったとはいえ、両者は石油確保を念頭に置いた経済協力供与に前向きな姿勢を示していた。

このような状況では、大平外相や経済局の見解をそのまま表明するだけでは、消費国間協調に参画することはまだ難しかった。こうして、消費国間協調へ参画する目的として改めて「産油国との対話の推進」が掲げられることになった。先に見た文書（「主要消費国ワシントン会議に臨むわが国の態度について」）でも、会議が「産油国との建設的な対話の契機」となることを目指すこと、「対決的色彩を帯びざるように各国に働きかける」ことが、日本の「基本的態度」として挙げられた[57]。先進国間協調に参画しながらその枠内で「産油国との対話」路線を推進することが、日本の方針となったのである。

この方針の下、この時期、対産油国外交が積極的に展開された。一月末には、石油戦略の仕掛け人であるサウジアラビア石油鉱物資源相のヤマニと、アルジェリア工業エネルギー相のアブデッサラームの二人がOAPECを代表して来日した。このヤマニ石油相らの訪日は、宮崎経済局長のイニシアティブであった[58]。関係閣僚との会談ではエネルギー・ワシントン会議についても話題に上がったが、その際日本は同会議が産油国との対決を意図したものではないことを一貫して強調し、OAPEC側の理解を求めた[59]。

また、一月一六日からは、前科学技術庁長官で外相経験もある小坂善太郎が、三木特使の訪問先から漏れた中東および北アフリカ諸国に政府特使として派遣された[60]。産油国が中心だった三木特使とは異なり、小坂特使が訪れた国の内で産油国はアルジェリアとリビアのみで、残りは非産油国（モロッコ、チュニジア、レバノン、ヨルダン、北イエメン）であった。

会談の多くの時間は二国間の経済協力に割かれたが、エネルギー・ワシントン会議についても議論が行われた。小坂は、各国で、エネルギー・ワシントン会議が「産油国との対決することを目的とせざることを強調したが、概して先方の反応は冷やかであった」[61]。それでも、日本が会議への参加を翻すことはなかった。

日本が対中東外交を展開していたのと同時期、EC外相理事会を終えた西欧諸国が、相次いでエネルギー・ワシントン会議への参加を表明した[62]。それまで延々と政府内の検討を続けていたイギリスも、この時期までに消費国間協調に参画する姿勢を固めており、英米間では会議に向けて緊密な協議が断続的に行われた[63]。

西欧諸国の中で明確に異なる方針を採ったのはフランスである。アメリカからの会議招請後、フランスは直ちに反対姿勢を鮮明にした[64]。それだけでなく、ジョベール外相は、一月末から、シリア、サウジアラビア、クウェート、イラクを歴訪し、各地でアメリカの政策に反対する意向を示すとともに、サウジアラビアと政府間ベースの石油取引を実現させていた[65]。こうしたフランスの姿勢は、キッシンジャーを苛立たせた[66]。

結局、フランスがエネルギー・ワシントン会議への参加を決めたのは、会議開催まで一週間を切った二月六日であった。他国が二人の閣僚を派遣するのに対して、フランスはジョベール外相のみの参加という形を採った。しかも、フランスの参加には次のようなスポークスマンの発言が添えられていた[67]。

わが国がこの会議に参加することは、儀礼を考慮したほか、ヨーロッパに共通の立場をとらせたいとの思いによるものである。フランスはエネルギー問題の様々な側面に関する意見交換に参加するつもりだが、他の消費国とりわけ開発途上諸国と、産油国と関係のない、石油消費工業国からなる機関の設立を支持することはできないであろう。

会議への参加は表明したものの、アメリカの構想する消費国間協調への反対姿勢は明白であった。このようなフランスの姿勢は、会議でも貫かれることになる。

紆余曲折はあったが、招請状が送られた全八ヵ国およびEC、OECD両代表のエネルギー・ワシントン会議への参加が決まった。最終的には、ベルギー、ルクセンブルク、デンマーク、アイルランドも参加することになり、会議は一三ヵ国にＥＣ委員会とＯＥＣＤ事務局の両代表を加えた形で行われることになった[68]。

日本からは、大平外相と森山欽司科学技術庁長官の両閣僚が代表として派遣されることになった。他の主要国が外務大臣に加えて経済閣僚を派遣するなかで、もう一人の代表が科技庁長官となったのは、会議では代替エネルギーについても話し合われる予定であり、科技庁が原子力の平和利用を所管していたことや、森山が外交官出身で国際舞台に強かったということもあるが、やはり中曽根通産相の会議への反対姿勢が背景にあったのだろう。通産省は、事前に提案されていた議題や進め方に関するアメリカの提案を「consumer's front〈消費国同盟〉の形成に主眼」が置かれていると見て、より産油国に配慮する形の対案を省としてまとめていた[69]。

エネルギー・ワシントン会議における日本外交

エネルギー・ワシントン会議に、日本はいかなる方針で臨んだのだろうか。一九七四年二月七日、田中首相以下関係閣僚間の協議を経て了承を得た「主要消費国ワシントン会議対処方針」は、次のように日本の「基本的態度」を掲げた[70]。

（1）エネルギー問題の早期解決は、世界経済の秩序ある発展を確保して行く上で不可欠の要請であることにかんがみ、わが国としては、本件主要消費国会議が、（イ）産油国側との建設的な対話の早期実現の契機となり、かつ、（ロ）エネルギー問題の妥当な解決についての国際的合意成立の第一歩となるよう、極力努力する。即ち、一方においては産油国との対決姿勢を避けるとともに、他方

において は主要点につき先進消費国間の共通認識の形成に努める。

（２）政治問題と石油問題の直接のリンケージは避け、中東問題に言及することとなる場合には客年十一月二十二日の官房長官談話のラインに収める。

この対処方針は、先に紹介した「主要消費国ワシントン会議に臨むわが国の態度について」をベースに作成された[71]。日本は、消費国間協調の枠内で「産油国との対話」路線を進める、という方針に基づいてエネルギー・ワシントン会議に臨むことになった。最強硬派のフランスは別としても、西欧諸国の大半がアメリカと距離を置くなかで[72]、日本は西欧諸国寄りの方針を採ったのである。

エネルギー・ワシントン会議は、二月一一日、キッシンジャー米国務長官の演説で幕を開けた。キッシンジャーは、エネルギー問題に関するアメリカの基本的な考え方を説明した上で、現在のエネルギー問題は、禁輸、供給不足、価格高騰の三つの局面を持っているが、これらがもたらすグローバルなディレンマは、排他的な二国間の取り決めによって解消しうるものでは決してない、とバイラテラリズムに警鐘を鳴らし、消費国間協調の必要性を訴えた。そして、会議において七つの分野（①エネルギー保全、②代替エネルギー、③研究開発、④緊急時融通、⑤国際的金融協力、⑥開発途上国、⑦消費国・産油国関係）について検討したいと表明し、会議のフォローアップを行うために「調整グループ（Coordinating Group）」を立ち上げるべきだと主張した[73]。

事前に議題案が各国に提示されていたこともあり、会議はこの演説で示された提案を軸に進んでいった。キッシンジャーが提起した多岐にわたる会議の議題を討議するために、それぞれ小委員会が設けられ、具体的な議論が行われることになった[74]。なお、ここで示された七つの議題は、会議終了後も引き続き消費国間で議論が行われるものである。

この後、各国代表による発言が行われ、日本からは大平外相が演説に立った[75]。大平外相の冒頭演説は、対処方針に沿ったものである。演説では、まず日本が石油危機によって受けた影響の大きさを強調した上で、「現段階において先進消費国間のみでこの問題(石油問題)について議論を重ねることは必ずしも建設的なアプローチとは思われず、わが国としては、早急に産油国をも混え、検討を開始するのが妥当と考えております」という意見が述べられた。これは、産油国との協調による石油確保を志向する中曽根や三木など国内の声に配慮したもので、作業部会などを通じて、日本が会議で一貫して主張することであった[76]。

大平外相の演説でより重要なのは、石油危機の国際経済秩序への影響に言及していることである。大平は、石油価格の高騰は各国の国際収支や貿易収支に大きな影響を与え、「貿易面における撹乱、摩擦要因が増加したり、保護貿易主義的な傾向が助長される危険」があると指摘した上で、次のように続ける。

上述の如き時代は、通商の拡大を通ずる世界経済の一層の発展をさまたげることになりますので、われわれはこの際あらためて通貨、通商における国際経済秩序の維持、強化に積極的に努力する必要があると考えます。この点に関連し多角的貿易交渉の推進、健全な国際通貨制度の確立の重要性を重ねて指摘したいと思います。

一月の外交演説に続いて、ここでも国際経済秩序に言及していることは、大平が石油危機を国際経済秩序の動揺の一環と捉えていたことの表れである。

さらに大平は、政府間取引で取り扱われる石油が増大する傾向があることについて「一方において各国の自主性と、他方において国際経済秩序の維持の要請との調和を図ることが肝要であります」と述べており、石油問題についても国際経済秩序の維持との関連で捉えていたことが分かる。この大平の冒頭演説からも、エネルギー・ワシントン会議は「第一次石油ショック以降の世界経済の方向を決めた重要な会議」だったという宮崎弘道経済局長の意義付けの通り[77]、日本が会議の重要性を認識していたことが読み取れる。

こうした日本の姿勢からも分かるように、会議では、小委員会における討議を含めれば、金融や貿易に至るまで国際経済全般が議題となったが、ここでは、最大の焦点となったフォローアップ作業に焦点を絞って検討する。

多数の参加国を得たことから、本会議は二日目の午前中まで各国の冒頭演説が続いた。各国の演説は、石油情勢に対するアメリカの楽観的な見通しに対して、より厳しい見通しを示すなど、必ずしもキッシンジャーの主張を全面的に支持するものではなかった[78]。石油情勢が依然として厳しいという認識に立てば、産油国との対決色が色濃いアメリカの消費国機関設立という提案に各国が及び腰になるのも当然であった。

このような状況に陥るのを見越して、キッシンジャーは会議開会以前から積極的に動いていた。ワシントンの各大使館との接触だけでなく、主要参加国には、一月にドナルドソン国務次官を団長とする使節団を派遣し、消費国間協調の具体的な計画概要について討議していた[79]。また、キッシンジャーは、会議が始まる前に、ワシントンに集まった各国代表と個別会談を行って根回しに努めた[80]。さらに、開会二日前の二月一〇日には準備会議を開催し、会議の進め方や議題について詰めていた[81]。

しかし、事前に予想されたとおり、フランスの強硬な反対によって会議は行き詰まることになる。ジョベール外相は、冒頭演説で「フランスとしては、LDC〔開発途上国〕、産油国と関係なく、消費国のグループ化、組織化を図ることには反対である。本件会議を機構化することには賛成し得ないし、エネルギー行動グループを設置するというような考え方にも組しない」と、アメリカ主導の消費国間協調に反対する姿勢を明確にした[82]。

ジョベールの発言を受けて、一一日の夕方にはEC諸国の臨時会合が開かれたが結論は出ず、これによりコミュニケ起草委員会の作業も遅れることになった[83]。

フランスの反対で会議が行き詰まるなか、日本はイギリスと連携してコミュニケ案の作成に貢献した。日本は、フォローアップ作業の目的に「産油国との対話の早期実現」を盛り込むことを主張し、この提案が取り込まれる形でコミュニケはまとめられた[84]。コミュニケの会議のフォローアップ作業に関する部分は以下の通りである[85]。

一六　閣僚は、上述の行動の進展を監督し、かつ調整するため、各国政府高官により代表される調整グループを設置することに合意した。調整グループは、もっとも適した自己の作業計画を決定する。調整グループは、

•既存機関に割当てられることがあり得る作業を観察し、これに焦点を与える。

•現在適当な機関が存在しない作業を行うため必要な場合には臨時の作業グループを設置する。

•消費国及び産油国の会議の準備を監督する。この会議は、できるだけ早い機会に開催することとし、また必要があれば、この会議の前にさらに消費国の会合が開かれる。

一七　閣僚は、このような会合の準備に当たり、開発途上国、並びにその他の消費国及び産油国と協議を行うべきことに合意した。

このコミュニケ第一六項に基づいてエネルギー調整グループが設置され、会議のフォローアップが行われ

ることになる。フランスはコミュニケ第一六項と第一七項を受諾しなかったが、日本の提案によって産油国との対決色は薄められ、コミュニケはより多くの国にとって受け入れやすいものとなった。キッシンジャーは会議における大平外相の役割を高く評価し、会議終了後に行われた会談で、大平外相の「建設的な役割に深く感謝したい」と伝えている[86]。

こうして、先進消費国間で協調して国際経済の諸問題に取り組むという、第一次石油危機後の消費国間協調の基本的な方向性が決定された。実質的な討議がなされたというよりは、エネルギー資源問題を中心に各議題について各国が意見表明を行う形となったが、主要な石油消費国が一堂に会し、さらにフォローアップが続けられることになったことの意味は決して小さいものではない。

外務省は、日本の目的は会議においておおむね達成されたと評価した。日本は「消費国と産油国との調和ある関係樹立の第一歩となることを希望」して会議に臨んだ。この方針に基づいて、日本は「産油国との対話の早期の実現のため米国提案の『調整グループ』の任務の中に産油国・消費国会議の可及的速やかな会合の準備を含めるように提案し、積極的貢献を行った」[87]。また、フランスが反対したものの、エネルギー調整グループ設置については日本の提案が大筋で各国に受入れられた点も、日本外交の一つの成果であった。

エネルギー・ワシントン会議に参加した両角良彦通産省顧問(前通産事務次官)は、会議を振り返って、「リーダーシップをとろうとしたアメリカ、それに政治的な意味で反撥したフランス、その両者の対立に伴って表面化したEC内部の微妙な対立、そしてなんらかの意味でアラブと主要工業国との中間的立場をとらざるを得ない日本」と、各国の様子をまとめている[88]。的確な観察と言える。この中間的立場を出発点に、日本はその後のエネルギー資源外交を展開していくことになった。

具体的な消費国間協調の中身を詰める作業は、フォローアップを担うエネルギー調整グループの課題となった。しかし、消費国間協調はそう簡単には進まなかった。この時期、産油国との対話というもう一つの路線も動き始めており、両者が交錯することになったからである。

2　国連特別総会とエネルギー調整グループの交錯——一九七四年一月－四月

フランス案と非同盟諸国案の対立

エネルギー・ワシントン会議開催を通じて消費国間協調は進展することになったが、エネルギー調整グループについて検討する前に、同時期に進んだ消費国と産油国との対話に関する動きを検討しておく必要があるだろう。この課題は、フランス案とアルジェリアを中心とする非同盟諸国の提案が対峙する形で推移した。

エネルギー行動グループ設置を呼び掛けるキッシンジャー提案以来、フランスが消費国間協調に慎重な姿勢を崩さなかったことは前節で検討した通りである。このようにアメリカと距離を置いただけでなく、フランスは産油国との対話について独自の案を提示することで存在感を示した。

フランスは日本に対しても、一九七四年一月四日、ジョベール外相が中山賀博駐仏大使との会談で、消費国間協調と距離を置く姿勢を伝えていた[89]。さらに一月九日には、年末にフランスが打診した消費国間協議を自ら否定することと、「少数の消費国と少数の産油国とが一同に会していわばSTEERING COMMITTEE〔運営委員会〕の如き形で意見交換を重ね、今後の段取りを決め」、さらに「最終的にはインド、ブラジルの如き非産油ＬＤＣを加えて産油国と消費国とを網羅した世界エネルギー会議の開催」を目指すことが日本に伝えられた[90]。

産油国との対話に向けたフランスの努力は、三月四日にEC外相会議で合意されたユーロ・アラブ対話という形でも実現したが[91]、日本との関係でより重要なのは国連を利用した対話の模索である。フランスは、一月二二日、ジョベール外相からワルトハイム国連事務総長宛の書簡という形で、国連を舞台に消費国と産油国の対話の場としてエネルギー世界会議を開催することを提案した。そこで主たる目的として掲げられたのは、①現在のエネルギー供給状況が諸国の発展に与える影響を分析し、困難を克服するための適切な措置を検討すること、②全ての国にとって合理的かつ公平な条件の下で、世界のエネルギー需要を満たすための消費国と産油国の間の協力に関する一般的原則を定めること、の二点である[92]。

消費国と産油国との対話を目指すことは、日本がエネルギー・ワシントン会議参加に際して掲げた方針でもあったが、その前提として消費国の協議を行うことを日本は選択した。それゆえ、仏提案から二日後の一月二四日には、とりあえずの考え方と断りつつも、次のような厳しい見方が本省から国連代表部に送られた[93]。

国連がエネルギー問題について、産油国と消費国の双方を含んだ形で一般的協力のために会議を開催することには大義名分がある。特にアラブ産油国が会議に賛成する場合は、日本が反対することは賢明ではない。だが、二月一一日からエネルギー・ワシントン会議の開催が予定され、さらにその後、拡大消費国会議や産油国を含む会議も検討されている現在、これらの会議を前に国連で会議を開催すれば混乱をもたらすことになる。開催するとしても、それはエネルギー・ワシントン会議等の場で消費国の意見が調整されるまで待つべきである。さらに、国連での会議は実質的討議が難しく具体的な成果が期待しづらい上に、政治的議論に走りやすく、開発途上国の主張のみが前面に押し出され、攻撃の矛先が先進国に向かい、日本にとってマイナスとなる側面もあり得る。

以上のような見解を示した上で、この電報では「わが国としては、仏提案には基本的には反対せざるも当面積極的賛成は差控えることが適当である」とされた。そして、フランスの提案について問い合わせがあった場合、日本は国連重視政策を採っており、また、エネルギー問題は全世界共通の問題であるため、フランスの提案を「国連がしかるべき形において適当な時期に取り上げることは有意義」だが、「何れにしても本件会議開催については国連加盟国のgeneral consensus〔全体としての合意〕が必要であろう」とのラインで答えるよう、国連代表部に対して指示が出された[94]。積極的な反対はせずに全体の情勢を見守る姿勢を示すというのは、会議や提案に乗り気でない場合にしばしば日本が採る方法であった[95]。

このように、日本がフランス提案への消極的な姿勢を固めつつあったのと同時期に、国連では消費国と産油国の対話についてもう一つ重要な提案が出された。非同盟諸国会議の議長国だったアルジェリアのブーメディエン大統領が、エネルギー危機と資源問題に関する国連特別総会開催を、ワルトハイム国連事務総長に要求したのである[96]。

アルジェリアの要求も、フランス案と同様に詳細が詰められたものではなかったが、非同盟諸国の総意として提出されたことで重みを持った。非同盟運動は五〇年代半ばから六〇年代初めに隆盛を迎えたが、その後、中心的な指導者たちを相次いで失ったことで、後景に退いていた。だが、七〇年九月の第三回非同盟首脳会議を足掛かりに再び活発化し、日本でも「非同盟グループの勢力増大、特にそのブロック化は、わが国にとり好ましくない」として「厄介な敵対グループとならないように対処していく必要」があることが外務省内で確認されていた[97]。第一次石油危機の直前、七三年九月にはアルジェで第四回非同盟首脳会議が開催されるなど、日本はその状況を注視していた。同首脳会議は必ずしも大きな成果を得たとは言い難いものだったが[98]、石油危機を受けた非同盟諸国の攻勢は無視し得ない影響力を持つこととなった。アルジェリアの総会開催要求は、二月一五日（現地時間では一四日）に、支持が七〇ヵ国を超え、特別総会開催に必要な国連加盟国（一三五ヵ国）の過半数に達し、特別総会開催が正式に決まった[99]。この過程で、フランスの提案は自然消滅の道を辿った。

日本が「消費国と産油国との調和ある関係樹立の第一歩となること」を掲げて臨んだ、エネルギー・ワシントン会議のコミュニケでは、この会議について「閣僚はエネルギーおよび一次産品というより広汎な問題を世界的規模でまた、特に国際連合特別総会においてとりあげるという国際連合におけるイニシアティヴを歓迎した」と謳っており、日本としても表立って反対を掲げにくい状況であった。しかし、日本は特別総会開催への支持回答を、開催が不可避な状況と観察されるに至った決定前日の現地時間一三日まで留保を続けるなど、フランス提案に対してと同様、消極的な賛意を示すに留まった。それは、日本が国連におけるエネルギー問題や資源問題に関する検討に消極的であったからに他ならない。

この後、国連特別総会に向けて、外務省内で具体的な方針が策定されていくが、その分析に入る前に、同時期の消費国間協調の動きを確認しておこう。

エネルギー調整グループの始動

フランスが独自の動きを見せるなかで、エネルギー・ワシントン会議終了後、アメリカは会合開催に向けた調整を急ぎ、会議終了から一週間も経たない内に、フォローアップのための第一回会合の具体的な日取りと手順が合意された[100]。

一九七四年二月二五日、エネルギー・ワシントン会議のコミュニケ第一六項に基づく、エネルギー調整グループ（以下、ＥＣＧ、と略記）の第一回会合がワシントンで開催された。コミュニケ第一六項を受諾しなかったフランスが同会合に不参加のため、ＥＣ代表も参加できなかったが[101]、会合にはアメリカ、日本に加えて、西ドイツ、イギリス、イタリア、カナダ、オランダ、ノルウェーの、フランスを除くＯＥＣＤ石油委員会ハイレベルグループのメンバー国と、エネルギー・ワシントン会議に参加したベルギー、ルクセンブルク、デンマーク、アイルランドの一二ヵ国とＯＥＣＤ事務局が参加した。

日本は、政府次官レベルの代表によって構成されたＥＣＧに、エネルギー・ワシントン会議にも参加した鶴見清彦外務審議官（経済担当）を代表として派遣した[102]。各回の代表団や参加者はその都度入れ替わるが、鶴見は第一回から第七回まで首席代表として参加した。その他に、各回で若干の違いはあるが、外務省からは宮崎弘道経済局長、宇田川治宣国際資源室長（七四年五月からは同課長）、通産省からは天谷直弘国際経済部長、資源エネルギー庁の豊永恵哉国際資源部長など外務・通産両省を中心に関係各省から担当者が継続的に参加するなど、ＥＣＧは、エネルギー資源に関連する諸問題を包括的に検討する舞台となり、日本は政府を挙げて消費国間協調に参画した。

第一回は顔合わせという要素が強く、手続きに関する検討が中心となった。この会合で、第二回会合を三月一三日・一四日にベルギーのブリュッセルで開催することや、議長をベルギーのオクレントＯＥＣＤ大使とすること、五月第一週までに二～三週間に一回程度のペースで会合を開いていくことなどが決まった。また、詳細は詰められなかったものの、アメリカから作業を進める具体的な分野に関する提案が行われ、次回会合で議論されることになった[103]。

この会合で日本の鶴見代表は、①産油国との話し合いに向けたプロセスを促進することが重要であり、ＥＣＧはこの点を主眼に置くべき、②ＥＣＧで作業を進める際には既存の国際機関を多く活用すべき、③将来の会合でフランスの参加復帰を可能とするよう配慮すべき、という三点の原則的立場を表明した[104]。以上の三点、とりわけ最初に挙げられた産油国との対話と既存の国際機関の活用は、この後のECGにおける日本外交を考える上でポイントとなる。

会議を終えた鶴見は、第一回会合の所感として、アメリカ代表が原則としてECGは新機関の創設を意図するものではなく既存の国際機関を活用すると表明しつつも、作業を進める具体的な分野に関する提案では新機関設置の可能性をちらつかせ、その都度他の参加国から釘を刺されていたことを指摘している[105]。アメリカ代表のドナルドソン国務次官は、各消費国の慎重な姿勢を受けて新しい国際機関の設立を否定していたが、本音を隠すことはできなかったというところだろう。次節以降で検討するように、消費国機関設立はこの後のECGの焦点となる。

また、原則的立場の三点目に関連することとして、フランスの参加問題について表立って触れたのは日本のみだが[106]、今後のアプローチ次第ではOECDの枠内でフランスの協力を確保し得るかもしれない、との所感が記されていることも、国際エネルギー機関が最終的にOECDの傘下に設置されることを考えると、興味深い[107]。

こうして始まったECGは、従来の研究でほとんど取り上げられてこなかったが、各国次官クラスの代表が、国際経済全般にわたる広範な事項について九ヵ月間にわたって月一回のペースで討議した重要な会合であり、さらに会合に向けて消費国間で活発な協議が継続的に行われるなど、その意味は決して小さくはない。OECD等の各機関やその他の作業部会で行われた作業は、各回ECG会合の冒頭で報告され、参加国間の共通認識が醸成されるようになるなど[108]、ECGは石油危機後の消費国だけでなく先進国間の政策協調の中核となる会合であった。

アメリカによって第一回ECG会合で提起された各付託事項について詳細に検討した後[109]、三月一一日、日本は第二回会合に向けた対処方針を決定した[110]。これは、各付託事項に関する態度を含む二〇頁からなる長いもので、日本の基本的立場を定めたものとして、エネルギー・ワシントン会議時の対処方針とともにその後の各回会合にあたって参照され続ける。

この対処方針では、「基本的態度」として、日本は、エネルギー・ワシントン会議とECGに「産油国と消費国との間に調和ある関係を作り出すための準備過程となることを期待して」参加し、ECGが「産油国との建設的な対話の可及的速やかな実現をめざし、かつ開発途上消費国の意向をも勘案しながら」、産油国・消費国会議の準備を進めるべきという考えが挙げられた。

産油国・消費国会議に向けた具体的な段取りとしては、フランスの参加が可能になるように配慮すべきことにも触れた上で、以下の三段階のアプローチが案として掲げられていた。

(イ) 主要産油国へCG(エネルギー調整グループ)より代表を派遣する。

(ロ) 各参加国が個別に外交チャネルを通じ主要産油国の意向を打診し、その結果をCGにおいて検討する。

(ハ) OECDを利用して主要産油国又はOPECの意向を打診する。

以下で見るように、産油国との対話は、アメリカが第一回会合で挙げた九分野の付託事項の一つに過ぎないのだが、第二回会合に臨むに当たって、日本はこれを最重視する立場を採った。

第二回会合は、予定通り、三月一三日と一四日にブリュッセルで開催された(以後、ECG会合は最後の第九回まで各回ともにブリュッセルで開催される)。

この第二回会合で、ECGでの作業の方向性が決定されることになった[11]。ECGの付託事項となったのは、①節約と需要抑制、②既存エネルギー源の開発促進、③緊急時国際石油融通、④研究・開発(R&D)、⑤ウラン濃縮、⑥経済金融、⑦産油国・消費国の関係、⑧開発途上国との関係、⑨国際石油会社の役割、の九分野である[112]。⑦⑧はECGで取り扱い、①②③についてはOECD、⑥はIMF・OECD・世界銀行で分担して作業を行い、④⑤⑨については適当な既存機関が存在しなかったことからECGの下にアドホックな作業グループを設置して作業にあたることになった。作業が本格化する四月以降、ほぼ毎日のように各議題に関する会合が開催され、また非公式な意見交換が断続的に参加国間で続けられた。

このように広範な課題をECGで取り扱うことになったが、日本は、石油以前から国際的な検討が進んでいた③緊急時国際石油融通に関する作業と、⑦産油国・消費国の関係に関する作業の二つをとりわけ重視していた[113]。

このように、第二回会合の目的は、作業の方向性を定めることだったが、各国から特に提案があったものに関しては個別の討議が行われた。イギリスが産油国・消費国の関係に関する試案を初日午後の会合で提出したことから、日本が特に重視していたこの問題についても討議が行われた[114]。この問題について、イギリスは第一回ECG会合の以前から外務省内で詳細に検討を進めていた[115]。

イギリスの提案を受けて、担当者レベルの会合だけでなく、代表会合でも産油国消費国会議の時期やアプローチの仕方について活発な議論が行われたが、アメリカをはじめとしてイタリア、西ドイツ、デンマークなどから異論が相次ぎ、第二回会合で産油国との対話についてECGとして合意に達することはなかった。結局、産油国との対話については、この問題の議長国となったイギリスを中心に、日本とデンマークが協力する形で作業が進められることになった[116]。

以上のように、ＥＣＧの開始によって動き始めた消費国間協調の舞台でも、産油国との対話に向けた検討が本格的に行われることになった。国連資源問題特別総会の開催には、消極的な姿勢が目立った日本だが、消費国間協調の一環として産油国との対話を進めていくことには大いに積極的であったことが、以上の検討から分かるだろう。

国連資源問題特別総会

以上に見てきたように、ＥＣＧを舞台として産油国との対話に向けた検討が始まっていた。同時期には国連資源問題特別総会の準備も本格的に進みつつあったが、国連における資源問題の討議に、日本政府は一貫して懐疑的な姿勢を崩さなかった。

日本の懐疑的な姿勢は、流産に終わったフランスの提案に対する見方でも明らかだったが、それは、アルジェリアの提案に基づく特別総会の開催が正式決定する前からほぼ固まっていた。アルジェリア提案時に、同国のアブデッサラーム工業エネルギー相が来日中だったこともあり、日本政府は様々なルートから情報を得て分析を進めた[117]。

この問題を所管する外務省の国連局経済課は、一九七四年二月初めの段階でアルジェリア提案を次のように見ていた[118]。ポイントは以下の通りである。まず、アルジェリア提案に基づく特別総会が開催されることはほぼ確実だが、準備が中途半端なままに開催しても実質的な議論を行うことができない。以上は日本政府の的確な情勢分析を示しているが、それに続けて、「今回の資源問題を中心とする特別総会は今後の南北問題の行方に大きな影響を与えることが考えられる」とし、「天然資源恒久主権」など南北問題一般に対する強い警戒心を露わにしていることに、ここでは注目したい。日本が資源問題を南北問題と可能な限り切り離そうとしてきたことは、これまで論じてきた通りだが、第一次石油危機を経ても、この姿勢が変わることはなかったのである。

二月初めの時点で示された特別総会の見通しと南北問題に対する警戒姿勢は、総会開催の正式決定後も引き継がれた。特別総会での討議事項について国連で調整が進んでいた三月初め、国連局経済課がまとめた会議に向けての検討では、「会議が理念的に目指しているところは非同盟的な色彩が濃い」ということが確認された[119]。具体的な討議事項については、「UNCTAD〔国連貿易開発会議〕総会、第三次国連開発戦略策定やそのレビュー作業の繰り返しといった様相を呈している」と、南北問題が特別総会の焦点になりつつあると観察している。

その上で、ここでは石油危機を経て浮上した南北問題の抱える複雑な状況を次のように指摘された[120]。

会議は基本的には南北対決という様相をとることはほぼ間違いないが、それぞれの内部は決して一本にまとまっているわけではない。南の側では最近益々顕著になってきた「南の中の南北問題」とそれに加えて産油国対非産油開発途上国のヘゲモニー争いという問題があり、他方北の側でも資源を保有している先進国とそうでない国との間の立場の相違が明白になりつつあり、又従来から南北問題についてきわめて南寄りの姿勢を示してきたオランダ、スカンディナビア諸国、さらに仏がどのような独自の動きを示すか等の問題もあり、会議は複雑な展開を示すものと予想される。

特別総会開会までの国連局経済課の見解を概観すると、南北問題一般に対して警戒する見方が浮かび上がる。この見方は、ほぼそのまま特別総会に向けた対処方針にも引き継がれ、「いたずらに新経済体制の樹立ないしはそのための新機構の導入等を目指すが如き試みはdiscourage〔阻止〕するべく努めるものとする」ことが基本方針として明記された[121]。なお、特別総会とエネルギー資源問題の関係については「エネルギー問題は世界的な関心事項であり、そのための解決策もまた、世界経済全体のコンテキストで検討されなければならない」とされた。これは、非産油開発途上国に視点を向けさせることで産油国の攻勢を削ぐという、こともあるが[122]、エネルギー資源問題が国際経済秩序全体に大きく影響を与える側面を重視すべきという、大平外相が石油危機以前から強調していることとも繋がる視座と言えよう。

四月九日から五月二日まで開催された、国連資源問題特別総会での日本の対応は、表面上は協力姿勢を示しつつも、重要な点では何も譲らないものとなった。

特別総会に日本の首席代表として派遣されたのは、水田三喜男である。水田は政策通で知られ、池田勇人・佐藤栄作の両政権で計五年にわたって大蔵大臣を務め、当時は政務調査会長の任にあった自民党の有力政治家である[123]。だが、現職の閣僚ではなく、自民党内でも小派閥の長であるに過ぎなかった。日本がこの特別総会で踏み込んだコミットメントをする気がなかったことは、代表の人選にも表れている。

日本の代表演説は開会三日目に行われた[124]。この演説で水田は、「総会のテーマである資源と開発の問題はわれわれ人類共通の重要問題であり、この問題の解決のためには資源を持てる国も持たざる国も全世界的な立場から『対話と協調』を推進すべきこと」をまず指摘した。そして、国連におけるこれまでの討議と資源をめぐる情勢の変化について触れた上で、「開発途上国を含むすべての国が自国の天然資源をその経済発展と国民の福祉の向上を目途として開発し利用する権利、すなわち天然資源恒久主権の原則を認める」と南北問題の一つのポイントである天然資源恒久原則に関する途上国側の主張を認めた。

このように、水田の演説は「南」に対して同情的な姿勢を示すものだったが、その立場はあくまで「先進国の一員」の枠内に収まっていた。演説で示された具体的な提案は、①資源関係のデータ分析・普及のための国連資源情報センターの設立検討、②天然資源探査のための国連回転基金の早急な事業開始の要請、③国連大学におけるエネルギー問題を中心とする資源の長期的かつ基礎的研究の実施、④国連第四回天然資源委員会の東京誘致、⑤国連における資源問題に関する有識者諮問グループの設立検討、などである。注意深く読めば分かるように、様々な点で「南」に気を遣いながらも、「北」の消費国として具体的に何か譲るものが含まれているわけではない。

総会では、約二週間にわたって続いた一般演説と並行して、①新国際経済秩序樹立宣言、②同宣言の行動計画、③現下の危機のもとで最も影響を受けている諸国に対する救済措置を定めた特別計画、④その他決議案、の四種類の作業が事務レベルで討議され、①②③については投票に付されることなくコンセンサスで採択され、また諸決議案については経済社会理事会に付託することが決定された[125]。

新国際経済秩序樹立宣言が採択されたことで、南北問題が一時的に盛り上がったように見えたものの、その後一転して停滞したことは、日本政府の見通しが正鵠を射ていたことを示している。

このように、日本は、消費国間協調の枠内で産油国との対話を進める姿勢を示しつつ、資源問題を一貫して南北問題と切り離して考えており、南北問題については具体的なコミットメントを避けたのであった。

3 産油国との対話の行方と消費国機関設立案の浮上——一九七四年三月-四月

第二回国際資源問題担当官会議

前節では、ＥＣＧの開始と国連資源問題特別総会を検討した。そこから明らかになるのは、産油国との対話を重視しつつも、それを国連ではなく消費国間協調の一環として進めようとする日本の姿勢であった。本節では、時期を少し前に戻して、石油情勢が落ち着きを見せ始めた一九七四年三月半ばから、アメリカによる消費国機関設立提案がなされる四月初めまでの消費国間協調をめぐる動きを検討する。

三月一三日と一四日に行われた第二回会合を経て、ＥＣＧの具体的な方向性が決まったことは既述の通りだが、この時期、石油市場は落ち着きを取り戻しつつあった。危機発生後に各国が石油需要抑制に努めたことや、危機に伴う不景気によって需要が減る一方で、ＯＡＰＥＣの石油戦略に加わらなかった諸国が増産に努め、さらにＯＡＰＥＣ諸国でもこの時期になると徐々に生産が回復するなど、世界的に供給不足が解消されつつあったからである[126]。

サウジアラビアが供給量増加に向けて動き始めていたことは、二月末から三月頭にかけて日本政府にも伝えられていた。エネルギー・ワシントン会議とそのフォローアップ作業について説明に出向いた高杉駐サウジアラビア大使に対して、サッカーフ外務担当国務大臣は、産油国との対話を掲げる「日本の努力を多とする」とし、さらにサウジアラビアが「原油価格の引下げに努力」しており、供給量の増加についても「事情の許す限り消費国の要望に応じたい」と伝えた[127]。日本の取り組みを評価し、供給増加に向けて努力するというサウジアラビア政府の見解は、鶴見外務審議官とデジャーニー駐日大使との会談でも繰り返された[128]。アラブ産油国内の穏健派という立場にサウジアラビアは復帰しつつあった。

三月一六日と一七日にウィーンで開催されたＯＰＥＣ第三八回総会で、原油公示価格の三ヵ月凍結が決定されたことで、「価格」に関する産油国の攻勢は一旦撃ち止めとなった。この背後には、市場の動向を注視していたサウジアラビアの動きがあった[129]。

さらに象徴的な意味を持ったのが、三月一三日にトリポリ、一八日にウィーンでそれぞれ開催されたOAPEC石油相会議を経て、イタリア、西ドイツが「友好国」とされ、対米禁輸も解除されたことである。オランダへの禁輸は継続し、イラクは会議を欠席、アルジェリアは条件付きでリビアとシリアが対米禁輸を継続といった例外はあったものの、これらの決定によって「量」の面でも第一次石油危機は一つの区切りを迎えることになった[130]。

この時期の日本の認識は、三月一八日と一九日にブリュッセルの在ベルギー大使館で開催された、国際資源問題担当官会議における議論からうかがうことができる。同会議は七二年一〇月に続いて二回目で、七三年秋に開催予定だったものが、石油危機発生により業務が立て込んだため延期されていた。

石油情勢が落ち着いたことでようやく開催の運びとなったこの会議には、外務省から手島冷志経済局参事官、片倉邦雄国際資源室首席事務官、高橋利弘中近東課事務官、通産省からは、天谷直弘国際経済部長、林昭彦資源エネルギー庁国際資源課課長補佐(総括班長)が参加した[131]。加えて、在外公館からは、消費国は米、英、仏、独、蘭、伊、産油国はサウジアラビア、クウェート、レバノン、イラク、エジプト、ナイジェリア、インドネシア、ソ連、その他ジュネーブ代表部、OECD代表部、OPEC事務所所在地のオーストリア、ソ連の各館担当者が集まり、エネルギー資源問題の担当者が一堂に会して検討を行う場となった。

会議では、開催地の安倍勲駐ベルギー大使に続いて、通産省の天谷国際経済部長が挨拶を行った。天谷は、通産省を代表してエネルギー・ワシントン会議と第一回ECG会合に参加した国際派の一人である。この挨拶で「資源問題は文明史的な意味合いを持つ」と語っているのは、後に『日本町人国家論』で知られることになる天谷らしいが、より重要なのは挨拶の冒頭で示された以下の見解であろう。

エネルギー問題は非常に巨大なため世界的に情報の混乱が生じている。産油国と非産油国でも価格に対する考え方が相違しているし、国内においても外務・大蔵・通産各省の立場が違っており群盲象をなでるといった次第で、ある種の角度からみて全体のイメージを把握することは困難である。従ってシステム・アプローチの方法が必要であり例えばエネルギー会議というものも産油国、消費国の参加によって世界の利益が反映されるなら正しいアプローチと考える。自分の任地からのみ見るのみでなくインテグレート〔統合〕された正しいイメージを得んとすることが望ましいことであると思う。日本としても資源エネルギー問題を如何に判断し正しいアプローチとするか真剣に考えるべきである。

第二章で検討したように、石油危機以前は外務・通産両省の資源問題担当者にはエネルギー資源外交の進め方に関して一定のコンセンサスがあったが、石油危機を経て、中東政策「明確化」の際の対立もあり、この意識は大いに揺らいでいると天谷は観察していたのである。この会議を通じて、担当者間でどういった合意が可能かは、日本の資源外交の行方を占う上で重要な意味を持った。

天谷の挨拶に続いて、外務省経済局の手島参事官からエネルギー・ワシントン会議後の消費国間協調の動き、資源エネルギー庁国際資源課の林総括班長から国内情勢の報告が行われた後、第一の議題として「国際石油情勢の動向」が検討された。この会議とほぼ時を同じくしてウィーンではOAPEC石油相会議が開催されており、対米禁輸を解除すること、そしてイタリアおよび西ドイツを「友好国」として扱うことが決定されたことがまず確認された。

会議では、対米禁輸解除によって「石油戦略」が「一段階を画し」た、と評価された。そして高騰が続いた価格については、「短期的に石油需給の見通しを立てれば、各消費国の消費抑制効果もあらわれて、一応均衡状態で今年は推移する」と考えられることから、「全般的に価格の動きは鎮静化し、天井知らずの高騰ぶりは終熄に向かうものとみられる」との見通しで大方の一致をみた。

続く第二の議題は、国際石油資本と産油国の力関係の変動である。まず確認されたのは、中長期的に見ると、国際石油資本が産油国に対する優位を次第に失うだろう、ということである。この点をどれだけ重視するかによって各国の対応は分かれることになる。ここで、フランスの対応がやや冷やかに討議されている点が興味深い。フランスがサウジアラビアとの大規模な二国間取引をしたことが、結果として高値についたことがこの時期には既に認識されていたからである。ここからは、日本の資源問題担当者が二国間取引の拡大に対して懐疑的であったことが分かる。国際石油資本と産油国の関係については、その相互依存関係が当面は続くだろうという見方が大勢を占めた。

以上の議論を土台に、第三の議題として、産油国との対話について議論が行われた。重要なのは、産油国との対話を日本はどれだけ本気で進めるのか、という意見が参加者から相次いだことである。背景には、石油情勢の落ち着きがあった。依然として高率のインフレが続き、騒然としていた日本国内の雰囲気は別としても、国際情勢だけでなく、前年一二月末の「友好国」認定、一月に明らかになった通関統計などによって、日本にとって「量」の問題はエネルギー・ワシントン会議の前に事実上解決していた。この時期には、石油問題は完全に「価格」の問題に移っており、「価格」の問題については、可能な限り低く抑えたいということで消費国間の意見は一致していた。そうであれば、消費国間協調を崩してまで産油国との対話を推進する必要はないではないか、と参加者の多くは考えたのである。

結局、「産油国との早期対話の実現は『建て前』としては下ろせない」こと、そして「当面は産油国との日常的なコンタクトの継続が重要」だと確認することで議論は落ち着いた。産油国との対話の実現可能性や意義については疑問視する意見が大勢を占めたが、エネルギー・ワシントン会議参加に際して「産油国との対話の推進」を掲げた、これまでのいきさつが重視されたのである。会議で議論されたのは対外関係だが、ここには三木や中曽根に代表される国内の声への配慮という側面もあったのかもしれない。

このような国際資源問題担当者間のコンセンサスを反映して、この後、日本のエネルギー資源外交の方針は、産油国との対話を推進する姿勢を見せつつ、実際には、ＥＣＧの作業を通じてより実効的な消費国間協調を推進するというものになった。産油国との対話の推進を強い調子で唱えていたエネルギー・ワシントン会議以前と比べると、そのトーンダウンは明らかだろう。

第三回エネルギー調整グループ会合

国際石油情勢がある程度落ち着き、第二回国際資源問題担当官会議を経て、産油国との対話を重視する日本の姿勢にも若干の変化が見られるようになっていた。こうしたなかで、一九七四年四月三日と四日に、ブリュッセルで第三回ＥＣＧ会合が開催された。

第二回会合で、今後の議論の進め方が決定されたことで、第三回会合から具体的な消費国間協調の中身について討議が進められていくことになっていた。既述のように、ＥＣＧでは九分野にわたる非常に広範なテーマを検討することが決まっていた。国際金融問題を含むその全てを見ることは本書の射程を超えるものであり、以下では、日本が当初力を入れて取り組んだ産油国との対話（議題⑦）と、この後、ＥＣＧにおける作業の焦点となった緊急時石油融通を中核とする消費国間協調のパッケージ案（議題③）の二つを中心に見ていく。なお、この二つの作業の他に、日本が特に重要な役割を担ったのは、エネルギー消費節約・需要抑制

（議題①）に関する検討作業である。日本は、ＯＥＣＤの委員会を利用して進められることになった同作業の議長国となり、豊永資源エネルギー庁国際資源課長が議長を務めた[132]。

さて、産油国との対話についてイギリスが議長国を務めることになり、日本も協力する形で具体的な検討が進められることになったことは、前節で見た通りである。しかしながら、第三回ＥＣＧ会合が開催される頃には、産油国との対話は既に暗礁に乗り上げていた。

第三回会合に向けた対処方針では、以下のように「日本の基本的態度」が掲げられた[133]。

現下のエネルギー問題及び関連問題の早期解決を希望し、このため調整グループが産油国との建設的な対話の可及的速やかな実現を目指してしかるべき準備を取り進めるべきであると考える。既に第二回調整グループにおいて現下の情勢から早急に検討すべき諸問題につき、その検討の方向と適当な検討のための機構とが一応明確になり、今後は、それらの検討の順調な進展に俟つこととなった現段階においては、以上の見解を適宜表明しつつ、討議の重点を本件に置くように努めることとする。

その際、産油国・消費国会議の実質的内容及び、議題については、当面、予備的な意見交換に留め、今次会合においては主として産油国等に対するアプローチの仕方に関する事項（アプローチの時期・方法・プレゼンテーション等）について重点的に討議するのが望ましいと考える。

この「基本的態度」の前段は、従来どおり「産油国との対話」を前面に押し出している。だが、後段の方針は「産油国との対話の早期実現」とは明らかにほど遠い。ここには、国際資源問題担当官会議の議論が影響していると考えられる。また、ＥＣＧ第三回会合に先立って行われたイギリスとの予備協議でも、日本は

「産油国・消費国会議開催を必ずしも急がないこと」を表明している[134]。「建て前」としての「産油国との対話」は取り下げていないものの、実際の進展を図る意志をこの時期の日本から読み取ることは難しい。

なお、国連資源問題特別総会について、ECG会合では「特別総会に関しノンコミッタルな意見交換を行うことが望ましい」とされた。そして「調整グループ又は産油国・消費国会議の関係は本件特別総会の開催と相矛盾するものではなく、相互に両立し得るものであるとの態度に立つ」ことが確認された[135]。開会直前の特別総会について、そこで日本がどのように振る舞うかということよりも、それがECGの活動、すなわち消費国間協調に影響を与えないか、ということが懸念されていたのである。

特別総会に関する第三回ECG会合の討議は、おおむね日本の方針と一致するものであった。アメリカの対産油国強硬姿勢は懸念されたものの、大多数の国は、特別総会で石油が特別に取り上げられ、かつ実質的な討議がなされることはないと見ていた。結局、ECG参加国としては、産油国や非産油開発途上国に対し、二国間ベースで非公式な接触を行うことが合意されたのみで、接触の際の統一ガイドラインも実質的内容を欠くものであった[136]。

第三回ECG会合までに、産油国との対話に関する日本の姿勢は大きく後退していたと評価できるだろう。産油国との対話を「建て前」として掲げつつ、実際面においては消費国間協調の推進をするという、この後も一貫するエネルギー資源問題担当者の立場が定まったと言える。産油国との対話は旗印としては残されたが[137]、早期の実現が追求されることはなくなり、消費国間協調を進める一つの手段となったのである。

その一例は、「産油国の工業化及び経済社会開発」について、その作業の議長国を務める西ドイツと共同提案したことである[138]。この共同提案は日本にとって二重の意味があるものだった。一つは、石油危機を受けて産油国を重視した援助姿勢を打ち出すことによって非産油開発途上国を刺激することを避けることである[139]。産油国の工業化に対する支援は、産油国にとっても利益がある一方で、あからさまな援助という形にならないという利点があった。もう一つは、産油国対策を共同で行うことによって西ドイツという消費国との協調を進められることである。

第三回ＥＣＧ会合は、日本のエネルギー資源外交の転機となっただけでなく、消費国機関設立に繋がる提案が行われた点でも重要な意味を持つ会合となった。アメリカ代表のドナルドソン国務次官がＥＣＧ活動全般に渡る政策パッケージ（ドナルドソン・ペーパー）を提出したのである[140]。

ドナルドソン・ペーパーが提出された背景には、ユーロ・アラブ対話の実現など独自の姿勢をさらに鮮明にしていたフランスを中心とする西欧諸国の動きに、キッシンジャーがフラストレーションを溜めており[141]、ＥＣＧにおける作業を急ぐようドナルドソンに強く繰り返し求めていたというアメリカ政府内の事情があった[142]。ドナルドソンは各消費国の姿勢を見極めつつ審議を進めようとしていたが、キッシンジャーはそれを許さなかったのである。このような事情を勘案すれば、このペーパーはＥＣＧの議論をリードするアメリカの本音を示すものと言ってよい。

会合に代表として出席した鶴見外務審議官は、ドナルドソン・ペーパーを、「将来のエネルギー事情に対する強気の見通しと、主要消費国がパッケージでエネルギー対応策を取りそれを背景として産油国側と協議に臨もうとするもの」と観察するとともに、この提案にかけるアメリカの強い意志を感じ取った[143]。日本が、このペーパーの骨子と受け取ったのは以下の三点である[144]。

① 石油市場は、短期においては高価格による需要減退、中期においてはアラスカ、北海等の開発、長期においては、米国のプロジェクト・インデペンデンス及び、他国の同様の計画や節約の進展、以上

によって価格は下降圧力を受けよう。

② 各国の石油輸入依存度を低めるために、国際協力によって節約・原子力も含めた新エネルギー源の研究開発等を押し進めるべきである。

③ 緊急時に備えるため、緊急時の節約・生産・備蓄政策・相互依存原則の承認及び融通スキームを五つのパッケージとして発展させなければならない。

この中で特に重要なのは、消費国の包括的な協調を目指すことを表明した三点目である。以上の提案の骨子からは分かりにくいかもしれないが、石油危機以前からOECDで進められていた緊急時の融通スキーム策定はともかくとして、その実現のために節約や備蓄、さらには強力な措置を可能とするための「相互依存原則の承認」といったことを含めたパッケージとして発展させるということは、各参加国がエネルギー・ワシントン会議の時から一貫して消極的な姿勢を示していた消費国機関設立に繋がるものであった。

ドナルドソン・ペーパーの提出を受けて、ECGにおける作業の焦点は、一挙に消費国機関設立に対する各国の賛否へと移っていくことになった。

註

1 ――Ian Seymour, *OPEC: Instrument of Change* (London: Macmillan, 1980), pp. 121-122;「OPECテヘラン大臣会議」一九七三年一二月二三日、外務省編『わが外交の近況 昭和四九年度(第一八号)』大蔵省印刷局、一九七四年、下巻、一七二-一七三頁。

2――第一回から第五回までの国連特別総会はいずれも政治問題がテーマであり、経済問題を取り上げる特別総会が開会されるのは初めてであった。

3――C・O・E・オーラル・政策研究プロジェクト『宮崎弘道オーラル・ヒストリー』政策研究大学院大学、二〇〇五年、一五七頁。

4――同時期の米欧関係を検討する際にエネルギー・ワシントン会議を取り上げている主な研究として、Fiona Venn, "International Co-operation versus National Self-Interest: The United States and Europe during the 1973-1974 Oil Crisis," in Kathleen Burke and Melvyn Stokes (eds.), *The United States and the European Alliance since 1945* (Oxford: Berg Press, 1999), pp. 71-97; Daniel Möckli, *European Foreign Policy during the Cold War: Heath, Brandt, Pompidou and the Dream of Political Unity* (London: I.B. Tauris, 2009), Chapter 6; Thomas Robb, "The Power of Oil: Edward Heath, the 'Year of Europe' and the Anglo-American 'Special Relationship,'" *Contemporary British History*, Vol. 26, No. 1, (March 2012), pp. 73-96; Aurélie Élisa Gfeller, *Building a European Identity: France, the United States and the Oil Shock, 1973-1974* (New York: Berghahn Books, 2012); Thomas Robb, *A Strained Partnership?: US-UK Relations in the Era of Détente, 1969-77* (Manchester: Manchester University Press, 2013), pp. 98-112; Daniel J. Sargent, *A Superpower Transformed: The Remaking of American Foreign Relations in the 1970s* (Oxford: Oxford University Press, 2015), pp. 158-161などがある。また、Daniel J. Sargent, "The United States and Globalization in the 1970s," in Niall Ferguson *et al.* (eds.), *The Shock of the Global: The 1970s in Perspective* (Cambridge, Massachusetts: The Belknap Press of Harvard University Press, 2010), pp. 49-64はアメリカの対外経済政策が「相互依存」から「グローバリゼーションの推進」へと重点を移行させる重要な契機としてエネルギー・ワシントン会議を位置づけている。

5――同総会における日本外交を取り上げたものとして、山本剛士『戦後日本外交史VI――南北問題と日本』三省堂、一九八四年、二七九―二八七頁、渡邉昭夫『日本の近代 八 大国日本の揺らぎ一九七二～』中央公論新社〈中公文庫〉、二〇一四年、一三四―一三六頁。

6――Venn, "International Co-operation versus National Self-Interest"; Louis Turner, "The Politics of the Energy Crisis," *International Affairs*, Vol. 50, No. 3 (July 1974), pp. 404-415.

7――Minute: Carrington to Heath, "Oil Supplies", 22 October 1973, *Documents on British Policy Overseas, Series III, Vol. IV,*

The Year of Europe: America, Europe and the Energy Crisis, 1972-1974 (hereafter cited as *DBPO*), No.320.

8——Mauro Elli, "The UK Role in the European Community: EEC Energy Policy at the Eve of the Oil Crisis," in Michele Affinito, Guia Migani, and Christian Wenkel (eds.), *Les deux Europe/The Two Europe* (Bruxells: PIE-Peter Lang, 2009), pp. 301-304; Robb, *A Strained Partnership?*, p. 100; 高安健将「政府内政策決定における英国の首相の権力——石油危機に対するE・ヒースの対応を事例に」『早稲田政治経済学雑誌』第三五七号、二〇〇四年一〇月、八四－八六頁。

9——Möckli, *op. cit.*, pp. 238-240.

10——Tel 1533 to UKREP Brussels, "Energy and the Community: Kissinger's Proposal", 13 December 1973, *DBPO*, No.456; 在英森大使発外務大臣宛第二〇四三号「エネルギー問題に対するキツ《ママ》シンジャー新提案」一九七三年一二月一二日（外務省情報公開：二〇〇七－〇〇五六七）。演説の全文は、"The United States and a Unifying Europe: The Necessity for Partnership," Address by Secretary Kissinger, *Department of State Bulletin*, No. 1801 (Washington D.C.: United States Government Printing Office, 1975), pp. 777-782に収録されている。

11——Henry Kissinger, *Years of Upheaval* (Boston: Little, Brown, 1982), p. 896.（H・A・キッシンジャー（読売新聞・調査研究本部訳）『キッシンジャー激動の時代』小学館、一九八二年、全三巻）。

12——在米安川大使発外務大臣宛第五六八七号「エネルギー・アクション・グループに関するキッシンジャー提案（意見具申）」一九七三年一二月一四日（外務省情報公開：二〇〇七－〇〇五六七）。この他に、森治樹駐英大使からも「わが国としては生産国側の反応を十分に見極めつつ基本的にはこれにPOSITIVEに対処すべきものと存ずる」という意見が寄せられていた。在英森大使発外務大臣宛第二〇五一号「キッシンジャー提案のENERGY ACTION GROUPに関する本使意見」一九七三年一二月一三日（外務省情報公開：二〇〇七－〇〇五六七）。

13——北米二「エネルギー・アクション・グループ構想についてのわが国の基本的立場と対処方針（案）」一九七三年一二月一四日（外務省情報公開：二〇〇七－〇〇五六七）。第一章でも触れたように、北米第二課は、アメリカ局に所属していたが、同時に経済局の局議にも参加していた。エネルギー行動グループと、それに続くエネルギー・ワシントン会議の主管課も北米第二課だったが、実質的に取り仕切ったのはアメリカ局ではなく経済局であった。大河原良雄へのインタビュー（二〇一二年七月一九日、東京）、谷内正太郎へのインタビュー（二〇一〇年九月一三日、東京）。エネルギー・ワシントン会議時、大河原氏はアメリカ局長を、谷内氏はアメリカ局北米第二課事務官を務めていた。

14——北米二「エネルギー行動グループ提案に関する擬問擬答（随時追加の予定）」一九七三年一二月一三日（外務省情報公開：二〇〇七－〇〇五六七）、作成者なし「エネルギー行動グループ提案に関する当面の対外説明ぶり（外部より質問ありたる場合）」一九七三年一二月一九日（外務省情報公開：二〇〇七－〇〇五六七）、北米二「エネルギー行動グループ提案（情文局長記者会見）」一九七三年一二月二七日（外務省情報公開：二〇〇七－〇〇五六七）。

15——調査部企画課「第五回日独政策企画協議報告（一九七三年一二月一四、一五日於東京）」一九七三年一二月（外務省情報公開：二〇〇七－〇〇四〇三）。

16——調査部企画課「第一八回日米政策企画協議報告（一九七三年一二月一九～二一日於米国アナポリス）」一九七四年一月、戦後期外務省記録『日米政策企画協議』（二〇一二－二八七九）、外務省外交史料館（以下、戦後期外務省記録の所蔵は全て同じ）。

17——北米二「エネルギー行動グループ提案に対する各国の反応」一九七三年一二月一八日、戦後期外務省記録『エネルギー・ワシントン会議』（二〇一二－一九二三）。なお、日本は同時期に牛場信彦外務省顧問（前駐米大使）をアメリカに派遣し、石油会社幹部などと接触して情報収集をしていた。在ニューヨーク沢木総領事発外務大臣宛公信第一八一八号「国際石油問題（牛場顧問と米国石油会社幹部との会談要旨）」一九七三年一二月二一日、戦後期外務省記録『OPEC（主要会議）』（二〇一〇－一八六四）。

18——在OECD吉野大使発外務大臣宛第一四三七号「石油委第二八回会合及び同ハイレベル・グループ第二一回会合（報告）」一九七三年一二月一九日（外務省情報公開：二〇〇七－〇〇五六七）。

19——北米二「エネルギー・アクション・グループ構想についての米政府関係者の説明」一九七三年一二月一七日、北米二「エネルギー・アクション・グループ構想についての米政府関係者の説明（その二）」一九七三年一二月二二日、いずれも前掲『エネルギー・ワシントン会議』（二〇一二－一九二三）所収。

20——前掲「OPECテヘラン大臣会議」。ただし、日本政府はOPECによる発表以前に公示価格引き上げの概略を掴んでいた。在墺藤山大使発第九一〇号「OPEC経済委員会」一九七三年一二月二〇日、前掲『OPEC（主要会議）』（二〇一〇－一八六四）。

21——「OAPEC（アラブ石油輸出国機構）石油大臣会議声明」一九七三年一二月二五日、外務省編『わが外交の近況

昭和四九年度（第一八号）』大蔵省印刷局、一九七四年、一七三－一七四頁。

22――「官房長官談話」一九七三年一二月二六日（外務省情報公開：二〇〇七－〇〇五六七）。

23――大平外務大臣発在米安川大使宛第三三三七号「エネルギー行動グループ提案」一九七三年一二月二八日（電報は日付が一二月二八日に変わった〇時三七分に送られた）。なお、アメリカへの申し入れは現地時間一二月二八日に行われた。Memorandum of Conversations [Memcon], "Japanese Views on Energy Action Group," December 28, 1973, Box 2408, Subject Numeric Files 1970-1973, Record Group 59, National Archives II, College Park, Maryland.

24――北米二「エネルギー行動グループ提案（各論）」一九七三年一二月二六日、前掲『エネルギー・ワシントン会議』（二〇一二－一九二三）。

25――在仏中山大使発外務大臣宛第一八号「ジョベール外相との会談（エネルギー問題、三者宣言等）」一九七四年一月四日（外務省情報公開：二〇〇七－〇〇五六七）、北米二「エネルギー問題に関する仏の立場」一九七四年一月五日、前掲『エネルギー・ワシントン会議』（二〇一二－一九二三）。

26――Memcon, December 20, 1973, *Foreign Relations of the United States, 1969-1976*, Vol. 36, Energy Crisis, 1969-1974 [hereafter cited as FRUS, 1969-1976, Vol. 36], Doc. 269; Kissinger, *op. cit.*, pp. 897-898.

27――この様子は日本大使館も掴んでいた。在英森大使発外務大臣宛第二〇八七号「タナカ総理親書の伝達」一九七三年一二月二〇日、戦後期外務省記録『日英関係（含、親書）』（二〇一〇－三五三三）。

28――Robb, "The Power of Oil," pp. 80-82. イギリスが懸念した手続きやアプローチ面の不安は日本も共有していたものである。前掲「エネルギー行動グループ提案（各論）」。この時期の英米の外交スタイルの違いに注目した論考として、齋藤嘉臣「「欧州の年」の英米関係、一九七三年――英米の外交スタイルの相違を中心に」『現代史研究』第五二号、二〇〇六年一二月、二七－四〇頁。

29――欧西二「田中総理に対するヒース首相親書」一九七四年一月五日、前掲『日英関係（含、親書）』（二〇一〇－三五三三）。

30――"Letter to Heads of Government on Major Oil-Consuming Nations Inviting Their Participation in a Meeting on International Energy Problems," January 10, 1974, *Public Papers of the Presidents of the United States :Richard Nixon 1974* (Washington D.C.: United States Government Printing Office, 1975), pp.8-9.

31——在米安川大使発外務大臣宛第一二一号「キッシンジャー国務長官及びサイモン長官の記者会見（エネルギー問題）」一九七四年一月一〇日（外務省情報公開：二〇〇七-〇〇二一九）。

32——「田中総理あてニクソン大統領メッセージ」一九七四年一月九日（外務省情報公開：二〇〇七-〇〇二一九）。

33——Kissinger, *op. cit.*, pp. 900-901.

34——在米安川大使発外務大臣宛第一五八号「石油消費国会議に関するヤマニ石油相の発言（報道）」一九七四年一月一三日（外務省情報公開：二〇〇七-〇〇二一九）。

35——同右。

36——ジェフリー・ロビンソン（青木榮一訳）『ヤマニ——石油外交秘録』ダイヤモンド社、一九八九年、一八六。（Jeffrey Robinson, *Yamani: The Inside Story* (New York: Simon & Schuster, 1988)）

37——前掲『宮崎弘道オーラル・ヒストリー』一五六頁。なお、宮崎は駐日大使が宮崎経済局長のもとに来た、と回顧しているが、当時駐日大使は空席であり、招請状に付せられたメッセージもシュースミスの署名であることから、臨時代理大使のシュースミスが宮崎に手渡したと考えられる。

38——宮崎弘道の経歴は、前掲『宮崎弘道オーラル・ヒストリー』に拠った。

39——北米二「エネルギー・ワシントン会議分担表（外務省関係）」一九七四年一月三〇日、前掲『エネルギー・ワシントン会議』（二〇一二-一九二三）。

40——前掲『宮崎弘道オーラル・ヒストリー』一五六頁。

41——大平外務大臣発在タイ藤崎大使宛第六二号「主要消費国間協議に関する米提案」一九七四年一月一〇日（電報の冒頭には「法眼次官より鶴見外務審議官へ」と記されている）、大平外務大臣発関係在外公館長宛合二四九号「主要消費国間協議に関する米提案（官房長官談話）」一九七四年一月一〇日、いずれも戦後期外務省記録『エネルギー・ワシントン会議』（二〇一二-一九二六）所収。

42——「官房長官談話」一九七四年一月一一日（外務省情報公開：二〇〇七-〇〇二一九）。

43——「田中総理発ニクソン大統領あてメッセージ」一九七四年一月一四日（外務省情報公開：二〇〇七-〇〇二一九）。

44——北米二「主要消費国外相レベル会議提案に対する各国の反応」一九七四年一月一一日、前掲『エネルギー・ワシントン会議』（二〇一二-一九二三）。

45――在米安川大使発外務大臣宛第一六六号「ラッシュ国務長官代理とホウゲン次官との会談」一九七四年一月一四日、前掲『エネルギー・ワシントン会議』（二〇一二―一九二六）。

46――三木訪米については、以下で引用した史料の他に、『有馬龍夫（元日本政府代表）オーラル・ヒストリー』政策研究大学院大学、二〇一一年、一四一―一四七頁、も参照。有馬龍夫は三木訪米に同行していた。また訪米の概要は、アメリカ局北米第一課「三木副総理の訪米」一九七四年一月二三日、戦後期外務省記録『三木副総理米国訪問』（二〇一三―二三六五）。

47――在米安川大使発外務大臣宛第九九号「三木副総理・サイモン会談」一九七四年一月九日、前掲『三木副総理米国訪問』（二〇一三―二三六五）。

48――在米安川大使発外務大臣宛第一〇一号「三木副総理・「キ」長官会談」一九七四年一月一〇日、前掲『三木副総理米国訪問』（二〇一三―二三六五）。

49――この外遊時のイラン、イラク訪問については、中曽根康弘『海図のない航海――石油危機と通産省』日本経済新聞社、一九七五年、一四九―一五八頁、を参照。

50――在英森大使発外務大臣宛第五〇号「ナカソネ大臣とヒース首相との会談」一九七四年一月一二日、戦後期外務省記録『エネルギー・ワシントン会議』（二〇一二―一九二四）、The National Archives of the UK [TNA]: PREM 15/2178 "Record of a Conversation between the Prime Minister and the Japanese Minister for International Trade and Industry," 11 January 1974.

51――経済局「主要案件対処方針（案）」一九七四年一月四日、前掲『エネルギー・ワシントン会議』（二〇一二―一九二三）。

52――前掲『宮崎弘道オーラル・ヒストリー』一五六頁。

53――小長啓一へのインタビュー（二〇一〇年六月一一日、東京）。

54――北米二「エネルギー・ワシントン会議の対策打合せ」一九七四年一月一八日、戦後期外務省記録『エネルギー・ワシントン会議』（二〇一二―一九二五）、経済局「主要消費国ワシントン会議に臨むわが国の態度について」一九七四年一月二一日、前掲『エネルギー・ワシントン会議』（二〇一二―一九二三）。

55――「第七二回国会における大平外務大臣の外交演説」一九七四年一月二一日、前掲『わが外交の近況 昭和四九年度

（第一八号）』下巻、一七－二二頁。

56——外務省の担当者は、各国の二国間直接取引を注視していた。外務省国際資源室「二国間直接取引き」一九七四年二月二日、前掲『エネルギー・ワシントン会議』（二〇一二－一九二五）。

57——前掲「主要消費国ワシントン会議に臨むわが国の態度について」。

58——前掲『宮崎弘道オーラル・ヒストリー』一六六頁。

59——中近東課「アブデッサラーム・アルジェリア工業・エネルギー相及びヤマニ・サウディ・アラビア石油鉱物資源相と、大平外務大臣、福田大蔵大臣及び中曽根通産大臣との会談録」一九七四年一月二八日（外務省情報公開：二〇〇七－〇〇五七五）。

60——中近東アフリカ局中近東課「小坂特使中近東諸国訪問報告」一九七四年二月、戦後期外務省記録『三木、小坂特使中東諸国訪問』（二〇一三－一九〇七）。小坂特使については、片倉邦雄・中村義博（経済局国際資源室）「三木、小坂両特使に同行して」『経済と外交』一九七四年四月号、三二－三九頁、も参照。

61——前掲「小坂特使中近東諸国訪問報告」。

62——北米二「主要消費国外相レベル会議に関する各国の考え方」一九七四年一月二二日、前掲『エネルギー・ワシントン会議』（二〇一二－一九二三）。

63——Robb, "The Power of Oil," pp. 82-85; Robb, *A Strained Partnership?*, pp. 104-106.

64——Paris Tel 44, 12 January 1974, *DBPO*, No. 505.

65——前掲「二国間直接取引き」。

66——Kissinger, *op. cit.*, pp. 903-904.

67——*Ibid.*, p. 904. 日本に対しても会議に臨むフランスの方針は詳細に伝えられていた。在仏中山大使発外務大臣宛第三三八号「エネルギー・ワシントン会議」一九七四年二月六日、同第三三九号「エネルギー・ワシントン会議」一九七四年二月六日、いずれも戦後期外務省記録『エネルギー・ワシントン会議』（二〇一二－〇四四三）所収。

68——北米二「エネルギー・ワシントン会議の主な経緯」一九七四年二月八日、前掲『エネルギー・ワシントン会議』（二〇一二－一九二五）。

69——北米二「エネルギー・ワシントン会談《ママ》（米側のアジェンダ案の概要）」一九七四年一月三〇日、前掲『エネルギー・ワシントン会議』(二〇一二－一九二三)、通商産業省「エネルギー・ワシントン会議に関する米国提案について」、前掲『エネルギー・ワシントン会議』(二〇一二－一九二六)。

70——作成者なし「主要消費国ワシントン会議対処方針」一九七四年二月七日、前掲『エネルギー・ワシントン会議』(二〇一二－一九二五)。

71——対処方針の検討過程を示す文書として、経済局「主要消費国ワシントン会議対処方針案骨子」一九七四年一月三〇日、戦後期外務省記録『国連第六回特別総会』(二〇一〇－一二三四)。

72——北米二「エネルギー・ワシントン会議に関する米、ECの態度について」一九七三《ママ》年二月六日、前掲『エネルギー・ワシントン会議』(二〇一二－一九二三)。内容的にみて日付は明らかな誤記である。

73——キッシンジャー演説及び各国代表の全体会議冒頭発言は、在米安川大使発外務大臣宛第七〇二号「エネルギー・ワシントン会議(各国代表発言要旨)」一九七四年二月一二日、同第七〇六号「エネルギー・ワシントン会議(十二日午前、全体会議)」一九七四年二月一二日、いずれも前掲『エネルギー・ワシントン会議』(二〇一二－〇四四三)所収。

74——谷内正太郎(アメリカ局北米第二課)「エネルギー・ワシントン会議」『経済と外交』一九七四年四月号、二四－二五頁。

75——「エネルギー・ワシントン会議における大平外務大臣冒頭演説」一九七四年二月一一日、前掲『わが外交の近況 昭和四九年度(第一八号)』下巻、九六－九九頁。

76——経済局「エネルギー・ワシントン会議について(とりあえずのコメント)」一九七四年二月一四日、前掲『エネルギー・ワシントン会議』(二〇一二－一九二五)。

77——前掲『宮崎弘道オーラル・ヒストリー』一五七頁。

78——前掲「エネルギー・ワシントン会議(各国代表発言要旨)」、前掲「エネルギー・ワシントン会議(十二日午前、全体会議)」。

79——Kissinger, *op. cit.*, pp. 902-903; Robb, "The Power of Oil," pp. 82-85; 前掲「エネルギー・ワシントン会談《ママ》(米側のアジェンダ案の概要)」。

80——Kissinger, *op. cit.*, pp. 905-911.

81――在米安川大使発外務大臣宛第六八六号「エネルギー・ワシントン会議（準備会議）」一九七四年二月一〇日、前掲『エネルギー・ワシントン会議』（二〇一二―〇四四三）。日本からは、鶴見清彦外務審議官、斎藤邦彦北米第二課長、豊永恵哉資源エネルギー庁国際資源課長が参加した。

82――前掲「エネルギー・ワシントン会議（各国代表発言要旨）」。

83――在米安川大使発外務大臣宛第七〇三号「エネルギー・ワシントン会議」一九七四年二月一二日、前掲『エネルギー・ワシントン会議』（二〇一二―〇四四三）。

84――在米安川大使発外務大臣宛第七三四号「エネルギー・ワシントン会議（最終日）」一九七四年二月一三日（外務省情報公開：二〇〇七―〇〇二一九）。

85――「エネルギー・ワシントン会議のコミュニケ」一九七四年二月一三日、前掲『わが外交の近況昭和四九年度（第一八号）』下巻、一四六―一四八頁。

86――Memcon, "China, Korea, Triregional Declaration, Exchange of Visits, the Middle East Situation," February 13, 1974, National Security Archive (ed.), *Kissinger Transcripts*, KT01023; 在米安川大使発外務大臣宛第七三九号「大平大臣、キッシンジャー長官会談（エネルギー会議）」一九七四年二月一四日（外務省情報公開：二〇〇七―〇〇二一九）。キッシンジャーは、回顧録でも、会議の行き詰まりを大平の演説が打開したとその役割を評価している。Kissinger, *op. cit.*, pp. 920-921.

87――前掲「エネルギー・ワシントン会議について（とりあえずのコメント）」、北米第二課「エネルギー・ワシントン会議の評価」一九七四年二月一九日、北米二「エネルギー・ワシントン会議報告会（二月二〇日）」一九七四年二月二二日、いずれも前掲『エネルギー・ワシントン会議』（二〇一二―一九二五）所収。また、鶴見清彦（外務省外務審議官）「ワシントン・エネルギー会議と日本」『世界経済評論』一九七四年四月号、四―一二頁、も参照。以上の評価は、三月五日に作成された報告書でも踏襲された。北米二「エネルギー・ワシントン会議について」一九七四年三月五日、戦後期外務省記録『ＯＥＣＤエネルギー調整グループ』（二〇一〇―一八四三）。

88――両角良彦「石油消費国会議に出席して」『中央公論』一九七四年四月号、三八―三九頁。

89――前掲「ジョベール外相との会談（エネルギー問題、三者宣言等）」。

90――在仏中山大使発外務大臣宛第六二号「エネルギー問題に関する仏の立場」一九七四年一月九日（外務省情報公

開：二〇〇七－〇〇五六七）。

91——Aurélie Élisa Gfeller, "A European Voice in the Arab World: France, the Superpowers and the Middle East, 1970-74," *Cold War History*, Vol. 11, Issue 4 (2011), pp. 667-668. ユーロ・アラブ対話については、田中俊郎「EC加盟国の政治協力——「欧州とアラブとの対話」を事例として」『法学研究』第五四巻第三号、一九八一年三月、一八〇－二〇一頁、Möckli, *op. cit.*, Chapter 5-6; Gfeller, *op. cit.*, Chapter 3-5も参照。同時期の日本政府内部の見方としては、経済統合課「ECアラブ会議（その一）」一九七四年三月九日、戦後期外務省記録『OECDエネルギー調整グループ』（二〇一〇－一八三七）。

92——在仏中山大使発外務大臣宛第七一号「仏のエネルギー世界会議提案」一九七四年一月二三日、戦後期外務省記録『国連第六回特別総会／資源問題』（二〇一〇－一二四二）。

93——大平外務大臣発国連斎藤大使宛第八七号「経社理（エネルギー会議）」一九七四年一月二四日、前掲『国連第六回特別総会／資源問題』（二〇一〇－一二四二）。

94——同右。

95——日本の国際交渉におけるこのような態度は、戦前から一貫して見られる基本的特徴である。マイケル・ブレーカー（池井優訳）『根まわしかきまわしあとまわし——日本の国際交渉態度の研究』サイマル出版会、一九七六年（Michael Blaker, *Japanese International Negotiating Style* (New York: Columbia University Press, 1977)); Michael Blaker, Paul Giarra, and Ezra Vogel, *Case Studies in Japanese Negotiating Behavior* (Washington, D.C.: United States Institute of Peace Press, 2002).

96——在国連斎藤大使発外務大臣宛第一五一号「国連特別総会（資源エネルギー問題）（A）」一九七四年一月三一日、前掲『国連第六回特別総会／資源問題』（二〇一〇－一二四二）。

97——国際資料部分析課「第三回非同盟首脳会議」一九七〇年一〇月九日、資析「わが国の非同盟諸国に対する政策について」一九七〇年一〇月二四日、いずれも戦後期外務省記録『非同盟諸国会議』（二〇一〇－一二九六）所収。

98——調査部分析課「第四回非同盟首脳会議の評価」一九七三年一二月、前掲『非同盟諸国会議』（二〇一〇－一二九六）。

99——国連局経済課「国連資源特別総会の開催について」一九七四年二月一五日、前掲『国連第六回特別総会／資源問題』(二〇一〇-一二四二)。

100――北米二「エネルギー「調整グループ」について」一九七四年二月一九日、前掲『エネルギー・ワシントン会議』(二〇一二-一九二五)。

101――エネルギー・ワシントン会議でフランスと他のEC諸国の立場の相違が明らかになり、さらに同時期に水面下でユーロ・アラブ対話実現に向けた動きが進んでいたこともあり、日本政府は、ECの動きを注視していた。堀江正彦「ECの共通エネルギー政策の現状と見通し」『経済と外交』一九七四年四月号、四九-五三頁。

102――前掲、谷内「エネルギー・ワシントン会議」二七頁。

103――在米安川大使発外務大臣宛第九二〇号「エネルギー調整グループ(審議経過)」一九七四年二月二五日、戦後期外務省記録『OECDエネルギー調整グループ』(二〇一〇-一八三八)。

104――同右。

105――在米安川大使発外務大臣宛第九三六号「エネルギー調整グループ第一回会合(所感)」一九七四年二月二六日、前掲『OECDエネルギー調整グループ』(二〇一〇-一八三八)。

106――日本は、第一回ECG会合後、フランスと接触して、第二回以降の参加を促すなどフランスを含めた消費国間協調の実現に向けて動いていた。在仏武藤臨時代理大使発外務大臣宛第五四四号「エネルギー調整グループ第一回会合」一九七四年二月二七日、大平外務大臣発在仏中山大使および在OECD吉野大使宛合一七六七号「エネルギー調整グループ(仏の態度)」一九七四年三月五日、いずれも前掲『OECDエネルギー調整グループ』(二〇一〇-一八三八)所収。

107――前掲「エネルギー調整グループ第一回会合(所感)」。

108――国際資源室「第二回国際資源問題担当官会議議事録」一九七四年三月(外務省情報公開:二〇〇七-〇〇五七三)。

109――外務省「エネルギー調整グループ――米提案に関するわが方コメントその一」一九七四年三月六日、外務省「エネルギー調整グループ――米提案に関するわが方コメントその二」一九七四年三月八日、いずれも前掲『OECDエネルギー調整グループ』(二〇一〇-一八三七)所収。

110――外務省「第二回エネルギー調整グループに臨むわが方対処方針」一九七四年三月一一日、前掲『OECDエネルギー調整グループ』(二〇一〇－一八三七)。

111――片倉邦雄(経済局国際資源室)「エネルギー調整グループ――産油国・消費国対話の可能性」『経済と外交』一九七四年五月号、九－一〇頁。

112――各作業の名称は文書によって異なるが、ここでは、林昭彦(資源エネルギー庁国際資源課)「ECGにおける討議の進展と今後の国際エネルギー協調の方向」『通産ジャーナル』一九七四年九月号、三二頁、に従った。

113――前掲「第二回エネルギー調整グループに臨む対処方針」。

114――経資源「第二回エネルギー調整グループ会合(三月一三、一四日、ベルギー)」一九七四年三月一五日、前掲『OECDエネルギー調整グループ』(二〇一〇－一八三八)。

115――TNA: FCO 96/54 Fenn to Egerton and Taylor, 22 February 1974.

116――前掲「第二回国際資源問題担当官会議議事録」。

117――中近東課「ワシントン会議等に関するサウディ・アラビア官房長およびアルジェリア工業エネルギー相の内話」一九七四年二月一日、前掲『エネルギー・ワシントン会議』(二〇一二－一九二四)。

118――国連局経済課「アルジェリアの国連特別総会(資源エネルギー問題)開催要求について」一九七四年二月五日、前掲『第六回国連特別総会』(二〇一〇－一二三四)。

119――国連局経済課「国連資源特別総会の開催について」一九七四年三月七日、前掲『第六回国連特別総会』(二〇一〇－一二三四)。

120――同右。

121――外務省「国際連合第六回特別総会 基本方針および事項別対処方針」一九七四年四月六日、戦後期外務省記録『国連第六回特別総会／資源問題』(二〇一一－三二五七)。

122――非産油開発途上国への影響は三木特使派遣時にも検討されていたが、その後も定期的に情勢分析がまとめられていた。経貿「石油危機の非産油開発途上国に与える影響」一九七四年三月、戦後期外務省記録『OECDエネルギー調整グループ』(二〇〇九－〇一五四)。

123――水田については、水田三喜男『蕗のとう――私の履歴書』日本経済新聞社、一九七一年、水田三喜男追想集刊行委員会編『おもひ出――水田三喜男追想集』水田三喜男追想集刊行委員会、一九七七年。

124――「第六回国連特別総会における水田代表の一般演説」一九七四年四月一一日、外務省編『わが外交の近況 昭和五〇年度(第一九号)』大蔵省印刷局、一九七五年、下巻、二五―三二頁。

125――国連局経済課「第六回特別総会」一九七四年五月八日、前掲『第六回国連特別総会』(二〇一〇―一二四二)。所収。同総会の概要は、国連局経済課「第六回国連特別総会」『経済と外交』一九七四年六月号、二一―七頁、鈴木文彦(外務省国際連合局長)「資源と開発の新国際経済秩序――国連資源特別総会を終えて」『世界経済評論』一九七四年六月号、一七―二八頁、も参照。

126――資源エネルギー問題調査団「外務省派遣 資源エネルギー調査団報告書」一九七四年五月、戦後期外務省記録『OECDエネルギー調整グループ』(二〇一〇―一八四二)、秋山進(経済局資源課)「産油国の石油政策の動向をさぐる――資源エネルギー問題調査団に同行して」『経済と外交』一九七四年六月号、五〇―五四頁。

127――在サウジアラビア高杉大使発外務大臣宛第七九号「エネルギー・ワシントン会議」一九七四年二月二八日、前掲『OECDエネルギー調整グループ』(二〇一〇―一八三八)。

128――大平外務大臣発在サウジアラビア高杉大使宛第七六号「エネルギー・ワシントン会議(在京サウディ大使に対する説明)」一九七四年三月六日、前掲『OECDエネルギー調整グループ』(二〇一〇―一八三八)。

129――ロビンソン『ヤマニ』二三六―二三八頁。

130――Memo, Henry A. Kissinger to Richard N. Nixon, "Arab Lifting of the Oil Embargo," March 19, 1974, *FRUS, 1969-1976*, No. 36, Doc. 342.

131――前掲「第二回国際資源問題担当官会議議事録」。以下の記述は、特に断りのない限り、同文書に拠っている。同会議については、片倉邦雄(経済局国際資源室)「第二回国際資源問題担当官会議に出席して――エネルギー危機を複眼的アプローチで対処」『経済と外交』一九七四年五月号、一二―一六頁、も参照。

132――豊永恵哉(資源エネルギー庁国際資源課長)「国際資源課長日記(上)」『通産ジャーナル』一九七六年五月号、六五頁。

133――外務省「第三回エネルギー調整グループ対処方針」一九七四年四月一日、前掲『OECDエネルギー調整グループ』(二〇一〇―一八三七)。

134――在ベルギー安倍大使発外務大臣宛第四二五号「第三回CG(英国ペーパー)に関する予備協議」一九七四年四月

二日、戦後期外務省記録『ＯＥＣＤエネルギー調整グループ／産油国、消費国会議』(二〇一〇-一八五九)。

135――前掲「第三回エネルギー調整グループ対処方針」。

136――在ベルギー安倍大使発外務大臣宛第四五四号「第三回エネルギー調整グループ(所感)」一九七四年四月四日、前掲『ＯＥＣＤエネルギー調整グループ』(二〇一〇-一八三七)、経資源「国連特別総会会期中に於ける対産油国、ＬＤＣ接触に関するガイドラインペーパー及び議長口頭了解」一九七四年四月五日、戦後期外務省記録『ＯＥＣＤエネルギー調整グループ』(二〇一〇-一八四〇)。

137――産油国との対話を消費国間協調の「旗印」とする見方は、ＥＣＧの日本政府代表を務めた鶴見清彦によって実際示されている。経資源「第五回ＥＣＧ会合に於けるＩＥＰ審議状況(その一)」一九七四年六月一九日、前掲『エネルギー・ワシントン会議』(二〇一二-一九二五)。

138――日独共同提案「産油国の工業化及び経済社会開発」日付なし、戦後期外務省記録『ＯＥＣＤエネルギー調整グループ／産油国、消費国会議』(二〇一〇-一八六〇)。別添文書の日付が四月四日であり、第三回ＥＣＧ会合の際に日独間で議論が行われたと推察される。

139――大平外務大臣発在ベルギー安倍大使宛第二三八号「独ペーパー(産油国の工業化及び経済社会開発)に対する対処方針」一九七四年四月二日、前掲『ＯＥＣＤエネルギー調整グループ／産油国、消費国会議』(二〇一〇-一八六〇)。

140――前掲「第三回エネルギー調整グループ(所感)」、在ベルギー安倍大使発外務大臣宛第四四五号「第三回調整グループ会合(米見解)」一九七四年四月三日、前掲『ＯＥＣＤエネルギー調整グループ／産油国、消費国会議』(二〇一〇-一八六〇)。

141――Minutes, “Secretary’s Staff Meeting,” Washington, March 18, 1974, *FRUS, 1969-1976*, Vol. 36, Doc.340; Kissinger, *op. cit.*, pp. 926-931.

142――Minutes, “Secretary’s Staff Meeting,” Washington, March 22, 1974, *FRUS, 1969-1976*, Vol. 36, Doc. 344.

143――前掲「第三回エネルギー調整グループ(所感)」。

144――経資源「米ドナルドソン・ペーパー(要訳)――第三回ＣＧにおいて配布」一九七四年四月一二日、戦後期外務省記録『米国エネルギー／ドナルドソン・ペーパー』(二〇一二-一九六七)。

第五章　国際エネルギー機関設立交渉

石油情勢の落ち着きを背景に、一九七四年四月初めの第三回エネルギー調整グループ（以下、ＥＣＧ、と略記）会合までに、日本はエネルギー・ワシントン会議やそのフォローアップへの参加に当たって目的として掲げていた、産油国との対話への姿勢を大きく後退させていた。そして、この第三回ＥＣＧ会合で、消費国機関設置に繋がるような消費国間協調のパッケージ・アプローチを採るドナルドソン・ペーパーをアメリカが提案したことで、それまで産油国との対決姿勢が色濃いアメリカ主導の路線とは一線を画してきた日本や西欧諸国は、賛否の決断を迫られることになった。

このアメリカ主導の動きは、七四年一一月の国際エネルギー機関（ＩＥＡ）設立に結実する。ここに、国際石油市場の変動を背景に第一次石油危機以前から模索されていた、新たな消費国間協調枠組みが誕生した。消費国間の協議がＯＥＣＤ（経済協力開発機構）石油委員会を中心に六〇年代後半から行われてきたことは、これまでの各章で見てきた通りだが、ＩＥＡは、消費国間の安定した長期的な政策協調枠組みを提供するとともに、加盟国に一定量の石油備蓄を義務付け、さらに加盟国間の緊急時石油融通を協定に明記した点で、従来の消費国間協調とは一線を画すものである[1]。ＩＥＡは、ＯＰＥＣ（石油輸出国機構）の優位に消費国が対抗する重要な手段となり、設立後の様々な改革や調整を経て、二一世紀初頭の現在に至るまで、エネルギー安全保障の国際的な基盤であり続けている[2]。日本は、このＩＥＡ設立交渉に当初から参加し、原加盟国として設立に参画することになった。

本章では、一九七四年四月から一一月にかけて行われたＩＥＡ設立に至る交渉に参画した日本外交を検討する。この検討を通じて、それまで反対していた消費国機関の設立になぜ日本が参画したのか、また、ＩＥＡ設立交渉の過程でどのような役割を果たしたのかを明らかにする。

史料開示が遅れていたこともあり、これまで日本外交史研究でＩＥＡ設立交渉はそれほど注目されることはなかった[3]。一つには、各国次官級が首席代表とはいえ、この交渉が事務レベルで構成されるＥＣＧを舞台に展開されたという事情がある。七三年に入った頃から、日本でもエネルギー資源問題は政治レベルの注目を集めるようになり、エネルギー資源外交のあり方や中東政策「明確化」をめぐって閣僚間に対立が見られるようになっていた。そして、石油危機を経て各国内の関心は高まり続けた。だが、閣僚級の会談等でエネルギー資源問題が触れられることはあったものの、ＩＥＡ設立交渉は内容が高度に専門的であることもあり、具体的な交渉や検討は事務レベルに委ねる形で進んだ。以上に加えて、より重要なのは、ＩＥＡ設立の意義が日本国内で注目を集めないように政策担当者が意図して動いていたという事実である。交渉の舞台となったＥＣＧの各回会合について積極的な広報は行われず、日本国内の新聞報道も散発的なものに留まった。

これらの点を含めて、本章ではＩＥＡ設立交渉における日本外交を検討していく。第四章でも述べたように、ＥＣＧでは、①節約と需要抑制、②既存エネルギー源の開発促進、③緊急時国際石油融通、④研究・開発（R&D）、⑤ウラン濃縮、⑥経済金融、⑦産油国・消費国の関係、⑧開発途上国との関係、⑨国際石油会社の役割、の九つの議題が取り上げられたが、本章では各回ＥＣＧ会合でも焦点となったＩＥＡ設立に繋がる項目に絞って見ていく。

以下では、まず第一節で、ドナルドソン・ペーパーへの日本政府の対応を確認し、さらに、アメリカが新たな消費国機関設立を提案するまでのECGにおける議論を明らかにする。その上で、第二節では、日本が消費国機関設立交渉に参画することを決定するまでの経緯を検討する。最後の第三節では、ECGにおける議論の焦点となった消費国機関のあり方とその合意形式を中心に交渉の最終段階を取り上げ、第一次石油危機後の消費国間協調がIEA設立に結実するまでを分析する。

1 消費国機関設立をめぐる駆け引き——一九七四年四月-六月

ドナルドソン・ペーパーへの対応

一九七四年四月三日の第三回ECG会合初日に、アメリカ代表のドナルドソン米国務次官が消費国機関の設置に繋がる提案したことは、日本や西欧諸国にとって衝撃であった。前章で検討したように、二月末に開催された第一回会合では、エネルギー・ワシントン会議で示された各国の慎重姿勢を受けて、会合の議長を務めたドナルドソン自身が、ECGは「新たな機関創設を企てるものではない」と表明していたからである[4]。

緊急時の石油融通は第一次石油危機以前からOECDで検討されていた。だが、その実現のために、緊急時の節約や備蓄、そして強力な措置を可能とするために、各消費国を個別に考えるのではなく全体として緊急事態に対処すべきという集団安全保障を思わせる「相互依存原則の承認」を掲げ、それをパッケージとして発展させるというドナルドソンの提案は、従来示されていた方針を大きく逸脱するものであった[5]。提案の背景には、ＥＣＧの枠外で独自の動きを見せるフランスに対して苛立ちを深めるキッシンジャー米国務長官による、ＥＣＧにおける作業を急ぐようにとの指示があった[6]。

第三回会合の二日目、再開された会議で、ドナルドソン・ペーパーに対して各国はそもそもの問題として、①アメリカの石油情勢に対する見通しは楽観的過ぎる、②アメリカはエネルギー自給率が高いので強気な態度を取れるが他国は異なる、ということを指摘した。アメリカの提案は産油国との対決姿勢が強過ぎるというのが共通した認識であり、この会合で各国はいずれも明確な態度を表明することを保留した[7]。

各議題について実質的な討議に入る最初の会合で、アメリカがこのような提案をすることを全く想定していなかった日本は[8]、「包括的なコメントについては、留保したい」とした上で、とりあえずのコメントとして、消費国間協調をパッケージ・アプローチで扱えば、作業の遅延を招くだろうし、危惧を感じるという考えを表明した[9]。

作業部会での議論が進みつつあったことや、各国ともにドナルドソン・ペーパーへの態度を持ち帰って検討したいと表明したこともあり、第四回ＥＣＧ会合は、約一ヵ月後に開催されることになった。

各国は明確な態度を表明することを留保したが、アメリカの強い意志を前にして、次回会合で明確な態度を示す必要があることは明らかであった[10]。以後、各回のＥＣＧ会合では、パッケージによる消費国間協調が中心的な議題として進められていく。そして、こうした動きとは裏腹に、石油情勢の変化もあり、イギリスや日本が当初積極的に動いた「産油国との対話」の推進への関心は急速に低下していった。この後見るように、日本の対応も、第四回会合以降は消費国間協調に関するパッケージ提案を中心としたものになった。

次回会合に向けて、日本政府内ではドナルドソン・ペーパーについて検討が進められた。ＥＣＧを主管する外務省経済局国際資源室内の当初の検討では「本ペーパーは国際エネルギー事情の短・中・長期的な動向につき、綜合的かつ大胆な見通しを立てたものであり、石油エネルギー需給関係について明るい見通しを立て心理的にエンカレッジングであるのみならず、その産油国バーゲニング・ポジションを強化する方向を示すものとして歓迎される」と捉えつつ、その楽観的な見通しや各国で事情が異なることに注意を払いながら消費国間協調を進めていく必要性が指摘されていた[11]。アメリカとの経済関係を主管する北米第二課もほぼ同様の立場であり[12]、外務省の担当者は基本的に米提案に積極姿勢を示していた。

通産省からは、備蓄や緊急時の石油融通に関する個別的な問題点を指摘しつつも、「従来通り産油国との対話促進を掲げるとともに、我が国の事情に基づく主張ができる限り入るよう努力しつつも、米国の意図している消費国間協調の路線に乗らざるをえないと考えられる」というコメントが寄せられた[13]。石油危機以前から豊永恵哉資源エネルギー庁国際資源課長らの担当者と中曽根康弘通産相の間には認識にずれがあり、このコメントも省内でどれだけ共有されていたかは定かではないが、少なくとも担当者レベルでは通産省もアメリカ主導の消費国間協調参画を既定路線と考えていたことが分かる。

五月二日・三日に行われた第四回ＥＣＧ会合では、①ＥＣＧの下に設置されたアドホックグループにおける作業とその報告、②国際石油市場の見通し、③産油国と消費国との間の会議の問題、⑤産油国の工業化および経済社会開発、⑥消費国間協力（ドナルドソン・ペーパー）、⑦経済金融問題、の七項目の議題が事前に設定されていたが、代表者会合では、やはりドナルドソン・ペーパーに関する問題が中心的に討議されることになった[14]。

この第四回会合に向けて策定された対処方針からは、ＩＥＡ設立に至るまで、この後の交渉を通じて示される日本の基本的立場を読み取ることができる[15]。

対処方針は、ドナルドソン・ペーパーについて「今後のエネルギー情勢の見通し及びＥＣＧの作業の取り進め方について有益な示唆を与えるものであり、ＥＣＧにおけるわれわれの努力に対し建設的な貢献を行うものとして高く評価したいと考える」とする〔16〕。その上で、「今後の取り進め方」として以下の方針を掲げている。

本ペーパー〔ドナルドソン・ペーパー〕に沿って消費国間で作業を進める場合、産油国の中には、われわれの作業をもって消費国同盟の結成と誤解する国もでてくる可能性を排除し得ないので、今後の作業を取り進めるに当ってはは産油国とのコンフロンテーション〔対決〕をできる限り回避するよう意を用いる必要があり、この点われわれの作業のプレゼンテーション案を含め十分慎重な配慮が必要と思われる。

本ペーパーが指摘しているような諸問題につき消費国間で十分な検討を行うことはもとより重要であるが、わが国としては石油の価格、オイルダラー、産油国の工業化に対する協力等の基本的な問題については、消費国と産油国が協調して解決策を検討することも重要であると考えており、両者間の対話を実現するため産油国側に対し早期に呼びかけを開始すべきであろう。

これまでと同様に、ここでも産油国との対話の必要性は触れられている。ＥＣＧでイギリスとともに産油国との対話に関する作業部会の幹事国を担当していた以上、こうした姿勢を示すことは当然であった。だが、産油国との対話に関する部分で示されたのは、国連資源問題特別総会後も具体的なコミットは避けるという従来からの方針の確認と、「金融問題については産油国からのFinancial Assistance〔金融支援〕がまず検討されるべきである旨必要に応じ適宜指摘する」という、いわゆるオイルダラー還流問題に関する方針に過ぎない。

消費国と産油国との対話実現を「産油国に対し早期に呼びかけを開始すべきであろう」としつつも、それは何ら具体的なものではなかったのである。

このように、この第四回ECG会合に向けた対処方針は、産油国との対話を旗印として掲げつつも、具体的にその実現に動くことには消極的な姿勢を示した。これは前章で確認したように、石油情勢が徐々に落ち着きつつあった七四年三月以来の姿勢を踏襲したものである。産油国との関係については、上記引用の前段で「産油国とのコンフロンテーションをできる限り回避するよう意を用いる必要」を指摘していることからも分かるように、実際の対話実現よりも、消費国間協調に与える影響こそが問題であった。

産油国との対話に関する方針は、アメリカ主導の消費国間協調の進め方に積極姿勢を示すことと裏腹の関係にあった。対処方針では、第四回ECG会合の焦点になることが予想された、パッケージ・アプローチについて以下のような方針を示している。

わが国としては、本ペーパー〔ドナルドソン・ペーパー〕に示されたような各種の緊急措置を消費国間でかためることを基本的に支持するものである。

しかしながら、わが国としては、個々の措置及びそのパッケージについて、あまりにrigid〔厳格な〕な形でかためることには問題があり、各国の政治的、経済的、社会的諸事情を十分勘案しつつ、慎重に検討すべきであると考えている。たとえば、備蓄措置につきこれを早急に実現することは国によって困難であり、かつ同ペーパー自体も指摘するようにかえって石油価格を引き上げる結果となる可能性もあるので、備蓄水準達成のタイム・リミットを付することは、当面適当でないと考える。

また、本ペーパーにあるエネルギー集団安全保障とでも言うべき考え方のプレゼンテーションについては、産油国との関係で十分慎重に考慮すべきであろう。

ここで注目すべき点は、ドナルドソン・ペーパーを「基本的に支持する」姿勢を明確にしたことである。アメリカがパッケージ・アプローチを提案した第三回会合時に、消費国間協調をパッケージ・アプローチで扱えば作業の遅延を招くだろうし危惧を感じる、と首席代表の鶴見清彦外務審議官は表明していた[17]。この方針では、備蓄など利害に直結する部分に対する留保や、産油国との関係に配慮する必要性などが書かれている。しかし、これらはいずれも条件闘争と言い得るもので、日本の積極姿勢は明らかである。

このように、第四回ECG会合を前に、消費国機関設立に繋がるパッケージ・アプローチに基本的に賛成する方針を日本は固めていた。

以上の方針に基づいて、五月二日と三日に行われた第四回ECG会合で、日本はパッケージ・アプローチに基づく消費国間協調に原則的な同意を示すとともに、厳格な形式にこだわるべきではない旨を表明した[18]。西欧諸国も日本と同様の立場であり、米提案をベースとした消費国間協調枠組みの構築に向けた検討作業がECGの主要目標となった[19]。

会合を終えた後、鶴見外務審議官からは会合の概要をまとめるとともに、「パッケージの各項目については、作業部会での検討がほぼ最終段階に入っており、〔中略〕わが方としても、これらについての最終的態度を早急に決定する段階にきているものと考えられる」という代表所感が送られた[20]。

こうして、六月中旬に開催が予定された次回会合に向けて、各参加国はより具体的な対応を迫られることになった。

アメリカによる消費国機関設立提案

パッケージ・アプローチに基づく消費国間協調に関する具体的な検討は、節約と需要抑制（議題①）、既存エネルギー源の開発促進（議題②）、緊急時国際石油融通（議題③）、という三つの議題についてアドホックグループを設置していたOECDを舞台に進められた。各議題に関する検討は五月下旬までにおおむね終了し、六月一七日・一八日に開催された第五回ECG会合に提出された。

各議題の中で最も重要だったのは、緊急時の石油融通枠組みに関する検討である。この作業は、石油危機発生直前までOECDで行われていた検討を基に進められた。パッケージ・アプローチに基本的に同意しつつも、その厳格な適用に反対し、産油国との関係に配慮を行うべきという日本の方針は、西欧諸国の賛成もあり、報告書に反映されることになった[21]。

表面的には日本や西欧諸国に配慮し、OECDでの作業でも荒波を立てるような発言を控えていたアメリカだが、実際には各国の産油国に宥和的な姿勢に不満を抱いていた。そして、ドナルドソンに代わり、第五回会合からアメリカのECG代表に就くエンダース国務次官補は、それまで以上に野心的な計画を準備していた[22]。エンダースは、第五回ECG会合の冒頭で、「Integrated Emergency Program」を提出した[23]。

アメリカの新提案を見る前に、「Integrated Emergency Program」と後に設立されるIEAの関係について整理しておこう。この「Integrated Emergency Program」の略称はIEPであり、外務省は「総合的緊急時計画」と訳した。だが、この計画は緊急時に限られない、より一般的な内容を含むものであり、その後の審議の過程で「国際エネルギー計画（International Energy Program）」に変更された。次節以降で具体的に検討するように、IEAはこの計画の実施機関としてOECD傘下に設立されることになる。このような経緯と、煩雑な記述を避けるために、以下では総合的緊急時計画と国際エネルギー計画を一括して「IEP」として記載する。

IEPの概要は以下の通りである[24]。その目的は「石油供給の削減、操作及び中断に対する消費国の脆弱性(vulnerability)の減少を図ること」にあった。具体的な取り組みとしては、供給中断に対する消費国の基本的防衛策として①需要抑制、②備蓄(緊急時に備えての潜在的生産能力、燃料切り換え能力含む)、③緊急時における石油の融通、の三点が、そして長期的対策として、①エネルギー供給源の分散、②エネルギーの保全、節約(GNP成長率に対するエネルギー弾性値を抑えることを含む)、③脱石油計画、④石油資源の新規開発、の四点が挙げられた。以上に加えて、利益配分と経費負担の公平性を図るための方針として、次の三点を米提案は挙げている。

(1) 国内消費の削減による不便さと経費は各国の供給事情に拘らず公平に分担されるべきこと、利用に供し得べき石油は国産、輸入を問わずcommon pool(共通の貯蔵分)として取扱われ、消費削減率は各国平等であること

(2) 輸入中断に対し最も脆弱な国は備蓄増加等それ相応の一層大きな努力が求められるべきこと

(3) グループ(ECG)として消費抑制、備蓄、代替源確保につき目標を設定すべきこと、高コスト・エネルギー源開発の経済的リスクを協力計画によって分担すべきこと

四月初めのドナルドソン・ペーパー以来、アメリカが求めてきたパッケージの中身は、①緊急時の節約、②生産、③備蓄、④「相互依存原則」の承認、⑤融通スキームの五点であった。IEPは、「相互依存原則」をより具体化した形の取り組みを参加国に求めている点と、長期的対策を打ち出している点に違いがあった。

だが、それ以上に重要なのは、ＩＥＰが計画実施のための国際機関設立を含むものだったことである。ＯＰＥＣとしてまとまる産油国に対抗する「消費国同盟」の結成は、石油危機以前からアメリカが求めながら、各消費国から反対されていた。それゆえ、エネルギー・ワシントン会議終了後のフォローアップ作業開始に際しても、ＥＣＧが消費国機関の設立を目指すものでないことは再三にわたって確認され、アメリカもその都度懸念を打ち消してきた。それは消費国機関に繋がり得るドナルドソン・ペーパーについても同様であった。しかし、これまで各参加国に配慮をしてきたアメリカは、いよいよ「消費国同盟」結成に動いたのである。

ＩＥＰ実施機関の構成は、①各国外相とエネルギー担当大臣によって構成される理事会（governing body）、②各国政府高官レベルの上級危機管理委員会（senior crisis management committee）、③小規模の事務局、④危機管理技術委員会、⑤民間セクターによって構成される顧問委員会、とされた。さらに、参加の資格要件として、「相互依存原則」の承認に加えて、①国内法の範囲内でＥＣＧの協議を経て採択された割当措置に石油会社を従わせること、②需要抑制計画を実施し強制すること、③備蓄及び他の緊急措置の目標を達成すること、が掲げられた。この案がそのまま通れば、ＯＰＥＣに対抗する本格的な消費国機関が設立されることになるのは明らかであった。

会合前日の六月一六日午後、日本とアメリカの代表団は事前に意見交換をしていた[25]。事前協議には、日本からＥＣＧ代表の鶴見清彦、結城茂大蔵省大臣官房審議官、手島冷志外務省経済局参事官、豊永資源エネルギー庁国際資源課長らが、アメリカからはカッツ国務次官補代理、クーパー大統領副補佐官らがそれぞれ参加した。この協議では、アメリカのＩＥＰ提案の各項目や目的について日本側が質問し、それにアメリカ側が答える形で率直な意見交換が行われた。日本が特に懸念を示したのは、アメリカの提案が示す産油国との対決姿勢の強さと、これが新たな国際機構設置に繋がるのではないかという二点である。また、鶴見とエンダースによる代表同士の懇談も行われ、エンダースからは、IEP提案に至った経緯、日本との二国間協議を重視していることが伝えられた。この事前協議で日本側が自らの立場を明示することはなかったが、アメリカの思惑は十分に伝わった。

翌六月一七日から第五回ECG会合が始まった。この会合では、ダヴィニオンECG議長（前議長の死去に伴い第五回より就任）の采配によって、IEPを中心に討議が行われた[26]。

ドナルドソン・ペーパーをふまえた討議がこれまで行われてきたこともあり、各国とも実効的な消費国間協調枠組みの形成を目指すIEPの方向性にそれなりに前向きな姿勢を示した。だが、あまりに野心的で、これまでの検討をないがしろにするようなアメリカ案に対する懸念の声が相次いだ。日本は、事前に用意されていた対処方針に従い、産油国との関係について懸念すべき要素があると指摘し、さらに各課題をリンケージさせるアメリカを牽制しつつ、IEPに対する態度を留保する姿勢を採った[27]。

各国の懸念を受けて、OECDを中心に行われたこれまでの検討とアメリカの提案の調整をする作業が代表会合と並行して小グループで進められたが結論は出ず[28]、二日目の会合で、IEP作業部会を設置してアメリカの提案とOECDで作成された案をさらに比較検討することが決定された[29]。

IEP作業部会は、ECGの代表者会合と並行して直ちに第一回が行われ、両案の比較検討作業を進めるとともに、第二回を六月二七日から二九日の三日間、そして第三回会合を次回ECG会合前日の七月七日に開催することが決定された（ただし第二回作業部会は実際には二日間となる）[30]。

こうして、消費国機関設立を含むIEPに関する議論を軸に、この後のECGにおける交渉は進んでいくことになった。

2 消費国機関設立交渉参加に向けた調整――一九七四年六月‐七月

交渉参加への逡巡

第五回ＥＣＧ会合を終えた段階で、ＯＰＥＣに対抗する消費国機関設立に向けた動きが本格化したことは明らかであった。会合終了後、代表の鶴見は、七月末までに重要な問題について決着を付けたいという空気が強く、次回会合までに「出来る限りわが方の態度を固めよう努力する必要がある」という見方を伝えていた[31]。日本も決断を迫られることになった。

日本は、アメリカによるＩＥＰ提案をどのように捉えていたのだろうか。この問題を所管する外務省経済局資源課（五月末に国際資源室から改組）は、提案を受けた直後の六月一九日に、早くも「米提案「International Emergency Program」に対するコメント及び方針」を作成している[32]。

ここでは、冒頭でまず「一般的コメント」として、①米提案は産油国との対決姿勢が強く、そのままの形で採択・実施されれば重大な影響を及ぼす恐れがあることから、取り扱いに慎重な配慮が求められ、宣言として公表するなどの点に問題がある、②これまでのＥＣＧでの検討と少なからぬ相違点があり、適宜アメリカに確認しつつ明確化する必要がある、③エネルギー・ワシントン会議およびそれ以降のＥＣＧ会合でも常設的な消費国機関を設けないという合意があり、新たな機構を設置することは問題である、④消費国間の協力について一定の資格要件を求めるなど「参加国に対する強制的姿勢」がある点につき、参加国の負担は均等であるべきで、各国のエネルギー事情、社会経済状態等の固有な条件に十分な配慮が払われるべきである、という四点が挙げられた。
ドナルドソン・ペーパーに基づくパッケージ・アプローチに一度は賛意を示していた日本だが、より野心的なIEP提案を前にして、その姿勢が一旦後退したことがここから伝わってくる。そして、参加国の備蓄量などの面で日本に不利益があるといった具体的な議題について、それぞれ問題点を指摘した上で、以下の対処方針が示された。

今回の米提案中の問題については、上記のほか、さらに検討すべき事項が含まれていると考えられるところ、わが方としては、次回ECG会合及び対米協議においては、他国の動向を十分把握しつつ、これら諸点のクラリフィケーション〔明確化〕を求めるとともに適宜情勢に応じて対応するものとするが、提案全体の諸否《ママ》については態度を留保するものとする。

以上の方針を、どのように読むかは解釈が分かれるかもしれない。産油国との対決色が色濃い消費国間協調を進めようとするアメリカの姿勢に違和感を示したものとも読めるだろうし、IEPに対して批判的な姿勢は示しつつも、文書が問題点の列挙と明確化を課題として挙げるに留まり、提案全体を否定するとはしていないことを考えれば、問題点さえ解消されればIEPに参加するものと捉えることも可能だろう。いずれにしても、提案全体への賛否の決定は先送りされたのである。
ただし、日本はアメリカの提案を受けて場当たり的に先送りの決定をしたわけではなかった。五月初めの第四回会合でパッケージ・アプローチに基づく消費国間協調を進めることに同意して以降、外務省の国際資源課内では、ECGの方向性や日本にとってのメリットやデメリットが真剣に再検討されていた[33]。また、六月一一日には外務省内で通常よりも幅広い関係各課の課長や担当官を集めてECGに関する打ち合わせが行われた[34]。さらに、ECGの代表団の間では省庁を超えて幅広い意見交換が随時行われ、それは代表所感にも反映されたという[35]。これらの検討を通じて、ECGの方向性や日本の対応について議論はある程度まで煮詰められていたのである。

その後、関係各省および外務省内での調整を経て[36]、IEP作業部会に向けた対処方針が改めて作成された。新たな対処方針は、消費国間協調の重要性をより打ち出していたが、提案への賛否を明らかにしないという点は維持され、「わが方の最終的な態度決定を留保しつつ参加国との意見交換を通じて出来る限り主要参加国の意向の聴取に努めるものとする」とされた[37]。このような方針の下で、日本は六月二八日からの第二回IEP作業部会に臨むことになった。

作業部会では、包括的に課題が検討され、需要抑制、緊急時の供給、緊急対策の発動、長期協力について問題点を詰めた結果をまとめた議長サマリーが作成された[38]。この後のECGを考える上でも重要な論点を多数含み、日本の置かれた状況がよく伝わるので、やや長くなるが、作業部会の概要を出席者の所感に基づいて紹介しておこう[39]。

今回の作業部会は、二日間という限られた日程で行われたが、ダヴィニオン議長の強力な議事運営にも助けられ、能率的かつ集中的に各問題をめぐる協議が進められた。前回ECG会合の議長ノートではほぼ同等の立場で併記されていたOECDでの検討とIEPの両案だが、今回の検討ではOECD案は全く討議されず、次回ECG会合にあたってはIEPをベースにした議題案が打ち出されるものと予想される。ドナルドソン・ペーパーの段階では多分に観念的だったパッケージ・アプローチだが、今回の会合を通じて、「需要抑制・備蓄・融通三位一体の有機的実体」が明確になってきたと言える。

アメリカは、各作業のベースとなる「数字」についてはかなり柔軟な態度を示す一方で、パッケージ・アプローチについては、これを一旦ルーズなものにしてしまえば全ての計画の基準が恣意的なものになってしまうとして強い態度を示している。これに対して日本を除いた参加国は、条件闘争は試みるものの、パッケージ・アプローチそのものは当然のこととして受け入れている。日本は対処方針に沿って主張すべきことは主張したが、参加国の主張を変える余地は次第に少なくなりつつあると感じていた。また、各参加国はパッケージ・アプローチを是認するとともに、「参加国間における負担の公平の確保」という概念も受け入れつつあり、日本のように石油需要を一挙に減らすことが困難な国は他国に比してより大きな備蓄を持つ必要があるという考えが、日本以外の参加国にも広がっていた。

上記の会合における討議の推移とアメリカおよび各国の基本的な態度に鑑みるに、日本として「IEPの基本思想、即ち需要抑制、備蓄及び融通の間にリンケージを認めるか否か、ならびにスキーム全体として各国の負担をEQUITABLE〔公平〕なものとする為にVULNERBILITY〔脆弱性〕の高い国〔即ち、融通の受益国〕はそれに応じた努力を行なうべきであるという考えを了承するか等につき次回ECGにおいて基本的態度を明らかにするよう迫られている」と考えられる。

この所感から明らかなように、IEP作業会合で、アメリカは条件面で譲歩する姿勢を示しつつも消費国機関設立によって包括的に問題を解決するという点は譲らなかった。それのみならず、他の参加国の間ではアメリカの提案するIEPに原則として賛成する雰囲気が広がっていた。日本は対処方針に従って賛否を留保したが、IEPに消極的姿勢を示したのは北海油田の開発によって産油国に転じることが確実だったノルウェーのみであり、その他は選挙を控えるカナダが全面的沈黙を貫いたのを除いて、アメリカ提案に賛意を示した[40]。日本は、決断を迫られていた。

経済局資源課は、アメリカのＩＥＰ提案と強硬な姿勢の背景に、以下の四つの要因があると認識していた[41]。第一に、ニクソン＝キッシンジャーの政治理念である自由世界（自由陣営）の結束の維持・強化の一環として、エネルギーに関して日米欧の強固な同盟体を結成することがある。これは、前年四月にキッシンジャーの演説で示された「ヨーロッパの年」構想からも明らかである。そして第二に、産油国の結束が弛緩しているこの機を逃しては消費国側の団結を得ることは困難であり、第三に、緊急事態に直面してから政治的決断を下すのではなく、緊急時に自動的かつ的確に機能する制度と組織を平素から備えておく必要があることがある。さらに第四に、ポンピドゥ死去後の大統領選前後からフランスの態度にかなりの変化がうかがわれ、条件によってはフランスの協調を得られる可能性があることである。

上記のアメリカに関する分析と併せて、資源課は、日本が「下手をすると消費国側からも産油国側からも孤立し浮き上がってしまう惧れがある」という認識も示していた。この認識は、第一章で見た第三次中東戦争時のＯＥＣＤにおける審議以来、日本にとってディレンマとなってきたものである。

ここで、幅広い文脈からアメリカの意図が検討されているのは、この文書が七月一日に行われた大臣ブリーフィング用に作成されたという事情によるものだろう[42]。鶴見外務審議官と宮崎弘道経済局長による大臣ブリーフィングを受けて、大平正芳外相は、ＩＥＰに「基本的には乗る」、産油国への配慮の面からＯＥＣＤを利用する、パッケージ・アプローチに基づくリンケージはあまり強くならないようにする、といった方針を示した[43]。

第六回ＥＣＧ会合を前にして、七月に入り、日本政府内ではＩＥＰに関する検討が集中的に行われた。一日の外務大臣ブリーフィングに続き、二日には外務省内でＩＥＰ作業部会出席者による会合が開催され、情報共有が図られた[44]。さらに、翌三日には関係各省の国際資源問題担当者を集めた報告会も行われた。外務省から手島経済局参事官、通産省から林昭彦資源エネルギー庁国際資源課総括班長がそれぞれＩＥＰの概要と審議経過について説明し、参加者からは産油国との対決姿勢の強さやアメリカの意図などについて質問が出された[45]。

以上の検討を基に、七月五日、外務省の資源課は次回ＥＣＧ会合に向けた対処方針案を作成し、関係各省と在外公館からの意見を募った[46]。

これに対して、資源エネルギー庁国際資源課からは以下のコメントが寄せられた。第三章第三節で見たように、国際資源課は課長の豊永惠哉を筆頭に、石油危機発生以前から一般論として消費国間協調の推進に積極的だったが、ここではＩＥＰの備蓄量や緊急時石油融通の前提が「各国のエネルギー事情を無視し、負担の平等を著しく欠いている」ことや産油国との対決姿勢が強すぎるといった問題を指摘し、「これらの問題がどのように修正されるか見極めるまでは態度を留保せざるをえない」という立場を打ち出していた[47]。

在外公館から寄せられた意見の中で特に注目されたのは、吉野文六在ＯＥＣＤ代表部大使からの意見具申である[48]。吉野はこれまでも折に触れて、消費国間協調に積極的な賛意を示していたが[49]、ここではＩＥＰの意義から説き起こし、さらに一歩踏み込んだ姿勢を打ち出している。この意見具申には、ＩＥＡ設立参画に至る過程で日本政府が採る方針やその理由付けが端的にまとめられている。やや長くなるが、紙幅を割きたい。

意見具申の冒頭では、ＩＥＰのエネルギー問題に留まらない重要性とそれをふまえて日本が前向きに対処すべきという吉野の意見が述べられる。

1．ＩＥＰ作業の基本思想が単なる消費国間のエネルギー政策の調整の域を越えて、各国の経済活動の基礎をなすエネルギー問題について先進消費国がＩＥＰという一種の共同体をつくり相互に扶助しあうということにあるとすれば、ＩＥＰが高度に政治的判断を要する問題であり、国際間の相互信頼が希薄な現在において、早急な決断が下し得ない面もあることは事実であろう。従ってわが国としてもＩＥＰの実効性、提唱者たる米国の真意、他の各国の態度の把握に努めると共に、わが国の基本的立場、わが国に課せられるべき課題及び得るべき利益、産油国の反応等を総合的に考慮した上判断すべきこと勿論であるが、〔中略〕本使としては基本的には本件に前向きに対処すべきものと考える。〔傍点引用者〕

ここでポイントとなるのは、先進国間の「一種の共同体」という意義を指摘し、それをふまえて「高度に政治的判断を要する問題」としてＩＥＰを捉えていることである。そして、様々な点を考慮する必要はあれ、前向きに対処すべきと吉野は説く。その根拠として挙げられているのは、以下の二点である。

2. 昨年の石油危機によりわが国はエネルギー問題に関し最もVULNERABLE〔脆弱な〕な地位にあることが明らかとなった。一方、政治、経済的原因により石油危機が再発する可能性は依然として残されている。かかる情況においてわが国は生産国に対立した策をとるべきでないことは勿論であるが、他方、いかに友好的政策をとっても供給削減が起りうることを認識すると共に、その対策として消費国間協力はその内容さえ誤らなければわが国の利益にとり必要であることを認識すべきである。

3. ＩＥＰの基本的目標が加盟国が石油輸入なしでもちこたえることが出来る日数を等しくせんとするところにあるとすれば、それは最もVULNERABLEなわが国を他の加盟国の平均まで高めることになるが、それは代償が均衡を失するほど大きくない限り基本的にはわが国にとり利益となろう。

このように消費国機関設立に参画することの意義を説いた上で、意見具申では、備蓄拡充、需要抑制という個別の問題を検討し、細かな改善点はあるとしても、いずれの問題もIEPに参加するか否かに限らずとも実行に移すべき問題であると、想定される反対論を退ける。そして、「わが国のとるべき態度」が以下の通りに掲げられた。

以上の考慮に基づくと、わが国にとってはIEPは基本的に望ましき構想であり、IEPに対する原則的な支持を表明して然るべしと思料される。これに参加するに当って課せられる負担は、わが国にとり決して軽視すべきものではないが、基本思想に賛同が得られれば義務の数値についてはフレキシビリティーを有するとの米の態度にも鑑みまずIEPの「土俵」に入った上で、その効果を減削することなくしかもわが国の負担が軽減されるようさらに努力すべきものと考えられる。〔傍点引用者〕

IEPの持つ意義を政治・経済両面で強調し、条件面でアメリカをはじめとする各国と交渉するためにもまず「土俵」に上がるべきだ、というのが吉野駐OECD大使の意見具申の要点と言えよう。吉野の意見具申は、直近の第六回ECG会合に向けた対処方針にそのまま反映されることはなかったが[50]、その後の閣議決定等にエッセンスが取り込まれることになる。

政府内部での検討を経て、日本は依然としてIEPに対する賛否を留保しつつも、批判的な姿勢は差し控えるようになった。ECG会合に先立って、七月七日午後、アメリカと代表団間の事前協議が行われた。ここで日本は、いくつかの問題点は指摘したものの、全体としてＩＥＰに消極的な見解を表明することはなかった[51]。

七月八日と九日、第六回ＥＣＧ会合が行われた。代表者会合では、ＩＥＰに絞った議論が行われ、次回会合でＩＥＰについて最終的検討が行われることが決まった[52]。日本の鶴見代表は、事前に配布されたＩＥＰに関する議長ノートについて、米国原案に比して大幅な改善が認められ、ＩＥＰ構想について「基本的にAPPRECIATE〔高く評価する〕」とした上で、「なお若干の問題点があるので、わが国の最終的立場は留保したい」と表明した[53]。この会合では、緊急時の石油融通に関する技術的な問題でも一部合意に至り、六〇日～一二〇日とかなり幅を持たせる形ではあったが、これまで議論が割れていた備蓄日数についても決着を見た[54]。

会合の終了後、鶴見は、ＩＥＰに対して日本が採るべき態度として、以下の所感を本省に伝えた[55]。

> わが国のＩＥＰ構想への参加につき、備蓄、需要抑制等なお問題の検討は残っているが、エネルギー危機、石油供給削減に対する最小必要限の集団的保険措置、ひいてはＯＥＣＤ加盟先進工業諸国との協調という大局的見地から、本件構想に参加する方向で早急に検討を進め最終的な肚を固めることが緊要と考えられる。〔傍点引用者〕

こうして日本は、七月二九日に開催が予定されていた第七回ＥＣＧ会合までに、消費国機関設立交渉に関する方針の最終決定を迫られることになった。

交渉参加方針の決定

六月一八日の第五回ECG会合終了後から、七月八日の第六回会合までの間に、エネルギー資源外交の担当者間のコンセンサスは消費国機関設立交渉に参加する方針に大きく傾いていた。だが、交渉参加の最終決定に向けていくつか越えなければならないハードルが残されていた。

まず問題となったのは産油国の反応であった。そこで、七月一二日、サウジアラビア、イラン、イラク、レバノン、アルジェリア、インドネシア、クウェートに駐在する各大使宛に、新聞報道および関係筋がIEPをどのように評価し、反応しているのか情報収集を行うよう訓令が出された[56]。なお、この訓令では、日本の立場について「わが国としては、本IEPは産油国と対決する内容をもつものではなく、従来わが方が維持してきた産油国との対話ないし協調を図るとの考え方とあい矛盾するものではないなどの観点から、内容の個別的事項について主張すべき点は主張するものの基本的にこれに参加することが望ましい、と考えている」と説明している。

訓令を受けた在外公館からの情報は七月一六日までに相次いで寄せられた。当初の懸念を裏切るように、アルジェリア、イラク、インドネシアではIEPに関する報道が全くなく、レバノン、イラン、クウェートでもほぼ報道はなかった[57]。

またサウジアラビアに関しては、七月一五日に、エンダース米国務次官補から宮崎弘道経済局長に「ヤマニ大臣に対しIEP要旨を説明したところ、関心を示し今後共事態の推移を承知したいと言っていた」という情報が伝えられた[58]。第一次石油危機時の石油戦略には参加したものの、サウジアラビアは石油危機以前から穏健派産油国の代表格であった。サウジアラビアがこの段階で市場を安定させる措置としてIEPに賛成姿勢を示した意義は小さいものではない。石油危機後のインフレには産油国も悩まされており、石油情勢の安定を産油国も望んでいたのである。

各産油国からこれといった反対が示されなかったことで、日本のＩＥＰ参加へ向けたハードルが一つクリアされた。

七月末の開催が決まっていた第七回ＥＣＧ会合で、ＩＥＰに関する最終的な検討が予定されていたことから、政府内の調整も佳境となり、日本のＩＥＰ参加に向けて関係閣僚の了解が求められることになった。

第七回ＥＣＧ会合を前に作成された「関係閣僚了解事項（案）」から、日本のこの段階でのＩＥＰに対する姿勢を読み取れる[59]。ＩＥＰについて、「エネルギー緊急事態に対処するための保険措置として重要であり、またわが国についても脆弱なエネルギー体制を強化するため極めて有意義」とその一般的意義を強調した上で、その利点として第一に挙げられたのが消費国間協調である。閣議了解案ではこの点につき、次のように述べられている[60]。

いかなる国も単独でエネルギー問題を解決しえない時代になっており、特にエネルギー事情において最も脆弱なわが国にとっては、好むと好まざるとにかかわらずエネルギーの合理的かつ安定的確保は国際協力にまたねばならない。わが国と立場を同じくする先進工業国と協調して石油供給中断又は制限による打撃を最小限に喰い止めようという本件制度に参加することなく、わが国が極東の一角において孤立するときは国際協力の利益を自ら放棄するところとなり大きなマイナスである。

消費国間協調に参加する意義は、この文章に要約されている。こうした見方は、ＩＥＰを主管した外務省経済局だけではなく、通産省の担当者にも共有されていた。資源エネルギー庁の豊永国際資源課長は、消費国間協調参画の意義について、石油危機をきっかけに安定供給の考え方が変わり、世界全体の需給状況をふまえた消費国全体としての取り組みが必要になった、という石油危機前後の一般的な認識の変化を強調している[61]。エネルギー資源外交の担当者間では省庁を超えて、消費国間協調を推進することがコンセンサスとなっていたのである。

とはいえ、こうした資源エネルギー庁国際資源課の消費国間協調参画方針は、第二章で見たように、七三年七月の資源エネルギー庁設置に際して国際資源課が新設され、課長に豊永が就任した時点から変わっていない。問題となったのは、やはり通産大臣の中曽根康弘であった。

これまでの各章で検討したように、中曽根は石油危機の半年前に日本は産油国の反対する「消費国同盟」には参加しないと述べ、さらに石油危機時には「量」の確保を重視して早くから中東政策を「明確化」するように外務省に迫っていた。石油情勢の落ち着きもあり、ECGでの作業が本格化してから、中曽根が消費国間協調への反対を対外的に示した形跡はないが、その姿勢に大きな変化があったわけではなかった。消費国間協調参画に当たって中曽根の反対姿勢は通産省内でネックになっていたのである[62]。

外務・通産両省の担当者がIEP参加に向けて一致するなかで、中曽根を説得する役割を果たしたのは、アメリカであった。

日本で閣議了解に向けた最終的な調整が行われていた、七月一五日から一六日にかけて、アメリカのECG代表を務めていたエンダースがIEPに関する日米協議のために来日した。この来日は六月中旬の第五回ECG会合前に打診されていたもので[63]、七月七日の参議院選挙終了を待って実現した[64]。

参院選挙で自民党は議席を伸ばすことができず、折からの田中角栄首相との対立もあり、七月一二日に三木武夫副総理兼環境庁長官が辞任、さらに一六日には福田赳夫大蔵大臣と保利茂行政管理庁長官も閣外に去るなど、当時日本国内は政局一色であった。そして、これまで消費国間協調参画を後押ししてきた大平は外相から蔵相に横滑りする形となり、大平の後任外相には佐藤栄作内閣で首相官邸を取り仕切った経験を持つ木村俊夫が就任した。なお木村は、事務レベルの協議が国際的に進められていた消費国間協調参画に特に意見を述べた形跡はなく、大平外相時代からの路線を継続した。

このように日本が政局で揺れるなか、エンダースは精力的に事務方との会談をこなした。一五日は、午前中に外務省の宮崎経済局長、午後は山下英明事務次官、和田敏信通商政策局長、増田実資源エネルギー庁長官ら通産省首脳と会談し、夜には鶴見外務審議官主催のディナーも行われた。さらに翌一六日は、午前中に大蔵省の吉田太郎一財務官と会談し、午後には鶴見、宮崎、増田、和田の外務・通産両省の幹部を集めた形の議論の場も設けられた。

最初に行われた宮崎との会談では、まずアメリカの考える今後のスケジュールが伝えられた。米国内の閣僚レベルの了承は次回ECG会合前に取り付け、その後細目を詰めて九月には関係各国とも合意し、さらにIEPの実施計画の詳細を一一月までに固めて閣僚レベルに上げたいというのがスケジュール案であり、最終的にIEPの実施を七四年中に確定したいというのがエンダースの考えであった。IEAは同年一一月に設立されるので、実際にはエンダースの想定以上の速さで交渉が進んだことになる。会談ではさらに、IEPの目的や産油国との対決姿勢、備蓄や需要抑制、緊急時石油融通の発動要件、各国に課す義務の算定根拠を消費量に置くか輸入量に置くかといった各懸案事項が幅広く議論された[65]。

通産・大蔵両省幹部との意見交換を経て行われた最後の会談では、これまでの協議結果をまとめた上で、両国の主張を確認し、改めて議論された。需要抑制や緊急時石油融通の発動要件など折り合いが付かなかったものもあったが、いずれも「条件闘争」であり、日本側もIEPへの参加は前提となっていたことが分かる[66]。日本側との全会談を終えたエンダースは、アメリカ大使館を通じて、いくつかの相違点はあったものの、日本がＩＥＰへの前向きな姿勢を示したことを報告した[67]。

資源エネルギー庁国際資源課の総括班長を務めていた林昭彦によれば、このエンダース来日時に、通産省内で中曽根通産相との懇談も行われた。その際、中曽根がＩＥＰに懐疑的な姿勢を示すと、エンダースは「中くらいの国ならいくら有力な国でも入らなくてもいいんだ。しかし、日本が入らないならチャラだ」、「日本に破られたら消費国同盟は成り立たない、フランスならいい」ときつい口調で伝えたという[68]。この懇談がどれだけ影響を与えたかは分からないが、エンダースが離日した直後に、日本政府がＩＥＰ参加方針を確認したことは事実である。

この点に関連して、中曽根の証言も引いておきたい。石油危機後の消費国間協調について問われた際に中曽根は、「日本の国力や国際的地位を考慮しつつ、石油を二国間関係で確保しておきたいという気持ちは強かったが、国際的な枠組みでやるという発想はあまりなかった。大平君は、外務大臣であったから、国際的な枠組みでやろうという外務省の発想だった。彼はメジャー〈国際石油資本〉の圧力があるから、アメリカが承知しないだろうと思っていた。これに対して通産大臣の私は、日本を中心に、二国間で安定した互恵関係を築きたいと思っていました。私と大平の間の差はそれだった」と答えている[69]。大平の発想が中曽根の回顧と異なることは、これまでの各章で見てきた通りだが、中曽根自身のバイラテラリズムを志向するエネルギー資源外交観がここにはよく表れている。

中曽根は続けて、次のようにエネルギー・ワシントン会議とその後の展開について述べている[70]。

結局、この消費国会議は、事実上、アメリカのメジャーが中心になって開催されました。私は日本独自でルートを確保したいという気持ちがあったので、メジャーに屈服するのが厭だった。外務省や大平君は、もうメジャーと手を握る以外に安定した物資は入らないと判断していた。しかし、通産大臣としては、国際外交上はそうであっても極東のみならずアジア最有力国の日本として独自の石油供給ラインを築きたいと思っていました。〔中略〕

前年の秋から一九七四年一二月にかけて、私は日本独自のラインを築けるよう熱意を傾けました。しかし、私としても、閣内で異を立てるわけにいきませんでした。国際システムを維持していた実力者メジャーに対して、新参者でありながら石油を大量消費する立場の日本は、結局は国際協調をしなければ石油を安定して取れないというかたちに収まったわけです。

中曽根は、アメリカと国際石油資本をイコールに論じているが、エネルギー・ワシントン会議やECGでは、国際石油資本の問題点や、産油国との力関係の変化について率直な議論が行われており、多分に財界資源派の影響が感じられるこの見方は正確とは言い難い。

だが、ここで独自の努力を強調しながらも、消費国間協調参画方針に異を唱えなかったとふり返っている点は興味深い。石油危機時に「量」を重視して対応した中曽根は、七四年秋に入ってから、アメリカがECGとは別に輸入量抑制に関する提案をすると、「輸入抑制はよその国から要請を受けてやることではない。わが国は国民経済をいかに運営していくかという見地から、石油節約などを官民運動として自主的に進めていくべきである」と述べ、輸入削減に関する具体的な申し入れがあっても、それを受けつけないと表明していた[71]。

中曽根は通産大臣退任に至るまで、「量」に関しては妥協する姿勢を見せなかったが、より包括的な内容を含むＩＥＰについては妥協したのである。それは、中曽根が消費国間協調の意義を認めたからではなく、その意義を理解していなかったからこそ可能な妥協と言えよう。

いずれにせよ、中曽根が異を唱えなかったことで、日本はＩＥＰ参加を原則として承認し、消費国機関設立交渉に参加することが決まった。関係閣僚の了解を経て、第七回ＥＣＧ会合に向けて策定された対処方針では、ＩＥＰについて「原則的に参加する方向で対処する」という方針が示された[72]。

3　消費国機関設立に向けた交渉――一九七四年五月－一一月

機構問題への対応

七月二九日と三〇日、第七回ＥＣＧ会合が開催された。各国の備蓄量や、緊急時石油融通の発動要件といった諸条件も含めて集中的な討議が行われた結果、ＩＥＰについて各国の間で原則的合意が得られた。会合では、需要抑制では消費伸び率を考慮すべきということや、備蓄の定義や水準についても、日本の主張が多く採り入れられ、交渉結果は日本にとって満足のいくものとなった。「ＥＣＧの作業は今や大詰に近づいたと言いうる」というのが、会合を終えた後の外務省経済局資源課の観察であった[73]。

ＩＥＰに関する原則的合意が得られたことで、ＩＥＰをどのような形で実施するかという「機構問題」が残された課題として浮上することになった。この問題は、各国がいかなる形でＩＥＰに関する決定を行うかという「合意形式」とも密接に関係する。以後、ＥＣＧ会合ではこの二つの問題が交渉の重要な焦点となった。その他にＩＥＰにおける票決方式が注目を集めたが、この点については日本はそれほどこだわっていなかった。以下ではまず、機構問題を中心に検討を進めよう。

機構問題について、日本の動きは早かった。そのきっかけとなったのは七四年五月の大平外相訪米である。大平は、イェール大学から名誉学位を授与されることになり、五月一八日から二二日まで訪米していた。名誉学位授与式の後、五月二〇日に大平はラッシュ国務長官代理と会談し、そこでエネルギー資源問題についても話し合われた。ちょうど米政府内でIEP提案が検討されていた時期に当たるが、ここでラッシュから「ECGを進めていくにあたり、どこかの時点で違ったレベルの会議を開く必要があり、〈中略〉米国としてはOECDの場を利用するのが適当なるべしと考えている」という発言があった[74]。

このラッシュの発言は、従来OECDにおける消費国間協調に消極的だったアメリカの姿勢とは異なるものとして注目された[75]。アメリカ政府の真意と背景について、OECDの利用については「何れも米国政府内でOPTIONの一つとして検討されていることは事実であるが、何等の結論も得ていない」という情報が在米大使館から寄せられたが[76]、ここに、ECGの役割をOECDに引き継がせる可能性が日本政府内で意識されたのである。OECDの利用という点について、日本は関係国に非公式な形で打診するとともに[77]、政府内部での検討を進めた[78]。

そして、六月一七日から開催された第五回ECG会合では、日本代表の鶴見外務審議官がECGの作業を終えた後のフォローアップ作業について首席代表者会合で取り上げ、「OECDに引き継がせることが望ましい」と強調し、OECDの利用を主張した[79]。また、第五回ECG会合後、六月末に開かれた第二回IEP作業部会でも、日本はOECDの利用を重ねて主張した[80]。この作業部会に向けた対処方針は、機構問題を特に重視する点として挙げており、日本がIEPへの参加を決定する前から本格的に動いていたことが分かる[81]。さらに、七月に入ってからは、安川壮駐米大使からキッシンジャー米国務長官に対して、備蓄、合意形式などとともに機構問題について申し入れが行われた[82]。

なぜ、日本はIEPをOECDの枠内で実施することにこだわったのだろうか。この点について、第一回から第七回までECG会合で日本の首席代表を務めた鶴見清彦は、次のように説明している。それは、①OECDという既存の国際機関の傘下に持ってくることによって、産油国との対決姿勢を示したという印象が少しでも薄められる、②OECD傘下の機関にすればECGに参加していないフランスなどが入ってくる可能性が増える、③OECD事務局を利用できる、④エネルギー問題は、通貨や環境、経済成長といった様々な問題に関連した問題であり、OECDの場に持っていった方が全般的なアプローチを取りやすい、という四点である[83]。この鶴見の説明は、IEPに関する最終合意が近付く交渉の最終段階で一般向けの解説として示されたものだが、第二回IEP作業部会の対処方針にも①と②について記載があるように、内部の方針と一致するものであった[84]。

いずれも、それなりに説得的な理由ではあるが、対外的に用いられた表向きの理由に加えて、OECDの下にIEPを持ってくることにはもう一つの狙いがあった。それは、国内対策である。

これまでも繰返し述べてきたように、消費国間協調の推進は、中曽根通産相に代表される、産油国に近づくことで石油を確保しようという立場からは敵視されていた。通産省内では、OECDという既存の国際機関の下でIEPを実施することには中曽根に対する説得材料の一つという意味もあったという[85]。

とはいえ、中曽根の説得は第二義的なものである。閣内で中曽根を説得しても、新たな国際機関を設置する場合には国会の批准が必要となる。この点について、外務省の宮崎経済局長は、国会は通らないかもしれないし、少なくとも一年目は通らないということは確実だと考えていた[86]。IEPをOECDという既存の機関の下で実施すれば、難航が予想される国会審議を回避することができる。このような理由から、エネルギー資源外交の担当者達はOECDの下でのIEP実施にこだわっていたのである[87]。七月にエンダースが来日した際も、「プレス等に対してはエネルギーを含む日米経済関係について意見交換をした旨答え、IEPに対する言及は避けること」でアメリカ側の了解を得るなど[88]、IEPを国内政局から切り離し、注目を浴びないようにするという外務省の姿勢は徹底していた。宮崎を中心に、エネルギー資源外交の担当者はIEA設立交渉への参画を見越して、事前に国内対策を考えて動いていたのである。

五月末という早い段階から働きかけていたことも功を奏し、IEPをOECDの下で実施すべきという日本の立場は各国にも影響を与え、その主張は徐々に受け入れられていく。七月初めの第六回ECG会合では、ECGにおける作業終了後、IEPの実施をOECDに移管する方向で参加国は大方の一致を見ることになった[89]。さらに、アメリカのエンダース国務次官補の来日時にも日本の主張への賛同が伝えられ[90]、また七月二五日に日光で開催された第一九回日米政策企画協議でも、日本への同意とこの問題で日本が建設的な役割を果たすことに期待する旨が伝えられた[91]。

そして、七月末の第七回ECG会合では、IEPの中身に関する各国の原則的同意とともに、IEPをOECDの枠内で実施することも合意された[92]。事前に日本の主張に賛同姿勢を伝えていたアメリカが、全会一致を基本とするOECDではIEPの実効性が損なわれるとして、OECDで実施される場合には組織の改編が必要であると留保を付ける局面もあったが、他の国々が日本の主張に同意していたことから、ダヴィニオン議長が実施機構はOECDが望ましいという結論をとりまとめた。アメリカは「ECGのコンセンサスを受諾する」意向を示し、ここにIEPのOECDの下での実施が合意された[93]。

こうして、機構問題は決着したかに見えたが、この第七回ECG会合で重要な課題として浮上することになったのが、いかなる形でIEPの実施に合意するかという問題であった。この合意形式をめぐる交渉が、国際エネルギー機関設立に向けた最終局面となった。

交渉の最終局面

国内対策の観点からこだわった機構問題と同様に、いかなる形でIEP実施に合意するかという問題も日本にとって譲れないものであった。なぜなら、仮にOECDの下にIEPを持ってきたとして、その合意が条約形式であれば国会の批准が必要となるからである。それゆえ、六月半ばの第六回ECG会合に先立って行われた日米間の協議でも、「〔IEPの実施が〕条約の形式をとる場合、国会対策上わが国としては多大な困難があろう」と率直に日本の立場を伝え、強力な「消費国同盟」を志向するアメリカを牽制していた[94]。

様々な重要な問題について合意に至った第七回ECG会合では、首席代表者会合に並行してIEP作業部会が開催されることになっていた。この作業部会に向けた対処方針は、冒頭でまず「IEP実施のためには新機構の設立によらずOECDの活用が必要と考えるとの既定の基本方針を踏まえ、OECD内においてIEPを所期の目的に即して十分機能させるために必要なメカニズム創出に努める」ことを掲げる[95]。消費国間協調の実効性を確保した上で、日本の国内対策上の要請も満たすための交渉をするという方針であった。

対処方針はこれに続けて、最も望ましい方法としてOECD理事会決定を挙げ、「IEP自体の設立に関する合意の達成も、そのためのOECD理事会決定の成立の見通しがつけ得ることが望ましい」とし、仮にアメリカが、全会一致を原則とする理事会決定はフランスの反対によって合意が難しいと考えているようであれば、棄権させることでこの懸念は回避し得ることを指摘するとされた。

さらに、アメリカの意図が拘束力を有する政府間協定の締結によってIEPを実施することにあるのであれば、「OECD理事会決定はOECD条約第六条三項の規定により実質的にみて各国がそれぞれの国内法令の範囲内で本件を実施することを約束する行政取極と同じ法的地位を有するとみなし得る」ことを指摘する、というかなり詳細な交渉方針も掲げられた。

ＯＥＣＤ条約の第六条は、理事会の決定および勧告に関する例外を規定している部分で、その第三項は「いかなる決定も、いずれかの加盟国がその憲法上の手続の要件を満たすまでは、当該加盟国を拘束しない。その他の加盟国は、当該決定が相互の間で暫定的に適用されることを合意することができる」というものであった。この項目について、外務省条約局は「第六条三にいう『憲法上の手続要件』が『決定に拘束されること』のために必要なものであると解すると、様々な不合理が生ずる」として、「ＯＥＣＤの決定は、加盟国に対し、現行法令及び予算の範囲内でこれを実施する義務を課すものであって、いわゆる行政取極のもつ拘束力と類似の拘束力を有するものと解するのが相当である」と解釈していた[96]。要は、ＯＥＣＤ理事会決定によってＩＥＰに合意すれば、実効性も充分に担保することが可能だというのが日本の主張である。

以上の対処方針からは、合意形式の問題について、相当に詳細な準備と検討をしていたことが分かる。それは、ＩＥＰをＯＥＣＤの下で実施することで国会での批准を回避しようと動いた宮崎自身が、「反対論は、非常に筋が通っている」と考えていたためである[97]。ＩＥＰ作業部会に向けた対処方針では、ＯＥＣＤ理事会方針の利点として、実施細目等の計画に関する全ての合意文書をＯＥＣＤの枠内で処理することから、その公表等について弾力的に運用できることも挙げていたが[98]、あえて政府間協定を避ける理由としてはいかにも苦しい。これまでの各章でも見てきたように、宮崎自身は、消費国間の協調なくしてエネルギー資源問題は解決し得ないと考えており、合意形式にこだわったのは、機構問題と同じく、あくまで実効的な消費国間協調枠組みであるＩＥＰに日本が参加するための国内対策という観点からであった。

日本は、このように周到な準備を行って第七回ＥＣＧ会合とＩＥＰ作業部会に臨んだが、合意形式について首席代表会合で表明された各国の見解は分かれた。

第七回会合で表明された各国見解は三つの形式であった。アメリカが主張した政府間協定、イギリスが主張した拘束力を有する了解覚書、そして日本とカナダが主張したOECD理事会決定である。加盟国に対する拘束力を求める点で英米両国の提案は共通しており、英米案と日本とカナダの案が対立するという図式であった。結局IEPの内容をまず確定した上で再検討することになったが、事前に行われた作業グループでOECD理事会決定案に賛意を示していた西ドイツ、ノルウェー、オランダは代表者会合では特にコメントをせず、何らかの行政取極ないし政府間協定を締結すべきという空気が強まることになった[99]。

第七回ECG会合を終え、外務省では、各国の反応とOECD事務局から得られた情報を詳細に分析した上で、次回会合に向けた方針の検討が全省的に進められた[100]。だが、アメリカやイギリスを説得する新たな材料を見出すことはできなかった。

この間、在外公館を通じての働きかけもあり、イギリスは日本の立場に理解を示すようになっていた[101]。また、アメリカがデンマークとともに起草した合意案では、「発効手続きについては、日本等の立場をも考慮して各国が国内事情に照らしつつそれぞれ選択する手続きにより発効する」形式を提示するなど日本への配慮も示された[102]。だが、第八回ECG会合に先立って九月上旬に開催されたIEP作業部会では、OECD理事会の決定がなくともIEPは単体で活動しうる独立した機構とするデンマーク案と、IEPはあくまでOECD理事会決定によって機能するとした日本の提案が真っ向から対立したことから、日本としては難しい対応を迫られることになった[103]。

日本の選択は、あくまでもOECD理事会決定によるIEP実施機関の設立を主張することであった。第八回ECG会合に向けて、もし日本の提案が認められずデンマーク案が大勢を占める場合には、「締結につき国会の承認を要するものであることから、本提案〔デンマーク案〕の内容がわが国として国会の承認に適するか否かの事務的な検討を含め、少なくとも関係閣僚の最終的了解と国会等の了解工作をある程度完了した上で改めて別途通報する等の措置をとるまでは、同提案の合意形式とすることに対するわが方の最終的態度を留保せざるを得ないとの立場を明らかにしておく」という対処方針が立てられた[104]。

産油国との対決姿勢が強い提案や、国内調整に時間がかかる問題について態度を留保することは、これまでのECG会合でもしばしば採られた日本の常套手段である。だが、アメリカが一刻も早いIEPの実施を強く求めるなかで、日本が原加盟国としての参加を留保することの政治的な意味は、決して小さなものではない。日本は当時、アメリカに次いで世界第二位の石油消費国であるのみならず、世界第一位の石油輸入国であり、今後も輸入量を急増させると見られていた。こうした日本の立場や主張は、ECGアメリカ代表のエンダースにもしっかりと認識されていた[105]。

九月一九日と二〇日の二日間、ECGの総まとめとなる第八回会合が開催された。日本からは、これまでECGにおける日本の対応を取り仕切ってきた宮崎経済局長が首席代表として参加した。

この会合では、当初、OECD理事会決定なしにIEPが独立して活動し得る余地を残そうとするアメリカおよびデンマークと、IEPはOECD理事会決定によってのみ拘束されるとの原則的立場を主張する日本とカナダの主張が大きく対立したが、アメリカが日本案に歩み寄りを見せたことで大きく動くことになった。そして、最終的に合意形式は、議長の取りまとめによって日本案にデンマーク起草案をふまえた改訂を行うことで合意に至った[106]。

第八回会合では、前回会合で大筋がまとまっていたIEP協定案に加えて、OECD理事会決定案、承認手続きに関する三つの文書が採択された。IEP協定の中身についても、それまで日本が終始コミットすることに難色を示し続けていた備蓄の問題についても、日本の主張をふまえて一定期間は努力規定とすることが盛り込まれるなど、合意形式に関して自らの原加盟国としての参加を「人質」とする強硬な方針を立てて交渉に臨んだことが功を奏した形となった[107]。

協定案の修文作業と参加国の承認手続きは残っていたものの、ここに消費国間協調に関するパッケージとしてIEP協定がまとめられ、その実施機関としてIEAをOECDの傘下に設置することが合意された。

国際エネルギー機関の設立

九月二〇日に閉会した第八回ECG会合の結果は議長ノートとしてまとめられた。IEPに関する手続きは、以下のように定められた[108]。

① 合意されたテキストは九月二五日より法律専門家による修文作業にかけられる。
② 各国政府は本件テキスト（IEP協定案）を検討し、一〇月二九日までにECGダヴィニヨン議長に対し正式に次の点を通報する。
(イ) 協定テキストを受諾し、暫定適用するとの政治的コミットメント
(ロ) 現段階でOECD理事会に対しIEP設置の決定を採択し、かかる提案及びIEA理事会（以下、GB）によってIEPが採択されることを可決すべきことを要請するとの決定
(ハ) 憲法上の要請に従い、然るべき時に本協定に署名又は加入する意志
③ 一一月中旬までにIEPに関するOECD理事会決定を成立せしめる。
④ OECD理事会決議の二日後、(イ) GBは、OECD理事会の授権に従い、計画を採択するため

開催される、（ロ）ＥＣＧメンバーはそれぞれの憲法の要請に従い協定に署名又は加入する。

こうして、ＯＥＣＤにＩＥＰの実施機関としてＩＥＡが設置されるということが決まり、政府内の了解が得られれば日本はＩＥＰに参加することが可能になった。

日本は、定められた手続きに従って速やかに行動した。ここで問題となったのは、国内への配慮によってＩＥＰ協定がＯＥＣＤ条約とやや複雑な関係を持つことになったことである。外務省内の検討を経て、一〇月一八日、内閣法制局との審議が行われたが、直ちに了解を得ることはできなかった[109]。外務省は、この問題を七月末の第七回ＥＣＧ会合から認識しており、確信犯的に国内調整を後回しにしていたと思われる。その後、外務省内での再検討を経て、最終的に内閣法制局の了解も得られたことで事なきを得たが、国内調整はぎりぎりまで続けられた[110]。

国内での調整を経て、一〇月二五日、閣議了解案が了承されたことにより、ダヴィニオンＥＣＧ議長の本国であるベルギー政府に、日本政府は必要事項を通報した。

なお、閣議了解案の請議は外務省が単独で行う予定であったが、通産省が共同請議にこだわったため、閣議了解案は外務省を世話官庁とする関係五省庁（外務省、経済企画庁、科学技術庁、大蔵省、通産省）の共同請議となった[111]。ＩＥＡ設立交渉は外務省が所管していたこともあり、中曽根通産相はこの問題をしっかりとはフォローしていなかった[112]。共同請議となったのは、事務レベルの折衝の結果である。共同請議にこだわる通産省の姿勢には省庁間の権限争いという側面があるにせよ、ＩＥＡ設立が、第一次石油危機前から模索されていた消費国間協調の総仕上げだったことを考えれば、通産省が閣議了解という形で明確にコミットしたことは重要だろう。

各国の手続きと修文作業も順調に進み、一一月八日には、最終会合となる第九回ECG会合が開催された。評決方法など残されていた課題が討議され、IEPについて最終的な合意が固められた[113]。日本は、一一月一五日、改めて閣議決定を行い、ここに正式にIEA参加方針が確認された[114]。日本の閣議決定と同日、OECD理事会はIEAをOECDの一機関として設立することを決定した[115]。そして、一九七四年一一月一八日に開催された第一回IEA理事会で、IEPの実施が採択された[116]。ここに、日本の主張の通り、OECD傘下に設立されたIEAにおいてIEPを実施する体制が整った。

北海油田開発が進むことによって翌七五年には産油国となることが見込まれたノルウェーが参加を取りやめたものの、残りのECG参加一一ヵ国に加えて、スイス、スウェーデン、オーストリア、スペイン、トルコが参加し、一六ヵ国を原加盟国としてIEAはスタートすることになった。こうして、第一次石油危機後の消費国間協調は、先進消費国機関としてのIEA設立に結実した。

パリでIEA第一回理事会が行われていた一一月一八日、フォード米大統領がキッシンジャー国務長官とともに来日した。現職大統領の来日は、「安保闘争」の余波でアイゼンハワー大統領の来日が中止されて以来の日本政府関係者にとって悲願となっていた。このフォード来日にも隠れ、石油危機後の消費国間協調の一つの到達点である国際エネルギー機関の設立は、新聞紙上では経済面の片隅で「石油融通制度スタート」とひっそり報じられるのみであった[117]。

この間、日本のIEA設立参画に関する閣議決定を前に、一〇月二三日、IEAの全容が『朝日新聞』の一面にスクープとして掲載されていた[118]。また、一時期に比べれば落ち着いていたものの、原油価格の高止まりは続き、石油問題に対する国民の関心は高かった。キッシンジャーが訪日前に行った、エネルギー問題に関連して各国に消費抑制を訴える演説は新聞各紙の一面で報じられていた[119]。このキッシンジャー演説は同年夏以来検討が進められていたものであり、アメリカの次なる一手を示す重要なものではあったが[120]、長期的に重要な意義を持つのがＩＥＡ設立だったことはその後の歴史が示している。それにもかかわらず、ＩＥＡの設立に注目が集まらなかったのは、日本国内で消費国間協調の意義が正確に認識されていなかったからである。日本政府がＩＥＡ設立への参画を優先し、国内にその意義を説明してこなかった結果と言えよう。

ＩＥＡの設立は、第一次石油危機以前から国際的に様々な検討が行われてきた消費国間協調の一つの到達点であった。それは、六〇年代後半にエネルギー資源問題が日本の外交課題として浮上して以来、様々な模索を続け、連綿と続けられたエネルギー資源外交の成果となった。

註

1——国際エネルギー機関については、序章注一九、も参照。

2——Daniel Yergin, *The Prize: the Epic Quest for Oil, Money, and Power* (New York: Simon & Schuster, 1991), p. 270.（ダニエル・ヤーギン（日高義樹、持田直武訳）『石油の世紀——支配者たちの興亡』日本放送出版協会、一九九一年、上下巻）、Daniel Yergin, *The Quest: Energy, Security, and the Remaking of the Modern World* (New York: Penguin Press, 2011), pp. 271-277.（ダニエル・ヤーギン（伏見威蕃訳）『探求——エネルギーの世紀』日本経済新聞出版社、二〇一二年）。

3——日本以外の主要消費国に取り上げた研究に関してはその限りではない。ＩＥＡ設立交渉に触れている主な研究として、Daniel Möckli, *European Foreign Policy during the Cold War: Heath, Brandt, Pompidou and the Dream of Political Unity* (London: I.B. Tauris, 2009), Chapter 6; Aurélie Élisa Gfeller, *Building a European Identity: France, the United States and the Oil Shock, 1973-1974* (New York: Berghahn Books, 2012), Chapter 4-6.

4――在米安川大使発外務大臣宛第九二〇号「エネルギー調整グループ（審議経過）」一九七四年二月二五日、戦後期外務省記録『OECDエネルギー調整グループ』（二〇一〇―一八三八）、外務省外交史料館（以下、戦後期外務省記録の所蔵は全て同じ）。

5――経資源「米ドナルドソン・ペーパー（要訳）――第三回CGにおいて配布」一九七四年四月一二日、戦後期外務省記録『米国エネルギー／ドナルドソン・ペーパー』（二〇一二―一九六七）。

6――Minutes, "Secretary's Staff Meeting, Friday, March 22, 1974 – 2:55 p.m.," March 22, 1974, *Foreign Relations of the United States, 1969-1976*, Vol. 36, Energy Crisis, 1969-1974 [hereafter cited as *FRUS, 1969-1976*, Vol. 36], Doc. 344.

7――在ベルギー安倍大使発外務大臣宛第四六五号「第三回調整グループ会合（議題四、米国提案）」一九七四年四月五日、戦後期外務省記録『OECDエネルギー調整グループ／産油国、消費国会議』（二〇一〇―一八六〇）。

8――外務省「第三回エネルギー調整グループ対処方針」一九七四年四月一日、戦後期外務省記録『OECDエネルギー調整グループ』（二〇一〇―一八三七）。

9――前掲「第三回調整グループ会合（議題四、米国提案）」。

10――在ベルギー安倍大使発外務大臣宛第四五四号「第三回エネルギー調整グループ（所感）」一九七四年四月四日、前掲『OECDエネルギー調整グループ』（二〇一〇―一八三七）。

11――経資源「ドナルドソン・ペーパー個別的コメント（案）」一九七四年四月一一日、同「ドナルドソン・ペーパー一般的コメント（案）」一九七四年四月一二日、いずれも前掲『米国エネルギー／ドナルドソン・ペーパー』（二〇一二―一九六七）所収。同時期の認識としては、経資源「「ドナルドソン・ペーパー」一般的コメント討議用検討メモ（案）」一九七四年四月一三日、戦後期外務省記録『OECDエネルギー調整グループ』（二〇一〇―一八四三）も参照。

12――北米二「ドナルドソン・ペーパーに関するわが国の立場（案）」一九七四年四月一九日、前掲『米国エネルギー／ドナルドソン・ペーパー』（二〇一二―一九六七）。

13――作成者なし「今後の消費国協力について」一九七四年四月一一日、前掲『米国エネルギー／ドナルドソン・ペーパー』（二〇一二―一九六七）。同文書は「通商産業省資源エネルギー庁」と欄外に記載された用紙が使われており、内容的に見ても同省作成文書と判断できる。

なお、時期的には少し後になるが、大蔵省からは、基本的に外務省案に賛成ながら、ドナルドソン・ペーパーへの賛意を示した後に「ただし、この問題は各国の政治的、経済的、社会的諸事情に密接に関連するものであり、その検討には十分な時間と慎重さが必要である」という文章を加えるべき、とのコメントが寄せられている。結城審議官室「ドナルドソン・ペーパーに対するコメント案(外務省)に対するコメント」一九七四年四月二五日、前掲『米国エネルギー/ドナルドソン・ペーパー』(二〇一二-一九六七)。

14——在ベルギー安倍大使外務大臣宛第五六三号「第四回エネルギー調整グループ会合(第一日要約)」一九七四年五月二日、在ベルギー大鷹臨時代理大使第五八五号「第四回エネルギー調整グループ(第二日要約)」一九七四年五月四日、いずれも戦後期外務省記録『OECDエネルギー調整グループ』(二〇一〇-一八四二)所収。

15——この対処方針策定に際しては、外務省派遣のエネルギー資源問題調査団の報告も参考にされた。一九七四年三月二七日から約三週間にわたって派遣された同調査団は、外務省参与で日本エネルギー経済研究所所長の向坂正男を団長に、経済学者やシンクタンクの研究員が加わり、外務・通産両省の事務官も参加した。経資源「外務省派遣資源エネルギー問題調査団帰国報告概要」一九七四年四月二三日、戦後期外務省記録『OECDエネルギー調整グループ』(二〇一〇-一八四〇)、資源エネルギー問題調査団「外務省派遣 資源エネルギー調査団報告書」一九七四年五月、戦後期外務省記録『OECDエネルギー調整グループ』(二〇一〇-一八四一)。

16——外務省「第四回エネルギー調整グループ対処方針」一九七四年四月三〇日、前掲『OECDエネルギー調整グループ』(二〇一〇-一八四三)。

17——前掲「第三回調整グループ会合(議題四、米国提案)」。

18——前掲「第四回エネルギー調整グループ(第二日要約)」、在ベルギー安倍大使発外務大臣宛第五八九号「第四回エネルギー調整グループ会合(ドナルドソン・ペーパー)」一九七四年五月四日、前掲『OECDエネルギー調整グループ』(二〇一〇-一八四三)。

19——経済局資源課「米国提案「Integrated Emergency Program」について」一九七四年六月二二日、前掲『OECDエネルギー調整グループ』(二〇一〇-一八四三)。

20——在ベルギー大鷹臨時代理大使発外務大臣宛第五八七号「第四回エネルギー調整グループ(所感)」一九七四年五月四日、前掲『OECDエネルギー調整グループ』(二〇一〇-一八四三)。

21――経資源「「融通」アド・ホック・グループ(TRIII)の活動について」一九七四年六月六日、戦後期外務省記録『OECDエネルギー調整グループ』(二〇〇九―〇一五五)。

22――Minutes, Acting Secretary of State's Principals and Regional Staff Meeting, June 10, 1974, *FRUS, 1969-1976*, Vol. 36, Doc. 355.

23――前掲「米国提案「Integrated Emergency Program」について」。なお、この間に開催された第一三回OECD閣僚理事会でも、消費国間協調の促進が確認された。在OECD吉野大使発第七二八号「閣僚理事会(所感)」一九七四年六月五日、前掲『OECDエネルギー調整グループ』(二〇一〇―一八四三)、経済局国際機関第二課「第一三回OECD閣僚理事会」『経済と外交』一九七四年七月号、三三―三七頁。

24――前掲「米国提案「Integrated Emergency Program」について」。

25――在ベルギー安倍大使発第八一四号「第五回エネルギー調整グループ(パッケージ等に関する日米事前協議)」一九七四年六月一六日、前掲『OECDエネルギー調整グループ』(二〇一〇―一八四三)、経資源「第五回ECG会合に於けるIEP審議状況(その一)」一九七四年六月一九日、戦後期外務省記録『エネルギー・ワシントン会議』(二〇一二―一九二五)。アメリカ側からは六月一四日に在日大使館経由で東京における事前協議に関する申し出があったが、結局ECG代表団間の協議に落ち着いたようである。大平外務大臣発在ベルギー安倍大使宛第四四五号「第五回エネルギー調整グループ(パッケージに関する日米事前協議)」一九七四年六月一四日、前掲『OECDエネルギー調整グループ』(二〇一〇―一八四三)。

26――在安倍ベルギー大使発外務大臣宛第八一七号「第五回エネルギー調整グループ(第一日審議経過)」一九七四年六月一八日、前掲『OECDエネルギー調整グループ』(二〇一〇―一八四三)。

27――同右、大平外務大臣発在ベルギー安倍大使宛第四五二号「第五回エネルギー調整グループ会合対処方針」一九七四年六月一五日、戦後期外務省記録『OECDエネルギー調整グループ』(二〇一〇―一八四四)。

28――在ベルギー安倍大使発外務大臣宛第八一八号「第五回エネルギー調整グループ(米、OECD両案報告書の比較検討作業)」一九七四年六月一八日、前掲『OECDエネルギー調整グループ』(二〇一〇―一八四三)。

29――前掲「第五回ECG会合に於けるIEP審議状況(その一)」。

30――在ベルギー安倍大使発外務大臣宛第八二二号「第五回エネルギー調整グループ(IEP作業部会設置)」

一九七四年六月一八日、前掲『OECDエネルギー調整グループ』(二〇一〇-一八四三)。

31──在ベルギー安倍大使発外務大臣宛第八三四号「第五回エネルギー調整グループ会合(代表所見)」一九七四年六月一八日、前掲『OECDエネルギー調整グループ』(二〇一〇-一八四三)。

32──資源課「米提案「International Emergency Program」に対するコメント及び対処方針」一九七四年六月一九日、前掲『OECDエネルギー調整グループ』(二〇一〇-一八四三)。

33──たとえば、経資「検討資料 エネルギー調整グループの求心力と遠心力」一九七四年五月二五日、前掲『OECDエネルギー調整グループ』(二〇一〇-一八四二)、経資「第五回エネルギー調整グループ会合における問題点(検討資料)」一九七四年五月二五日、前掲『エネルギー・ワシントン会議』(二〇一二-一九二五)。

34──作成者なし「ECG打合会(17-18 June 1974 於ブラッセル)」一九七四年六月一一日、前掲『OECDエネルギー調整グループ』(二〇一〇-一八四三)。この打ち合わせには、主管課である経済局資源課の他に、欧亜局西欧第一課、中近東アフリカ局中近東課、北米局北米第一課、国連局科学課、経済局国際機関第二課、調査部企画課、経済協力局政策課、欧亜局大洋州課、北米局北米第二課(記載順)から課長や担当者が集められた。

35──林昭彦へのインタビュー(二〇一〇年四月一九日、東京)。当時林は資源エネルギー庁国際資源課総括班長を務めており、度々ECG代表団に加わっていた。

36──経資「米提案IEPの検討事項(案)」一九七四年六月二二日、前掲『OECDエネルギー調整グループ』(二〇一〇-一八四二)、北米二「米のIEP構想について」一九七四年六月二二日、前掲『エネルギー・ワシントン会議』(二〇一二-一九二五)、通産省「IEP対処方針」一九七四年六月二五日、前掲『OECDエネルギー調整グループ』(二〇一〇-一八四三)。

37──大平外務大臣発在ベルギー安倍大使宛四八三号「第二回I・E・P・作業部会会合対処方針」一九七四年六月二六日、前掲『OECDエネルギー調整グループ』(二〇一〇-一八四一)。

38──在ベルギー安倍大使発外務大臣宛第八九八号「エネルギー調整グループIEP作業部会(第二日目報告)」一九七四年六月二八日、戦後期外務省記録『OECDエネルギー調整グループ』(二〇〇九-〇一五六)。

39──在ベルギー安倍大使発外務大臣宛第九〇一号「エネルギー調整グループIEP作業部会(所感)」一九七四年六月二九日、前掲『OECDエネルギー調整グループ』(二〇〇九-〇一五六)。

40——経資「米提案ＩＥＰの検討事項（案）」一九七四年七月一日、前掲『ＯＥＣＤエネルギー調整グループ』（二〇一〇‐一八四二）。

41——同上。

42——経資「ＩＥＰに関する大臣ブリーフィング」一九七四年七月一日、前掲『ＯＥＣＤエネルギー調整グループ』（二〇一〇‐一八四二）。

43——作成者なし「大平大臣ブリーフィングに於ける大臣発言振り」一九七四年七月二日、前掲『ＯＥＣＤエネルギー調整グループ』（二〇一〇‐一八四二）。

44——作成者なし「Ｉ・Ｅ・Ｐ作業部会出席者報告会」一九七四年七月二日、前掲『ＯＥＣＤエネルギー調整グループ』（二〇一〇‐一八四二）。

45——作成者なし「七／三　対各省報告会」作成日なし、前掲『ＯＥＣＤエネルギー調整グループ』（二〇一〇‐一八四二）。

46——資源課「第六回エネルギー調整グループ会合・対処方針案」一九七五年七月五日、前掲ＯＥＣＤエネルギー調整グループ』（二〇一〇‐一八四二）。

47——国際資源課「外務省対処方針案に対する当方意見」一九七四年七月五日、前掲『ＯＥＣＤエネルギー調整グループ』（二〇一〇‐一八四二）。

48——在ＯＥＣＤ吉野大使発外務大臣宛第八七二号「エネルギー調整グループ・ＩＥＰに対するわが国の態度（意見具申）」一九七四年七月四日、同第八七三号「エネルギー調整グループ・ＩＥＰに対するわが国の態度（意見具申）」一九七四年七月四日、いずれも前掲『ＯＥＣＤエネルギー調整グループ』（二〇一〇‐一八四二）所収。この日本の来電は、経済局資源課が一九七六年三月一五日にまとめた「国際エネルギー計画（International Energy Program）の成立までの交渉経緯」という重要文書綴りにも収録されている（外務省情報公開：二〇〇七‐〇〇二三〇）。

49——たとえば、在ＯＥＣＤ吉野大使発外務大臣宛第四六五号「ドナルドソン・ペーパー（意見具申）」一九七四年四月一九日、前掲『米国エネルギー／ドナルドソン・ペーパー』（二〇一二‐一九六七）。

50——大平外務大臣発在ベルギー安倍大使宛第五二二号「第六回エネルギー調整グループ会合対処方針」一九七四年七月六日、前掲『ＯＥＣＤエネルギー調整グループ』（二〇一〇‐一八四二）。

51――在ベルギー安倍大使発外務大臣宛第九三六号「第六回エネルギー調整グループ(日米非公式協議)」一九七四年七月七日、前掲『OECDエネルギー調整グループ』(二〇一〇―一八四二)、経済局資源課「第六回エネルギー調整グループ会合(概要・経過報告)」一九七四年七月一〇日(外務省情報公開:二〇〇七―〇〇二二〇)。

52――在ベルギー安倍大使発外務大臣宛電報第九三九号「第六回エネルギー調整グループ会合(第一日目経過報告)」一九七四年七月八日、同第九五三号「第六回エネルギー調整グループ(概要)」一九七四年七月九日、いずれも前掲『OECDエネルギー調整グループ』(二〇一〇―一八四二)所収。

53――前掲「第六回エネルギー調整グループ会合(第一日目経過報告)」。

54――前掲「第六回エネルギー調整グループ会合(概要・経過報告)」。

55――在ベルギー安倍大使発外務大臣宛電報第九五四号「第六回エネルギー調整グループ会合(所感)」一九七四年七月九日、前掲『OECDエネルギー調整グループ』(二〇一〇―一八四二)。

56――大平外務大臣発関係在外公館長宛合第五八九五号「エネルギー調整グループ」一九七四年七月一二日、戦後期外務省記録『OECDエネルギー調整グループ/産油国、消費国会議』(二〇一〇―一八五九)。

57――経資「エネルギー調整グループについての産油国の報道振り」一九七四年七月二三日、前掲『OECDエネルギー調整グループ/産油国、消費国会議』(二〇一〇―一八五九)。

58――同右、大平外務大臣発在米安川大使宛第一七五一号「IEP(宮崎局長とエンダースとの会談)」一九七四年七月一五日、前掲『OECDエネルギー調整グループ』(二〇一〇―一八四四)。

59――「エネルギー調整グループにおけるエネルギー「総合的緊急計画」策定に関する関係閣僚了解事項(案)」一九七四年七月一七日、前掲『OECDエネルギー調整グループ/産油国、消費国会議』(二〇一〇―一八五九)。

60――同右。

61――豊永恵哉(資源エネルギー庁国際資源課長)「国際資源課長日記(上)」『通産ジャーナル』一九七六年五月号、六一―六二頁。

62――林昭彦へのインタビュー。

63――前掲「第五回ECG会合に於けるIEP審議状況(その一)」。

64――大平外務大臣発在米安川大使および在ベルギー安倍大使宛合五五三四号「エンダース国務次官補訪日問題」

一九七四年六月二七日、前掲『OECDエネルギー調整グループ』(二〇一〇-一八四二)、大平外務大臣発在米安川大使宛第一六五六号「エンダース国務次官補来日」一九七四年七月三日、前掲『OECDエネルギー調整グループ』(二〇一〇-一八四二)。

65——前掲「IEP(宮崎局長とエンダースとの会談)」。

66——木村外務大臣発在米安川大使宛第一七五八号「IEP(エンダースとの会談)」一九七四年七月一七日、前掲『OECDエネルギー調整グループ』(二〇一〇-一八三八)。

67——Telegram, From Tokyo to Department of State, "Integrated Emergency Program: Enders Visit to Japan," July 16, 1974, Central Foreign Policy Files, Record Group 59, *Access to Archival Database*, The National Archives.

68——林昭彦へのインタビュー。

69——中曽根康弘(中島琢磨他編)『中曽根康弘が語る戦後日本外交』新潮社、二〇一二年、二四六-二四八頁。

70——同右。

71——『朝日新聞』一九七四年一〇月一一日(夕刊)、二面。

72——木村外務大臣発在ベルギー安倍大使宛第五六六号「第七回エネルギー調整グループ対処方針」一九七四年七月二七日、戦後期外務省記録『OECDエネルギー調整グループ』(二〇一〇-一八四五)。

73——経資源「第七回エネルギー調整グループ会合審議の概要」一九七四年八月一日(外務省情報公開:二〇〇七-〇〇二二〇)。

74——在米安川大使発外務大臣宛第二〇七六号「大平大臣来米」一九七四年五月二一日(外務省情報公開:二〇〇八-〇〇五二五)。なお、この訪米に際してはニクソン大統領との会談も行われ、エネルギー資源問題については、消費国間協調の必要性とシベリア資源開発に関して意見交換がなされた。ニクソンからはシベリア資源開発に関して日本の取り組みを高く評価する旨の発言があった。北米一「大平外務大臣・ニクソン大統領会談記録」作成日なし(外務省情報公開:二〇〇八-〇〇二二〇)。上記二文書は、吉田真吾氏が情報公開請求によって取得したものをご提供頂いた。記して感謝したい。

75——大平外務大臣発在米安川大使宛第一二六八号「今後のエネルギー調整グループの方向」一九七四年五月二四日、前掲『OECDエネルギー調整グループ』(二〇一〇-一八四二)。

76――在米安川大使発外務大臣宛第二一八九号「今後のエネルギー調整グループの方向」一九七四年五月二五日、前掲『OECDエネルギー調整グループ』(二〇一〇‐一八四二)。

77――在英森大使発外務大臣宛第八五四号「今後のエネルギー調整グループの方向」一九七四年五月三一日、前掲『OECDエネルギー調整グループ』(二〇一〇‐一八四二)。

78――前掲「第五回エネルギー調整グループ会合における問題点(検討資料)」、前掲「ECG打合会(17-18 June 1974於ブラッセル)」。

79――前掲「第五回エネルギー調整グループ会合(代表所見)」。

80――前掲「エネルギー調整グループIEP作業部会(所感)」。

81――前掲「第二回I・E・P・作業部会会合対処方針」。

82――Memorandum of Conversations [Memcon], Takeshi Yasukawa and Henry A. Kissinger, "Meeting with Japanese Ambassador on July 15, 1974," July 19, 1974, National Security Archive (ed.), *Kissinger Transcripts*, KT01255; 大平外務大臣発在米安川大使宛第一七四〇号「キッシンジャー長官との会談」一九七四年七月一三日(外務省情報公開：二〇〇七‐〇〇三七七)。

83――鶴見清彦(外務審議官)、吉野文六(駐OECD代表部大使)「てい談　OECDの過去・現在・未来」『経済と外交』一九七四年一一月号、一四‐一七頁。なお、日本は同時期にもフランスのIEPへの参加可能性を探っていた。在仏中山大使発外務大臣宛第一八七八号「IEPに関する仏の態度」一九七四年七月一六日、同第一九三八号「IEPに関する仏の態度」一九七四年七月二四日、在ベルギー安倍大使発外務大臣宛第九九九号「エネルギー調整グループへの仏参加問題」一九七四年七月二四日、など。いずれも前掲『OECDエネルギー調整グループ』(二〇一〇‐一八四五)所収。

84――前掲「第二回I・E・P・作業部会会合対処方針」。

85――林昭彦へのインタビュー。

86――C・O・E・オーラル・政策研究プロジェクト『宮崎弘道オーラル・ヒストリー』政策研究大学院大学、二〇〇五年、一六七頁。

87――技術的な細かい問題となるので、本論で詳述することは避けるが、機構および合意問題とともに、備蓄・節約・

融通というIEPの柱となる政策を行政権の範囲内でできるように協定を修正することも、日本が交渉で重視していたことの一つであった。同右。

88——前掲「IEP(宮崎局長とエンダースとの会談)」。通産省の情報管理はそこまで徹底されておらず、エンダースがECGでの「緊急時の石油融通制度に対する米国の考え方を説明するために来日した」と一部新聞で報道された。ただし、そこでもこの石油融通制度が新たな消費国機関設置に繋がるものだということは触れられていない。『毎日新聞』一九七四年七月一六日、七面。

89——前掲「第六回エネルギー調整グループ会合(概要・経過報告)」。

90——前掲「IEP(宮崎局長とエンダースとの会談)」、前掲「IEP(エンダースとの会談)」、Telegram, "Integrated Emergency Program: Enders Visit to Japan."

91——調査部企画課「第一九回日米政策企画協議報告(昭和四九年七月二四日、二五日、於日光)」一九七四年八月、戦後期外務省記録『日米政策企画協議(第一九～第二一回)』(二〇一二－二八八〇)。

92——前掲「第七回エネルギー調整グループ会合審議の概要」。

93——経済局資源課「第七回ECG会合の成果の概要」一九七四年八月二〇日、戦後期外務省記録『OECDエネルギー調整グループ』(二〇一〇－一八四七)。

94——前掲「第六回エネルギー調整グループ会合(概要・経過報告)」。

95——経済局資源課「第七回エネルギー調整グループ会合対処方針(於:ブラッセル七月二九～三一日)」一九七四年七月二九日、前掲『OECDエネルギー調整グループ』(二〇一〇－一八四五)。「IEP作業部会対処方針」は附属文書として収録されている。

96——条約局「OECDの決定の拘束性について」一九六四年二月四日、戦後期外務省記録『OECDエネルギー調整グループ』(二〇一〇－一八五〇)。

97——前掲『宮崎弘道オーラル・ヒストリー』一六七頁。

98——前掲「第七回エネルギー調整グループ会合対処方針(於:ブラッセル七月二九～三一日)」。

99——前掲「第七回ECG会合の成果の概要」。

100——経済局資源課・経済局国際機関第二課「IEPの合意形式に関する見解(その一)」一九七四年八月二三日、経済局・条約局「第八回ECG対処方針主要項目」一九七四年九月一〇日、いずれも前掲『OECDエネルギー調整グループ』（二〇一〇－一八四七）所収。

101――The National Archives of the UK: FCO 97/70 Fenn to Wilton, 22 August 1974.

102――経済局資源課「ECG作業部会会合概要――第一版（於ブラッセル 九／三〜九／七）」一九七四年九月一〇日、前掲『OECDエネルギー調整グループ』（二〇一〇－一八四七）。

103――同上。

104――経済局資源課「第八回エネルギー調整グループ会合対処方針 於ブラッセル（九月一九日）」一九七四年九月一七日、戦後期外務省記録『OECDエネルギー調整グループ』（二〇一〇－一八四八）。

105――Memorandum, From the Chairman of the International Energy Review Group Working Group (Enders), "Status of IEP Negotiations," September 16, 1974, *Foreign Relations of the United States, 1969-1976*, Vol. 37, Energy Crisis, 1974-1980 [hereafter cited as *FRUS, 1969-1976*, Vol. 37], Doc. 6.

106――経資源「国際エネルギー計画（I・E・P）合意への最終段階――第八回E・C・G会合の結論」一九七四年九月二一日、戦後期外務省記録『OECDエネルギー調整グループ』（二〇一〇－一八四九）。

107――在ベルギー安倍大使発外務大臣宛第一二九九号「第八回ECG会合（所感）」一九七四年九月二一日、前掲『OECDエネルギー調整グループ』（二〇一〇－一八四九）。

108――前掲「国際エネルギー計画（I・E・P）合意への最終段階」。

109――国際協定課「IEP参加についての問題点」一九七四年一〇月一九日、前掲『OECDエネルギー調整グループ』（二〇一〇－一八五〇）。

なお、内閣法制局長官を務めていた吉國一郎の日記（一九七四年一〇月一八日）には以下の記載がある。やや長くなるが、史料的価値もあるので全文を引用しておきたい。「十七時、茂串〈俊〉内閣法制局第三部長〉氏等がやってきて、OECDが中心となって国際エネルギー計画という協定を作成したが、OECDの理事会決定によって国際法上エネルギー機関の設置を決めている。そして協定に参加しない国は、通告することによって国際エネルギー機関の一員になることができて、協定と同一内容の権利義務を有することになる。この方法による場合に、国会の承認は不要と解し得ないかという条約局からの相談があったとのこと。協定そのものに参加するとアラブ諸国の反感を買うということで、この便法が案出されたそうである。しかし協定に同一内容というのでは、あまり効果はないようであると思う。それにOECD規約の六条三項の理事会決定も、拘束力の限界の規定とは別の問題のようにも考えられる。なお、疑問の問題を外務省に確かめて、よく検討することにした」。『吉國一郎オーラル・ヒストリーI』東京大学先端科学技術研究センター御厨貴研究室・東北大学法学研究科牧原出研究室、二〇一一年、二〇八頁。

110――条協「OECD条約第六条三について」一九七四年一〇月三一日、同「IEP――Governing Board決定としてのIEP」一九七四年一一月一日、経資「IEPに関する法制局の審議結果」一九七四年一一月一二日、いずれも前掲『OECDエネルギー調整グループ』(二〇一〇-一八五〇)所収。前掲『吉國一郎オーラル・ヒストリーI』二一六頁(一九七四年一一月一一日の条)、も参照。また、外務省条約局のOECD理事会決定は、以下の文書で明確化された。条約局「OECDの決定の拘束力について」一九七四年一〇月二九日、前掲『OECDエネルギー調整グループ』(二〇一〇-一八四八)。

111――「昭和四十九年十月二十五日「国際エネルギー機関への参加等について」の閣議了解」作成日なし(外務省情報公開:二〇〇七-〇〇二二〇)。

112――吉國内閣法制局長官の日記には、閣議でIEP参加を決定した一一月一五日の条に、以下の記載がある。「この件に関し、中曽根通産大臣から、本件は条約として国会承認をとるのかどうかという質問があり、私から説明。条約扱いをすることに法的に問題はないが、政府の一部に、産油国に配慮して協定の本来的適用ではなく、OECDの理事会決議に従う形で読み替えられており、その場合、現行法令の範囲内で義務を履行するものであることを関係国に通報し、了解を得るための拘束を現に行なっている旨を言っておいた」、前掲『吉國一郎オーラル・ヒストリーI』二一九頁。ここからも中曽根が国際エネルギー機関設立交渉の詳細を把握していなかったことが確認できる。

113――在ベルギー安倍大使発外務大臣宛第一五一八号「第九回ECG会合(報告)」一九七四年一一月九日、同第一五二〇号「第九回ECG会合(全体会議)」一九七四年一一月九日、いずれも前掲『OECDエネルギー調整グループ』(二〇一〇-一八五〇)所収。

114――大平外務大臣臨時代理発在OECD吉野大使宛第一〇四六号「IEPに関する協定の署名に関する閣議決定」

一九七四年一一月一四日、戦後期外務省記録『OECDエネルギー調整グループ』(二〇一〇—一八五六)。

115——在OECD吉野大使発外務大臣宛第一五〇一号「IEAの設立(OECD理事会決定)」一九七四年一一月一五日、同一五〇八号「IEAの設立(OECD理事会決定)」一九七四年一一月一五日、いずれも前掲『OECDエネルギー調整グループ』(二〇一〇—一八五六)所収。

116——在OECD吉野大使発外務大臣宛第一五六五号「IEAの発足(所感)」一九七四年一一月二二日、戦後期外務省記録『国際エネルギー機関(IEA)/理事会会合』(二〇一〇—一八八〇)。

117——『朝日新聞』一九七四年一一月一九日、九面、『毎日新聞』一九七四年一一月一九日(夕刊)、二面。

118——『朝日新聞』一九七四年一〇月二三日、一面(九面に関連記事)。このスクープに対する外務省の対応は、経済局「国際エネルギー計画(IEP)について」一九七四年一〇月二三日、前掲『OECDエネルギー調整グループ』(二〇一〇—一八五〇)。

119——『朝日新聞』一九七四年一一月一五日(夕刊)、一面、『毎日新聞』一九七四年一一月一五日(夕刊)、一面。

120——消費抑制については、七四年九月に行われた国際経済に関する日米英仏独による主要五ヵ国協議でもキッシンジャーから提起された。在米安川大使発第四三一〇号「国際経済に関する主要五ヶ国会議」一九七四年九月二九日、戦後期外務省記録『ランブイエ首脳会議』(二〇一四—二七五八)、Memcon, "Foreign Participants in the "Camp David" Meeting," September 28, 1974, *FRUS, 1969-1976*, Vol. 37, Doc. 9.

終章　国際経済秩序の共同管理者

「石油危機」は多くの点で従来の日本のあり方に疑問符を投げかけるものであった。しかもなお、われわれの直面している試練はそう明確な性格のものではない。石油の生産削減の惹きおこした「危機」の鮮烈さに比べて、その後の事態の与える課題はそうはっきりしたものではない。やがて「石油危機」がフェード・アウトするにつれて、課題の不明瞭さが次第に前面に現われるであろう。そして、変化の必要の認識が次第に薄れて行くことになるかもしれない。もしそうなら、それは知的な失敗である。

——高坂正堯[1]

主要エネルギー源としての石油への依存、そして一九七〇年代に入って顕在化した国際石油市場における産油国の攻勢は、経済大国となった日本にエネルギー資源外交という新たな課題を突き付けた。本書が検討してきたのは、新たな課題に直面した日本がいかにこれと向き合い、取り組んだか、という軌跡に他ならない。それは、従来前提とされてきた国際経済秩序が動揺したことへの対応であり、「戦後処理」を中心としたそれまでの日本外交の枠には収まらない試みでもあった。

本書の議論をふり返りながら、国際エネルギー機関（IEA）設立参画に結実する一連の過程を簡単にまとめておこう。第一次石油危機という劇的な形でその必要性が日本社会に広く認識されることになるエネルギー資源外交だが、日本政府はそれ以前、国際石油資本の圧倒的優位が続く六〇年代末から取り組みを始めていた。六〇年代初頭に主要エネルギー源を国産の石炭から輸入石油へ転換するというエネルギー革命を達成した日本は、出遅れていた海外石油資源の開発促進と国際石油市場の不安定化への対応を潜在的な政策課題としていた。

そして六七年六月の第三次中東戦争に際し、アラブ諸国が対英米石油禁輸措置などの石油戦略を採ったことで、エネルギー資源問題が外交課題として認識されることになる。結果だけを見れば無残な失敗に終わったと言えるが、アラブ諸国が中東紛争を有利に運ぶために石油を「武器」として用いた事実は、政策担当者の脳裏にしっかりと刻まれたのである。この石油戦略への対応はOECD（経済協力開発機構）で審議されたが、そこで日本は、OECDに加盟する「自由陣営」の一員として協力の必要に迫られる一方、その行動が供給の大半を依存するアラブ産油国を刺激し、石油供給確保の上ではリスクになり得る、というディレンマを認識することになった。

こうした経験が、外務省に資源問題担当部局の設置を促した。これは、「戦後処理」を中心とする従来の外交体制からの脱却を目指し、六〇年代半ばから検討されていた大規模な機構改革に伴う、経済局の多国間外交機能強化の一環として実現する。当初、資源問題は南北問題の一環と認識され、その関連で部局の設置が模索されたが、第三次中東戦争を経て南北問題とは切り離されていく。最終的に、資源問題は経済統合課の所掌事務に加えられ、エネルギー資源外交が始動することになった。

外交体制の整備と時をほぼ同じくして、国際石油市場は変動期に突入する。七〇年代に入ると、OPEC（石油輸出国機構）と国際石油資本各社との間で次々と産油国側に有利な協定が結ばれた。第一次石油危機が発生する七三年に入った頃には、石油市場が「売り手市場」へと変貌を遂げたことは明らかであった。産油国の攻勢を受け、より実効的な消費国間協調の枠組みがＯＥＣＤを中心に模索された。石油危機の直前には、緊急時の石油融通に関するＯＥＣＤの作業部会が設置され、日本もそこに参加していた。こうした消費国間協調への参画と並行して、日本国内では外交体制の整備と、さらに具体的なエネルギー資源外交のあり方の検討が行われていた。各種調査団の派遣や内部の検討文書、そして時々の石油情勢分析から浮かび上がってくるのは、当初はバイラテラルな海外資源開発支援の検討や石油情勢に関する情報収集に関心を向けていた日本のエネルギー資源外交が、徐々にマルチラテラルな消費国間協調への参画を重視する方向に変化したという事実である。第一次石油危機の半年前までに、産油国と消費国の双方を視野に入れた国際協調を重視しつつ、消費国間協調にも参画していくことで国際石油市場の安定を目指すという基本方針が定められることになった。

七三年一〇月に第一次石油危機が発生すると、日本は、第三次中東戦争以来の曖昧さを残したアラブ諸国寄りの中立という中東政策を「明確化」し、その説明のための特使として三木武夫副総理兼環境庁長官を中東諸国に派遣した。「明確化」の政治過程は、石油危機以前に担当者間で時間をかけて練り上げられたエネルギー資源外交の基本方針策定とは異なり、多様なアクターの利害関心が交錯するなかで短期的な決断を求められた例外的なものであった。ここでは、中東政策、石油輸入量の確保、価格と石油市場の安定、そして日本外交の基軸である日米関係を重視する様々な立場が入り乱れたが、「明確化」は第三次中東戦争後から政府内部で検討されてきた中東政策の延長線上に位置しており、産油国に接近することで石油確保を図るべきだという国内の強い声に後押しされる形で実現した。

「明確化」によってアラブ産油国に配慮を示しつつ、日本は同年一二月から再始動する消費国間協調にも参画した。石油危機を経ても、消費国間協調によって国際石油市場の安定を図るというエネルギー資源外交の基本方針は変わっていなかったのである。アメリカ主導で再始動するこの動きに、日本は産油国との対話促進という旗印を掲げ、エネルギー・ワシントン会議とエネルギー調整グループに積極的に参画していった。消費国間協調と並行して、資源問題を南北問題と結びつけようとする動きが国際的に浮上し、それは七四年四月に始まる国連資源問題特別総会として実現する。だが、石油危機以前から南北問題と資源問題を結びつけることに消極的だった日本は、特別総会で具体的なコミットメントを避け、消費国間協調を優先する姿勢を示した。この頃までに石油情勢は落ち着きを見せ、エネルギー資源外交の担当者間では、産油国との対話を旗印として掲げ続けるものの、あくまで消費国間協調参画を優先するという方針が固まっていたのである。

アメリカの提案に基づき、新たな消費国機関設立を視野に入れた検討が始まると、国内調整に手間取ったことで一時的に逡巡を見せつつも、日本は交渉への参画を決める。そして、その過程で日本は、産油国との対立姿勢が色濃いアメリカの構想を、イギリスや西ドイツなど他の消費国と協力することで、より穏やかなものにするよう努めた。また、交渉の焦点となった機構問題とその合意形式について、IEAをOECDの傘下に設置することを主導した。それは、独自の動きを見せるフランスや産油国に対する国際的な配慮という面もあったが、産油国に接近することで石油確保を図るべきだという声が国内で依然として強いなかで、難航が予想された国会審議とIEA設立交渉を切り離すためであった。交渉の最終局面で、日本は世界第一位の石油輸入国である自らの原加盟国としての参加を取引材料にするという強硬姿勢を示すことで、その主張を各国に受け入れさせた。こうして、七四年一一月、IEAの設立に日本は原加盟国として参加することになった。

以上の過程を、第一次石油危機への対応として整理し直すことも可能だろう。第一次石油危機は、石油市場における産油国の優位を背景に、アラブ諸国が中東紛争解決のために石油を「武器」として用い、さらに一方的な価格引き上げを試みたことで発生した。日本は、石油市場の構造変動という危機の間接要因と「価格」の問題には消費国間協調によって対応し、産油国による石油戦略という直接要因と「量」の問題には中東政策の「明確化」によって対応した。そして、これらの対応は、いずれも石油危機以前から政府内部で進められていた検討の延長線上にあった。日本は、予想もしない石油危機の発生に動揺し、なりふり構わぬ「油乞い外交」を展開したわけではなかったのである。

さらに言えば、石油危機時に日本とアメリカが対立したという通説的解釈は見直される必要がある。たしかに、日本はアメリカの反対する中東政策の「明確化」を行った。だが日本の姿勢は、アメリカの中東和平交渉仲介の妨害をともなう西欧諸国のアラブ諸国寄りの政策とは異なるものであり、キッシンジャー米国務長官からも日本の「明確化」は必要に迫られてやむを得ず行ったものだとの理解を得ていた。外務大臣の大平正芳が最後まで慎重姿勢を崩さなかったことは、「明確化」表明を遅らせたが、その反面、アメリカとの関係を必要以上に傷つけない形での「明確化」に繋がったと言えよう。日米関係という点でアメリカがより重視していたのは、輸入量で世界最大、消費量ではアメリカに次いで世界第二位の石油消費国である日本の、消費国間協調への参画であった。日本は西欧諸国に先駆けて、いち早くエネルギー・ワシントン会議への参加を表明し、フランスが離脱するなかでもＩＥＡ設立交渉に加わったのである。こうした点を考えれば、危機発生直後には一時的な対立はあったものの、石油危機を経て、日米はエネルギー資源外交という新たな領域で協力したと評価する方が、実態に即している。

第一次石油危機の前後、消費国間協調への参画を主導したのは、大平正芳外相と外務省経済局長の宮崎弘道による強力なタッグであった。彼らは、危機における「量」の側面を重視しておらず、中東政策「明確化」によって危機は解消し得ないと考えていた。また、「明確化」では「価格」の問題を解決できないことを明確に認識していた。石油のような国際商品において、一国のみの供給が安定するような事態はあり得ず、消費国間協調によって世界全体の供給安定を図り、脆弱性を低下させることが重要だというのが、大平と宮崎に共通する認識であった。この認識は、資源エネルギー庁の豊永恵哉国際資源課長ら通産省の担当者にも共有されており、エネルギー資源外交の担当者間ではコンセンサスを得ていた。そして、IEA設立に至る過程では、省庁の区別なく日本政府の代表団として一致して行動した。通常は、対立の側面が強調される外務・通産両省だが、資源エネルギー外交の形成期には例外的に協力関係を築いていたのである。

しかしながら、大平や宮崎の考えが日本政府全体で共有されていたわけではなかった。第一次石油危機の前夜とも言うべき七三年夏までに、産油国の攻勢はますます激しくなり、閣僚間でもエネルギー資源外交に対する認識をめぐって明らかな対立が見られるようになっていた。通産大臣の中曽根康弘は、消費国間協調の意義を認めず、アメリカへの依存を軽減し日本の自律性を高める「自主外交」を標榜し、独自の資源開発やエネルギー資源外交を追究しようとした。それに対して、大平は消費国間協調を重視し、中曽根の路線と鋭く対立していた。両者の間に立った首相の田中角栄は、通産大臣時代から通商政策としての海外資源開発促進に意欲的であり、ソ連を含む地域でも積極的に資源開発を試みたものの、外交面では日米協調を重視する姿勢を基本的に堅持した。第一次石油危機後にも引き継がれるこの構図は、外相、通産相、首相という各々のポジションに由来すると見るのではなく、七〇年代前半に彼らが考えていた日本の国際的役割や進むべき針路に関する外交構想に根差したものと捉えるべきであろう。

石油危機後の消費国間協調参画が自明でなかったことは、閣僚間の意見対立だけでなく、日本国内の様子からも分かる。日々の生活に直結する石油供給への不安と「対米追従」への不満がないまぜとなり、産油国に接近することで問題の解決を図るべきという国内の声は、危機が収まった後も強力であった。IEA設立への参画は、大平外相を後ろ盾として積極的に動いたエネルギー資源外交担当者のたゆまぬ努力によって可能となった。

IEA設立への参画に結実する、形成期のエネルギー資源外交にはいかなる意味があったのだろうか。ここで、エネルギー資源外交が、既存の国際経済秩序が動揺するなかで日本が台頭する経済大国として取り組んだ課題だったことを想起して欲しい。第一次石油危機後の消費国間協調参画を主導した宮崎経済局長は、エネルギー・ワシントン会議について「第一次石油ショック以降の世界経済の方向を決めた非常に重要な会合」だったと回顧している[2]。同会議とそれに続くエネルギー調整グループの会合では、IEA設立に繋がる検討だけでなく、金融や貿易を含む広範なテーマが討議された。石油危機後の消費国間協調は、より広い先進国間協調の根幹となるものであった。日本の先進国間協調への参画として一般に取り上げられるのは、七五年一一月に始まる主要国首脳会議(サミット)への参加だろう[3]。だが、第一次石油危機への対処を通じて、日本は既に先進国間協調の重要な一翼を担っていたのである。

大平による七四年一月の外交演説、またエネルギー・ワシントン会議での代表演説では、石油危機が地域主義やバイラテラリズム、保護主義への動きを助長する可能性を持つことが指摘され、日本が自由主義的な国際経済秩序の維持へ貢献する必要があると謳われた。大平の示した認識は、エネルギー資源外交の担当者に広く共有されたものだったし、経済大国として責任ある外交の展開が日本に求められているという点は、愛知揆一や福田赳夫といった大平の前任者たちも強調していたことである。石油危機の翌年に発行された『わが外交の近況』は、外交の基本的課題の一つとして「新しい国際経済秩序建設への寄与」を掲げている。それは、「飛躍的に経済力を拡大したわが国は、以前のように国際環境を与件として受入れ、その中で自国の繁栄のみを追求していくという態度は最早とり得ない。なぜならば、わが国の行動自体がその経済的影響力を通じて国際環境に直接、間接に大きな影響を与える」からである[4]。IEA設立への参画は、まさにこの「新しい国際経済秩序建設への寄与」と言えよう。

石油を中心とするエネルギー資源は、各国の経済運営の基礎となるものであり、また本質的には権力政治とも密接に関係している[5]。それゆえ、第一次石油危機の前後、アメリカと同盟国の間では様々な対立や摩擦も生じた。ここに、経済大国化した日本が政治的に独自路線を歩むのではないかという「自由陣営」内の懸念を重ね合わせることで、日本のIEA設立参画の意味がより明瞭になるだろう。通商政策の範疇に収まり得る個別の案件について積極的な「資源外交」を展開しつつも、日本は、エネルギー資源外交を先進国間協調の中に埋め込むことで市場全体の安定を目指すことを選択した。東西冷戦の文脈で言えば「自由陣営」を、南北問題については「先進国」としての立場を、日本は改めて確認したのである。日本が担うことになったのは、国際経済秩序の共同管理者とも言うべき役割であった。

IEA設立への参画は、エネルギー資源外交に対する国内の理解を促進する機会を失うという代償を伴った。現代における外交とは「民主的外交」である[6]。国民の理解なしに、指導者が思い切った決断をすることは難しい。経済活動と直結する問題は尚更である。IEA設立交渉を国会審議から切り離したことは、当時の国内状況を考えれば、原加盟国としての参加を優先した一つの決断であったにせよ、エネルギー資源外交に対する日本社会の理解を促進する貴重な機会を奪うことでもあった。七〇年代を通して日本社会は、OPECの決定に一喜一憂を繰り返し、石油が入ってこなくなるかもしれないという不安に苛まれ続けた。消費国間協調の枠組みが形成され、その中でエネルギー資源外交を展開する際に、国内の理解が欠如していたことは自らの手足を縛ることになった。

経済活動の根幹に関わるエネルギー資源をめぐる様々な問題から、「資源小国」である日本は逃れることができない。自らの経済大国化とほぼ時を同じくしてこの問題を突き付けられた日本は、責任ある主要国の一員としての立場を重視し、国際経済秩序の共同管理者として歩む道を選択した。各国との経済摩擦が象徴的だが、その後の歴史が示す通り、それは決して容易な道ではなかった。

サミットの発足と定着によって首脳レベルでの先進国間協調枠組みが形成されると、深化を続ける相互依存を前提に、マクロ経済政策の協調といった新たな課題とも連関しながらエネルギー資源外交は展開されていく。七五年一二月には産消国間および南北間の相互理解を目指した国際経済協力会議（ＣＩＥＣ）が始まるなど、消費国と産油国との対話も新たな局面を迎えた[7]。その後もイラン革命に端を発する第二次石油危機や、その翌年のイラン＝イラク戦争勃発など、様々な課題が噴出した。第二次石油危機に際しては、エネルギー資源外交の形成期に重責を担った大平外相が首相、外務省の宮崎経済局長が外務審議官、通産省の天谷直弘国際部長が資源エネルギー庁長官、そして豊永国際資源課長が同庁次長として、新たな役割の下で舵取りをすることになった。

第一次石油危機という試練を経て、日本は、国際経済秩序の共同管理者として歩むという選択をした。だがそれは、国際社会で求められる経済大国としての責務と国内の理解を両立させるという、新たな試練と向き合うことでもあったのである。

註

1——高坂正堯「この試練の性格について」『中央公論』一九七四年三月号、九六頁。

2——C・O・E・オーラル・政策研究プロジェクト『宮崎弘道オーラル・ヒストリー』政策研究大学院大学、二〇〇五年、一五七頁。

3——たとえば、草野厚「国際政治経済と日本」渡辺昭夫編『戦後日本の対外政策』有斐閣、一九八五年、二五四－二八四頁。

4——外務省編『わが外交の近況 昭和四九年度（第一八号）』大蔵省印刷局、一九七四年、上巻、一三頁。

5——Daniel Yergin, *The Quest: Energy, Security, and the Remaking of the Modern World* (New York: Penguin Press, 2011), pp. 4-5.（ダニエル・ヤーギン（伏見威蕃訳）『探求——エネルギーの世紀』日本経済新聞出版社、二〇一二年）。

6——H・ニコルソン（斎藤眞、深谷満雄訳）『外交』東京大学出版会、一九六八年、第四章。（Harold Nicolson, *Diplomacy*, 3rd Edition (Oxford: Oxford University Press, 1963)).

7——Giuliano Garavini, "The Conference for International Economic Cooperation: A European Diplomatic Reaction to the "Oil Shock", 1975-1977," in Morten Rasmussen and Ann-Christina L. Knudsen (eds.), *The Road to a United Europe: Interpretations of the Process of European Integration* (Bruxelles: Peter Lang, 2009), pp. 153-168.

あとがき

戦後日本とはいかなる国家であったのか。そして、国際社会の歩みの中に戦後日本をどのように位置付けることができるのか。大学院に進学して以来、常に私の念頭に置かれていたのはこの二つの問いである。第二次世界大戦の終結から七〇年の節目の年に問われている歴史とは、戦前のそれであって戦後ではないように思われる。だが、日本の行く末を考えるためには、戦前とほぼ同じだけの期間が経過した戦後の来し方についても真摯に検討する必要があるのではないだろうか。エネルギー資源外交の形成という限定されたテーマではあるが、こうした問題関心に基づいて本書は執筆された。

「資源小国」である日本にとって資源問題——とりわけ経済活動の根幹に直結するエネルギー資源問題——は逃れることができない課題である。戦後日本が選択したのは、戦前に目指したような自律的な国家ではなく、国際経済秩序の共同管理者として歩む道であった。より広く政治家の関心を集めるようになり、省庁レベルの主役が外務省から通産省に交代しても、基本的に日本はこの道を歩み続けた。その意味するところは時代の経過とともに変化する。いずれ本書で描いた後の時代についても本格的に研究を行いたい。

本書は、二〇一二年一二月に慶應義塾大学に提出した博士学位請求論文「戦後日本における資源外交の形成一九六七－一九七四年」を基に、その後の調査をふまえて加筆修正を行ったものである。研究を進める過程で、以下の関連する論考を発表してきた。

「国際エネルギー機関の設立と日本外交――第一次石油危機における先進国間協調の模索」『国際政治』第一六〇号、二〇一〇年三月。

「エネルギー安全保障政策の胎動――石油市場の構造変動と『対外石油政策』の形成、一九六七－一九七三年」『国際安全保障』第三八巻第四号、二〇一一年三月。

「第一次石油危機における日本外交再考――消費国間協調参画と中東政策『明確化』」『法学政治学論究』第八九号、二〇一一年六月。

「第四次中東戦争――石油をめぐる日米の対立と協調」簑原俊洋編『「戦争」で読む日米関係一〇〇年――日露戦争から対テロ戦争まで』朝日新聞出版、二〇一二年。

第一次石油危機における日本外交をテーマに修士課程で本格的に研究を始めてから約八年、博士論文の提出からも二年半の歳月を費やすことになった。本書を書き終えたいま、改めて「歴史とは歴史家と事実との間の相互作用の不断の過程であり、現在と過去との間の尽きることを知らぬ対話」であるという、E・H・カー『歴史とは何か』のよく知られた一節の意味を噛みしめている。

研究を進める過程では「現在」の意味について度々考えることとなった。研究を始めた時には「現在」まで続く先進国間協調を基礎とする国際経済秩序の起源として捉えていた一九七〇年代であったが、アメリカのサブプライム・ローン問題に端を発する世界金融危機を経て、その意味は大きく変容したように思う。

主要国首脳会議（サミット）で多くを決定できる時代では無くなったことは明らかであろう。今にして思えば、この変容は九〇年代末のアジア金融危機から時間をかけて進んでいたものである。それは、非欧米諸国で唯一の「経済大国」という、ある種特権的な地位を日本が失う過程であり、新興国が台頭するなかで新たな役割を再び模索する時代に入ったということを意味する。このように認識することで、「現在」と一定の距離感を持って研究対象と向き合えるようになった。

この間、戦後日本外交に関する史料状況も大きく変化した。民主党政権下で進められた「密約」調査に象徴されるように、それまで秘匿されてきた様々な史料が公開され、この十年で外交記録公開制度も様変わりした。現在では、八〇年代半ばに作成された文書も外交史料館に移管され、さらに、退官した外交官の証言も蓄積されている。研究を始めた当初は、英米両国の公刊史料集を紐解き、情報公開請求をすることで得た限られた外務省文書を辛うじて参照することしかできなかったが、外務省外交史料館に所蔵される文書を主史料に日本外交を描くことが可能となったのである。そして、それは「戦後処理」ではない新たな課題に関する研究を進めることに繋がった。その結果、それなりに時間をかけて収集し、読み込んだ米英両国の公文書館所蔵文書や国立国会図書館憲政資料室等に所蔵されている私文書を本書には十分に活かすことができなかった。これらの文書を利用した国際関係史や政治外交史研究は他日を期したい。

本書が完成するまでには、実に多くの方との縁に恵まれ、多大なお世話になった。まず、博士論文の審査をして頂いた三人の先生に御礼申し上げたい。

主査の田所昌幸先生には、学部三年時に研究会の門を叩いて以来、十年以上の長きにわたりご指導頂いている。あまりにお世話になり、そして多くの影響を受けた先生に、どのように御礼を申し上げればよいか言葉が見つからないというのが率直なところだが、いま思い浮かぶのは、研究室や酒席での何気ない一言や、まだ門下生がほとんどいない時期に研究室で行われた大学院ゼミでレイモン・アロンやスタンレー・ホフマンの著作を輪読した贅沢な時間である。順風満帆に進んだわけではない研究生活をとにかく楽しんでこられたのは、田所先生の下で学ぶことができたからなのだと思う。学生の自主性を最大限尊重しながら、道に迷うことがないよう、ここまで私を導いて下さったのは田所先生である。今後も真摯に、そして楽しむ心を忘れずに研究を続けていくことで、その学恩に少しでも報いたい。

添谷芳秀先生には、田所先生が在外研究中であった修士課程の二年間、指導教員を引き受けて頂くとともに、副査として博士論文を審査して頂いた。修士課程では、研究テーマをなかなか決められずに苦しんだが、導きとなったのは添谷先生のアドバイスであった。

それまで、文字通り私淑していた渡邉昭夫先生に学外から副査に加わって頂いたのは、望外の喜びであると同時に身が引き締まる思いであった。博士論文審査の際の言葉はその一つ一つが私にとって特別なものである。渡邉先生から与えられた課題にお応えできたかは分からないが、本書を中間報告として、今後もご指導頂けるように精進したい。

学部から大学院博士課程まで所属した慶應義塾大学では、多くの先生のご指導を仰ぎ、またご迷惑をおかけしてきた。細谷雄一先生には、学部三年時に特殊研究でお世話になって以来、いつまでも未熟な私をこれまで辛抱強く見守り、様々な機会を与えて頂いた。日本外交について、より広い国際関係史を意識して考えるようになったのは細谷先生と出会ったからである。横手慎二、赤木完爾、萩原能久、明石欽司、田上雅徳、堤林剣の諸先生には、多年にわたってお世話になっている。研究について、立場を気にせずに自由闊達に発言できる学風の下で学べたことは実に幸福であった。

客員教授として来日された際に半年間授業でお世話になったデイヴィッド・A・ウェルチ(David A. Welch)先生には、その後も継続的に励ましやアドバイスを頂戴している。博士論文提出後、三田の居酒屋に駆けつけて祝ってくださったのは忘れがたい思い出である。また、ウェルチ先生のティーチング・アシスタントであった李承赫(Seung Hyok Lee)氏には、年齢と国を超えて良き友人としてお世話になっている。本書の英文タイトルはウェルチ先生と李氏と話す中で原案が浮かんだものである。

研究のいろはも分からぬままに進学した私にとって、大学院の先輩との一つ一つの会話が導きとなった。鈴木宏尚、岩谷將、清水唯一朗、宮下雄一郎、杉浦康之、松元雅和、手賀裕輔、山口信治、川上洋平、黒田友哉、角崎信也、高木佑輔、吉田真吾、植田麻記子、林大輔をはじめとする諸先輩には改めて御礼申し上げたい。数少ない同期の一人である高橋義彦氏には公私ともにお世話になった。また、所属する研究科は違ったが、伊藤亜聖氏と交わす会話からは実に多くを学び、刺激を貰った。

田所先生が主宰された大学院ゼミとリサーチ・セミナーは、私にとって常に真剣勝負の気が抜けない場所であると同時に、遠慮なく議論を戦わすことができる場であった。なぜか外交史や国際関係史を専攻する大学院生ばかりが集まることになったが、活発な雰囲気を保ち、様々な国や地域、時代を専門とする参加者たちとの議論は常に刺激的であり、研究を進める上で最良の環境であった。林晟一、合六強、市毛きよみ、大久保明、小林弘幸、石田智範、藤山一樹、赤川尚平、伊藤頌文の諸氏との議論がなければ、本書は全く違うものとなっていただろう。

戦後日本外交を専攻する在京の若手研究者や大学院生を中心とした戦後外交史研究会は、私にとってもう一つの大学院とも言うべき貴重な場であった。それまで研究を読む対象であった先生方が集い行われる、密度の濃い報告と議論に当初はついていくことが出来ず、不安も覚えたが、いつしかそうした不安がなくなったのは、研究会を通して多くの諸先生・諸先輩に育てて頂いたからなのだと思う。なかでも佐藤晋、服部龍二、宮城大蔵、潘亮、若月秀和、水本義彦、黒崎輝、昇亜美子、池田慎太郎、高橋和宏の諸先生、樋口敏広、武田悠、野添文彬の諸氏からは研究を進めていく上で貴重な示唆やコメントを賜った。とりわけ宮城大蔵先生には、当時政策研究大学院大学で開講されていたセミナーに参加させて頂いて以来、大変お世話になっている。歴史を書くことの本当の難しさと楽しさは宮城先生のセミナーを通して学んだように思う。いつもお叱りを受けるばかりだが、今後ともご指導頂けるよう願うばかりである。服部龍二先生には退官した元外交官を対象としたインタビュー・プロジェクトなど、様々な機会を与えて頂いた。

大学を超えた近い世代の研究者との交流は、研究を進める上で大きな刺激となった。大学院の先輩である杉浦康之氏にお声掛け頂いて参加した戦後東アジア国際政治研究会では、大澤武司、佐橋亮の両氏をはじめとして多くの方にお世話になり、各回の研究会からは多くを学んだ。この研究会に参加していた小浜祥子、玉置敦彦、浜岡鷹行の諸氏、そして大学院ゼミの後輩である合六強氏と始めた冷戦史の読書会は良い思い出である。後にこの読書会に加わった佐藤信氏は、博士論文に詳細なコメントを寄せてくれた。

利用可能な史料が限られる現代史を研究する上で、オーラル・ヒストリーは欠かすことの出来ないものである。御厨貴先生が主宰された「オーラル・ヒストリー夏の学校」で学び、その後、防衛研究所で退官した自衛官へのオーラル・ヒストリーのお手伝いをさせて頂いたことは、貴重な経験となった。防衛研究所では、相澤淳、中島信吾、千々和泰明の諸氏に大変お世話になった。また、政策研究大学院大学の竹中治堅先生にもオーラル・ヒストリーの編集作業をお手伝いする機会を頂いた。

本書を執筆するまでに、学会報告や研究会報告、そして共著書を執筆する機会に恵まれた。中島琢磨、井上正也の両氏とともに企画した二〇一〇年度日本国際政治学会での部会報告は、本書の枠組みにも大きく影響を与えている。井上氏とは共著企画も共にしたこともあり、その後も継続的にアドバイスを頂戴している。これまでお世話になった、五百旗頭真、池内恵、楠綾子、河野康子、高安健将、多湖淳、奈良岡聰智、簑原俊洋、村上友章、山田真樹夫をはじめとする諸先生・諸氏にも改めて御礼申し上げたい。

西欧諸国の外交史・国際関係史を専攻される先生方からも学会や研究会等で度々お世話になった。上原良子先生には資源外交に関する科学研究費のプロジェクトにお誘い頂き、毎月の研究会で多くを学ばせて頂いている。君塚直隆先生には学部時代にお会いして以来、様々な形でアドバイスを頂戴している。また、山本健、板橋拓己の両先生にも度々研究相談に乗って頂いた。

私は、二〇一四年四月から有期の講師として北海道大学大学院法学研究科に奉職している。毎月の政治研究会など様々な場で交わされる活発な議論と、それを支える自由な雰囲気の下で研究生活を送ることの幸せを日々感じている。お声掛けくださった遠藤乾先生を筆頭に、空井護、吉田徹、前田亮介をはじめとする諸先生に心から御礼を申し上げたい。また、千田航、五十嵐元道、宮井健志、津田久美子の諸氏との交流からも多くを学んだ。津田さんには本書の校正作業をお手伝い頂いた。北大に今夏特任准教授として短期滞在されるアドリアン・カルボネ(Adrien Carbonnet)氏とは、様々な形で意見交換を続けてきた。カルボネ氏を紹介してくれたのは、大学時代に共に参加したディスカッション・イベントで知己を得た畏友・金子亮氏である。金子氏は、本書の基になった研究に実務家の観点から貴重なコメントを寄せてくれた。

研究を進める過程で、慶應義塾大学大学院の小泉記念特別奨学研究生及び大学院博士課程学生研究支援プログラム、松下国際財団(現・松下幸之助記念財団)研究助成、文部科学省科学研究費(特別研究員奨励費)、サントリー文化財団の若手研究者による社会と文化に関する個人研究助成(鳥井フェロー)の支援を受けた。これらの支援がなければ国内外での史料収集を十分に行うことはできなかっただろう。また、本書の刊行に際しては、慶應法学会の出版助成を受けた。

編集を担当してくださった神谷竜介氏には、修士課程一年時にある研究会でご一緒して以来、ここまで十年近くにわたって伴走して頂いた。学会や研究会等での報告の多くに足を運ばれた神谷氏には、本書がここに至るまでの揺れや迷いといったものも含めて共有頂いている。駆け出しの研究者には得難い貴重な経験であったと改めて思う。博士論文を一読された後、「これは私が本にします」と力強く言われたことにとても勇気づけられたことを覚えている。神谷氏をはじめとして、本書が読者の手に届くまでにお力添え頂いたすべての方に感謝の気持ちをお伝えしたい。

最後に、これまで支えてくれた家族に感謝したい。父・高明、母・智子、弟・陽平、そして二人の祖母は、いつ終わるとも分からない大学院生活を続ける私を暖かく見守り、物心両面での支援を惜しまなかった。悔いなくここまで研究を続けることができたのは家族の理解があったからである。そして、札幌とロンドンという距離を感じさせず、いつも笑顔で励ましてくれる千沙の存在がなければ、本書を書き上げることはできなかっただろう。

本書が、戦後日本の来し方行く末を考える縁《よすが》となることを願って、筆を擱きたい。

二〇一五年六月　夏競馬を心待ちにしつつ、札幌にて　白鳥潤一郎

99-117.
Seymour, Ian, *OPEC: Instrument of Change* (London: Macmillan, 1980).
Siniver, Asaf, (ed.), *The Yom Kippur: Politics, Legacy, Diplomacy* (Oxford: Oxford University Press, 2013).
Turner, Louis, "The Politics of the Energy Crisis," *International Affairs*, Vol. 50, No. 3 (July 1974), pp. 404-415.
Tsurumi, Yoshi, "Japan," in Raymond Vernon (ed.), "The Oil Crisis: In Perspective", *Daedalus*, (Fall, 1975), pp. 113-127.
Venn, Fiona, "International Co-operation versus National Self-Interest: The United States and Europe during the 1973-1974 Oil Crisis," in Kathleen Burke and Melvyn Stokes (eds.), *The United States and the European Alliance since 1945* (Oxford: Berg Press, 1999).
——, *The Oil Crisis* (London: Longman, 2002).
Woodward, Richard, *The Organization for Economic Co-operation and Development* (London: Routledge, 2009).
Yergin, Daniel, *The Prize: the Epic Quest for Oil, Money, and Power* (New York: Simon & Schuster, 1991). (ダニエル・ヤーギン (日高義樹・持田直武訳)『石油の世紀——支配者たちの興亡』日本放送出版協会、1991年)。
——, *The Quest: Energy, Security, and the Remaking of the Modern World* (New York: Penguin Press, 2011). (ダニエル・ヤーギン (伏見威蕃訳)『探求——エネルギーの世紀』日本経済新聞出版社、2012年)。
Yoshitsu, Michael M., *Caught in the Middle East: Japan's diplomacy in transition* (Lexington, Mass.: Lexington Books, 1984).

未公刊博士論文

高橋和宏「『地域主義』と南北問題——戦後日本のアジア太平洋経済外交政策」筑波大学大学院国際政治経済学研究科博士論文、2003年。
Caldwell, Martha Ann, *Petroleum Politics in Japan: State and Industry in a Changing Policy Context* (Ph.D. Dissertation, University of Wisconsin-Madison, 1981).
Ishida, Kunio, *The Origins of Japan's Postwar Policy in the Middle East: The Case of Establishing Diplomatic Relations with Israel, 1952-1956* (Ph.D. Dissertation, The Hebrew University of Jerusalem, 2009).

ルヴァ書房、2012年)。

Klantschnig, Gernot, "Oil, the Suez Canal, and Sterling Reserves: Economic Factors Determining British Decisionmaking during the 1967 Arab-Israeli Crisis," *Diplomacy and Statecraft*, Vol. 14, Issue 3, (September 2003), pp.131-150.

LaFeber, Walter, *The Clash: U.S.-Japan Relations throughout History* (New York: W. W. Norton, 1997).

Licklider, Roy, *Political Power and the Arab Oil Weapon: The Experience of Five Industrial Nations* (Berkeley: University of California Press, 1988).

Lieber, Robert J., *The Oil Decade: Conflict and Cooperation in the West* (New York: Praeger, 1983).

Maachou, Abdelkader, *OAPEC: An International Organization for Economic Cooperation and an Instrument for Regional Integration*, Translated by Antony Melville (London: Frances Pinter, 1983).

Möckli, Daniel, *European Foreign Policy during the Cold War: Heath, Brandt, Pompidou and the Dream of Political Unity* (London: I.B. Tauris, 2009).

Nye, Joseph S., "Japan", in David A. Deese and Joseph S. Nye (eds.), *Energy and Security* (Cambridge, Mass.: Ballinger, 1981).

Oren, Michael B., *Six Days of War: June 1967 and the Making of the Modern Middle East* (New York: Oxford University Press, 2002).

Robb, Thomas, "The Power of Oil: Edward Heath, the 'Year of Europe' and the Anglo-American 'Special Relationship,'" *Contemporary British History*, Vol. 26, No. 1, (March 2012), pp. 73-96.

——, *A Strained Partnership?: US-UK Relations in the Era of Détente, 1969-77* (Manchester: Manchester University Press, 2013).

Samuels, Richard J., *The Business of the Japanese State: Energy Markets in Comparative and Historical Perspective* (Ithaca: Cornell University Press, 1987). (リチャード・J・サミュエルス(廣松毅監訳)『日本における国家と企業――エネルギー産業の歴史と国際比較』多賀出版、1999年)。

Sargent, Daniel J., "The United States and Globalization in the 1970s," in Niall Ferguson *et al.* (eds.), *The Shock of the Global: The 1970s in Perspective* (Cambridge, Mass: The Belknap Press of Harvard University Press, 2010).

——, *A Superpower Transformed: The Remaking of American Foreign Relations in the 1970s*(Oxford: Oxford University Press, 2015).

Sato, Shohei, "Britain's Decision to Withdraw from the Persian Gulf, 1964-68: A Pattern and a Puzzle," *Journal of Imperial and Commonwealth History*, Vol. 37, Issue 1 (March 2009), pp.

Cooper, Andrew Scott, *The Oil Kings: How the U.S., Iran, and Saudi Arabia Changed the Balance of Power in the Middle East* (New York: Simon & Schuster, 2011).

Darmstadter, Joel and Hans H. Landsberg, "The Economic Background," in Raymond Vernon (ed.) "The Oil Crisis: In Perspective," *Daedalus*, (Fall, 1975), pp. 15-37.

Dietrich, Christopher R. W., "Arab Oil Belongs to the Arabs': Raw Material Sovereignty, Cold War Boundaries, and the Nationalisation of the Iraq Petroleum Company, 1967-1973," *Diplomacy and Statecraft*, Vol. 22, Issue 3, (September 2011), pp. 450-479.

Dockrill, Saki, *Britain's Retreat from East of Suez: The Choice Between Europe and the World?* (Basingstoke: Palgrave Macmillan, 2002).

Elli, Mauro, "The UK Role in the European Community: EEC Energy Policy at the Eve of the Oil Crisis," in Michele Affinito, Guia Migani, and Christian Wenkel (eds.), *Les deux Europe/ The Two Europe* (Bruxells: PIE-Peter Lang, 2009).

Garavini, Giuliano, "The Conference for International Economic Cooperation: A European Diplomatic Reaction to the "Oil Shock", 1975-1977," in Morten Rasmussen and Ann-Christina L. Knudsen (eds.), *The Road to a United Europe: Interpretations of the Process of European Integration* (Bruxelles: Peter Lang, 2009).

——, "Completing Decolonization: The 1973 'Oil Shock' and the Struggle for Economic Rights," *The International History Review*, Vol. 33, Issue 3 (September 2011), pp. 473-487.

Gfeller, Aurélie Élisa, "A European Voice in the Arab World: France, the Superpowers and the Middle East, 1970–74," *Cold War History*, Vol. 11, Issue 4 (2011), pp. 659-676.

——, *Building a European Identity: France, the United States and the Oil Shock, 1973-1974* (New York: Berghahn Books, 2012).

Ikenberry, G. John, "The Irony of State Strength: Comparative Responses to the Oil Shocks in the 1970s," *International Organization*, Vol. 40, Issue 1 (Winter 1986), pp.105-137.

Kapstein, Ethan B., *The Insecure Alliance: Energy Crises and Western Politics since 1944* (New York: Oxford University Press, 1990).

Kelly, J. B. *Arabia, the Gulf and the West* (New York: Basic Books, 1980).

Keohane, Robert O., "The International Energy Agency: State Influence and Transgovernmental Politics," *International Organization*, Vol. 32, Issue 4 (Autumn 1978), pp.929-951.

——, *After Hegemony: Cooperation and Discord in the World Political Economy* (Princeton: Princeton University Press, 1984). (ロバート・コヘイン（石黒馨・小林誠訳）『覇権後の国際政治経済学』晃洋書房、1998年)。

——, and Joseph S. Nye, *Power and Interdependence*, 4th Edition (New York: Longman, 2011). (ロバート・O・コヘイン、ジョセフ・S・ナイ（滝田賢治監訳）『パワーと相互依存』ミネ

山本剛士『戦後日本外交史VI――南北問題と日本』三省堂、1984年。

山本満『日本の経済外交――その軌跡と転換点』日本経済新聞社〔日経新書〕、1973年。

吉川洋『高度成長――日本を変えた六〇〇〇日』中央公論新社〔中公文庫〕、2012年。

吉田真吾『日米同盟の制度化――発展と深化の歴史過程』名古屋大学出版会、2012年。

吉次公介『池田政権期の日本外交と冷戦――戦後日本外交の座標軸1960-1964』岩波書店、2009年。

読売新聞社経済部編『エネルギー危機』読売新聞社、1973年。

ラビノビッチ，アブラハム（滝川義人訳）『ヨムキプール戦争全史』並木書房、2008年（Abraham Rabinovich, *The Yom Kippur War: The Epic Encounter That Transformed the Middle East*（Berlin: Schocken Books, 2004））。

ロビンソン，ジェフリー（青木榮一訳）『ヤマニ――石油外交秘録』ダイヤモンド社、1989年（Jeffrey Robinson, *Yamani: The Inside Story*（New York: Simon & Schuster, 1988））。

若月秀和『「全方位外交」の時代――冷戦変容期の日本とアジア1971-80年』日本経済評論社、2006年。

渡邉昭夫『日本の近代8 大国日本の揺らぎ 1972 〜』中央公論新社〔中公文庫〕、2014年。

II 外国語文献

Akins, James A., "The Oil Crisis: This Time the Wolf is Here," *Foreign Affairs*, Vol. 51, No. 3（April 1973）, pp. 462-490.
Alvandi, Roham, *Nixon, Kissinger, and the Shah: The United States and Iran in the Cold War*（Oxford: Oxford University Press, 2014）.
Allan, J. A., and Kaoru Sugihara（eds.）, *Japan and the Contemporary Middle East*（London: Routledge, 1993）.
Ashton, Nigel J.,（ed.）, *The Cold War in the Middle East: Regional Conflict and the Superpowers 1967-73*（London: Routledge, 2007）.
Bamberg, James, *British Petroleum and Global Oil, 1950-1975: the Challenge of Nationalism*（Cambridge: Cambridge University Press, 2000）.
Blaker, Michael, Paul Giarra, and Ezra Vogel, *Case Studies in Japanese Negotiating Behavior*（Washington, D.C.: United States Institute of Peace Press, 2002）.
Buzan, Barry, *People, States and Fear: An Agenda for International Security Studies in the Post-Cold War Era*, 2nd edition（London: Harvester Wheatsheaf, 1991）.
Chakarova, Vessela, *Oil Supply Crises: Cooperation and Discord in the West*（Lanham: Lexington Books, 2013）.

(New York: Columbia University Press, 1977))。

ベイリー, シドニー・D(木村申二訳)『中東和平と国際連合――第三次中東戦争と安保理決議242号の成立』第三書館、1992年(Sydney D. Bailey, *The Making of Resolution 242* (Boston: M. Nijhoff, 1985))。

松井賢一「エネルギー産業政策」松井賢一編著『エネルギー戦後50年の検証』電力新報社、1995年。

――『エネルギー問題!』NTT出版、2010年。

松村清二郎『OPECと多国籍石油企業』アジア経済研究所、1974年。

水戸考道『石油市場の政治経済学――日本とカナダにおける石油産業規制と市場介入』九州大学出版会、2006年。

宮川眞喜雄『経済制裁――日本はそれに耐えられるか』中央公論社〔中公新書〕、1992年。

宮城大蔵『戦後アジア秩序の模索と日本――「海のアジア」の戦後史1957-1966』創文社、2004年。

――「国際環境と戦後日本」『創文』2009年1・2月号。

――「戦後史のなかの資源外交」『アジ研ワールド・トレンド』第211号、2013年4月。

三輪宗弘『太平洋戦争と石油――戦略物資の軍事と経済』日本経済評論社、2004年。

村田良平『OECD(経済協力開発機構)――世界最大のシンクタンク』中央公論新社〔中公新書〕、2000年。

薬師寺克行『外務省――外交力強化への道』岩波書店〔岩波新書〕、2003年。

安場保吉・猪木武徳編『日本経済史8　高度成長』岩波書店、1989年。

柳井俊二「日本外交における国際法」国際法学会編『日本と国際法の100年 第1巻 国際社会の法と政治』三省堂、2001年。

柳田邦男『狼がやってきた日』文藝春秋〔文春文庫〕、1982年。

――『日本は燃えているか』講談社〔講談社文庫〕、1986年。

矢野暢『南北問題の政治学』中央公論社〔中公新書〕、1982年。

矢吹命大「第一次石油危機における日本政府の対外政策決定過程の分析」『国際政治経済学研究』第23号、2009年3月。

山岡淳一郎『田中角栄の資源戦争――石油、ウラン、そしてアメリカとの闘い』草思社〔草思社文庫〕、2013年。

山村喜晴『戦後日本外交史V――経済大国への風圧』三省堂、1984年。

山本健「『ヨーロッパの年』の日欧関係、1973-74年」『日本EU学会年報』第32号、2012年6月。

――「『ヨーロッパの年』と日本、1973-74年――外交の多元化の模索と日米欧関係」*NUCB Journal of Economics and Information Science*, Vol. 57, No. 2 (2013年3月)。

千々和泰明『大使たちの戦後日米関係——その役割をめぐる比較外交論1952～2008年』ミネルヴァ書房、2012年。

——『変わりゆく内閣安全保障機構——日本版NSC成立への道』原書房、2015年。

デスラー，I・M・福井治弘・佐藤英夫『日米繊維紛争——“密約”はあったのか』日本経済新聞社、1980年。

徳本栄一郎『角栄失脚——歪められた真実』光文社、2004年。

友田錫『入門・現代日本外交——日中国交正常化以後』中央公論社〔中公新書〕、1988年。

中北浩爾『経済復興と戦後政治——日本社会党1945-1951年』東京大学出版会、1998年。

中西寛「総合安全保障論の文脈——権力政治と相互依存の交錯」『年報政治学1997』岩波書店、1997年。

中村隆英『日本経済——その成長と構造［第3版］』東京大学出版会、1993年。

納家政嗣「経済安全保障論の意義とその展開」納家政嗣・竹田いさみ編『新安全保障論の構図』勁草書房、1999年。

ニコルソン，ハロルド（斎藤眞・深谷満雄訳）『外交』東京大学出版会、1968年（Harold Nicolson, *Diplomacy*, 3rd Edition (Oxford: Oxford University Press, 1963)）。

長谷川将規『経済安全保障——経済は安全保障にどのように利用されているのか』日本経済評論社、2013年。

波多野澄雄・佐藤晋・細谷雄一・原口邦紘「座談会『外交アーカイブ』の役割について」『外交史料館報』第24号、2011年3月。

服部龍二『日中国交正常化——田中角栄、大平正芳、官僚たちの挑戦』中央公論新社〔中公新書〕、2011年。

——『大平正芳——理念と外交』岩波書店〔岩波現代全書〕、2014年。

ヴァシリューク，スヴェトラーナ「一九七〇年代の日ソ・エネルギー協力における政治要因」下斗米伸夫編著『日ロ関係 歴史と現代』法政大学出版局、2015年。

久江雅彦「変容する政策決定過程」遠藤誠治・遠藤乾編『シリーズ日本の安全保障 一 安全保障とは何か』岩波書店、2014年。

平野実『外交記者日記——大平外交の2年』上中下巻、行政通信社、1978～1979年。

福永文夫『大平正芳——「戦後保守」とは何か』中央公論新社〔中公新書〕、2008年。

ブラント委員会（森治樹監訳）『南と北——生存のための戦略 ブラント委員会報告』日本経済新聞社、1980年（Independent Commission on International Development Issues, *North/South: A Programme for Survival – the Report of the Independent Commission on International Development Issues* (London: Pan Books, 1980)）。

ブレーカー，マイケル（池井優訳）『根まわしかきまわしあとまわし——日本の国際交渉態度の研究』サイマル出版会、1976年（Michael Blaker, *Japanese International Negotiating Style*

畑洋一、後藤春美編著『帝国の長い影——二〇世紀国際秩序の変容』ミネルヴァ書房、2010年。

庄司太郎『アラビア太郎と日の丸原油』エネルギーフォーラム、2007年。

白鳥潤一郎「『戦後処理』からの脱却を目指して——高度経済成長期の外務省機構改革」『北大法学論集』第65巻第5号、2015年1月。

スキート，イアン（奥田英雄訳）『OPEC（一九六〇年〜一九八六年）——その価格と政治』石油評論社、1990年（Ian Skeet, *OPEC: Twenty-Five Years of Prices and Politics*（Cambridge: Cambridge University Press, 1989））。

鈴木啓介『シベリア開発と日ソ経済協力』日刊工業新聞社、1977年。

鈴木茂『日本のエネルギー開発政策』ミネルヴァ書房、1985年。

鈴木宏尚「OECD加盟の外交過程——『政治経済一体』路線としての自由陣営における外交的地平の拡大」『国際政治』第140号、2005年3月。

——『池田政権と高度経済成長期の日本外交』慶應義塾大学出版会、2013年。

セラルニック，マーク「第一次石油危機における日本の対外政策」近代日本研究会編『年報・近代日本研究7』山川出版社、1985年。

添谷芳秀『日本の「ミドルパワー」外交——戦後日本の選択と構想』筑摩書房〔ちくま新書〕、2005年。

——・ロバート・D・エルドリッヂ「危機の中の日米関係——1970年代」五百旗頭真編『日米関係史』有斐閣、2008年。

高橋和宏「『南北問題』と東南アジア経済外交」波多野澄雄編著『池田・佐藤政権期の日本外交』ミネルヴァ書房、2004年
——「外交記録の公開に向けた外交史料館の取組」『ジュリスト』2011年4月1日号。

高安健将「政府内政策決定における英国の首相の権力——石油危機に対するE.ヒースの対応を事例に」『早稲田政治経済学雑誌』第357号、2004年10月。

——「首相・大臣・政権党——プリンシパル＝エージェント理論から見た石油危機下の田中内閣」『北大法学論集』第56巻第1号、2005年5月。

——『首相の権力——日英比較からみる政権党とのダイナミズム』創文社、2009年。

田所昌幸「戦後日本の国際経済秩序への復帰——日本のGATT加盟問題」『国際法外交雑誌』第92巻第1号、1993年4月。

——『「アメリカ」を超えたドル——金融グローバリゼーションと通貨外交』中央公論新社〔中公叢書〕、2001年。

田中俊郎「EC加盟国の政治協力——「欧州とアラブとの対話」を事例として」『法学研究』第54巻第3号、1981年3月。

田原総一朗「アメリカの虎の尾を踏んだ田中角栄」『中央公論』1976年7月号。

草野厚「国際政治経済と日本」渡辺昭夫編『戦後日本の対外政策』有斐閣、1985年。

――「中曽根康弘――大統領的首相の面目」渡邉昭夫編『戦後日本の宰相たち』中央公論新社〔中公文庫〕、2001年。

久米郁男『日本型労使関係の成功――戦後和解の政治経済学』有斐閣、1998年。

――『労働政治――戦後政治の中の労働組合』中央公論新社〔中公新書〕、2005年。

倉沢愛子『戦後日本＝インドネシア関係史』草思社、2011年。

黒田安昌「1973年石油危機と日本の新中東政策」『日本中東学会年報』第1号、1986年3月。

――「中東政策と非二極モデル」宮下明聡、佐藤洋一郎編『現代日本のアジア外交』ミネルヴァ書房、2004年。

高坂正堯「この試練の性格について」『中央公論』1974年3月号。

――「経済的相互依存時代の経済力――一九七三年秋の石油供給制限の事例研究」『法学論叢』第100巻第5・6号、1977年3月。

河野康子『日本の歴史24 戦後と高度成長の終焉』講談社〔講談社学術文庫〕、2010年。

ゴードン, アンドルー（二村一夫訳）『日本労使関係史――1853-2010』岩波書店、2012年。

小堀聡『日本のエネルギー革命――資源小国の近現代』名古屋大学出版会、2010年。

近藤重人「第一次石油危機時のアラブ諸国間外交――アラブの石油政策形成に果たしたクウェートの役割：一九七三年一月～一一月」『慶應義塾大学大学院法学研究科論文集』第50号、2010年3月。

齋藤嘉臣「「欧州の年」の英米関係、1973年――英米の外交スタイルの相違を中心に」『現代史研究』第52号、2006年12月。

佐藤尚平「ペルシャ湾保護国とイギリス帝国――脱植民地化の再検討」『国際政治』第164号、2011年2月。

佐藤仁『「持たざる国」の資源論――持続可能な国土をめぐるもう一つの知』東京大学出版会、2011年。

佐藤晋「1970年代アジアにおけるグローバル化の波及――『大豆ショック』と『石油ショック』への対応」『国際政経』第14号、2008年11月。

佐藤英夫「東西関係の変化と日米関係――1969-1984」細谷千博編『日米関係通史』東京大学出版会、1995年。

サンプソン, アンソニー（大原進・青木榮一訳）『セブン・シスターズ――不死身の国際石油資本』日本経済新聞社、1976年（Anthony Sampson, *The Seven Sisters: The Great Oil Companies & the World They Shaped* (New York: Viking Press, 1975)）。

信夫隆司『若泉敬と日米密約――沖縄返還と繊維交渉をめぐる密使外交』日本評論社、2012年。

芝崎祐典「世界的影響力維持の試み――スエズ以東からの撤退とイギリスの中東政策」木

──「石油危機と中東外交の『転換』」『国際問題』第638号、2015年1・2月。

石井修「第2次日米繊維紛争（1969-1971年）──迷走の1000日（1）（2・完）」『一橋法学』第8巻第2号・第9巻第1号、2009〜2010年。

井上寿一「戦後経済外交の軌跡（5）危機のなかの経済外交」『外交フォーラム』2005年3月号。

──『NHKさかのぼり日本史 外交篇［1］戦後“経済外交”の軌跡──なぜ、アジア太平洋は一つになれないのか』NHK出版、2012年。

──『日本外交史講義［新版］』岩波書店、2013年。

井上正也『日中国交正常化の政治史』名古屋大学出版会、2010年。

──「日本政府の1970年代アジア秩序構想──中国問題を中心に」日本国際政治学会2010年度研究大会報告ペーパー、2010年。

──「解題『外交証言録』に見る戦後日本外交」中島敏次郎（井上正也・中島琢磨・服部龍二編）『外交証言録　日米安保・沖縄返還・天安門事件』岩波書店、2012年。

猪木武徳『日本の近代7 経済成長の果実 1955〜1972』中央公論新社〔中公文庫〕、2013年。

岩間敏『石油で読み解く「完敗の太平洋戦争」』朝日新聞社〔朝日新書〕、2007年。

宇沢弘文編『日本経済──蓄積と成長の軌跡』東京大学出版会、1989年。

内山融『現代日本の国家と市場──石油危機以降の市場の脱〈公的領域〉化』東京大学出版会、1998年。

NHK取材班『戦後50年その時日本は〈第5巻〉──石油ショック・国鉄労使紛争』日本放送出版協会、1996年。

NHK放送世論研究調査所編『図説 戦後世論史 第2版』日本放送出版協会〔NHKブックス〕、1982年。

老川祥一『政治家の胸中──肉声でたどる政治史の現場』藤原書店、2012年。

小野善邦『わが志は千里に在り──評伝 大来佐武郎』日本経済新聞社、2004年
何力群「第一次石油危機前後の中曽根康弘──『資源外交』をめぐって」『国際公共政策研究』第15巻第2号、2011年3月。

片倉邦雄「1973年のアラブ石油戦略に対する日本の対応」『日本中東学会年報』第1号、1986年3月。

河合俊三『ＯＥＣＤの話（新版）』日本経済新聞社〔日経文庫〕、1976年。

川田侃『南北問題──経済的民族主義の潮流』東京大学出版会、1977年。

──『南北問題研究』東京書籍、1997年。

神田豊隆『冷戦構造の変容と日本の対中外交──二つの秩序観1960-1972』岩波書店、2012年。

橘川武郎『日本石油産業の競争力構築』名古屋大学出版会、2012年。

ウェブサイト

外務省（http://www.mofa.go.jp/mofaj/）
官報情報検索サービス（https://search.npb.go.jp/kanpou/）
経済産業省・資源エネルギー庁（http://www.enecho.meti.go.jp/）
国際エネルギー機関（http://www.iea.org/）
国立国会図書館「国会会議録検索システム」（http://kokkai.ndl.go.jp/）
データベース「世界と日本」（http://www.ioc.u-tokyo.ac.jp/~worldjpn/）
データベース戦後日本外交史（http://j-diplo.sakura.ne.jp/index.html）
パレスチナ問題に関する国連情報サービス（http://unispal.un.org/unispal.nsf/home.htm）

単行本・雑誌論文

I　邦語文献

赤根谷達雄『日本のガット加入問題――《レジーム理論》の分析視角による事例研究』東京大学出版会、1992年。

荒川憲一『戦時経済体制の構想と展開――日本陸海軍の経済史的分析』岩波書店、2011年。

五百旗頭真「国際環境と日本の選択」有賀貞・宇野重明・木戸蓊・山本吉宣・渡辺昭夫編『講座国際政治4　日本の外交』東京大学出版会、1989年。

――「パックス・アメリカーナ後退期の日米関係」東京大学社会科学研究所編『現代日本社会7　国際化』東京大学出版会、1992年。

――編『日米関係史』有斐閣、2008年。

――編『戦後日本外交史［第3版補訂版］』有斐閣、2014年。

池内恵「特集にあたって――資源外交研究の射程」『アジ研ワールド・トレンド』第211号、2013年4月。

池上萬奈「第一次石油危機における日本の外交――石油確保と日米関係」『法学政治学論究』第79号、2008年12月。

――「日本の新中東政策形成過程の考察――第一次石油危機とキッシンジャー構想を中心に」『法学政治学論究』第87号、2010年12月。

――「第一次石油危機における日本外交――アラブ諸国と米国の狭間で」『国際政治』第177号、2014年10月。

池田明史「日本とパレスチナ問題――歴史的回顧と若干の観察」『国際問題』第512号、2002年11月。

『宮崎勇オーラルヒストリー』政策研究大学院大学、2003年。

『宮崎弘道オーラル・ヒストリー』政策研究大学院大学、2005年。

『本野盛幸オーラル・ヒストリー』政策研究大学院大学、2005年。

『山下英明オーラル・ヒストリー』政策研究大学院大学、2005年。

『吉野文六オーラルヒストリー』政策研究大学院大学、2003年。

その他

『吉國一郎オーラル・ヒストリーⅠ』東京大学先端科学技術研究センター御厨貴研究室・東北大学大学院法学研究科牧原出研究室、2011年。

『山下英明オーラル・ヒストリー[続]』近代日本史料研究会、2007年。

商業出版

有馬龍夫(竹中治堅編)『対欧米外交の追憶——1962-1997』上下巻、藤原書店、2015年。

牛場信彦・原康『対談 日本経済外交の系譜』朝日イブニングニュース社、1979年。

牛場信彦(聞き手:山本正)『牛場信彦 経済外交への証言』ダイヤモンド社、1984年。

大河原良雄『オーラルヒストリー 日米外交』ジャパンタイムズ、2006年。

折田正樹(服部龍二・白鳥潤一郎編)『外交証言録 湾岸戦争・普天間問題・イラク戦争』岩波書店、2013年。

菊地清明(鹿島平和研究所編)『経済外交の現場を語る——一外交実務家の目』勉誠出版、2003年。

栗山尚一(中島琢磨・服部龍二・江藤名保子編)『外交証言録 沖縄返還・日中国交正常化・日米「密約」』岩波書店、2010年。

電気新聞編『証言第一次石油危機——危機は再来するか?』日本電気協会新聞部、1991年。

中島敏次郎(井上正也・中島琢磨・服部龍二編)『外交証言録 日米安保・沖縄返還・天安門事件』岩波書店、2012年。

中曽根康弘(インタビュー:伊藤隆・佐藤誠三郎)『天地有情——五十年の戦後政治を語る』文藝春秋、1996年。

——(中島琢磨・服部龍二・昇亜美子・若月秀和・道下徳成・楠綾子・瀬川高央編)『中曽根康弘が語る戦後日本外交』新潮社、2012年。

森田一(服部龍二・昇亜美子・中島琢磨編)『心の一燈——回想の大平正芳 その人と外交』第一法規、2010年。

McAllister, *The Right Hand of Power: The Memoirs of an American Diplomat* (Englewood Cliffs, N.J.: Prentice-Hall, 1984))。

鈴木啓介『財界対ソ攻防史――1965-93年』日本経済評論社、1998年。

田村秀治『アラブ外交55年――友好ひとすじに』上下巻、勁草書房、1983年。

東郷文彦『日米外交三十年――安保・沖縄とその後』中央公論社〔中公文庫〕、1989年。

中曽根康弘『海図のない航海――石油危機と通産省』日本経済新聞社、1975年。

新関欣哉『日ソ交渉の舞台裏――ある外交官の記録』日本放送出版協会、1989年。

早坂茂三『田中角栄回想録』集英社〔集英社文庫〕、1993年。

平原毅『英国大使の外交人生』河出書房新社、1995年。

福田赳夫『回顧九十年』岩波書店、1995年。

マイヤー，アーミン・H（浅尾道子訳）『東京回想』朝日新聞社、1976年（Armin H. Meyer, *Assignment Tokyo: An Ambassador's Journal* (Indianapolis: Bobbs-Merrill, 1974))。

松永信雄『ある外交官の回想――日本外交の五十年を語る』日本経済新聞社、2002年。

水田三喜男『蕗のとう――私の履歴書』日本経済新聞社、1971年。

水田三喜男追想集刊行委員会編『おもひ出――水田三喜男追想集』水田三喜男追想集刊行委員会、1977年。

村田良平『回顧する日本外交――1952-2002』都市出版、2004年。

――『村田良平回想録（上巻）――戦いに敗れし国に仕えて』ミネルヴァ書房、2008年。

――『村田良平回想録（下巻）――祖国の再生を次世代に託して』ミネルヴァ書房、2008年。

安川壮『忘れ得ぬ思い出とこれからの日米外交――パールハーバーから半世紀』世界の動き社、1991年。

Kissinger, Henry, *White House Years* (Boston: Little, Brown, 1979)（ヘンリー・キッシンジャー（斎藤彌三郎他訳）『キッシンジャー秘録』全5巻、小学館、1979～1980年）。

――, *Years of Upheaval* (Boston: Little, Brown, 1982).（H・A・キッシンジャー（読売新聞・調査研究本部訳）『キッシンジャー激動の時代』全3巻、小学館、1982年）。

――, *Years of Renewal* (New York: Simon & Schuster, 1999).

オーラル・ヒストリー

政策研究大学院大学（C.O.E.オーラル政策研究プロジェクト他）

『有馬龍夫オーラル・ヒストリー』政策研究大学院大学、2011年。

『大河原良雄オーラルヒストリー』政策研究大学院大学、2005年。

『菊地清明オーラルヒストリー』上下巻、政策研究大学院大学、2004年。

『松永信雄オーラルヒストリー』上下巻、政策研究大学院大学、2005年。

—— *The History of the IEA: Volume II Major Policies and Actions* (Paris: OECD/IEA, 1994).

関係者へのインタビュー　※括弧内は当時の職名

有馬龍夫氏（外務省調査部調査室長）（2010年7月30日、東京）
大河原良雄氏（外務省アメリカ局長）（2012年7月19日、東京）
折田正樹氏（外務省条約局条約課事務官）（2011年5月13日、東京、2012年7月13日、東京）
片倉邦雄氏（外務省経済局国際資源室首席事務官）（2011年6月10日、東京）
木内昭胤氏（田中角栄内閣総理大臣秘書官［外務省から出向］）（2010年6月19日、東京）
小長啓一氏（田中角栄内閣総理大臣秘書官［通産省から出向］）（2010年6月11日、東京）
林昭彦氏（通商産業省資源エネルギー庁国際資源課総括班長）（2010年4月19日、東京）
福川伸次氏（大平正芳内閣総理大臣秘書官［通産省から出向］）（2011年8月17日、東京）
藤井宏昭氏（大平正芳外務大臣秘書官）（2012年8月20日、東京）
法眼健作氏（外務省条約局条約課事務官）（2012年2月16日、東京、2012年4月10日、東京）
谷内正太郎氏（外務省アメリカ局北米第2課事務官）（2010年9月13日、東京）
渡邊幸治氏（外務省経済局国際機関第2課長）（2009年4月18日、東京、2010年6月21日、東京）

回顧録、日記等

新井弘一『モスクワ・ベルリン・東京——一外交官の証言』時事通信社、2000年。

石川良孝『オイル外交日記——第一次石油危機の現地報告』朝日新聞社、1983年。

今里廣記『私の財界交遊録——経済界半世紀の舞台裏』サンケイ出版、1980年。

大来佐武郎『経済外交に生きる』東洋経済新報社、1992年。

大平正芳『私の履歴書』日本経済新聞社、1978年。

——（福永文夫監修）『大平正芳全著作集』全7巻、講談社、2010～2012年。

片倉邦雄『アラビスト外交官の中東回想録——湾岸危機からイラク戦争まで』明石書店、2005年。

楠田實（和田純・五百旗頭真編）『楠田實日記——佐藤栄作総理秘書官の二〇〇〇日』中央公論新社、2001年。

斎藤鎮男『外交——私の体験と教訓』サイマル出版会、1991年。

佐藤榮作（伊藤隆監修）『佐藤榮作日記』全6巻、朝日新聞社、1997～1999年。

ジョンソン, U・アレクシス（増田弘訳）『ジョンソン米大使の日本回想——二・二六事件から沖縄返還・ニクソンショックまで』草思社、1989年（U. Alexis Johnson with Jef Olivarius

定期刊行物

I　新聞

『朝日新聞』『日本経済新聞』『毎日新聞』『読売新聞』

II　雑誌

『経済と外交』『世界経済評論』『中央公論』『通産ジャーナル』

III　白書

外務省編『わが外交の近況 第12号』大蔵省印刷局、1968年。

――『わが外交の近況 昭和43年版（第13号）』大蔵省印刷局、1969年。

――『わが外交の近況 昭和46年版（第15号）』大蔵省印刷局、1971年。

――『わが外交の近況 昭和48年版（第17号）』大蔵省印刷局、1973年。

――『わが外交の近況 昭和49年度（第18号）』大蔵省印刷局、1974年。

――『わが外交の近況 昭和50年度（第19号）』大蔵省印刷局、1975年。

経済企画庁編『経済白書 豊かさへの挑戦――昭和44年度』大蔵省印刷局、1969年。

通商産業省編『日本のエネルギー問題』通商産業調査会、1973年。

IV　省史・社史

アラビア石油株式会社社史編纂プロジェクトチーム編『湾岸危機を乗り越えて――アラビア石油35年の歩み』アラビア石油、1993年。

大蔵省財政史室編『昭和財政史 昭和27～48年度 第4巻――予算（2）』東洋経済新報社、1996年。

外務省百年史編纂委員会編『外務省の百年』上下巻、原書房、1969年。

通商産業省通商産業政策史編纂委員会編『通商産業政策史 第1巻――総論』通商産業調査会、1994年。

――『通商産業政策史　第3巻――第I期 戦後復興期（3）』通商産業調査会、1992年。

――『通商産業政策史　第10巻――第III期 高度成長期（3）』通商産業調査会、1991年。

――『通商産業政策史 第13巻――第IV期 多様化時代（2）』通商産業調査会、1991年。

Scott, Richard, *The History of the IEA: Volume I Origins and Structure* (Paris: OECD/IEA, 1994).

the Present Situation and Future Prospects (Paris: OECD, 1973))。

外務省経済局編『70年代における資源外交』大蔵省印刷局、1972年。

世界経済研究会『日本の資源問題——新しい資源政策をもとめて』世界経済研究会、1970年。

総合エネルギー調査会総合部会「エネルギーセキュリティワーキンググループ報告書」2001年6月。

通商産業省鉱山石炭局『資源問題の展望』通商産業調査会、1971年。

秦郁彦編『日本官僚制総合事典1868-2000』東京大学出版会、2001年。

服部龍二「田中首相・ニクソン大統領会談記録——1972年8月31日、9月1日」『人文研紀要』第68号、2010年3月。

細谷千博・石井修・有賀貞・佐々木卓也編『日米関係資料1945-97』東京大学出版会、1999年。

II　米国

Foreign Relations of the United States
Foreign Relations of the United States, 1964-1968, Vol. 29, Part 2: Japan
Foreign Relations of the United States, 1964-1968, Vol. 34, Energy Diplomacy and Global Issues
Foreign Relations of the United States, 1969-1976, Vol. 25, Arab-Israeli Crisis and War, 1973
Foreign Relations of the United States, 1969-1976, Vol. 36, Energy Crisis, 1969-1974
Foreign Relations of the United States, 1969-1976, Vol. 37, Energy Crisis, 1974-1980
Department of State Bulletin
Digital National Security Archive
Japan and the United States: Diplomatic, Security and Economic Relations, 1960-1976
Kissinger Transcripts
Public Papers of the Presidents of the United States
Public Papers of the Presidents of the United States: Richard Nixon 1973
Public Papers of the Presidents of the United States: Richard Nixon 1974

III　英国

Documents on British Policy Overseas
Documents on British Policy Overseas, Series III, Vol. IV, The Year of Europe: America, Europe and the Energy Crisis, 1972-1974

2011-00091、00430
2012年
2012-00067、00503

◆外務省ウェブサイト
「"核"を求めた日本」報道において取り上げられた文書等に関する調査についての関連文書」

（http://www.mofa.go.jp/mofaj/gaiko/kaku_hokoku/kanrenbunsyo.html）

◆その他
外交調査会「資源外交について」1973年11月30日（渡邉昭夫氏所蔵）

II 米国

National Archives II, College Park, Maryland
Subject Numeric File 1970-1973, Record Group 59
National Archives and Record Administration（Website）
Access to Archival Database（http://aad.archives.gov/aad/index.jsp）

III 英国

The National Archives, Kew
Prime Minister's Office Records
Foreign and Commonwealth Records

公刊史料・報告書

I 日本

アメリカ合衆国戦略爆撃調査団編（奥田英雄、橋本啓子訳編）『日本における戦争と石油——アメリカ合衆国戦略爆撃調査団・石油・化学部報告』石油評論社、1986年。

AEDリポート特別号（No. 35）『「エネルギー危機」——どう対処するか』経済発展協会、1973年。

OECD石油委員会編著（鈴木両平訳）『石油——現状と展望』ダイヤモンド社、1973年（Organisation for Economic Co-operation and Development. Special Committee for Oil, Oil:

『OPEC ／事業参加問題、原油公示価格調整問題』(2010-1866)
『OPEC (主要会議)』(2010-1864)
『アラブ石油輸出国機構』(2010-1868)
『非同盟諸国会議』(2010-1296)
『米国エネルギー／ドナルドソン・ペーパー』(2012-1967)
『日・カナダ資源委員会』(2012-0584)
『国連経済社会理事会天然資源委員会 (第1回)』(2010-1796・2010-1798)
『日英関係 (含、親書)』(2010-3533)
『日・西独外相定期協議』(2011-0764)
『田中総理西欧諸国訪問』(2014-2926)
『日米石油開発／アラスカ』(2010-3937)
『日米政策企画協議』(2012-2878・2012-2879)
『日米政策企画協議 (第13、14回)』(2012-2877)
『日米政策企画協議 (第19 〜第21回)』(2012-2880)
『三木副総理米国訪問』(2013-2365)
『本邦対外政策調査研究関係雑集 外交政策企画委員会 第1巻』(A'.1.1.0.1-9)
『外務省行政組織関係雑件 特別組織関係 (省内限りのもの) 第1巻』(M'.1.3.1.1-10)
『本邦外交政策／外交政策企画委員会 (第1 〜 4回) 記録』(2013-1854)

◆情報公開法に基づく開示文書

【外務省開示文書 (番号は開示請求番号)】

2006年
2006-00128、01143

2007年
2007-00218、00219、00220、00377、00403、00414、00416、00567、00573、00575

2008年
2008-00028、00170、00171、00220、00525、00527、00528、00535、00538、00539、00543

2009年
2009-00406、00419、00420、00566、00568、00570、00781、00783

2010年
2010-00098、00099、00100、00101、00102、00103、00226、00227、00228、00671、00672、00673、00674、00676

2011年

主 要 参 考 文 献

未公刊史料

I　日本

◆外務省外交史料館、東京

【戦後期外務省記録（番号は管理番号）】

『中東問題』（2010-5524、2012-2403 ～ 2405、2012-3131、2013-2497）
『中東問題／調書・資料』（2010-0699、2012-2412）
『中東問題（67年中東戦争 イランイラク国境紛争（資料・国連文書））』（2010-5525）
『中東問題／第4次中東戦争』（2012-3177）
『中東問題／アラブ産油国の対日石油供給削減問題』（2014-3282）
『中東産油国問題』（2014-2523）
『中東情勢』（2010-5538）
『中近東大使会議（昭和44 ～ 47年度）』（2013-3244）
『中近東大使会議（昭和48年度）』（2013-1841）
『中近東地域政務担当官会議、中東問題懇談会』（2013-0992）
『アラブ首長国連邦政治・経済（含、対日関係）』（2012-0933）
『三木特使中近東諸国訪問』（2014-2902）
『三木、小坂特使中東諸国訪問』（2013-1907）
『国連第5回緊急特別総会』（2010-5204）
『国連第18 ～ 27回総会／訓令』（2010-2087）
『国連安保理緊急特別会合／中東問題』（2010-5349・2010-5350）
『国連第6回特別総会』（2010-1234）
『国連第6回特別総会／資源問題』（2010-1242・2012-3257）
『国際石油事情』（2010-0702）
『国際石油事情／中東問題に伴う諸外国の対応』（2010-0703）
『本邦外交政策／対中近東』（2013-1017）
『OECDエネルギー委員会』（2009-0157）
『OECDエネルギー調整グループ』（2009-0154 ～ 0156・2010-1837・2010-1838・2010-1840 ～ 1845・2010-1847 ～ 1850・2010-1856）
『OECDエネルギー調整グループ／産油国、消費国会議』（2010-1859・2010-1860）
『エネルギー・ワシントン会議』（2012-0443・2012-1923 ～ 1926）
『国際エネルギー機関（IEA）／理事会会合』（2010-1880）
『ランブイエ首脳会議』（2014-2758）

㊔

㋚

㋕

主要事項索引

タ

ナ

ハ

マ

主要人名索引

［著者略歴］

白鳥潤一郎（しらとり・じゅんいちろう）

北海道大学大学院法学研究科附属高等法政教育研究センター協力研究員、博士（法学）

一九八三年生まれ。二〇〇二年慶應義塾志木高等学校卒業。二〇〇六年慶應義塾大学法学部卒業。二〇一三年同大学院法学研究科政治学専攻後期博士課程修了。日本学術振興会特別研究員、慶應義塾大学大学院法学研究科助教、北海道大学大学院法学研究科講師（有期）などを経て二〇一六年より現職。共編著に折田正樹著・服部龍二共編『外交証言録 湾岸戦争・普天間問題・イラク戦争』（岩波書店）、共著に社団法人日米協会編『もう一つの日米交流史――日米協会資料で読む20世紀』（中央公論新社）などがある。

叢書 21世紀の国際環境と日本 005

「経済大国」日本の外交 エネルギー資源外交の形成 1967～1974年

二〇一五年 八月三〇日 初版第一刷発行
二〇一六年一〇月二一日 初版第二刷発行

著者 白鳥潤一郎

発行者 千倉成示

発行所 株式会社 千倉書房
〒一〇四-〇〇三一 東京都中央区京橋二-四-一二
電話 〇三-三二七三-三九三一（代表）
http://www.chikura.co.jp/

印刷・製本 中央精版印刷株式会社

写真 尾仲浩二

造本装丁 米谷豪

ISBN 978-4-8051-1067-6 C1331

叢書「21世紀の国際環境と日本」刊行に寄せて

本叢書は、二十一世紀の国際社会において日本が直面するであろう、さまざまな困難や課題に対して、問題解決の方策をさぐる試みと言い換えることができます。その糸口は、歴史に学びつつ、現況を精緻に分析することでしか見出すことはできないでしょう。先人たちが「死の跳躍」に挑んでから一五〇年、今あらためて国際環境と日本を俯瞰するテーマを多角的に掘り下げていきたいと考えています。

多くの場合、合理的・秩序形成的な日本ですが、折々の国際環境や、それを映した国内の政治・経済状況といった変数の下で、ときに予期せぬ逸脱を見せることがありました。近代以後、数度にわたる逸脱の果てを歴史として学んできた世代が、そのことを踏まえて日本と世界を語ることには深い意義があるはずです。

多くのプレーヤー・諸要素に照らし分析することで、果たして如何なる日本が、世界が、立ち現れるのか。透徹した史眼を持つ執筆陣によって描きだされる、新しい世界認識のツール。小社創業八十周年を期にスタートする本叢書に、読者のみなさまの温かいご支援を願ってやみません。

二〇〇九年九月

千倉書房

日本は衰退するのか　五百旗頭真 著

大きな歴史の中で現代をとらえる時評集。危機に瀕した時、日本はどのようにそれを乗り越えてきたのか。

❖四六判／本体 二四〇〇円＋税／978-4-8051-1049-2

表象の戦後人物誌　御厨貴 著

戦後史を表象する人物の足跡をたどり、我々の人生をすっぽりと覆うほど長い「戦後」の変遷と変質に迫る。

❖四六判／本体 二四〇〇円＋税／978-4-8051-0912-0

外交的思考　北岡伸一 著

様々な出会い、自身の学問的遍歴と共に語られる、確かな歴史認識に裏打ちされた日本政治・外交への深い洞察。

❖四六判／本体 一八〇〇円＋税／978-4-8051-0986-1

千倉書房

表示価格は二〇一五年八月現在

「死の跳躍」を越えて　佐藤誠三郎 著

西洋の衝撃という未曾有の危機に、日本人は如何に立ち向かったか。近代日本の精神構造の変遷を描いた古典的名作。

❖A5判／本体 五〇〇〇円＋税／978-4-8051-0925-0

「南進」の系譜　矢野暢 著

南方へ向かったひとびとの姿から近代日本の対外認識をあぶり出す。続編『日本の南洋史観』も併せて収録。

❖A5判／本体 五〇〇〇円＋税／978-4-8051-0926-7

なぜ歴史が書けるか　升味準之輔 著

歴史家は意味や効用があるから歴史を書くのではない。政党史研究の泰斗が傘寿を越えてたどり着いた境地。

❖四六判／本体 二八〇〇円＋税／978-4-8051-0897-0

千倉書房

表示価格は二〇一五年八月現在

大正政変
小林道彦 著

初めて大陸に領土を得た近代日本は、それを如何に経営しようとしたのか。激突する国家構想は劇的政変の引き金を引く。

❖A5判／本体 五八〇〇円＋税／978-4-8051-1059-1

「八月の砲声」を聞いた日本人
奈良岡聰智 著

民間人が大量に抑留された初めての戦争、第一次世界大戦。異邦の地で拘束された日本人の想いと行動の記録。

❖四六判／本体 三二〇〇円＋税／978-4-8051-1012-6

松岡外交
服部聡 著

異端の外相・松岡洋右は日米開戦を巡る熾烈な外交戦に如何に挑んだのか。新資料によって再構成される、その全体像とは。

❖A5判／本体 五七〇〇円＋税／978-4-8051-1007-2

叢書
21世紀の国際環境と日本

001
同盟の相剋
水本義彦 著

比類なき二国間関係と呼ばれた英米同盟は、なぜ戦後インドシナを巡って対立したのか。超大国との同盟が抱える試練とは。
❖A5判／本体 三八〇〇円＋税／978-4-8051-0936-6

002
武力行使の政治学
多湖淳 著

単独主義か、多角主義か。超大国アメリカの行動形態を左右するのは如何なる要素か。計量分析と事例研究から解き明かす。
❖A5判／本体 四二〇〇円＋税／978-4-8051-0937-3

003
首相政治の制度分析
待鳥聡史 著

選挙制度改革、官邸機能改革、政権交代を経て「日本政治」は如何に変貌したのか。二〇一二年度サントリー学芸賞受賞。
❖A5判／本体 三九〇〇円＋税／978-4-8051-0993-9

千倉書房

表示価格は二〇一五年八月現在